무지의 역사

IGNORANCE: A Global History

알지 못하거나 알기를 거부해온
격동의 인류사

무지의 역사

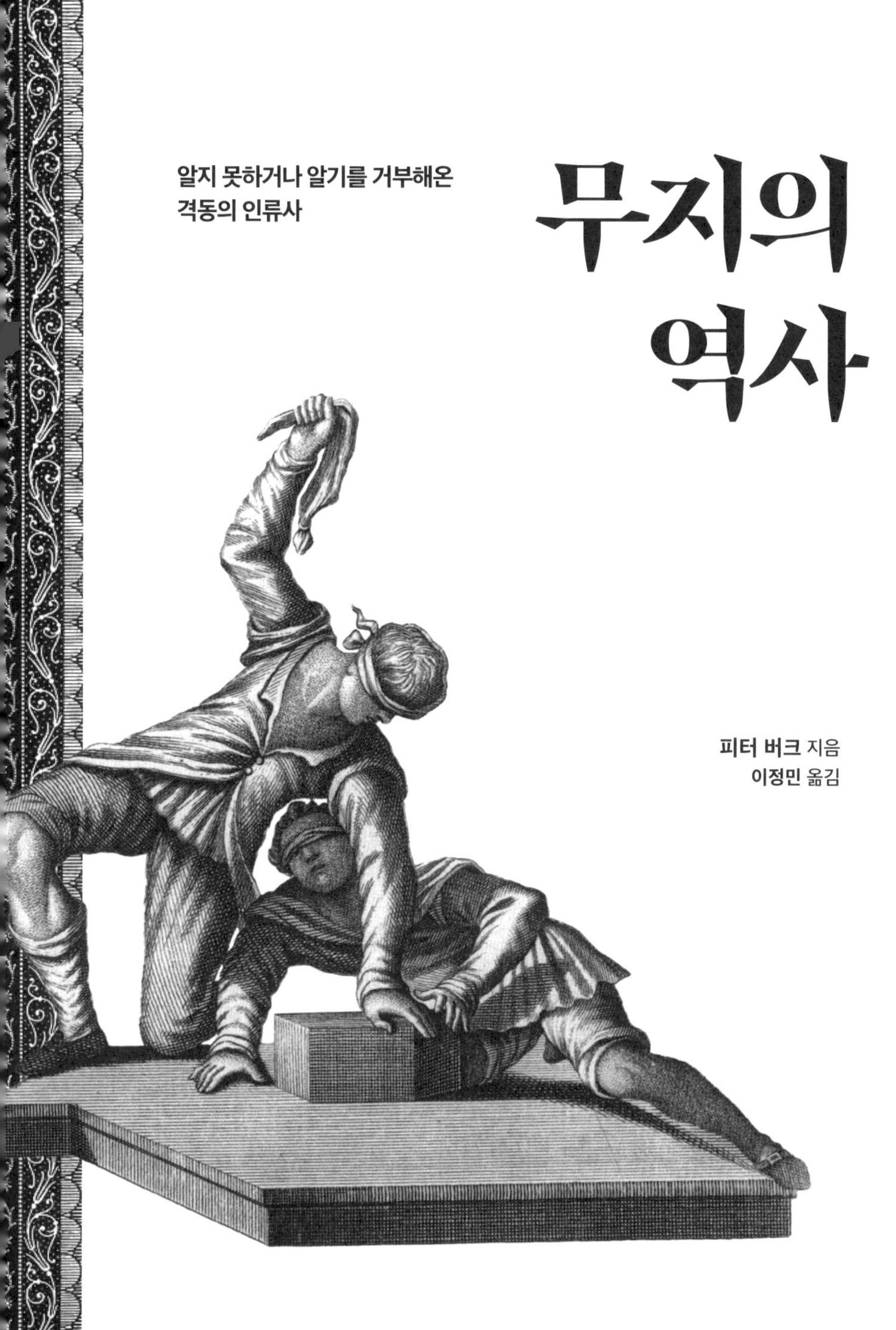

피터 버크 지음
이정민 옮김

한국경제신문

세상의 모든 교사는

일상의 무지를 해소하기 위해 노력하는 영웅들이다.

교육은 비싸지 않다. 비싼 건 무지다.

레오넬 브리졸라Leonel Brizola(브라질 정치인)

무지보다 더 넓은 지식 분야가 있을까?

프란체스코 페트라르카Francesco Petrarca(이탈리아 시인, 인문학자)

차례

2부 무지의 결과

| 들어가며

무지라는 미지의 영역에 대하여

무지는 '지식이 없는 것'을 말하는 만큼 하나의 이야깃거리로는 어울리지 않는다고 생각할 수 있다. 내 친구 또한 이런 주제의 책이라면 빈 페이지로만 가득할 것이라고 이야기했다. 그럼에도 무지에 대한 사람들의 관심은 날로 커지는 중이다. 특히 다른 국가 정부 인사는 둘째치더라도 미국의 트럼프와 브라질의 보우소나루Jair Bolsonaro, 두 전 대통령이 보여준 놀라운 무지는 그 같은 관심을 더욱 부채질하고 있다.[1]

4장에서도 설명하겠지만, 여러 분야에 걸친 '무지의 연구'는 얼마 전까지도 역사학자들이 거의 관심을 보이지 않았음에도 불구하고 지난 30년간 꾸준히 진행되어 왔다. 이제 무지가 과거에 어떤 역할을 했는지 대강이나마 살펴볼 때가 된 것 같다. 나는 무지가 과소평가되었고, 그것이 오해나 오판 등 다른 실수로 이어져 더러는 끔찍한 재앙을 초래했다고 본다. 이는 각국 정부가 기후 변화에 대응하는 것이 너무 미흡하고 늦은 것만 봐도 알 수 있다. 내가 이 책에서 보여주고자 하는 것처럼 무지와 그에 따른 재앙은 많고 다양하다.

나는 두 독자층을 염두에 두고 이 책을 썼다. 첫 번째는 일반 독자다. 모든 개인에게는 아는 것과 모르는 것이 함께 있기 때문에 이 주제는 분명 모든 사람에게 흥미로울 것이다.

두 번째는 학자들이다. 내가 몸담은 분야뿐 아니라 다른 분야에서 무지를 연구하고 있는 모든 학자를 포함한다. 지금까지 무슨 일이 있었고 앞으로 무슨 일이 일어날지 큰 그림을 제시하려는 나의 시도가 바탕이 되어 아직 연구 분야로 확립되지 않은 이 분야에 젊은 학자들이 많이 뛰어들기를 바란다. 그래서 나의 잠정 결론을 비판하거나 인정하거나 개선하면 좋겠다.

미래에는 '무지의 역사'가 세기별로 나뉘어 쓰일지도 모른다. 이는 여러 분야에서 공통되게 나타나는 경향을 파악하는 데 달려 있다. 이 책이 앞으로 그런 연구를 촉진한다면 더할 나위 없이 기쁠 것이다. 하지만 무지의 역사를 많은 사람이 아직 모르는 것을 감안하면, 지금으로서는 특정 주제의 이야기로 쓰는 것이 바람직하다.

이 글은 아시아와 아프리카의 여러 사례를 제시하고 있지만, 나의 이전 지식 연구와 마찬가지로 지난 500년 동안의 서구 역사에 초점을 맞추고 있다. 이렇게 범위를 좁힌 것은 두 가지 서로 다른 이유에서 비판받을 수 있다. 하나는 세계 다른 지역과 앞선 세기를 고려하지 않았다는 점이고, 또 하나는 1500~1800년의 유럽에 집중해온 내 연구 범위를 넘어섰다는 점이다.

이 상황에서 다른 많은 논쟁과 마찬가지로 타협의 여지가 있다는 점을 독자들에게 밝힌다. 내가 이전 세기와 세계 여러 지역을 거의 (또는 전혀) 언급하지 않는 이유는 간단하다. 자신이 쓴 책의 한 오류를 어떤 여성에게 지적받고 '무지해서 그렇습니다, 부인. 순수하게 무지해서요'라고 설명한 존슨 박사와 같다(18세기 영국의 시인 새뮤얼 존슨Samuel Johnson이 집필한 영어사전에서 발굽을 가진 동물의 '발목'을 가리키는 pastern을 '말의 무릎'이라고 잘못 풀이한 데 따른 일화다-옮긴이). 다른 한편으로는 유럽의 근대 초기와 후기를 비교 대조한 것으로 독자들이 통찰력을 얻을 수 있다고 믿는다. 이 같은 믿음은 지난 500년 동안의 지식에 관한 책을 여러 권 출간한 프랑수아즈 와케Françoise Waquet 덕분에 더 굳건해졌다.[2]

역사를 돌이켜보면 최근 생겨났다고 여겨지는 정보 유출이나 허위 정보 유포가 사실은 수 세기 전부터 있었음을 알 수 있다. 근대 초기(1800년 이전)와 근대 후기를 구분하기 힘들 만큼 점진적으로 일어난 변화 또한 발견할 수 있다. 따라서 이 책의 각 장에서는 근대 초기와 후기를 사례로 든다.

여기에 제시한 개괄은 미래 역사의 프롤로그, 즉 미지 영역의 사전 답사로 보는 것이 가장 적합할 것이다. 미지 영역의 지도라는 개념이 터무니없다고 여겨질 수도 있다. 하지만 역사와 사회과학 분야의 몇몇 동료와 마찬가지로 나는 이것이 실행 가능한 프로젝트라고 생각한다. 비평가들은 이 시도가 아직 섣부르다고 지적할지 모르지만, 나는 무지의 역사에 관심이 쏟아지기 시작한 지금이야말로 이런 답사가 특히 쓸모 있다고 생각한다. 나는 미래의 연구자들이 시험해 볼 만한 가설을 제시하고, 그들이 더 큰 그림 안에서 연구할 수 있도록 격려하며 방향을 제시하고 싶다. 깊이 파고드는 전문가와 넓게 바라보는 일반 연구자는 서로 자극하며 의존한다.

나의 전작들처럼 이번에도 친구와 동료들이 많은 도움을 주었다.

전반적으로 조언해 준 것은 물론, 초안에서 채워야 할 부분과 참조해 보탤 부분을 알려줌으로써 무지에 대한 나의 무지를 덜어 주었다.

리처드 드레이튼, 팀 해리스, 줄리안 호핏, 조 맥더못, 앨런 맥팔레인, 후안 마이과쉬카, 데이비드 맥스웰, 앤 플로인, 제임스 레이븐, 데이비드 레이놀즈, 제이크 솔, 카이사 베버, 이로 줌보풀로스, 길라드 추커만에게 가장 뜨거운 감사 인사를 드린다. 특히 고대 그리스와 중국에 대한 전문 지식을 공유한 제프리 로이드와 좋은 의견을 준 익명의 비평가 두 분께 감사드린다.

본래 2002년으로 예정되어 있었지만 아직 개최되지 않은 나의 곰브리치 강연(프린스턴대학교 출판부와 런던의 바르부르크연구소가 공동으로 주관하는 강연 시리즈-옮긴이)의 주제로 무지를 선택하도록 제안해 준 차오 이징, 무지 분야에서 함께 일하며 이 주제로 많은 대화를 나누고 초고 전체를 읽어준 루카스 베르부르크트, 그리고 초고를 날카롭게 평가하고 여러 조언을 해준 아내 마리아 루시아에게도 다시 한 번 고마운 마음을 표한다.

Ignorance

: A Global History

|1부|

사회의 무지

1장
무지란 무엇인가?

무지는 지식처럼 사회적 창조물이다.

마이클 스미스슨Michael Smithson(오스트레일리아국립대학교 심리학과 명예교수)

무지의 역사를 책으로 쓴다는 것은 '무無에 관한 책un livre sur rien'을 쓰고 싶다는 귀스타브 플로베르Gustave Flaubert(19세기 프랑스 작가-옮긴이)의 바람만큼이나 이상하게 들린다. 플로베르는 '외부의 그 어떤 것에도 의존하지 않는 책, 주제가 없거나 혹시 있더라도 눈에 보이지 않는 책'이라는 형식적인 시도를 하고 싶어 했다.[1] 결국 플로베르는 무에 관해 아무것도 쓰지 않았다. 이에 반해 무지에 관한 글은 수없이 쏟아져 나왔는데, 그 내용은 대부분 부정적이었다. 예로부터 무지는 여러 동기와 이유에서 비난받아 왔다.

무지에 쏟아진 비난

아랍인들은 이슬람 이전 시대를 자힐리야Jahiliyyah, 즉 무지의 시대라고 한다. 르네상스 인문주의자들은 자신들이 처음 '중세'라 명명한 시기를 암흑의 시대로 보았다. 17세기 잉글랜드 내전 역사가 클라렌든 경Lord Clarendon은 교부敎父들을 '야만과 무지가 넘쳐난 시대'이자 '어둠이 가득한 시대에 등장한 위대한 빛'으로 묘사했다.[2] 18세기 계몽주의 시대에는 무지가 전제주의, 광신주의, 미신을 조장한다고 여겼고, 지식과 이성의 시대가 도래했으니 무지가 사라질 것으로 생각했다. 예를 들어 조지 워싱턴George Washington은 '우리 제국의 기반은 무지와 미신이 판을 친 암울한 시대에 확립된 것이 아니다'라고 선언했다.[3]

무지에 대한 부정적인 견해는 시간이 한참 흐른 뒤에도 계속 이어졌다. 이집트의 사이드 쿠틉Sayyid Qutb 같은 극단주의 이슬람교도들은 최근에도 미국을 겨냥해 자힐리야라는 용어를 사용했다.[4] 무지는 자유주의 정치가 윌리엄 베버리지William Beveridge가 빈곤, 질병, 비위생, 게으름과 더불어 반드시 타파하겠다고 선언한 '다섯 가지 거악'에도 포함된다. 베버리지의 보고서는 1945년 영국 노동당 정부가 설계한 복지국가의 기초가 되었다.[5]

좀 더 최근에는 미국의 찰스 시믹Charles Simic이 '어리석음에 가까운 광범위한 무지가 우리의 새로운 국가적 목표(현재 미국처럼 정치적으로 부패한 국가의 이상적인 시민은 진실과 거짓을 구별하지 못하는 잘 속는 멍청이라며 세태를 비꼬았다-옮긴이)'라고 했고, 과학사가인 로버트 프록터Robert Proctor는 이 시대가 '무지의 황금기'라고 선언했다.[6] 우리는 이전 세대보다 훨씬 많이 알고 있다고 자신하지만, 그들이 우리보다 더 잘 아는 것도 있었다는 사실은 깨닫지 못한다. 뒤에서 논의하겠지만, 이러한 잃어버린 지식의 예는 그리스·로마 고전 작품에서부터 자연사 지식까지 다양하다.

과거에 개인이 무지했던 가장 큰 이유는 사회에 유통되는 정보가 너무 적었기 때문이다. 일부 지식은 필사본에 기록되어 교회나 국가 당국의 공개 거부로 지금까지 감춰져 있는데[7] 독일 역사학자 마틴 멀조Martin Mulsow는 이를 가리켜 '불안정한 지식precarious knowledge'이라고 했다. 하지만 오늘날에는 정보가 넘쳐나는 것도 문제다. 정보의 홍수 속에 개인은 정작 자신에게 필요한 정보를 선택할 수 없게 되는데, 이런 상태를 '필터링 실패filter failure'라고도 한다. 결국 정보화 시대는 지식 못지않게 무지도 확산시키고 있다.[8]

무지에 쏟아진 찬사

무지를 비난하는 것에 맞선 전통 또한 찾아볼 수 있다. 소수의 대담한 사상가와 작가에 따르면 '지식에 대한 열정epistemophilia'에는 위험이 도사리지만, 무지는 축복이거나 적어도 몇 가지 이점을 지닌다. 특히 르네상스 시대의 이탈리아에서는 일부 작가들이 장난스럽게 대머리, 무화과, 파리, 소시지, 엉겅퀴와 함께 무지를 찬양하기도 했다. 풍자적 찬사mock-encomium의 전통을 되살려 자신들의 독창성과 수사학 능력을 과시하려 했던 것이다.

아우구스티누스 시대부터 이어져 온 전통 중에는 '헛된' 호기심을 비판함으로써 무지가 더 현명한 선택임을 암시하는 것도 있다. 가톨릭, 개신교 할 것 없이 근대 초기의 성직자들은 모두 호기심을 '사소하지만 때로는 치명적인 죄악'으로 보았다.[9] 연극, 오페라, 소설에 영감을 준 파우스트 전설에서도 호기심을 치명적인 것으로 본다.[10] 칸트는 계몽주의 모토로 '감히 알고자 하라Sapere Aude'는 문구를 사용했는데,

이는 시인 알렉산더 포프Alexander Pope가 '감히 신을 헤아리려고 들지 말라'고 의역한 '높은 것을 알려고 하지 말고 두려워하라noli altum sapere sed time'는 성경의 권고에 반발하는 것이었다.[11]

이 같은 종교적 주장은 일부 세속적 주장으로 더욱 강화되었다. 미셸 드 몽테뉴Michel de Montaigne는 행복에 이르는 방법으로 무지가 호기심보다 더 확실하다고 주장했다. 철학자이자 자연주의자인 헨리 데이비드 소로Henry David Thoreau는 기존의 '유용한 지식 확산 협회'에 맞설 '유용한 무지 확산 협회'를 설립하고 싶어 했고,[12] 소설가이자 식물학자인 베르나르댕 드 생피에르Bernardin de Saint-Pierre는 《자연 연구Études de la Nature》(1784)에서 상상력을 자극한다는 이유로 무지를 칭송했다.[13] 프랑스 페미니스트 올랭프 드 구주Olympe de Gouges는 《원초적 행복Le Bonheur primitif》(1789)에서 '최초의 인간이 행복했던 것은 무지했기 때문인데, 현대의 인간은 지나칠 정도로 지식을 확장했다'고 주장해 계몽주의 시대의 시대적 흐름에 역행했다.[14]

르네상스 시대 이후 법 분야에서는 정의를 눈을 가린 모습으로 표현하는 경우가 많았는데, 이는 선입견 없이 열린 마음을 갖고 본다는 의미로 무지를 상징한다.[15] 같은 맥락에서 배심원단이 격리되었던 것도 선입견을 주어 평결에 영향을 미칠 수 있는 정보로부터 보호하기 위해서였다. 이후 '선한 무지'에 대한 논의는 갈수록 활발하게 이루어졌다. 철학자 존 롤스John Rawls는 인종, 계급, 국가, 성별을 떠나 개인을 도의적으로 동등한 존재로 볼 수 있게 해주는 '무지의 베일'을 옹호했다.[16]

'선한 무지'라는 용어는 핵무기 연구를 포기하거나 연구 결과를 대중에게 공개하지 않는 것에 사용되기도 했다. 사회학자와 인류학자도 사회적 기능이나 제도에 관한 글에서 다양한 형태의 무지가 지닌 긍정적 측면을 강조했다. 예를 들면 가톨릭 신부는 고해성사의 내용을 비밀에 부치고, 의사는 환자의 사생활을 존중하겠다고 맹세한다. 또한 비밀 투표가 민주주의 수호의 수단이 되는가 하면 익명성이 보장됨으로써 채점관은 선입견 없이 채점하고 채점을 받는 동료끼리는 서로의 작업에 정확한 평가를 내릴 수 있다. 또 각국 정부는 비밀 협상을 통해 공개적으로는 불가능한 양보를 상대방에게 할 수 있다. 정보가 득이 되기도 하지만 실이 될 때도 있는 것이다.[17]

19세기 말에는 무지가 너무 많이 아는 탓에 갈수록 심각해지는 문제의 해결책으로 권장되었다. 미국의 신경학자 조지 비어드George Beard는 '무지는 기쁨이자 힘이며 불안을 해소할 처방전'이라고 주장했으며,[18] 비즈니스와 경영 분야의 저자들은 무지를 자원이나 성공 요인으로 꼽았다. 앤서니 찬Anthony Tjan은 '자신의 무지를 포용하라'고 권했는데, 자신의 한계와 외부 현실을 모르는 기업가들이 자유롭게 아이디어를 낼 확률이 높기 때문이다. 이후 그는 '클린시트 접근 방식(백지에서 시작하듯 기존 것을 모두 무시하고 새롭게 접근하는 방식-옮긴이)을 통해 기업의 실적 궤도에서 순이익이 나는 주요 시점을 파악하는 게 핵심'이라고 설명했다. 또 '창조적 무지'라는 용어가 있는데, 여기에는 지식이 지나치게 많으면 비즈니스뿐 아니라 다른 영역에서도 혁신이 오히려 방해받을 수 있다는 인식이 담겨 있다.[19] 창조적 무지라는 표현을 처음 쓴 사람은 〈뉴요커〉의 한 필자로(언론인 앨바 존스턴이다-옮긴이), 중요 연구재단 책임자였던 비어슬리 러믈Beardsley Ruml이 '아이디어 세계에서 도로 없음, 잔디 보호, 무단침입 금지, 막다른 길이라는 표지판을 보지 못했던 이유'를 일컬을 때 사용했다. 그런 까닭에 러믈은 어떤 방해도 받지 않고 자신이 좋아하는 학제 간 융합을 자유롭게 시도할 수 있었다. 한편 헨리 포드Henry Ford는 좀 더 실용적인 차원에서 '나는 할 수 없는 일을 모르는, 무한한 능력을 가진 많은 사람을 찾고 있다'고 말한 것으로 전해진다.[20]

무지가 유용하다는 주장은 조금만 생각해 보면 결국 '누구에게 유용한 것인가?'라는 통찰로 이어진다. 따라서 이 책에 등장하는 사례들은 무지의 부정적인 면이 긍정적인 면보다 더 많다는 것을 보여준다(이에 학생들의 무지를 해소하고자 노력하는 교사들에게 이 책을 바치고 싶다). 개인이나 조직 차원에서 위협이 되거나 당혹스러운 정보를 알고 싶지 않고, 다른 사람들도 알지 못하기를 바라는 마음은 이해하지만, 그 결과는 다른 사람들에게 득보다 독이 되는 경우가 많다. 이 책에서는 이처럼 불편한 사실을 무시하거나 부정하는 사례를 반복해 다룰 예정이다.

무지란 무엇인가?

무지를 둘러싼 오랜 논쟁에서 무지에 대한 찬반 입장은 그 용어의 의미에 따라 달라진다. 전통적인 무지의 의미는 지식의 '부재' 혹은 '결핍'으로 단순하다.[21] 이 같은 부재 혹은 결핍은 무지한 개인이나 집단이 보지 못하는 경우가 많다. 일종의 맹목盲目으로서 2부에서 논의할 재앙을 포함해 엄청난 결과를 초래한다.

전통적 정의는 의미가 너무 광범위해 때로 구분이 필요하다는 비판에 직면한다. 가령 영어에서 무지ignorance는 무식nescience, 비지식non-knowledge과 구분되기도 한다. 부지不知, unknowing라는 용어도 있는데, 마치 최근에 만들어진 듯하지만 사실은 14세기에 신비주의 논문을 쓴 익명의 저자가 처음 사용했다.[22] 다른 언어에도 비슷한 구분이 존재한다. 독일인들은 무식unwissen과 비지식nicht-wissen을 사용한다. 사회학자 게오르크 짐멜Georg Simmel은 '비지식의 일상성'에 대해 논했다.[23] 불행히도 이 같은 용어의 쓰임새는 저자마다 다르다.[24]

반면 알려진 무지known unknowns와 알려지지 않은 무지unknown unknowns를 구분할 필요성에 대해서는 일반적 합의가 이루어졌다. 전자의 사례로는 1953년에 추정한 DNA 이중나선 구조를 들 수 있고, 후자는 인도를 찾다가 아메리카 대륙을 발견한 콜럼버스의 경우를 들 수 있다.

이 구분은 일찍이 엔지니어와 심리학자들에 의해 이루어졌지만, 종종 도널드 럼즈펠드Donald Rumsfeld 미국 전 국방부 장관의 공으로 평가되기도 한다. 럼즈펠드는 이라크 침공 준비 도중 가진 기자회견에서 사담 후세인이 대량살상무기를 보유했다는 증거가 있는지 묻는 기자의 질문에 다음과 같이 답했다.

"어떤 일이 일어나지 않았다는 보도는 언제나 제게 흥미롭습니다. 알다시피 알려진 지식이 있기 때문이죠. 우리가 안다는 사실을 아는 것들이요. 물론 알려진 무지도 있어요. 우리가 모르는 뭔가가 있음을 아는 것이죠. 하지만 알려지지 않은 무지 역시 존재합니다. 우리가 모른다는 사실을 모르는 것 말이에요. 미국, 그리고 다른 자유 국가의 역사를 돌아보면 후자의 범주에 속하는 것이 어려울 때가 많습니다."[25]

물론 럼즈펠드는 당혹스러운 질문을 회피하고자 이 같은 답을 내놓았지만, 알려진 지식과 알려진 무지, 알려지지 않은 무지의 구분은 여전히 유용하다.

무지의 심리학

그렇다면 '알려지지 않은 지식unknown knowns'은 어떤가? '암묵적 지식tacit knowledge'을 설명하는 데 적절해 보이는 이 용어는 철학자 슬라보예 지젝Slavoj Žižek에 의해 약간 다른 의미로 사용되었다. 그는 럼즈펠드에 대해 이렇게 지적했다. "그는 중요한 네 번째 용어, 즉 '알려지지 않은 지식'을 추가하는 것을 잊었다. … 프로이트적인 무의식, 라캉이 말한 '자신에 대해 알지 못하는 지식' 말이다." 이 알려지지 않은 지식에는 아부 그라이브 포로수용소에서 벌어진 미군의 고문(이라크 포로들이 미군에 의해 인권 침해와 고문을 당한 사건-옮긴이)에 대한 럼즈펠드 자신의 지식(럼즈펠드는 고문 행위를 승인했는데, 지젝은 이를 알려지지 않은 지식, 즉 공공 가치의 바탕을 이루는 신념을 인지했음에도 모르는 척 부인하는 행위라고 설명했다-옮긴이)이 포함된다.[26]

프로이트는 무의식적 무지에도 관심을 가졌다. 꿈의 해석을 둘러싼 유명한 논의에서 그는 꿈을 꾼 사람이 과연 그 꿈의 의미를 알고 있을지 질문을 던졌다. 그리고 '알고 있을 수 있다. 사실 꿈꾼 사람이 꿈의 의미를 알고 있을 가능성이 상당히 높다. 오로지 본인만 자신이 알고 있다는 사실을 모를 뿐'이라고 결론지었다.[27] 프로이트는 환자들이 자신에 대해 알고 싶어 하지 않는 것에 관심이 많았다. 알고 싶지 않다는 것에 대해서도 뒤에서 계속 다룰 것이다.

정통 프로이트주의자들로부터 이단으로 평가받는 자크 라캉Jacques Lacan은 무지에 특별한 관심을 보였다. 그는 심리분석학자를 심리분석이 뭔지 모르는 사람(그리고 자신이 모른다는 사실을 아는 사람)으로 묘사했다. 이는 자신이 안다고 생각하지만 사실은 모르는 사람과 대조된다. 라캉은 무지를 사랑과 증오 같은 열정으로 간주해 일부 환자는 자

신에 대해 알기를 거부하다가 그에 대한 열정을 갖게 되기도 한다고 주장했다.[28]

무지의 사회학

'지식의 사회학이 존재한다면 무지의 사회학 또한 필요하다.'[29] 무지의 사회학은 '누가 무엇을 알지 못하는가?'와 같은 질문에서 시작될 것이다. '우리는 모두 무지하다. 다만 무지의 대상이 다를 뿐이다.' 독자들은 미국 소설가 마크 트웨인Mark Twain의 이 명언을 기억할 필요가 있다(코미디언 윌 로저스Will Rogers의 명언이라고도 한다-옮긴이). 예를 들면 오늘날 전 세계에서는 6천여 개의 언어가 사용되고 있는데, 다국어 구사자조차 그중 99.9퍼센트를 모른다. 또 다른 예로 전염병학자들은 다양한 질병이 야생 동물에서 인간에게로 전이될 위험성을 발견하고 코로나바이러스 확산을 예측했다. 그럼에도 각국 정부는 이 예측을 몰랐거나 알고 싶어 하지 않았기에 무방비 상태로 전염병에 직면하고 말았다.

일부 뒤에서 논의할 재앙의 상당수는 알고 있던 사람은 행동하지 않고 아무것도 모르는 사람이 행동하는 바람에 벌어졌다. 2001년 세계무역센터 붕괴는 소통 실패로 일어난 극단적 사례다. 안보국 요원들은 테러 공격을 계획하는 특정 인물들을 이미 주시하고 있었지만, 요원들의 경고는 워싱턴 고위층에 전달되는 수많은 메시지에 섞여 흐지부지되고 말았다. 그야말로 '정보 과부하'의 부작용을 적나라하게 보여주는 사례다. 콘돌리자 라이스Condoleezza Rice 당시 국가안보보좌관이 나중에 인정했듯이 시스템에 많은 잡음이 있었다.[30]

무지의 종류

무지에 대한 논의는 종류별로 구분해 진행해야 한다. 지식이 '지식들'이 될 수 있는 것처럼 무지도 복수로 존재하기 때문이다.[31] 한 유명한 지식의 구분은 무엇을 하는 방법을 아는 것과 무엇이 사실임을 아는 것, 즉 '어떻게 하는지 아는 것'과 '무엇을 아는 것'으로 나눈다.[32] 특정 노하우가 부족하면 어떤 결과가 초래되는지는 뒤에서 여러 차례 논의할 것이다. 또 다른 구분은 프랑스어, 독일어 등 다른 언어권에서 잘 알려져 있는데 '앎' 혹은 '알다'를 뜻하는 프랑스어 savoir와 connaître, 독일어 wissen과 kennen의 구분이 바로 그것이다. 이 중 connaître와 kennen은 친분, 식별, 인식 차원에서 아는 것을 뜻한다(savoir와 wissen은 지식, 사실 따위를 아는 것이다–옮긴이). 예를 들면 단순히 런던이라는 도시가 존재하는 사실을 아는 것과 런던을 잘 아는 것은 서로 다르다. 각각의 지식의 이면에는 그에 상응하는 무지가 있다.

무지 전문가인 영국 사회학자 린제이 맥고이Linsey McGoey는 금세기 초 이 주제의 연구를 시작하면서 무지를 설명할 용어가 상당히 '빈약하다'고 투덜댔다.[33] 결핍보다 과잉이 문제인 오늘날에는 찾아보기 힘든 사례다. '능동적'에서부터 '고의적'에 이르기까지 다양한 형용사를 활용해 수많은 무지가 새로운 이름을 찾았고, 정교한 분류 체계가 탄생했다(이 책 마지막 부분에 수록된 무지 용어 사전에는 케첩으로 유명한 하인즈 그룹이 자사가 57개의 다양한 브랜드를 보유하고 있다고 홍보하는 것보다 2개 더 많은 59개의 무지에 대한 용어가 수록되어 있지만, 아직 완벽하다고는 할 수 없다). 물론 분류된 것보다 훨씬 많은 무지가 존재한다.

다만 일부 구분은 유용하기에 이 책에서 실제로 사용될 것이다. 어떤 존재를 모르는 것과 그것을 어떻게 설명할지 모르는 것은 명확히 구분된다. 전염병과 지진은 오랫동안 알려져 왔지만, 발생 원인을 아는 사람은 비교적 최근까지 아무도 없었다. 철학자이자 비평가인 가야트리 차크라보르티 스피박Gayatri Chakravorty Spivak이 처음 사용한 '허용된 무지sanctioned ignorance'는 서구 지식인 집단이 다른 문화권 사람들이 서구 문화를 알기 바라면서도 자신들은 다른 문화에 무지할 권리가 있다고 느끼는 것을 말한다.[34]

무지는 (지식처럼) 때로는 위장되기도 하는데, 이에 대해서는 8장에서 알아볼 것이다. 정부가 자신들은 대학살을 저지른 적이 없다고 부인하지만 사실 직접 명령했거나 허용한 경우나, 시칠리아의 일반 주민들이 오랫동안 그곳 마피아를 전혀 모르는 듯 행동한 사례가 있다. 또한 빅토리아 시대의 영국 숙녀들은 신사들이 무역업에 무지한 척한 것처럼 성행위에 무지한 척 위장함으로써 자신의 정숙함을 드러냈으며, 라틴어와 정치, (식물학을 제외한) 자연과학에 대한 지식이 부족한 것처럼 꾸미기도 했다. 제인 오스틴의 소설 《노생거 수도원》에서 여자가 "불운하게도 어떤 것을 알게 되었다면 최대한 그 사실을 숨겨야 한다"고 한 것은 이 같은 맥락이다.[35]

의식적 무지와 무의식적 무지를 구분하는 것 또한 유용하다. 여기서 '무의식적'이라는 용어는 프로이트적 의미보다는 '인식하지 못한다'는 의미로 사용되었다. '깊은 무지'라는 용어는 어떤 질문에 대한 인식의 부족, 즉 그 질문을 하는 데 필요한 개념이 부족한 것을 일컫는 데 사용되었다.[36] 프랑스 역사학자 뤼시앵 페브르Lucien Febvre는 약 80년 전에 비슷한 점을 지적하며 16세기 프랑스어에 '누락된 단어'가 있다고 했다. 페브르에 따르면 단어가 부족했기 때문에 당시 철학이 제대로 발전하지 못했고, 그래서 무신론자가 되는 것이 불가능했다.[37]

깊은 무지의 또 다른 예는 자신과 다른 사고방식에 대한 인식의 결여다. 여기서 핵심은 순환성이다. 사고방식은 당연하고 자연스럽게 받아들여지기 때문에 지속된다. 이는 토마스 쿤Thomas Kuhn이 과학적 '패러다임'이라고 부른 미시적 수준에서든 완전한 신념 체계라는 거시적 수준에서든 마찬가지다. 우리가 자신의 규범을 비판하려고 할 때 자기비판의 한계는 명확해진다.[38]

과거에 역사학자들은 개인과 집단을 '쉽게 믿는' 존재로 간주했다. 다시 말해 자신들의 신념을 비판할 줄 모른다고 보았기 때문에, 개인과 집단이 대안적 신념 체계에 접근할 기회가 부족했다는 사실을 무시했다. 폐쇄적 시스템에서는 열린 마음을 유지하기 어려우며,[39] 대안에 대한 자각 없이는 그에 도전하기 어렵다. 대안은 서로 다른 문화권의 개인이 만나 생겨나는 경우가 많다. 그 결과 양측 모두가 기대의 범위를 넓힐 수 있게 된다.[40]

모래밭에 머리를 박은 타조는 알기를 원하지 않거나 모르기를 원하는 유명한 상징으로 자발적, 고의적, 단호한 무지로 설명되기도 한다.[41] 이 개념에는 고의적 누락이나 침묵까지 포함될 수 있다. 아이티의 역사학자 미셸 롤프 트루요Michel-Rolph Trouillot는 과거의 지식을 생산하는 과정에서 개인이 특정 정보를 전달하는 것과 침묵하는 것 사이에 선택할 수 있는 순간을 네 단계로 구분했다. 그것은 문서를 생산하고, 기록 보관소에 저장하고, 정보를 검색하고, 역사 기록으로 남기는 순간이다.[42]

반대되는 비자발적 무지의 예로는 가톨릭 신학에서 살펴볼 수 있다. 토마스 아퀴나스Thomas Aquinas 같은 중세 신학자들은 (가령 아리스토텔레스 같은) 이교도를 가리켜 '극복할 수 없는 무지invincible ignorance'라는 말을 사용했다. 기독교의 존재 자체를 모르기 때문에 받아들이지 않더라도 비난할 수 없다는 것이다. 이와 달리 만약 그들이 기독교를 알고 있었다면 '책임 있는 무지'로 책망 받았을 것이다.

책임 있는 무지culpable ignorance는 개인과 집단의 차원에서 발생할 수 있다. 사회사학자들은 특히 집단의 경우를 우려했다. 가령 자메이카 태생의 철학자 찰스 웨이드 밀스Charles W. Mills는 인종차별주의의 저변에 깔린 선입견을 가리키는 용어로 '백인의 무지'를 만들었다. 집단적 무지는 한 집단의 처지를 당연한 것으로 받아들이도록 부추김으로써 다른 집단의 지배를 받는 것을 돕는다. 지배층의 무지는 그들이 자신의 특권을 의심하지 않게 하고, 피지배층의 무지는 그들이 반란을 일으키지 못하게 해왔다. 그래서 드니 디드로Denis Diderot(프랑스의 계몽주의 철학자-옮긴이)가 말한 것처럼 권력자는 사람들이 무지와 어리석음에서 벗어날 수 없도록 갖은 방법을 동원한다.[43]

오늘날의 '선택적 무지'가 처음 주목받은 것은 20세기 전기 작가 리턴 스트레이치Lytton Strachey가 '무지는 역사학자의 첫 번째 요건으로, 단순화하고 명확히 하고 선택하고 누락해야 하기 때문'이라고 비아냥대면서였다.[44] 선택은 무의식적일 수도 있고, 부주의의 한 형태일 수도 있다. 우리가 소리를 끄고 영화를 보면 평소 무심코 지나쳤던 배우의 몸짓과 표정이 눈에 더 잘 들어오는 것처럼 말이다.

마찬가지로 여행객들은 같은 장소에 가더라도 각자 다른 특징에 주목한다. 그들의 성별이나 직업에 따라 '시선'이 다르기 때문이다. 방문지에 관한 지식이나 무지가 여행객이 관찰한 내용의 신뢰성에 영향을 미친다는 사실은 오래전부터 논의되어 왔지만, 성별의 관점에서 여성 여행객과 남성 여행객이 주목하는 바가 다르다는 사실이 밝혀진 것은 비교적 최근의 일이다.[45] 여성의 여행기에 가정(집안)과 관련된 묘사가 월등히 많은 것은 지식을 구성하는 체계가 다르기 때문으로 설명되었다.[46]

여성이 보고 기록하기로 선택한 것들은 남성이 무시하거나 단순히 볼 수 없었던 것들에 대해 중요한 뭔가를 알려 준다. 18세기의 유명한 예로는 영국 여행가인 메리 워틀리 몬태규Mary Wortley Montagu가 튀르키예의 도시 에디르네의 여성 목욕탕을 묘사한 것을 들 수 있다. 그녀는 "남자가 이런 곳에서 발견되면 죽음에 이르는 것과 다름없다"고 언급했다.[47] 제국, 인류학, 의학, 상업, 선교 등 다양한 관점의 시선을 생각해 보면 우리는 '보는 눈을 가르치는 것'뿐 아니라 '보지 않는 눈을 가르치는 것'에 대해서도 논의해야 한다는 사실을 깨닫게 된다. 볼 수 있는 눈과 볼 수 없는 눈은 모두 특정 직업의 습관으로부터 구현된다.

한 가지 연구에 집중하다 보면 자연히 다른 것들은 간과하게 된다. 실제로 최근에는 의사들이 코로나바이러스를 검출하는 데만 신경 쓰다가 다른 위험한 질병의 징후를 놓치기도 했다.[48] 선택적 무지에는 미국의 사회학자 로버트 K. 머튼Robert K. Merton이 명명한 '특정된specified 무지'도 포함된다. 즉, 한 주제에 집중하기 위해 다른 주제에 대한 지식을 일부러 외면하는 것이다. 이는 특정 질문을 제기하고 특정 방법론을 채택하며 특정 패러다임을 적용하는 방식으로 구현된다.[49] 각각의 경우 한 가지를 선택하면 의도했든 안 했든 다른 옵션은 자연히 버려져 특정 지식이 배제되는 결과가 발생한다. 20세기 역사가들의 경우, 이들의 관심이 정치에서 경제, 사회, 문화사로 옮겨감에 따라 드러난 지식도 있지만 외면받은 지식도 생겨났다. 과거에 알려진 사실과 알려지지 않은 사실 사이에 세대교체가 일어난 것이다.

무지는 능동적 무지와 수동적 무지로도 구분될 수 있다. '수동적 무지'는 지식의 부재와 함께 특정 행동을 위해 지식을 활용하지 못하는 것을 의미한다. 새로운 지식이나 아이디어에 대한 저항의 의미가 담긴 '능동적 무지'는 오스트리아 철학자 칼 포퍼Karl Popper가 만든 것으로, 알베르트 아인슈타인의 혼란스러운 견해에 대한 일부 물리학자들의 반대 의견을 피력하는 데 사용되었다.[50] 능동적 무지는 우리가 알고 싶지 않은 것을 '무시하는' 습관으로 확장될 수 있으며, 종종 중대한 결과를 초래하기도 한다.

예를 들어 북아메리카, 오스트레일리아, 뉴질랜드에 정착한 영국인들을 생각해 보자. 그들은 이미 그 지역에 살고 있던 원주민의 존재와 영토 소유권을 무시하려고 했다. 정착민들은 그 땅을 마치 비어 있거나 주인이 없는 것처럼 여겼다(8장 참조). 팔레스타인을 유대인의 '민족적 고향'으로 만든 1917년 밸푸어 선언도 마찬가지다. 이미 그곳에 살고 있던 아랍인들을 무시함으로써 엄청난 문제를 일으켜 한 세기가 지난 지금까지도 분쟁이 계속되고 있다. 커즌 경Lord Curzon(인도 총독을 역임한 영국의 정치가-옮긴이)이 던진 '그 나라 국민은 어떻게 될 것인가?'라는 질문은 여전히 답을 찾지 못하고 있다.[51]

'능동적 무지'라는 말은 우리가 알고 있다고 생각하는 것을 가리킬 수도 있다. 마크 트웨인의 유머 전통을 잇는 미국 코미디언 윌 로저스는 '무지는 모르는 것에 있는 게 아니라, 알지 못하는 것을 아는 데 있다'고 했다(마크 트웨인도 이 말을 인용했다).[52]

'생산'이나 '조작'과 같은 단어는 '전략적'이라는 형용사와 함께 여기서 말하는 무지에 얼마든지 적용할 수 있다. 하지만 나는 지식이 선행되지 않은 상황에서 무지의 생산을 언급하는 것이 상당히 꺼림칙

하다. 차라리 '혼미'라는 단어를 사용하거나 '혼란,' 혹은 '의심'을 생산한다고 하는 편이 나을 것이다. 무지를 유지한다거나 지식에 장애물을 창조한다(5장에서 논의할 물리적 장애물과 동일)고 하는 것도 좋다. 이목을 끄는 표현은 아니더라도 평소 사용하는 언어에 가까워 더욱 명확하게 다가오니 말이다. 따라서 정치적이나 경제적인 이유로 대중을 속이려는 시도는 단순히 '거짓말'로 묘사해야 한다. 나는 대중이 알아야 하는 사실의 상당 부분을 은폐하려는 시도가 오래전부터 지금까지 횡행하고 있다는 데 진심으로 동의한다. 이러한 관행은 '허위 정보' 또는 (완곡한 표현으로) '능동적 조치'라고 불리며, 이에 관한 연구는 '아그노톨로지agnotology(특정 주제에 대한 무지나 의심이 어떻게 생성되는지 연구하는 학문-옮긴이)'라 불린다.[53]

정치, 비즈니스, 범죄 등에 정통한 이들에게 타인의 무지는 권력의 원천이다. 프랑스 혁명 당시 마르세유를 연구한 논문에 따르면, 엘리트들이 무지의 정의定義를 통제하자 정치적으로 그 여파가 상당했다. 논문 저자가 말하는 '타인을 무지하다고 낙인찍어 시정 전반에 대해 발언할 자격을 박탈하는 능력'이 더욱 커진 것이다.[54] 남성이 여성을 지배하기 위해 여성을 무지하게 만든다는 주장에 대해서는 다음 장에서 논의하도록 하겠다.

무지와 그 이웃

지금까지 모르는 것, 알고 싶지 않은 것, 타인이 알기 원하지 않는 것이라는 세 가지 굵직한 주제에 대해 논의했다. 하지만 관련 개념을 소개하지도 않고 이 주제의 역사를 쓰는 것은 불가능하다. 오류는 무지의 결과일 뿐만 아니라, 앞으로 전쟁과 비즈니스를 다루는 장에서 살펴볼 바와 같이 때로는 비극적인 결과를 가져오기도 한다.

미술에서 무지를 표현하기 위해 일부 화가들은 무지를 맹목이나 어리석음과 동일시했다. 15세기 화가 안드레아 만테냐Andrea Mantegna는 무지를 눈이 없는 나체 여성으로 묘사했으며, 16세기 체사레 리파Cesare Ripa는 《도상학Iconologia》에서 눈을 가리고 가시밭을 걷는 여성이나 눈을 가린 채 당나귀를 타고 있는 소년으로 무지와 그 위험성을 표현했다. 그리고 18세기 베네치아의 예술가 세바스티아노 리치Sebastiano Ricci는 무지를 당나귀 귀가 달린 남성으로 의인화함으로써 무지는 곧 어리석음이라는 공통된 인식을 다시 한 번 보여주었다.[55]

오늘날 무지는 불확실성, 부정, 심지어 혼란과 같은 인접한 개념을 포괄하는 의미로 자주 사용된다. 나는 넓은 범위의 주제와 다양한 시각을 고려해 무지의 정의를 다소 좁은 범위인 '부재不在'로 한정짓기로 했다. 하지만 그렇다고 해서 해당 정의에서 벗어나는 부분은 살펴보지 않겠다는 것은 아니다. '개념사conceptual history'를 연구하는 독일 역사학자들처럼 무지를 중심으로 장애물, 망각, 비밀, 부정, 불확실성, 편견, 오해, 신념 등을 포함한 관련 개념의 네트워크를 재구성하고자 한다.[56] 이렇게 얽히고설킨 개념, 그리고 그 개념과 현상의 연관성을 보여주는 것이 이 책의 주요 목표다.

지식 습득을 가로막는 장애물은 지식의 대상에 접근할 수 없는 환경(5장 아프리카의 유럽인 사례에서 논의)처럼 물리적 요소일 수 있다. 물론 정신적 요소일 수도 있는데, 굳건하게 유지되어 온 이전의 개념이 새로운 개념을 받아들일 수 없도록 길을 가로막는 경우가 이에 해당한다. 갈릴레오와 다윈의 이론에 저항한 사례(그 외 다른 사람들 포함)는 4장에서 논의할 것이다. 지적 모델이나 패러다임은 지식 습득을 돕지만, 단순화로 인해 그와 맞지 않는 것들을 방해하는 면도 가지고 있다.[57] 장애물은 과거에 여성과 노동 계급이 고등 교육에서 배제되었던 것처럼 사회적인 것일 수도 있다. 또한 정부의 은폐 사례처럼 정치적인 것일 수도 있다.

지식에서 무지로 돌아가는 망각이라는 개념에는 은유적 의미도 포함된다. 사회적, 구조적, 기업적 '기억상실'이라는 용어는 조직이 정보를 상실하는 것뿐 아니라 의식적 혹은 무의식적으로 과거를 현재의 이미지로 재구성하는 것을 의미한다.[58] 학자들은 로버트 머튼Robert Merton이 설명한 '인용 기억상실citation amnesia', 즉 자신의 분야에서 선행 연구자를 언급하지 않는 경향에 대해서도 알아둘 필요가 있다.[59] 학계의 자기 업적만 챙기는 분위기 속에 양심적인 학자조차 선행 연구자의 사소한 도움은 기꺼이 인정하지만, 큰 도움을 준 선행 연구자를 언급하는 것은 종종 잊는다.

비밀 또한 무지라는 주제와 관련이 있다. 비밀은 소수의 사람만이 그 내용을 알고 다수의 사람은 무지한 상태에 머물러 있는 것을 의미하기 때문이다. 이처럼 비밀로 분류된 밀수, 마약 거래, 돈세탁 같은 은밀한 활동에 대해서는 10장에서 다룰 것이다. 부인否認은 당혹스러운 사실이나 사건을 대중이 모르게 하기 위한 여러 방법 중 하나다. 부인은 최근 들어 우리에게 더욱 익숙하다. 홀로코스트와 다른 집단 학살을 부인하고, 담배와 폐암의 연관성을 부인하며, 기후 변화를 부인하는 등 그 사례가 줄줄이 이어졌기 때문이다.[60]

부인을 효과적으로 만드는 것은 경신輕信, 즉 가벼운 믿음이다. 깊이 생각하지 않고 쉽게 믿는 경신은 특히 신문, TV, 페이스북, X(옛 트위터) 등을 통해 전달되는 가짜 뉴스를 비판 없이 받아들이는 것으로 정의할 수 있다. 경신은 불확실한 상황에서 더욱 번성한다. 그러나 불확실성은 모든 의사 결정자의 숙명이다. 우리는 모두 미래에 대해 무지하기 때문이다. 하지만 14장에서 논의할 위험 분석과 다양한 형태의 예측을 통해 불확실성에 대비할 수 있다. 한편 선입견은 무지 상태에서 내리는 판단으로 정의할 수 있다. 모르는 것을 모르는 대표적인 경우인데, 이러한 예는 이 책 전반에 걸쳐 지속적으로 등장할 것이다.

무지에서 비롯되는 오해는 무지와 마찬가지로 인류 역사에서 큰 역할을 해 왔지만 제대로 인정받지는 못했다.[61] 오해가 생기기 가장 쉬운 때는 특정 문화권의 구성원이 다른 문화권의 구성원과 처음 마주한 순간이다. 잘 알려진 예로 미국의 저명 인류학자 마셜 살린스Marshall Sahlins가 《역사의 섬들Islands of History》에서 분석한 1779년 쿡 선장과 선원들의 하와이 원주민 대면 상황을 살펴보자. 이전까지만 해도 하와이 원주민은 유럽인을 본 적이 없었고, 유럽인들 역시 마찬가지였다. 양측은 서로를 발견하고 상대편의 행동이 무엇을 뜻하는지 해석하려고 노력했다. 쿡 선장이 도착한 때가 마침 원주민이 로노Lono 신을 받드는 축제 기간이었기 때문에 원주민들은 쿡 선장을 로노의 화신으로 여겼다고 살린스는 주장했다. 하지만 섬을 떠났던 선원들의 예상치 못한 귀환으로 원주민들이 의심을 품게 되면서, 쿡 선장은 살해당했다.[62]

이 장에서 살펴본 바와 같이 무지는 보기보다 훨씬 복잡한 개념이다. 따라서 세계 각지의 철학자들이 무지에 관해 할 이야기가 많을 수밖에 없다. 다음 장에서는 철학자들 중 일부의 견해를 살펴볼 것이다.

2장
무지에 관한 철학자들의 견해

나는 무엇을 아는가?

몽테뉴Montaigne(프랑스 철학자)

동양의 철학자들은 2,500여 년 전부터 무지를 논의했다. 공자는 이런 말을 남겼다. "내 너에게 안다는 것을 가르쳐줄까? 아는 것을 안다고 하고, 모르는 것을 모른다고 하는 것, 이것이 곧 아는 것이다."[1] 도가 창시자로 알려진 노자의 《도덕경》에서는 '알지 못하는 것을 아는 것이 가장 훌륭하다'고 했다. 이 말은 무엇을 얘기하든 본질을 놓칠 수밖에 없다는 뜻으로 해석되기도 한다. 심오한 도는 알 수 없기 때문에 이를 설명하는 것은 결국 공허한 말에 지나지 않다는 것이다(《도덕경》에서는 "도를 도라고 말하면 이미 도가 아니다"라고 한다 – 옮긴이).[2] 이런 이유로 또 다른 유명한 도가 철학서인 《장자》에서는 다음의 일화를 통해 도에 간접적으로 접근한다.

설결齧缺이 왕예王倪에게 물었다. "선생께서는 만물이 모두 옳다는 것을 아십니까?"

왕예가 대답했다. "내가 그것을 어떻게 알겠는가?"

"선생께서는 선생이 모른다는 것을 아십니까?"

"내가 그것을 어떻게 알겠는가?"[3]

고대 그리스의 소크라테스 또한 비슷한 방식으로 가르침을 주었다. 그의 제자 플라톤에 따르면 소크라테스는 뭔가에 대해 알지도 못하면서 스스로 안다고 생각하는 사람보다 자신이 현명하다고 주장했다. 자신은 '알지 못하는 것을 안다고' 생각하지 않았기 때문이다. 플라톤의 《대화편》에서 소크라테스는 (메논과 같은) 사람들이 스스로 생각했던 것보다 아는 게 적다는 사실에 점점 더 눈뜨게 만드는 것을 즐겼다.[4] 자료에 따르면 소크라테스는 한술 더 떠 '자신이 무지하다는 사실 외에는 아무것도 모른다'고 주장했다. 그가 실제로 그렇게 믿었는지 단순히 수사학적 장치에 불과했는지 여부를 두고 학자들 사이에 논쟁이 계속되고 있다.[5]

소크라테스는 그리스 철학에서 인식론적 전환을 불러일으켰다. 인식론은 우리가 어떻게 지식을 습득하고 해당 지식의 신뢰성 여부를 판단하는지 다루는 철학의 한 분야다. 이와 반대되는 무지의 인식론은 우리가 어떻게, 왜 무지에 머물러 있는지 다루었다. 그리스 철학자들, 특히 피론을 필두로 한 회의주의학파에서 이 문제를 논의했는데, 피론의 견해는 소크라테스와 마찬가지로 후대 자료인 섹스투스 엠피리쿠스Sextus Empiricus(160~210)의 《피론주의 개요Outlines of Pyrrhonism》를 통해 알려졌다.[6]

회의주의학파는 소크라테스보다 한발 더 나아가 다양한 지식의 신뢰성에 의문을 제기하고, 외관에 대한 불신을 한 방법론으로 만들었다. 회의주의자들은 대상이 동일하더라도 그것을 보는 사람들이 동일한 인상을 받지 않는다고 지적했다. 또한 같은 물체라도 서로 다른 환경에 놓인 사람들에게는 다르게 보인다는 사실도 지적했다. 가령 노가 물속에 있을 때는 굽은 듯 보이지만, 물 밖으로 꺼내면 곧게 뻗어 있는 것처럼 말이다.[7]

회의주의자들은 (회의懷疑, skepsis의 본뜻인) '조사照査, investigation'를 믿었다. 다시 말해 기존의 믿음이나 확신을 두고, 이를 뒷받침하거나 위배하는 사례를 분석하며 지식을 얻을 때까지 판단을 유보했다.[8] 좀 더 정확히 말하면 회의주의에는 두 종류가 있다. 아무것도 알 수 없다고 확신하는 독단적 회의주의와, 그것조차 확신하지 않는 반사적反射的 회의주의다.

지식을 복잡하게 하거나, 문제시하거나, 거부하는 중세 문서가 몇 개 존재하지만, 고대 그리스 회의주의 전통은 중세 시대에 사라졌다.[9] 고대 그리스 회의주의가 부활한 것은 르네상스 시대에《피론주의 개요》문서가 재발견되면서다. 재발견은 시기도 적절하게 철학자이자 역사학자인 리처드 팝킨Richard Popkin이 "종교개혁의 지적 위기"라고 한 때에 이루어졌다. 그에 따르면 가톨릭과 개신교 모두 긍정적인 주장보다 부정적인 주장을 통해 큰 성공을 거두었는데, 개신교는 전통의 권위를 훼손했고 가톨릭은 성경의 권위를 훼손했다.[10]

르네상스 시대의 가장 유명한 회의론자이자 16세기 고대 회의주의 부흥에서 가장 중요한 인물인 미셸 드 몽테뉴는 보르도 시장 시절 가톨릭과 개신교 간 전쟁을 몸소 겪었다. 몽테뉴는 '나는 무엇을 아는가?'라는 질문을 자신의 좌우명으로 삼았다. 그뿐 아니라 몽테뉴 추종자였던 피에르 샤롱Pierre Charron 역시 '나는 모른다'를 좌우명으로 삼는가 하면 툴루즈대학교 철학 교수였던 프란시스코 산체스Francisco Sanches는 '알려진 것은 아무것도 없다Quod Nihil Scitur'는 주장을 담은 같은 이름의 저서를 출간했다. 샤롱과 산체스는 아무것도 알 수 없다고 확신하는 독단적 회의주의자로 보인다. 반면, 몽테뉴의 좌우명을 보면 그는 회의주의 자체에까지 회의적 관점에서 접근하는 반사적 회의주의자임을 알 수 있다.[11]

데카르트는 저서《방법서설》(1637)에서 몽테뉴의 이름을 언급하지 않은 채 그에게 답하는 방식을 통해 의심에서 확신으로 나아가는 이른바 방법론적 무지를 구현했다.[12] 그럼에도 프랑스의 수많은 회의주의자는 의심의 전통을 이어 갔다. 대표적 인물로 몽테뉴의 역할을 물려받은 프랑수아 라 모트 르 바이예François La Mothe Le Vayer와 초회의주의자인 피에르 벨Pierre Bayle을 들 수 있다. 벨은 자신의 저서《역사 비평 사전Historical and Critical Dictionary》(1697)에 수록한 피론 부분에서 회의주의를 뒷받침하는 근거와 반박하는 근거를 모두 제시해 회의주의자들은 물론 독자들까지 판단을 미룰 수밖에 없도록 만들었다.[13]

17세기 회의주의는 외양과 현실 간 격차에 대한 일반적 인식을 철학적으로 표현한 것으로 볼 수 있다. 이는 바로크 시대 세계관의 핵심이었다.[14] 스페인 극작가 페드로 칼데론Pedro Calderón의 유명한 희곡〈인생은 꿈이다La vida es sueño〉(1636)는 꿈꾸는 상태와 깨어 있는 상태를 구분하기 어렵다는 회의주의의 유명한 주장을 단적으로 보여준다.

18세기 대표 철학자인 조지 버클리George Berkeley와 데이비드 흄David Hume은 둘 다 지식이라는 주제에 집착하는 경향이 강했던 17세기의 전통을 이어 갔다. 반면 19세기 철학자들은 무지에 관심을 두지 않는 경향이 있었는데, 예외이자 중요한 인물이 바로《형이상학 연구소Institutes of Metaphysic》(1854)를 집필한 스코틀랜드 출신의 제임스 페리어James Ferrier다. 그는 무지 이론을 지칭하고자 '불가지론不可知論, Agnoiology'이라는 용어를 만들었다(지식에 관한 이론을 지칭하고자 '인식론 epistemology'이라는 용어를 도입하기도 했다).[15]

페리어 시대에는 무지에 대한 관심이 더욱 확산되었다. 토마스 칼라일Thomas Carlyle은 무지를 '가난한 자들의 진정한 궁핍'으로 묘사하고 인류의 보잘것없는 과학의 발전 상태와 대비되는 개념으로 '무지라는 광활한 우주'를 강조했다.[16] 그리고 카를 마르크스Karl Marx는 부르주아의 계급적 이해관계와 노동자 계급의 허위의식 등 지식 습득을 방해하는 사회적 장애물에 대해 논의했다. 한 세대 후 프로이트는 당혹스러운 사건을 잊어버리는 경향을 포함해 지식에 무의식적 거부 반응을 보이는 심리적 장애물이 있다고 주장했다.[17] 앞서 언급한 인용 기억상실 또한 학자적 삶의 심리적 직업병으로 볼 수 있다.

사회적 인식론

1980년대에 일부 철학자들은 관점을 사회학적으로 전환해 지식과 무지를 다른 방식으로 연구하기 시작했다. 전통 인식론은 개인이 지식을 습득하는 방식에 초점을 맞춰 왔으나, 사회적 인식론은 초·중등학교, 대학, 기업, 교회, 정부 부처와 같은 인지 공동체cognitive community에 초점을 맞춘다.[18]

'무지의 인식론'은 다양한 형태의 무지를 식별하고 이들이 어떻게 생산되고 지속되는지, 지식 실천에서는 어떤 역할을 하는지 연구하는 것으로 정의되어 왔다.[19] 그리고 실제로 성, 인종, 계급별로 다르게 나타나는 무지에 초점을 맞추어 연구가 이루어졌다. 이것에 초점을 맞춘 데는 명확한 사회학적 근거가 존재한다. 여성, 흑인, 노동자 계급이 처음에는 학생으로, 나중에는 교사와 학자로 학문 분야에 유입되면서 이들이 한때 이 분야를 독점했던 백인 중산층 남성이 얼마나 무지하고 선입견으로 가득 차 있었는지 크게 깨우친 것이다.

다음은 집단적으로 나타나는 무지를 더욱 자세히 살펴보겠다.

3장
집단의 무지

우리는 어느 시점에 남성주의적 무지라는 개념을
구체적으로 설명해야 할 것이다.

미셸 르 되프Michèle Le Doeuff(프랑스 철학자)

지금까지는 개인의 무지를 중점적으로 살펴보았다. 여기서는 조직, 사회 계층, 인종, 성별 등 크고 작은 인지 공동체가 공유하는 무지를 중심으로 논의하도록 하겠다.

조직의 무지

'조직의 무지organizational ignorance'라는 용어는 특정 조직 내에서 공유하는 지식이 부족하다는 의미로 만들어졌다.[1] 적어도 알카에다 같은 비밀 조직의 경우에는 이 같은 지식 부족이 자산일 수 있다. 이들은 조직 내에서도 분파가 나뉘어 서로 다른 파의 구성원과 활동을 전혀 모르기 때문에 심문을 당하더라도 특정 구성원이 공개할 수 있는 정보가 엄격히 제한된다.

하지만 조직의 무지는 골칫거리인 경우가 더 많다. 가령 현장에 알려진 내용을 관리자나 CEO가 알지 못한다고 생각해 보라. 한 직장에서 오래 근무한 직원들은 일일이 설명하기 힘든 지식을 축적하기 마련인데, 이를 공유하는 게 의무화되지 않아 해당 직원이 퇴직하거나 이직하면 그대로 사라지는 결과를 맞게 된다. 조직 내 소통 실패로 인한 지식 손실을 '기업 기억상실corporate amnesia'이라고도 한다.[2]

프랑스 사회학자 미셸 크로지에Michel Crozier는 조직에 관한 분석에서 '관료주의 조직은 … 거의 소통하지 않는 계층의 수직 통합으로 구성되어 있다'고 결론지었다. 크로지에가 연구한 사무기관에서 한 여성 직원은 '상관들이 실제 진행 상황을 이해하기에는 업무 프로그램에서 너무나 멀찍이 떨어져 있다'고 조사관에게 말했다. 조직 내 권력이 중앙에 집중되면서 '사각지대'가 생겨나는 것이다. 필요한 정보를 가진 사람은 결정권이 없고, 결정권이 있는 사람은 필요한 정보를 얻을 수 없다.[3]

정보의 이동이 원활하지 않은 것도 문제다. 이는 정부 각 부처 간 소통이 부족한 것만 봐도 쉽게 알 수 있다. 근대 초기 유럽에서는 정부 재정이 분산되어 있었다. 근대 초기로 돌아가 당신이 국왕으로부터 연금을 받는다고 가정해 보자. 그 연금은 왕실의 특정 수입원에서 지출될 것이다. 따라서 해당 수입원이 충분한 자금을 확보하지 못한 해에는 왕의 수입이 많다고 해도 연금이 지급되지 않을 수 있다. 흑자인지 적자인지 흐름을 제대로 파악할 수 있는 이가 아무도 없었기 때문이다.

조직의 무지가 초래한 재앙 중 기억할 만한 사례로 1986년 체르노빌 원자력 발전소에서 발생한 폭발 사고를 들 수 있다. 발전소 엔지니어와 관리자는 위험한 상태를 잘 알고 있었다. 하지만 공산당 관리들이 지시한 마감일과 할당량을 맞추기 위해서는 비용을 절감하는 수밖에 없었다. 관리들은 눈에 보이는 성과를 원했을 뿐 그를 위해 감수해야 하는 위험은 몰랐거나 알고 싶어 하지 않았다.[4]

1986년 미국 우주왕복선 챌린저호가 이륙 직후 화염에 휩싸인 사건 역시 체르노빌 사고와 같은 부류로 분류해 이른바 체-챌 증후군 Ch-Ch Syndrome으로 부르는데, 두 재앙 모두 '관리상 과실 … 정치적 압력, 무능, 은폐'로부터 비롯되었다.[5] 체르노빌 사고는 또한 현장 지식 부족, 즉 인류학자 제임스 C. 스콧James C. Scott이 '국가처럼 보기'(스콧은 자신의 저서 《국가처럼 보기》에서 현장 지식 없는 국가 공공 계획의 실패를 다루었다-옮긴이)라고 한 행위의 극단적 사례라고도 볼 수 있다.[6]

이 같은 '현장 무지'는 비즈니스, 정치, 전쟁 등 다양한 영역에서 찾아볼 수 있다. 현장에서 일하는 사람들은 현지 상황을 잘 알고 있지만, 지휘 체계상 높은 서열에 있는 본부는 현지 사정을 전혀 모르면서 무조건 따라야 하는 지시를 내린다. 관련 사례는 뒤에서 다양하게 제시할 것이다. 높은 곳에서 내려다보면 큰 그림을 더 잘 볼 수 있는 대신 밑에서 벌어지는 일은 보지 못하는 부작용이 따른다.

계급

시대와 지역을 막론하고 상류층은 평범한 사람들의 삶에 대해 무지한 경우가 많았다. (진위는 확인되지 않았지만) 가난한 사람들에게 '빵이 부족하면 케이크를 먹게 하라'고 한 마리 앙투아네트의 발언은 이 같은 무지의 상징으로 알려져 있다. 사실 상류층은 하층민을 인간이라기보다 동물에 가까운 기괴한 존재로 여겼다. 예를 들어 10세기 일본의 귀족 여성 세이 쇼나곤清少納言은 '예불에 참여한 평민이 애벌레처럼 득실댄다'고 여겼고, 서둘러 점심을 먹는 목수의 행동을 '기이하다'고 묘사했다. 영국에서 농민 봉기가 일어난 1381년 당시 시인 존 가워John Gower는 평민을 쟁기질을 거부하는 황소에 비유하며 '타고난 사악함'에 대해 적었다. 프랑스의 장 드 라 브뤼에르Jean de La Bruyère는 《성격론Les Caractères》(1688)에서 소작농을 가리켜 '햇볕에 그을린 일종의 야생 동물로, 두 발로 서면 인간의 얼굴을 드러낸다'고 적었다. 이는 거리두기distantciation 기법을 사용해 다른 계층 간에도 인간성은 공유한다는 사실을 독자들에게 인식시킨 것이다.[7]

마르크스주의자들은 지배 계급이 통제권을 유지하기 위해 하층민에게 정보를 아예 주지 않거나 잘못된 정보를 주는 방식에 대해 많은 이야기를 해왔다. 마르크스가 '종교는 인민의 아편이다'라는 유명한 문구를 남긴 배경이 바로 여기에 있다. 가난한 자들이 자신의 처지에 만족할 수 있도록 '환상에 불과한 행복'을 제공한다는 뜻이다.[8]

마르크스주의 이론에는 이탈리아 철학자 안토니오 그람시Antonio Gramsci의 '지적, 도덕적, 정치적 헤게모니' 개념이 포함된다. 그람시는 지배 계급이 단지 힘만으로 통치하는 것이 아니라 힘과 설득, 강요, 동의를 결합해 통치한다고 보았는데, 설득은 일부 간접적으로 이루어진다. 피지배 계급 또는 하위 계급은 자신을 지배하는 자의 눈으로 사회를 보는 법을 배운다.[9] 이후 미셸 푸코Michel Foucault는 이들의 지식을 가리켜 '예속된 지식savoirs assujettis'이라 했다.[10] 그람시의 옥중 기록에는 이따금 암시적인 표현이 등장하는데, 이는 영국의 인류학자 부부인 에드윈Edwin과 셜리 아더너Shirley Ardener의 침묵 그룹 이론Muted Group theory(지배 집단은 언어 시스템을 구성하며, 종속 집단은 의사소통을 위해 지배 집단이 만든 언어를 학습하여 동화된다는 내용-옮긴이)을 통해 한결 쉽게 이해할 수 있다. 이들에 따르면 하위 계급은 자신들만의 표본이 없기 때문에 지배 집단의 표본(혹은 표본들)을 통해 자신의 세계를 구축하는 수밖에 없다.[11]

인종

'무지의 인식론'이라는 용어는 찰스 W. 밀스Charles W. Mills가 인종차별주의를 분석하는 과정에서 만들었다. 그는 젠더 연구에 비해 인종차별주의에 대한 철학적 연구가 부족하다는 것을 발견하고 그 격차를 줄이기 시작했다. '백인은 흑인을 동등한 인간, 심지어 아예 인간으로조차 인정하지 않기로 했다'는 게 그의 주장이었다. 또한 백인이 우월하다고 전제하는 인종 중심주의에는 흑인의 인격을 무시하는 행위가 포함된다고도 했다. 이후 밀스는 이 같은 암묵적 합의를 '백인의 무지'라고 불렀다.[12] 이 개념은 교육 연구에 차용되었지만, 다른 문제에도 얼마든지 적용될 수 있다. 그중 하나는 오늘날 개선되기 시작한 무지로, 아프리카 노예가 19세기 자본주의 발전에 얼마나 중요한 역할을 했는가 하는 것이다. 또 다른 하나는 흑인 작가, 예술가, 철학자의 업적을 백인들이 오래도록 인정하지 않은 관행인데, 여기에는 무지와 더불어 고의적이거나 반고의적인 무시가 함께 작용했다.

백인의 무지의 생생한 예는 윌리엄 포크너William Faulkner의 소설 《무덤의 침입자Intruder in the Dust》(1948)에 나오는 유명한 단락을 통해 살펴볼 수 있다. 이 단락은 프로이트가 말한 '반복 강박'의 한 형태, 즉 전투에서 패배한 사람이 머릿속에 과거를 반복해 재현하는 욕구를 묘사한 것으로, 게티스버그 전투에서 피켓 장군과 그의 부하들이 감행한 치명적인 돌격(일명 피켓의 돌격-옮긴이)에 대한 부분이다. 이로 인해 남부는 전투에서 패배하고 결국 남북전쟁에서도 패배하게 된다.

포크너는 소설에서 '열네 살의 모든 남부 소년들은 원할 때마다 1863년 7월 그날의 오후 두 시가 아직 오지 않은 순간을 떠올린다'고 하며 피켓의 돌격이 아직 일어나지 않은 순간을 상상한다고 했다. 이때 포크너는 '남부의 모든 백인 소년'을 염두에 두고 있었던 게 분명하다. '백인의white'라는 형용사를 생략한 것은 프로이트의 말실수Freudian slip(뜻하지 않게 자신의 속마음을 드러내는 실수를 가리키는 관용어-옮긴이)로, 자신의 정체성과 가치관을 드러내는 것이다.

여성의 무지

인식론의 사회적 전환에 큰 자극을 준 것은 철학 외부에서 부상한 페미니즘이었다. 남성은 '내가 모르는 것은 지식이 아니다'라는 원칙에 따라 여성의 지식과 신뢰성을 무시하거나 평가절하해 왔다.[13] 고대 로마에서 근대 초기 유럽에 이르기까지 신뢰할 수 없는 지식을 가리켜 '노파의 이야기aniles fabulae'라고 치부했을 정도다.

예로부터 여성이 수행해온 조산술은 18세기 들어 영국을 필두로 대부분 지역에서 남성 전문의와 외과의가 점령하기 시작했다. 새로운 도구인 겸자로 무장한 이들은 여성 경쟁자들을 무지하다고 여겼다. "조산사들은 이중으로 발목을 잡혔다. 대학에 다닐 수 없어 새로운 방법과 실행에 무지했는데 … 여성이기 때문에 대학에 진학할 수도 없었다."[14]

근대 초기 유럽에서는 여러 분야에서 여성의 무지를 긍정적으로 포장해 장려했다. 그중에서도 17세기 프랑수아 페넬롱François Fénelon 대주교가 (특히 좋은 가문 출신) 여자아이들의 교육에 관해 적은 책은 남성의 전통 지혜를 글로 서술한 고전으로 받아들여졌다. 따라서 프랑스에서 큰 성공을 거두었을 뿐 아니라 18세기에는 영어로 번역되고 각색되어 널리 읽혔다.

페넬롱 대주교는 여자아이들에게 종교 교육을 실시하고 가사일, 읽기와 쓰기를 가르치도록 권했다. 산수 또한 회계 관리에 유용하다는 이유로 권장했다. 그러나 그는 여자아이들이 이탈리아어나 스페인어 등 외국어를 배울 필요는 없다고 보았다. 여성이 국가를 통치하거나 변호사, 성직자, 군인이 될 리도 없어 정치학, 법학, 신학, 전쟁 기술 역시 공부할 필요가 없었다. 여자아이들은 또 페넬롱이 말한 '무분별하고 만족할 줄 모르는 호기심'도 경계해야 했다.[15]

19세기 영국의 유명한 소설 가운데 여성의 무지를 주제로 한 책을 더러 찾아볼 수 있다(이들 소설은 아이러니하게도 저자가 여성이다). 제인 오스틴의《노생거 수도원》(1817)에서 화자는 여주인공 캐서린 모랜드를 '열일곱 살 여자아이가 으레 그렇듯 무지하고 무식하다'고 묘사하고 있으며, 이 때문에 캐서린은 친구 헨리 틸니의 놀림거리가 되기도 한다. 조지 엘리엇의《미들마치》(1870~1871)는 마지막 페이지에서 '여성의 지식을 잡다한 무지의 다른 이름으로 만드는 교육 방식'을 언급했지만 나중에 엘리엇이 삭제했다.[16] 마찬가지로 1882년에 태어난 버지니아 울프는 남녀 교육 격차로 인해 자신이 '지식인이 아닌 무식쟁이'의 일원이 될까 봐 우려했다.[17]

아더너 부부가 표현한 것처럼 근대 초기의 여성은 '침묵 그룹'이었다고 할 수 있다. 하지만 페미니즘 이전의 페미니스트였다고 할 근대 초기의 일부 여성은 소수의 남성과 함께 여성에게 무지를 전가하는 관행, 그리고 전통적인 여성 교육 체제의 제한된 커리큘럼에 항의했다.

15세기에 이미 프랑스에서는 크리스틴 드 피장Christine de Pizan이 여성이 발명했거나 발견한 예술이 남성이 발명했거나 발견한 예술보다 인류에게 더 유용하다고 주장했다. 피장이 쓴《숙녀들의 도시》에서 화자 크리스틴은 레종 부인에게 '이전에 알려지지 않았던 지식을 발견한 여성이 지금까지 있었는지' 묻는다. 이에 레종 부인은 여성의 이름을 줄줄이 읊는데 여기에는 태피스트리를 발명한 아라크네, 비단 만드는 방법을 발견한 팜필레 등이 포함되었다.[18]

17세기 네덜란드 공화국에서는 수학자 안나 마리아 반 슈르만Anna Maria van Schurman이 여자아이들이 더 다양한 과목을 배워야 한다고 주장하는 문서를 라틴어로 작성했다. 그녀는 인문학의 모든 분야를 배우는 것이 '기독교 여성에게 전적으로 적합'하며 여성이 법, 전쟁, 정치학 이론에서 배제되어서는 안 된다고 주장했다.[19] 또한 17세기 후반 남성 철학자 프랑수아 풀랭 드 라 바르François Poullain de la Barre는 여성이 다양한 학문 분야에 참여하지 않은 이유는 능력이 부족해서가 아니라 '학문에서 배제되었기' 때문이라고 주장했다. 요컨대 '이성에는 성별이 없다'는 것이다.[20]

비슷한 시기에 프랑스의 철학자 가브리엘 쉬숑Gabrielle Suchon, 영국의 마거릿 캐번디시Margaret Cavendish와 메리 아스텔Mary Astell은 여성이 폭넓은 교육을 받아야 한다고 주장했다. 쉬숑은 여성 무지의 근원, 기원, 원인이 '여성이 지식의 빛을 박탈당한 채 어둠 속에 머물러 있기를 원하는 사람들 때문'이며, 여성이 지식 습득에서 배제되어 온 것은 남성이 여성을 계속 의존적으로 만들어 지배하고 싶어 하기 때문이라고 주장했다.[21] 한편 귀족 신분으로 많은 책을 접한 캐번디시는 여성이 '학교와 대학에서 교육받는 게 힘들 이유가 전혀 없다'며 불만을 토로했다.

상인의 딸이었던 아스텔은 '무지야말로 여성과 관련한 거의 모든 악습의 원인'이라고 적었다. 그리고 여성은 지식 습득에서 배제되어 있기 때문에 무지가 그들의 잘못은 아니라고 했다. '여성은 갓난아이 때부터 향후 부족하다고 비난받는 그 혜택(지식)에서 제외된다.' 남자아이들은 공부하도록 '권장'받지만 여자아이들은 '제재'당해 '지식의 나무'에서 멀어져 간다. '만약 … 여성이 주인이 원하는 수준으로 무지한 상태를 유지하지 못한다면 그녀에겐 괴물이라는 낙인이 찍힌다.' 이 같은 무지에 대한 해결책으로 그녀는 여성을 위한 대학 설립을 제안했다.[22]

18세기 여성의 무지에 대해 논의한 영문 도서가 두 권 있다. '소피아'라는 필명으로 출판된《남성보다 열등하지 않은 여성Woman Not Inferior to Man》(1739)과 메리 울스턴크래프트Mary Wollstonecraft가 쓴《여성의 권리 옹호Vindication of the Rights of Woman》(1792)가 그것이다. 두 책 모두 19세기 초에 다른 언어로 번역되었는데, 프랑스어와 포르투갈어 버전에서는 소피아의 글이 울스턴크래프트의 작품으로 소개되었다.[23]

소피아는 여성 무지의 책임이 '미신을 피할 수 있는 수단을 제공하지 않은 남성에게 있다'고 비난했다. 울스턴크래프트는 '시민정부의 헌법 자체가 여성의 이해력 증진을 차단한다는 점에서 거의 극복할 수 없는 장애물'이며 '오늘날의 여성은 무지로 인해 어리석거나 사악한 존재가 되어 버렸다'고 주장했다. 또한 여성이 '순수라는 허울뿐인 명분 아래 계속 무지해야 하는 이유가 무엇'인지 물었다.[24] 즉, 근대 초기 유럽의 여성 일부는 자신의 무지를 인정하고 그 책임을 남성에게 돌렸다.

남성의 무지

지금까지 설명한 상황은 20세기 후반 들어 반전을 맞았다. 페미니스트들이 여성은 결코 무지하지 않다고 주장하며 남성이 여성의 지식을 무시한다고 비난한 것이다. 프랑스 철학자 미셸 르 되프Michèle Le Doeuff는 '언젠가 우리는 남성주의적 무지의 개념을 구체적으로 설명해야 할 것'이라고 결론을 내렸다.[25] 여성은 자신의 무지를 자각하고 있는 경우가 많았지만, 남성은 대체로 자신의 무지를 깨닫지 못했다.

근대 초기에도 이미 일부 여성은 출판을 통해 여성 평등(혹은 우월성)을 주장하며 남성이 여성의 업적을 인정하고 싶어 하지 않는다고 불만을 토로했다. 루크레치아 마리넬라Lucrezia Marinella는 남성이 여성을 비판하는 데는 스스로 우월하다고 느끼고 싶은 저의가 깔려 있다고 했다. 메리 아스텔은 남성이 기술한 역사는 여성의 업적은 빠트린 채 '서로의 업적'만 늘어놓는데, 이는 작성자들이 여성을 시기하기 때문이라고 지적했다.[26]

19세기와 20세기 여성 학자와 과학자들의 경력을 살펴보면 남성이 여성의 성과를 끈질기게 인정하려 들지 않았다는 사실을 알 수 있다. 특히 남성과 여성의 공동 작업에서 그와 같은 경향이 두드러졌다.[27] 남성들이 인정하고 싶지 않다는 이유로 빛을 보지 못한 불운한 여성 과학자에는 메리 애닝Mary Anning, 리제 마이트너Lise Meitner, 로절린드 프랭클린Rosalind Franklin 등이 있다.[28]

메리 애닝은 지금도 주로 화석 수집가이자 중개인으로 소개된다. 이 때문에 19세기 전반기에 도싯에서 공룡 화석을 발굴해 고생물학 발전에 기여한 공로는 묻히기 일쑤다.[29] 물리학자인 리제 마이트너는 1930년대에 오토 한Otto Hahn과 함께 핵분열을 발견했지만, 이 연구로 노벨상을 받은 주인공은 남성 동료인 오토 한뿐이었다.

로절린드 프랭클린은 'DNA의 암흑 여인'으로 불린다. DNA를 발견해 (프랜시스 크릭Francis Crick, 모리스 윌킨스Maurice Wilkins와 함께) 노벨상을 수상한 제임스 왓슨James Watson이 그녀의 지분을 인정하지 않았기 때문이다. 그러나 〈네이처〉에 실려 노벨상으로까지 이어진 논문에서 크릭과 왓슨은 프랭클린의 엑스레이 사진을 사전 허가나 동의 없이 사용한 바 있다. 세 명의 수상자가 사전에 짜놓은 계략에 따라 의도적으로 프랭클린을 배제했다는 소문도 돌았는데, 사실 여부를 떠나 그녀의 공헌을 인정하지 않은 사례는 과학 역사상 가장 악명 높은 '인용 기억상실' 중 하나에 해당한다.[30]

미국 인문학자 앨리스 코버Alice Kober는 고전 부문의 로절린드 프랭클린이라 할 수 있다. 이른바 '선형문자 B'라는 고대 그리스 문서를 해독했지만 사람들에게는 알려지지 않았기 때문이다.[31] 철학사 부문에서도 이전에는 인정받지 못했던 일부 여성들이 최근 학계의 주목을 받고 있다.[32] 마찬가지로 미술 분야에서도 린다 노클린Linda Nochlin, 그리젤다 폴록Griselda Pollock 같은 페미니스트 미술사학자들 덕분에 바로크 화가 아르테미시아 젠틸레스키Artemisia Gentileschi와 인상파 화가 메리 카사트Mary Cassatt 같은 굵직한 화가들이 세계 회화사에 이름과 작품을 올릴 수 있게 되었다.[33]

이런 모든 무지를 극복하기 위해 페미니스트들은 여성학을 만들었다. 1969년 코넬대학교에서 선구적인 프로그램이 시작되었고 〈페미니스트 스터디스Feminist Studies〉, 〈사인스Signs〉, 〈히파티아Hypatia〉 등의 학술지가 그 뒤를 이어 발간되었다. 여성학이 젠더 연구로 확장될 만큼 다차원적 학문이라는 사실은 중요하다. 현재 케임브리지대학교 젠더연구센터에는 20개가 넘는 학과의 학자들이 참여하고 있다. 페미니스트들은 여성에 대한 연구 부족과 (대부분 남성인) 학자들이 여성을 무시하고 투명 인간 취급하는 행태를 지적하며 여성 운동을 시작했다.[34] 이들은 남성에 관한 지식에 여성을 추가하는 것만으로는 현실을 개선할 수 없어 남성이 소위 '지식'이라고 부르는 것에 크게 두 가지 문제점을 지적했다.

첫째는 과학적 객관성이 결여되어 있다는 점이었다. 남성의 선입견이 지배적으로 작용하는 데다 모든 지식은 관점이나 사회적 지위에 따라 상대적으로 해석된다는 개념이 부족하다는 이유에서였다.[35] 둘째로 여성은 보통 남성이 무시하는 자신만의 지식 방식을 가지고 있다고 주장했다. 지식 체계에는 여성으로서 바라본 감정이 필수적인데, 남성 중심적 학문은 직관을 과소평가하고 이성만 강조하는 제도를 정착시켰다고 했다.[36] 또한 전통적인 (남성적) 인식론에서는 '다른 사람을 아는 것'이 전혀 고려되지 않는다고 했다.[37] 다시 말해 남성은 지식savoir에 집중하고 여성은 인식connaître에 집중한다는 것이다. 만약 이게 사실이라면 결국 사고방식에 성별이 존재한다는 얘기다.

페미니스트들이 남성의 사고방식을 객관적으로 보고 여성의 사고방식을 주관적으로 보며 서로 대조하는 것은 지나친 도식화에 불과하다. 여성 과학자들은 이성을 사용하는 데 아무런 문제가 없으며, 어떤 남성들은 직관적으로 사고하기도 한다. 물리학자이자 페미니스트인 이블린 폭스 켈러Evelyn Fox-Keller는 남녀 대조에 관한 고전적 분석에서 '남성적과 객관적, 더 구체적으로 남성적과 과학적 사이의 연관성이 개인차에 의해 무색해졌다'고 주장했다. 즉 성향은 유전적인 것이 아니라 남성과 여성의 초기 경험에 의해 조장된 신념 체계의 일부일 뿐이다.[38]

4장
무지의 연구

무지에 대한 글을 쓰는 것은 여전히 존중받지 못하는 일이다.

마이클 스미스슨Michael Smithson(오스트레일리아국립대학교 심리학과 명예교수)

학계는 조직 또는 인지 공동체의 한 형태다. 그런데 학계에서도 특정 지식에 무관심하고 연구가 제대로 이루어지지 않은 측면에서 무지가 제도적으로 정착되어 있었음을 알 수 있다. 따라서 최근 페미니스트가 특정 학문 분야에 어떻게 접근하고 있는지 살펴보는 것도 좋을 것이다.

페미니즘 세대의 여대생은 대학에서 남성 교수가 학생들을 가르칠 뿐 아니라, 남성만을 염두에 두고 커리큘럼을 짠 것처럼 보인다고 주장했다. 그들은 남성들이 연구하면서 무시하고 부정하며 억압한 것들에 주목했다. 1970년대부터 인문학과 사회과학, 그리고 정도는 덜하지만 자연과학 분야에서 지식을 대규모로 빠뜨린 것을 목격해 왔다는 게 그들의 주장이다.[1]

여성 학자들은 각 분야에서 남성의 편견으로 인해 무시되었던 사각지대를 잇달아 발견했다. 가령 법률 분야에서는 특히 강간과 관련한 법에 여성의 경험과 시각이 전혀 반영되지 않았다는 문제를 제기했다.[2] 정치 분야의 경우 영국 정치학자 캐롤 페이트먼Carole Pateman은 페미니즘 작가들이 사상가 리스트에서 제외되었으며, 정치 이론의 대부분이 페미니스트들의 논의를 거치지 않았다고 주장했다.[3]

페미니스트 지리학자들은 장소나 지역이 남녀 간 불평등에 미치는 영향을 연구했고, 여성들이 지리학 연구와 이론 확립에 더 많이 참여할 것을 촉구했다.[4] 덴마크 경제학자 에스테르 보세루프Esther Boserup는 경제 발전에 관한 문헌은 이미 방대한 데다 계속 증가하고 있지만 여성의 특수한 문제가 거의 반영되지 않았다고 지적하며 자신의 분야에서 페미니즘적 접근 방법을 개척했다.[5]

영국의 사회학자 앤 오클리Ann Oakley는 사회학자와 경제학자가 관심조차 두지 않았던 주제를 선택함으로써 페미니즘 사회학의 초기 발전에 기여했는데, 그것은 바로 가사노동이다. 캐나다의 사회학자 도로시 스미스Dorothy Smith는 '가부장적 사회학'이라는 용어를 사용하며 사회학의 방법, 개념, 이론이 여성의 경험을 무시한 채 남성 사회 안에서 구축되었다고 비판했다. 또한 남성이 개인과는 무관한 규칙에 초점을 맞추는 데 반해 여성은 일상생활과 개인 경험을 중시한다고 했다.[6]

인류학과 고고학

인류학의 경우 남성 연구자들이 여성을 아예 무시했다고는 말할 수 없지만, 많은 부분에서 여성의 중요성을 과소평가한 것으로 보인다. 남성 연구자들이 여성을 만나거나 대화하는 것이 허용되지 않는 경우도 있었다. 하지만 비교적 이른 시기부터 인류학 분야에 진입한 여성 학자들도 있는데 그 이름을 연대순으로 나열하면 루스 베네딕트Ruth Benedict, 조라 허스턴Zora Hurston, 오드리 리차드Audrey Richards, 마거릿 미드Margaret Mead, 루스 랜디스Ruth Landes 등이다. 초기 여성 인류학자들은 자신의 경험을 공유함으로써 지식의 공백을 메웠다. 마거릿 미드는 사모아에서 여자아이들에게 성에 대해 가르쳤고, 브라질 바이아에서는 루스 랜디스가 아프리카-브라질 종교에서 여성 사제의 중요성을 강조했다.[7]

여성들은 남성이 학문을 지배함에 따라 생긴 사각지대를 발견했다. 이에 여성 학자들은 남성 동료들과 다른 질문을 던지기 시작했다. 메리 더글라스Mary Douglas는 '집, 식사, 양육, 청소, 쇼핑, 여성의 신체 등 중산층 여성의 고민을 인류학에 가져왔다'는 평가를 받는다.[8] 이후 인류학 이론은 젠더처럼 이전에는 소홀히 다루었던 주제로까지 확장되었다.[9]

여성 고고학자들은 인류학 분야 동료들에 비해 남성의 편견을 알아차리는 것이 늦긴 했지만, 그들의 영향을 받아 고고학에 존재하는 편견에 도전했다.[10] 고고학은 유물 유적을 연구하는 학문인 만큼, 과거 성별에 따른 노동 분업의 증거를 충분히 찾을 수 없었다. 이에 리투아니아 학자 마리야 김부타스Marija Gimbutas는 신석기 시대 유럽에서는 남녀가 평등했다고 주장하는가 하면, 15세기 프랑스의 크리스틴 드 피장은 농업을 발전시킨 주인공은 여성이라고 주장해 논란이 일었다.[11] 하지만 DNA 분석이라는 신기술의 등장으로 고고학자들이 해골의 성별을 확인할 수 있게 되면서 무기와 함께 묻힌 바이킹 중에는 여성도 있다는 사실이 밝혀졌다.[12] 어쨌든 확실한 것은 페미니즘적 접근으로 인해 전통적 가설(가령 채집과 요리는 여성의 몫이었고, 남성은 사냥과 도구 제작을 담당했다는 주장)이 실제 '가설'임이 밝혀졌다는 사실이다.[13]

무지에 대한 글

인간의 무지는 '방대하고, 통제가 안 되며, 끝없어 보이는 주제'라고 한다.[14] 소크라테스와 몽테뉴는 무지를 자신에게서 찾았지만, 이와 달리 타인의 무지를 탓하는 경우도 비일비재하다. 청년들은 노인들의 무지를 탓하고, 중산층은 노동자 계층이나 대중의 무지를 탓하며 기독교인과 이슬람교도는 이교도를, 문명인은 야만인을, 글을 아는 사람은 문맹자에게 무지의 책임을 돌린다.

1963년 브라질 북동부에서 교편을 잡고 있던 파울루 프레이리Paulo Freire는 문해력 교육, 즉 글을 가르쳐주는 교육에서 인식의 혁명을 가져왔다. 성인을 가르치는 교사들에게 문맹이 곧 무지를 뜻한다는 선입견에서 벗어나 자신이 가르치는 학생들도 세상을 비판적 시각으로 바라볼 수 있는 동등한 존재임을 깨닫고, 그들에게서 배우는 자세를 갖도록 조언한 것이다. 프레이리는 교사는 모든 것을 알고 학생은 아무것도 모른다는 식의 '은행예금식 교육(은행에 돈을 예금하듯이 교사가 지식을 학생에게 일방적으로 주입해 쌓이게 하는 교육 방식-옮긴이)'을 포기하면 불과 40시간 만에 성인에게 글을 읽고 쓰는 법을 가르칠 수 있다는 사실을 발견했다.[15]

1장에서 살펴보았듯이 우리는 보통 초기 역사 시대를 무지의 시대로 여긴다. 하지만 모든 시대가 무지의 시대라고 해야 겸손할 뿐 아니라 정확할 것이다. 바로 다음의 세 가지 이유에서다.

첫째, 지난 두 세기 동안 눈부시게 성장한 집단 지식이 대다수 개인의 지식에는 반영되지 않았다. 인류 전체를 놓고 보면 그 어느 때보다 많은 지식을 갖게 되었는지는 몰라도, 대부분의 개인은 자신의 조상보다 조금 더 알 뿐이다.

둘째, 새로운 지식이 확산되면 다른 지식은 사장되는 경우가 많기 때문이다. 영어, 스페인어, 아랍어, 중국어 등 세계적 언어를 지식으로 습득하는 것이 증가함에 따라 다른 언어의 소멸 속도가 빨라지고 있다. 현재 7천여 개에 달하는 지구촌 언어 중 50~90퍼센트는 2100년 이전에 사라질 것으로 예상된다.[16] 오늘날 아마존 지역에 사는 부족처럼 머릿속에 저장되어 입으로 전달되는 지식은 사라질 위험이 더 크다. 소규모 부족의 노인들이 죽으면 구전되던 지혜가 그들과 함께 사라지기 때문이다.[17] 또한 개념 차원에서 보면 하나의 패러다임이 다른 패러다임으로 대체될 때는 '쿤 손실(과학혁명은 단순한 지식 축적이 아니라 패러다임의 전환을 통해 이루어지며, 전환 과정에서 과거의 지식 일부가 손실되는 것을 '쿤 손실' 또는 '쿤의 손실'이라 한다-옮긴이)'이 발생한다. 즉, 패러다임이 다른 패러다임을 희생시키면서 현실의 몇 가지 특색에 집중하기 때문에 어떤 현상은 설명할 수 없게 된다.[18]

셋째, 최근 수십 년 동안 정보의 양이 급속하게 늘기는 했지만, 이는 엄연히 지식의 증가와는 다르다. 지식 증가는 정보와 달리 검증, 소화, 분류의 과정을 거쳐야 하기 때문이다. 어쨌든 정부와 대기업을 비롯한 조직들이 수집해 공개하지 않는 정보의 양은 점점 더 늘고 있다. 2001년 미국에서는 새롭게 발간된 책과 신문·잡지 기사의 페이지를 합한 것보다 다섯 배나 많은 양의 문서가 기밀로 분류되었으며, 그 비율이 계속 증가하고 있다는 주장이 제기되었다.[19]

따라서 폴란드계 미국인 공학자인 율리우스 루카시에비치Julius Lukasiewicz가 1992년에 출간한 책 《무지의 폭발》은 얼핏 제목이 모순적으로 보일 수 있지만, 알고 보면 그렇지도 않다.[20] 오늘날 우리는 흔히 지식 노동자가 산업 노동자를 대체하는 정보 사회 혹은 지식 사회에 살고 있다고 말한다. 하지만 '무지의 사회'에 산다고도 말할 수 있을 것이다. 정보가 계속 쌓이면서 개개인이 모르는 정보의 양도 점점 더 많아지고 있기 때문이다.

우리는 어쩌다 이 같은 상황에 이르렀을까? 오늘날의 상황은 지난 세기와 어떻게 다를까? 미디어에서 '사상 최초'나 '전례 없는' 같은 문구를 워낙 많이 사용하다 보니 사람들은 지금이 과거와는 다르다고 흔히 생각한다. 르네상스와 계몽주의 운동에 몸담은 사상가들 역시 자신들의 시대를 무지로부터의 해방이라는 극적 관점에서 바라보았다. 일찍이 1400년경에 연대기 작가 필리포 빌라니는 이전 화가들의 무지로 인해 잃어버렸던 그림의 진실성을 이탈리아 화가 치마부에가 회복시켰다고 설명했다.[21]

문화적·사회적 변화가 가속화하는 우리 시대에도 과거와 현재의 격차를 과장하기는 너무나 쉽다. 그러나 연속성을 잊어서는 안 되며, 대중에게 이를 상기시키는 것이 역사가의 사명 중 하나다. 이어지는 내용에서 나는 이 사명을 수행하고자 하며, 나 또한 과장하지 않기를 바라면서 이야기를 전개해 나가겠다.

은유의 힘

무지를 논하는 이들은 기존에 반복적으로 사용된 은유에서 벗어나기가 어렵다는 것을 깨닫기 마련이다. 18세기에 소위 계몽주의를 이끈 선구자들은 르네상스 선배들과 마찬가지로 한 번씩 무지의 '어둠'에 대해 불평을 늘어놓았고, 언론인 조셉 애디슨Joseph Addison은 잡지 〈스펙테이터〉를 창간한 이유에 대해 대중의 무지를 마치 일종의 안개처럼 '흩뜨리기 위해서'라고 말했다(이로부터 300여 년 후 다른 언론인은 '무지의 스모그'라는 용어를 사용했다).[22] 역사학자 윌리엄 로버트슨William Robertson은 중세 초기를 '시대의 무지가 너무나 강력해 … 어둠이 귀환했을 뿐 아니라 전보다 훨씬 두껍고 무겁게 내려앉은 시기'라고 표현했다.[23]

이 같은 은유는 '무지의 구름'으로 변형되었다. 1694년 영국의 메리 아스텔이 여성을 위한 대학을 옹호하며 《진지한 제안A Serious Proposal to the Ladies》을 발표했을 당시 그녀의 목표는 여성을 그늘에 가두는 '무지의 구름을 걷어 내는 것'이었다.[24] 1819년 설립된 앨라배마대학은 '오랫동안 이 땅의 얼굴에 어둠의 그늘을 드리워온 무지와 편견의 구름을 걷어 낼 것'으로 기대되었다.[25] 이 같은 은유는 영국 변호사 에드워드 퀸Edward Quin의 작품으로 '시대별 세계 지도 시리즈'라는 부제의 《역사 지도책Historical Atlas》(1830)에서도 볼 수 있다. 여기서 지도는 무지를 상징하는 검은색 구름에 둘러싸여 있다.

영국 역사가 에드워드 기번Edward Gibbon은 로마 제국을 침략한 야만인들을 가리켜 '강물이나 바다 같은 무지에 빠진' 존재로 묘사했다.[26] 스코틀랜드 출신의 철학자 데이비드 흄은 13세기 영국이 '무지의 가장 깊은 심연에 빠져 있다'고 묘사했다.[27] 계몽주의 운동 지지자들은 계몽주의가 인류를 '무지의 잠'에서 깨우고, 지성을 통해 '속박', '사슬', '멍에'에서 해방시킬 것으로 여겼다. 이 같은 비유는 나폴리의 화가 루카 조르다노Luca Giordano의 그림 〈무지의 족쇄에서 해방된 인간 지성〉에 생생하게 묘사되어 있다.

무지 탐구

무지의 원인과 결과를 탐구하는 것은 무지의 책임을 타인에게 돌리는 것보다 더 어렵다. 무지는 1850년대에 철학자 제임스 페리어가 연구 가능성에 대해 논의한 것을 제외하면 비교적 최근까지도 연구 주제로 받아들여지지 않았다. 이 점에서는 소설가가 학자보다 훨씬 앞서 나갔다.

무지에 주목하는 시각은 조지 엘리엇George Eliot의 《플로스 강변의 물방앗간》(1860)에서는 물론 그녀의 걸작 《미들마치》(1870~1871)에서도 뚜렷이 볼 수 있다. 《플로스 강변의 물방앗간》의 여주인공 매기는 처음에는 지식을 갈망하다가 이내 체념하고 무지를 받아들이려고 해 친구인 필립으로부터 '체념이 어리석은 게 아니라 무지한 상태에 머무는 것이 어리석은 것'이라는 말을 듣는다. 작가는 소설의 배경이 되는 시대이자 자신의 어린 시절을 가리켜 '지금보다 무지가 훨씬 편안했던 시대, 지식이라는 정교한 의상으로 굳이 가릴 필요가 없었던 시대'라고 묘사한다.[28]

엘리엇은 《다니엘 데론다》(1876)에서 '무지의 힘을 정당하게 고려하거나 제시한 이 누구인가?'라는 질문을 던졌다.[29] 무지에 대한 엘리엇의 집착은 《미들마치》에서 가장 극명하게 드러난다. 어느 비평가가 제시한 것처럼 이 소설의 결말이 '타인을 안다는 게 얼마나 어려운 일인지 보여주기' 때문이다.[30] 여기서 그와 같은 어려움은 두 주인공인 도로시아와 윌이 서로의 감정에 대해 무지하다는 설정으로 표현된다. 하지만 이 소설에서 무지가 차지하는 비중은 그보다 훨씬 크다. '무지', 그리고 '무지한'이라는 단어가 소설에서 (내가 셈을 잘못 한 게 아니라면) 쉰아홉 차례나 등장하는데, 이는 비단 도로시아 자신의 무지뿐 아니라 이야기의 배경이 되는 마을 주민의 무지를 의미하기도 한다.

헨리 제임스Henry James는 은밀한 지식에 특히 관심이 많았다. 《메이지가 알았던 것In What Maisie Knew》(1897)에서 그는 어린 메이지가 부모에 대해 모르고 있었던 사실을 가장 중요한 주제로 다루었다. 애매모호한 서술의 거장인 제임스에게 잘 어울리는 주제인 무지는 《황금잔The Golden Bowl》(1904)에서도 인상적으로 다루어졌다. 이 작품에서는 무지를 놀라운 방식으로 표현했다. 작품에서는 각 등장인물이 특정 사건에 대해 얼마나 아는 게 없는가를 중심으로 이야기가 전개되는 가운데 '지식'과 '무지'라는 단어가 반복적으로 사용되었다.[31]

다학제적 사업

1993년 심리학자 마이클 스미스슨은 '무지에 대한 글을 쓰는 것은 여전히 존중받지 못하는 일이다'라는 문장으로 시작하는 과학의 무지에 관한 논문을 썼다.[32] 3년 후 프랑스의 과학 철학자 테오도르 이벤느Théodore Ivainer 역시 비슷한 지적을 한 바 있다.[33] 하지만 오늘날 상황은 매우 달라졌다.

몇몇 학자와 과학자는 일찌감치 무지를 탐구했다. 앞서 살펴본 것처럼 프로이트는 《꿈의 해석》(1899)에서부터 이미 무지에 관심을 가졌다. 20세기 초 무지Nichtwissen를 논한 게오르크 짐멜은 사회학에서 무지 연구를 개척한 인물이라고 할 수 있다.[34] 경제학에서는 프랭크 나이트Frank Knight와 존 메이너드 케인스John Maynard Keynes가 1920년대에 불확실성에 대해 논했고, 프리드리히 폰 하이에크Friedrich von Hayek는 1978년에 《무지에 대처하는 방법Coping With Ignorance》이란 저서를 출간했다.[35]

조지 엘리엇, 헨리 제임스 같은 걸출한 작가들의 관심을 고려하면 문학자들이 무지를 연구하는 것은 전혀 놀랄 일이 아니다. 문학자들은 창세기부터 쥘 베른에 이르는 무지에 대한 지식을 조사하는가 하면, '알지 못함unknowing'을 모더니즘 소설의 특징으로 보고 주목했다. 또한 영국의 문학 비평가 앤드류 베넷Andrew Bennett은 작가들이 무엇을 하려고 하는지, 혹은 그들이 쓰는 것의 의미를 알고 있는지에 대해 탐구했다.[36] 또한 베넷은 무지의 범위를 넓혀 '무지는 문학의 서사적 힘의 일부이자 정체성 규정에 기여하는 발화 또는 행동의 일부이며, 실제로 핵심 주제의 중요한 요소로 다시 개념화할 수 있다'고 주장했다.[37]

철학에서는 지식의 문제가 오랫동안 논의의 중심을 차지했지만, 앞서 살펴본 것처럼 1990년대에 '무지의 인식론'이라는 문구가 새롭게 사용되면서 무지로 관심이 쏠리기 시작했다.[38]

의학의 경우, 무지의 제도화가 이례적으로 일찍 이루어졌다. 1981년에는 한 인류학자가 의학적 무지에 관한 연구 논문을 발표했고, 1984년에는 《의학적 무지의 백과사전Encyclopaedia of Medical Ignorance》이 출간되었다. 방대한 지식을 자랑하는 의사 루이스 토마스Lewis Thomas는 의학 교재에 부록으로 실린 글에서 '우리는 자신이 얼마나 무지한지에 대해 필요한 만큼 솔직하지 못하다. … 나는 의학적 무지가 의대의 정식 과목으로 개설되기를 바란다'고 했다.[39] 애리조

나대학교 교수이자 루이스 토마스가 자신의 멘토라고 한 말리스 위트Marlys Witte 교수는 이와 같은 토마스의 바람에 우리가 안다고 생각하지만 모르는 것, 우리가 알았다고 생각했지만 몰랐던 것, 그리고 자신과 타인 모두의 실패에서 배울 수 있는 교훈까지 추가해 행동으로 옮겼다. 1985년 위트는 일부 반대에도 불구하고 '무지 101' 강의를 개설해 큰 성공을 거두었고, 이후 인기가 너무 많아지자 학교 밖 교사와 학생을 위한 정기 여름학교 강의까지 열었다.[40]

페스트에서 코로나19에 이르는 신종 질병이 출현할 때마다 사람들은 의학적 무지를 다시 한 번 생생하게 체감하게 된다. 의학의 역사를 돌아보면 어떻게 제도적 망각이 일어났는지 살펴볼 수 있다. 17~18세기 서구 의사들은 침과 뜸을 비롯한 아시아 의학을 발견하고 실제로 활용하기도 했다. 그런데 1800년 무렵부터는 특정 의료 체계가 치료 행위와 이론을 완전히 독점하려는 경향이 강해지면서 이 같은 대체 의학은 비과학적이라는 이유로 거부당했다.[41]

의학자, 철학자, 심리학자들은 초기 무지 연구에 기여했지만 각자 몸담은 분야가 달라 서로 고립되어 있었다. 그러다 1991년 국제 컨퍼런스와 1993년 미국과학진흥협회의 한 세션이 무지를 주제로 열리면서 몇몇 분야가 만날 수 있었다. 특히 과학진흥협회 세션에 제출된 여러 논문은 철학, 사회학, 저널리즘, 의학의 관점에서 바라본 무지를 주제로 다루었다.[42] 이후 무지에 관한 책과 논문이 갈수록 많아지고 있으며, 여기에는 독일부터 브라질에 이르는 사회학자들이 상당한 기여를 했다.[43] 이제 '아그노톨로지Agnotology'는 여러 학문을 아우르는 분야로 자리매김했다. 이 분야의 개요를 제공하는《라우틀리지 무지 연구 핸드북The Routledge Handbook of Ignorance Studies》역시 철학, 사회학, 인류학, 경제학, 정치학, 과학, 법학, 문학 등 51명의 저자가 각각 저술한 내용으로 구성되었다.[44]

무지 연구에 대한 관심이 지난 40여 년 동안 특히 왕성하게 일어난 이유는 정확히 알 수 없지만, 몇 가지 이유를 생각해 볼 수는 있다. 그 중 하나는 연구 그 자체의 발달이다. 특정 문제를 연구할 때 그것을 뒤집거나 반대로 돌려 상반된 측면을 살펴봄으로써 좋은 성과를 거둘 수 있다. 이제 기억을 연구하는 학생들은 망각으로 눈을 돌렸고, 언어를 연구하는 학생들은 침묵을 연구하고 있다. 성공은 늘 관심의 대상이었지만, 학자들은 실패를 통해 무엇을 배울 수 있는지도 연구한다. 또한 지식 사회에 대한 논의가 활발한 데 힘입어 학자들 사이에 지식에 대한 관심이 커지고 있고, 그에 따라 무지 연구 또한 뒤따를 수밖에 없게 된 것이다.

외부 영향을 살펴보면 우리가 살고 있는 현시대의 굵직한 이슈들이 무지에 대한 학문적 연구를 부추겼다고 할 수 있다. 특히 9.11 테러 같은 과거 재난에 대한 인식, 현재의 재난(예를 들면 코로나19)에 대한 불안감, 그리고 다가올 재난에 대한 두려움이 일조한 게 분명하다. 그뿐 아니라 도널드 트럼프, 자이르 보우소나루 같은 국가 수장이 말도 안 되는 무지를 여실히 드러낸 것도 학계의 관심을 부추겼다. 또한 (패러디 장르를 포함해) 여러 자기계발서가 '무지의 힘'이라는 제목을 사용하고 있다.[45] 너무 낙관적인 시각일지 모르지만, 무지에 관심이 커지는 것이 곧 집단적 겸손이 늘어나는 것이라고 생각하면 위안이 될 것이다.

5장
무지의 역사

무지의 역사를 충분히 고려한 지식의 역사는 아직 쓰이지 않았다.

로버트 데마리아Robert DeMaria(바사대학교 영문학과 교수)

앞 장에서 논의한 분야와 마찬가지로 역사학자 또한 여성을 무시해 왔다는 비판을 받았다. 이에 따라 그 공백을 메우고자 무지의 역사에 관심을 촉구하는 움직임이 있었다.

여성의 역사

여성은 종종 '역사에서 감춰진 존재'로 묘사되어 왔다. 초기 역사가들이 인류의 절반을 차지하는 여성의 과거에 무지했다는 뜻이다. 이에 18세기에 프랑스, 독일, 영국에서 여성의 역사를 다룬 책들이 출간되어 큰 화제를 모았다. 앙투안 토마Antoine Thomas의 《여러 세기에 걸친 여성의 성격, 품행, 정신에 관하여Essai sur le caractère, les moeurs et l'esprit des femmes dans les différens siècles》(1772), 크리스토프 마이너스Christoph Meiners의 《여성의 역사Geschichte des weiblichen Geschlechts》(1788~1800),

윌리엄 알렉산더William Alexander의 《여성의 역사The History of Women》(1796)가 그것이다.[1] 이들 책의 저자와 출판사는 분명 역사에 대한 여성들의 관심을 염두에 두고 있었다. 이는 전통적으로 이루어진 여성이 무지하다는 추정에 반하는 증거가 된다.[2]

여성 학자들은 역사에서 남성 학자들이 놓친 부분을 채울 수 있었다. 메리 리터 비어드Mary Ritter Beard는 남성들이 여사제, 여왕, 성인, 이교도, 학자, 가정의 주인이었던 여성들이 역사를 만들어 나가는 데 힘을 보탠 것을 놓치고 있다고 주장했다.[3] 미국 바사르대학 교수였던 루시 살몬Lucy Salmon은 가사 노동에 대한 논문을 발표하면서 세탁 목록과 주방용품 등 이전에는 간과했던 자료까지 사회사 연구에 포함시켜야 한다고 주장했다.[4]

1970년대에는 좀 더 광범위한 변화가 일어나 페미니스트들이 여성을 무시한 남성 역사가들에게 비판의 목소리를 높였다. 미국의 원로 역사가인 나탈리 데이비스Natalie Davis는 '종교개혁을 연구한 현대 역사가들은 대부분 … 여성을 거의 언급하지 않았다'고 지적했다.[5] 데이비스는 자신의 가장 유명한 책《마르탱 게르의 귀환The Return of Martin Guerre》에서 본인이 베르트랑드의 남편이라고 주장하는 가짜 마르탱, 그리고 전쟁에 나갔다가 몇 년 뒤 나타난 진짜 마르탱을 두고 벌어진 진실 공방에 아내 베르트랑드에 대한 논의를 추가했다. 자신이 남편이라고 주장하는 남성에게 베르트랑드가 보인 태도가 역사적 사건의 핵심인데, 초기 역사가들이 이를 간과했다는 것이다.[6]

오늘날 여성의 일, 여성의 몸, 여성의 종교, 여성의 글을 전문으로 연구하는 역사가는 반세기 전에 비해 비약적으로 증가했다.[7] 시스템에 새로운 요소가 도입되면 이를 수용하기 위한 또 다른 변화가 자연스레 일어나기 마련이다.[8] 데이비스는 여성의 역사가 주목받으면 역사 분야의 전반적 관행에도 변화가 일어날 수밖에 없다고 주장했다.[9] 그 변화 중 하나가 프라이버시에 대한 관심 증대로, 실제로 1985~1987년 프랑스에서《프라이버시의 역사Histoire de la vie privée》가 5권으로 출간되기도 했다. 또 다른 변화는 궁정과 왕실의 배후에서 여성이나 남성이 행사해 온 비공식적인 힘을 인식하는 사람이 늘었다는 것이다.

무지의 역사

앞서 언급한《라우틀리지 무지 연구 핸드북》의 51명 저자 중에는 역사학자가 포함되어 있지 않다. 역사가는 무지 연구에 뒤늦게 합류했는데, 그중 다수가 일시적으로 무지에 대해 언급했을 뿐 중점적으로 연구한 이는 극소수에 불과했다.

과학사학자인 피터 갤리슨Peter Galison과 로버트 프록터Robert Proctor는 1980년대 초 하버드대학원에서 만난 사이로, 무지에 대해 글을 쓴 최초 역사가라 할 수 있다. 프록터는 창조론에서 인종차별에 이르기까지 일반인들이 어떤 태도를 보였는지 교수들이 별로 알고 싶어 하지 않는다는 사실에 놀라움을 금치 못했다. 한편 원자폭탄을 연구한 물리학 교수에게 배우기도 한 갤리슨은 검열과 비밀 유지에 관심을 갖게 되었다. 특히 프록터는 또 다른 과학사학자인 론다 쉬빙거Londa Schiebinger와 함께 이른바 '아그노톨로지agnotology'라는 새로운 분야를 개척하는 데 크게 기여했다. 이 학문은 일반적 무지 연구 분야인 '아그노이올로지agnoiology'와 달리 무지가 생산되거나 지속되는 방식을 연구한다.[10]

반면 일반 역사가들은 과학사학자들에 비해 뒤처져 있었다.[11] 지식의 역사에 대한 관심이 한동안 증가하기는 했지만, 무지의 역사를 충분히 고려한 지식의 역사는 아직 쓰이지 않았다.[12] 일반 역사가들이 무지에 뒤늦게 주목하기 시작한 것은 약간 이상한데, 철학과 마찬가지로 역사 분야에서도 회의주의자들에게 답하기 위한 무지 연구의 필요성에 대해 이미 오래전부터 눈뜬 상태였기 때문이다. 17세기부터 회의주의자들 중 일부는 정설로 받아들여진 역사에 의문을 제기해 왔다. 프랑수아 라 모트 르 베이예가 역사의 불확실성에 관해 쓴 책 《역사 속에 존재하는 불확실성Du peu de certitude qu'il y a dans l'Histoire》을 대표적 사례로 들 수 있다.[13]

18세기와 19세기 일부 역사가들은 무지에서 지식으로의 이동이라는 진보 개념을 중심으로 책을 썼다. 중세 초기는 이들 역사가가 속한 빛의 시대와 상반되는 암흑기, 즉 어둠의 시대로 알려져 왔다. 철학자이자 역사학자인 데이비드 흄은 10세기와 11세기를 '무지의 나날'과 '무지한 나날'로 묘사했으며, 볼테르 역시 중세를 '무지의 시대'라 했다.[14]

무지는 문맹과 연결되는 경우가 많다. 프랑스 학자 베르나르 드 퐁트넬Bernard de Fontenelle은 (우리가 말하는 신화를 포함한) 우화의 기원을 설명하는 과정에서 문자가 발명된 뒤 무지와 야만성이 쇠퇴하기 시작했다고 주장했다.[15] 지식의 진보와 무지의 퇴보라는 관점에서 쓰인 가장 유명한 역사서로서 니콜라 드 콩도르세Nicolas de Condorcet가 인간 이성의 진보를 조명한 책 《인간 정신의 진보에 관한 역사적 개요Esquisse d'un tableau historique des progrès de l'esprit humain》에서도 인쇄술과 함께 문자의 중요성이 강조된다. 이 책은 귀족 출신 저자가 프랑스 혁

명 과정에서 처형된 뒤 출간되었다.[16]

무지와의 전쟁을 연구하는 전통은 19세기 이후에도 지속되었다. 실제로 영국 빅토리아 시대에는 데이비드 네이스미스David Nasmith가 '과학, 무지, 미신 사이에서 벌인 500년의 투쟁(서기 1200~1699)'이라는 부제의《현대 사상의 창시자Makers of Modern Thought》(1892)를 선보였다. 이 같은 책의 저자들은 인류가 전쟁에서 승리하고 있으며 당대가 이전 시대에 비해 훨씬 계몽되었다는 확신에 가득 찬 승리자의 관점에서 글을 썼다. 그들은 역사를 진보의 관점에서 바라보는 휘그당(17세기 후반 절대왕정에 반대한 개혁 성향의 영국 정당-옮긴이)의 해석을 받아들였다.[17]

그로부터 긴 시간이 흐른 오늘날, 일부 역사학자들은 무지는 쇠퇴할 수밖에 없다는 휘그당의 가설에 얽매이지 않고 무지라는 주제로 되돌아가고 있다. 코넬 치얼라인Cornel Zwierlein과 그의 독일 동료들은 이러한 관점에서 외교와 제국을 연구했으며, 치얼라인은 그에 관한 책을 출간하기도 했다. 냄새에서 종鐘에 이르기까지 독특한 주제 선정으로 유명한 프랑스 역사학자 알랭 코르뱅Alain Corbin은 18세기 말과 19세기 초, 지구에 대해 알려지지 않은 사실을 연구해 발표했다.[18] 2015년에는 런던의 독일역사연구소에서 '근대 초기 확장기의 무지와 비지식' 컨퍼런스가 열렸다. 하지만 그 밖에도 탐구해야 할 영역이 아직 많이 남아 있다.

학교나 대학의 역사는 교육 이론가 엘리엇 아이스너Elliot Eisner가 '영 교육과정null curriculum'이라고 일컬었던, 학교 교육 과정에서 의도적으로 제외되거나 무시된 내용에 주목할 수 있다. 그 배경에는 '무지는 단순히 중립적인 공백이 아니다. 무지는 고려할 수 있는 선택의 종류, 검토할 수 있는 대안, 특정 상황이나 문제를 바라보는 관점에 중요한 영향을 미친다. … 편협한 관점이나 지나치게 단순한 분석은 무지의 불가피한 산물'이라는 전제가 깔려 있다.[19] 마찬가지로 역대 백과사전 판본 연구에서는 장소와 시기에 따라 누락된 내용, 특히 더 이상 정확하지 않거나 중요하지 않다는 이유로 삭제된 것들에 대해 조사할 수 있다.[20]

접근 방법

무지를 연구하는 역사학자들은 근본적인 문제에 직면한다. 바로 '없음'을 어떻게 연구하느냐 하는 점이다.[21] 사회과학자들은 '유권자의 무지' 등을 조사함으로써 무지에 대해 연구할 수 있지만, 애초에 존재하지 않은 것의 역사는 대체 어디를 어떻게 연구해야 할까?

다소 전통적이라 할 수 있는 하나의 방법은 무지의 개념을 시대별로 살펴보는 것이다. 해당 사례로는 르네상스 시대의 시인이자 학자인 프란체스코 페트라르카의 〈자신의 무지와 다른 많은 이의 무지에 관하여〉라는 편지가 자주 언급되어 왔다. 페트라르카는 소크라테스를 인용해 자신은 '모른다는 점을 안다'고 하면서, 그가 무지하다고 주장하는 네 명의 젊은 베네치아인에 맞서 자신을 변호했다.[22] 이 책에서처럼 고대와 근대의 회의주의자들이 제기한 지식의 한계에 대한 논쟁은 종종 있었다. 6장에서 살펴보겠지만, 신학자들은 신에 대한 지식을 얻기 위해 '부정 신학'의 전통을 연구했다.

무지의 역사를 알기 위해 최근에는 그림자를 보고 누군가를 추적하는 것과 같은 간접적 방식을 활용하고 있다. 그중 하나가 이른바 '후향적 방식'으로, 지식의 증가에서 무지의 점진적 감소로 초점을 옮기는 것이다. 스페인 학자 프란시스코 로페스 데 고마라Francisco López de Gómara가 자신의 저서《인도의 일반 역사General History of the Indies》(1553)에서 지적했듯이 아메리카 대륙의 발견으로 '현명했던 고대인들의 무지가 드러나게 되는declaró la ignorancia de la sabia antigüedad' 것이다.[23]

후향적 방식은 프랑스 역사가 마르크 블로크Marc Bloch가 농경 시스템을 연구할 때 사용한 '퇴행적 방식'과 유사하다.[24] 하지만 블로크가 지속성을 발견하는 데 집중했다면, 후향적 방식은 과거와 현재의 차이를 강조한다. 따라서 이는 블로크의 동료 뤼시앵 페브르의 접근 방식에 더 가깝다고 할 수 있는데, 페브르는 당시에는 존재하지 않았던 개념과 단어를 통해 16세기 프랑스 사상의 한계를 탐구했다.[25]

두 번째 접근 방식은 셜록 홈즈가 하는 것처럼 이른바 '설득력 있는 부재'를 연구하는 것이다. 홈즈는 경주마 실종 사건을 조사하던 중 경비견이 한밤중에 침입자를 발견하면 짖는 게 보통인데, 그날 밤에는 짖지 않았다는 사실을 발견했다. 그래서 경비견과 친밀한 사람이 범인이라는 결론을 내렸다. 비슷한 방식으로 무지를 연구하는 역사가들은 비교를 통해 중대한 부재를 드러낼 수 있다. 독일 사회학자 베르너 좀바르트Werner Sombart가 자신이 살던 시대에 독일에서 매우 두드러졌던 사회주의가 미국에서는 없었던 것을 다룬 유명한 논문(〈왜 미국에는 사회주의가 없는가?〉를 말한다-옮긴이)처럼 말이다.[26]

코넬 치얼라인은 서구인들이 근대 초기 레반트(동지중해 연안 지역, 좁게는 현재 시리아, 레바논 지역-옮긴이) 지역에 대해 무지하다는 사실에 주목했다. 특히 아랍의 위대한 역사학자 이븐 할둔Ibn Khaldun의 저서를 비롯한 일부 도서가 도서관에 비치되어 있지 않을 뿐 아니라 특정 정보 역시 도서관 소장 도서에서 찾아볼 수 없다고 지적했다.[27] 이런 관행은 '빈 역사'라고 부르며, 기록 보관소에 특정 자료가 없는 것을 중요한 현상으로 본다.[28] 또한 같은 장소를 방문한 여행자들의 글을 비교해 보면 각기 빠진 부분이 드러나기 때문에, 역사가는 이를 통해 해당 글의 저자가 보지 못한 것을 알아차릴 수 있다.

세 번째 방식은 기존의 승리주의 서사를 뒤집어 무지의 감소 대신 무지의 증가, 혹은 무지의 폭발에 초점을 맞추는 것이다. 이 같은 방식에서는 언어의 소멸, 책의 소각, 도서관 파괴, 발견의 집단적 망각, 지식인의 죽음 등에 관한 이야기가 등장한다. 한마디로 승자보다는 패자, 성공보다는 실패를 강조하는 것이다.[29] 이 접근법의 가치는 전통적인 이야기의 편향성, 즉 역사학자들이 흔히 '편견'이라고 부르는 것을 드러내는 데 있다. 하지만 (이 방식만 활용할 경우) 마치 동전의 양면처럼 마찬가지로 편향적일 수 있다.

역사를 해석하는 이 두 가지 방식이 화해할 수 있는 방법은 소설가이자 신학자로도 잘 알려진 옥스퍼드 출신의 C. S. 루이스C. S. Lewis가 1950년대에 이미 제안한 바 있다. 루이스는 《새로운 배움과 새로운 무지New Learning and New Ignorance》라는 인상적인 제목의 저서에서 르네상스 시대의 영문학 역사를 소개했다. 그는 르네상스 인문주의자들이 중세 철학에 적대적 태도를 보인 것이 무지의 한 형태라고 하면서 '모든 새로운 배움에는 새로운 무지가 뒤따른다. … 인간의 주의력에는 한계가 있는 만큼 한 개가 새로 들어오면 다른 하나가 밀려 나갈 수밖에 없다'고 했다.[30] 이 점에서 나는 루이스의 주장을 따르면서 거기에 사회적 측면을 추가할 것이다. 지식과 마찬가지로 무지 또한 사회적으로 자리 잡았기 때문이다.

무지의 사회사

무지의 역사는 지식의 역사와 마찬가지로 지성사의 일부로서, 지성사는 다양한 방식으로 접근할 수 있다. 이 책에서는 지식의 사회사와는 상반되면서 서로 보완하는 무지의 사회사를 중점적으로 다룬다. 1921년 레닌이 말했듯 인간사의 핵심 질문은 '누가-누구를?'이다. 정치학자 해럴드 라스웰Harold Lasswell은 의사소통 연구를 통해 이 질문을 유명 명제로 다듬었는데, 그것은 '누가 무엇을 누구에게 말하는가'이다.[31]

마찬가지로 무지를 연구하는 사회사학자 역시 누가 무엇에 무지한지 탐구했다. 예를 들면 일반인(평신도, 평민, 유권자, 소비자)의 무지와 엘리트(통치자, 장군, 과학자 등)의 무지를 구분하고 그들 사이의 연관성을 조사했다. 사회사학자들은 이를 통해 무지가 (계급, 인종, 성별에 따른) 한 집단이 다른 집단을 지배하는 데 쓰이는 것으로 보았다. 그렇게 보면 영어에서 무지를 뜻하는 ignorance는 지식을 뜻하는 knowledge와 함께 복수형으로 쓰일 만하다(knowledge는 복수형 knowledges로 쓰이지 않는다-옮긴이). 프랑스어의 지식 복수형 savoirs나 스페인어의 지식 복수형 saberes와 달리 이상하게 들릴지 모르지만 말이다.

사회사학자들은 코넬 치얼라인이 말하는 '무지 대처법'에 대해서도 연구했다. 즉 학자, 과학자, 선교사, 식민지 행정가 등의 주체가 실험, 조사, 현장 작업 등을 수행하는 과정에서 무지를 알아차리면 어떻게 대처하는지 연구한 것이다.[32]

사실 어떤 무지는 특정 문화권의 특정 사회 집단에게 요구된다. 가령 근대 초기 유럽의 신사들은 돈이나 공예 관련 기술에 대해 전혀 모르거나 잘 몰라야 했다. 상류층은 육체노동을 경시했기 때문이다. 숙녀의 경우에도 고전 학습부터 (적어도 결혼하기 전의) 성sex에 이르기까지 다양한 부분을 모르는 게 미덕이었다.

20세기 초 우생학, 여성 인권, 피임 운동가로 더 잘 알려진 영국의 식물학자 마리 스토프스Marie Stopes는 중산층 여성들이 모두 침묵한 탓에 어린 여성들이 결혼할 때까지 성에 무지했다는 사실에 충격을 금치 못했다. 스토프스는 누군가 자신에게 편지로 털어놓은 사실을 인용했다. '나는 결혼 생활이 어떤 건지 거의 모르고 결혼했어요. 내가 알아야 할 것들을 말해 준 사람이 단 한 명도 없었거든요. 그래서 난 혹독하게 깨달을 수밖에 없었어요.'[33] 통념을 뒤집기 좋아한 미셸 푸코는 성생활의 '빅토리아 체제'가 철저하게 침묵과 비밀을 유지한 게 아니었다고 주장했다. 오히려 정반대로 다른 무엇보다 성생활을 고민하고 거기에 집착하는 태도를 보였다는 것이다. 하지만 언제나 그렇듯 공식과 비공식, 남성과 여성, 부모와 자녀의 태도를 구분할 필요가 있다.[34]

반면 여러 다른 형태의 무지는 비난받을 만하다고 널리 인식되어 왔다. 유럽에서 개신교를 신봉하는 독실한 신자들은 성경에 무지함을 드러내는 이들에게 놀라움을 감추지 못했다(반면 가톨릭을 믿는 사람들은 성경을 잘 아는 일반 신자가 있으면 이교도가 아닌지 의심부터 품었다). 여성의 경우 살림을 꾸릴 줄 모르고, 수를 놓을 줄 모르고, 우아한 손으로 글을 쓰지 못하고, 노래를 부르지 못하고, 피아노를 연주하지 못하고, 유명한 작곡가의 악보를 읽어 작품을 알아보지 못하는 무지를 드러내면 비난받아 마땅했다.

예로부터 남성은, 특히 1500년부터 1900년까지 서구에서 교육받은 남성의 경우에는 고대 그리스 로마 신화, 역사, 문학, 철학에 대한 지식을 갖추거나 적어도 고전만큼은 알아들을 수 있어야 했다. 전문 용어 셰브런chevron(V자 무늬), '귤즈gules(문장에서의 빨간색)', '임페일impale(두 개의 문장을 합하다), 파산트passant(문장에서 사자 등의 동물이 오른쪽 앞다리를 들고 왼쪽을 향해 걷는 자세) 등을 포함해 문장학紋章學에 무지하거나 주요 가문의 문장을 알아보지 못하는 것 또한 죄악으로 여겨졌다. 18세기를 배경으로 한 월터 스콧Walter Scott의 소설《롭 로이》(1817)에는 문장에 무지한 어느 청년을 보고 중년 남성이 놀라움을 금치 못하는 장면이 나온다. '뭐! 문장의 도상을 모르다니! 자네 부친은 대체 무슨 생각이었던 거야?'

무지의 사회적 역사와 정치적 역사를 분리하는 것은 불가능하다. 다양한 상황에서 누가(남성, 부르주아, 통치자, 기업) 누구(여성, 노동자 계급, 민중, 소비자)를 어떤 이유로 무지하게 만드는지 따져 봐야 할 것이다. 17세기 영국 학자 배슈아 매킨Bathsua Makyn은 남성이 여성을 노예처럼 부리기 위해 일부러 무지하게 만들었다고 토로했다. 앞서 살펴본 것처럼 17세기의 메리 아스텔과 가브리엘 쉬송, 그리고 18세기 익명의 '소피아' 역시 동일한 주장을 펼쳤다.[35]

이미 언급했듯이 많은 요소를 포괄하는 무지는 고유의 설명과 결과를 갖는 각각의 무지를 한데 모아 복수의 형태로 연구하는 게 중요하다. 또한 선교사와 야만인, 엘리트와 대중, 남성과 여성, 노동자와 관리인, 군인과 장교 등 다양한 관점에서 연구하는 것도 중요하다. 그래서 이른바 다층적 역사가 만들어질 수 있기를 바란다.[36]

6장
종교의 무지

사람은 과학적 근거 없이 알거나 믿고 있는 것을 주장해서는 안 된다.

토머스 헨리 헉슬리T. H. Huxley(영국 생물학자)

이 장에서 다룰 자료는 풍부하고 다양하다. 무지는 종교의 이론과 실천 모두에서 다양한 역할을 하는데, 부정신학否定神學에서 가장 두드러진다. 부정신학에 따르면 인간은 '신이 어떤 것이 아닌지'에 대해서만 말할 수 있으며(예를 들면 부정신학에서는 '신은 유한한 존재가 아니다'라고 함으로써 '신이 무한한 존재'임을 설파한다-옮긴이), 무지를 통해 신을 간접적으로 알 수 있다.[1] 종교 지도자들은 종종 야훼, 하나님, 알라의 의도를 안다고 자신하지만, 종교는 인간의 무지로 인해 생겨났다고 할 수 있다. 한편 18세기에 처음 출간된 세 명의 사기꾼(모세, 그리스도, 무함마드)에 관한 악명 높은 책(익명의 저자가 쓴 《세 명의 사기꾼》으로, 국내에 출간되어 있다-옮긴이)에서는 종교가 의도적으로 창조된 미스터리라고 했다.[2]

특정 종교를 가진 사람들은 다른 종교인들의 믿음을 자신과 다른 지식으로 여기기보다 지식의 부재라 단정 짓고, 무지를 비난했다. 앞서 살펴본 것처럼 이슬람교도는 이슬람 이전의 다신교 시대를 무지의 시대로 부르고 있으며, 기독교 선교사들 또한 비기독교인의 우상 숭배, 미신과 더불어 무지를 자주 언급했다. 각 종교 집단은 다른 집단이 참된 신앙에 무지하다고 비판하지만, 정작 세계 주요 종교의 신자 대다수는 타 종교에 대해 모른다. 불가지론자들은 소크라테스가 보인 예를 따라 무지의 책임을 자기 자신에게 돌린다.

따라서 이 장에서는 성직자와 평신도가 자신의 종교 교리에 얼마나 무지한지, 타 종교 사상에는 또 얼마나 무지한지에 대해 다룰 것이다. 신에 대해 의도적으로 무지를 추구하는 두 가지 형태인 신에 이르기 위한 부정否定의 방식과 불가지론을 탐구하고, 마지막으로 신학에 대한 관심 부족과 신학을 무시하려는 행태에 대해서도 알아볼 것이다.

성직자

정부, 기업, 군대 등 다른 대규모 조직과 마찬가지로 교회에도 이른바 '집단의 무지'가 존재할 수 있다. 최근 밝혀진 가톨릭교회와 영국국교회에서의 성추행 사건을 얘기하는 것이 아니다. 성추행이 발생한 교구의 주교들은 사건에 무지했다기보다 은폐했다고 보는 게 정확할 것이기 때문이다. 여기서 더 중요한 것은 교구와 교구민 사이 지식 격차와 소통 부재이며, (내가 아는 한) 기독교 역사가들은 여전히 이를 간과하고 있다.

성직자, 특히 교구 사제들이 신앙에 무지하다는 사실은 잘 알려져 있으며, 이는 유럽의 종교개혁 당시부터 가톨릭과 개신교 모두 골머리를 앓았을 만큼 오래된 문제다. 중세 시대 교구 사제들은 직무를 수행하기 위한 정식 교육을 받지 못했다. 그저 선배들을 돕고 지켜보는 비공식 수습 절차를 밟으며 단편 지식을 얻었을 뿐이다.[3] 이런 공식 훈련의 부족은 일찌감치 문제로 여겨졌다. 13세기 영국 교회 협의회는 상당한 영향력을 발휘하고 지속될 일반 신자 교육 지침을 만들었는데, 도입부가 '사제들의 무지Ignorantia Sacerdotum'로 시작되었다.[4] 또한 16세기 중반 만토바 교구를 감찰한 결과 사제들이 '무지하다nihil sciens'는 사실이 밝혀지기도 했다.[5] 1561년 칼라일 교구의 주교는 소속 성직자들이 '대체적으로 무지하고 고집스럽다'고 평가했다.[6]

마르틴 루터Martin Luther와 그의 추종자들은 '짖지 못하는 벙어리 개', 즉 배움이 부족해 신앙을 전파하고 교구민의 무지를 바로잡을 수 없는 사제와 목사들을 특히 강력하게 비판했다.[7] 벙어리 개라는 말은 구약성서에서 선지자 이사야가 '이스라엘의 파수꾼들은 맹인이요 다 무지하며 벙어리 개들이라 짖지 못하며'(이사야 56장 10절)라고 불평한 데서 따온 것이다. 이는 여기서 논하는 문제가 유럽이나 종교개혁 시대의 기독교에 한정된 게 아님을 보여준다.

이 같은 비판이 일자 가톨릭교에서는 16세기 후반에 신학교를 세워 사제가 신자들에게 무엇을 가르쳐야 하는지 교육하는가 하면, 루터파와 칼뱅파의 많은 목사도 대학에서 공부했다. 반면 정교회나 동방 정교회의 교구 성직자들은 이 같은 기회를 별로 누리지 못했다. 1651년 알레포에서는 프랑스 캐퓨친 수도회의 한 선교사가 시리아인들과 아르메니아의 대주교들을 가리켜 '극도로 무지하다sono molto ignoranti'고 지적했다.[8] 1762년 두브로브니크 출신 예수회 학자 루제르 보스코비치Ruđer Bošković는 불가리아를 방문해 어느 마을의 사제와 이야기 나눈 뒤 '사제의 무지, 그리고 가난한 모든 자의 무지는 믿을 수 없는 수준이다. … 그들은 주기도문이나 신조信條, 종교의 필수적 신비에 대해 전혀 알지 못한다'고 했다. 이어 다른 사제와 대화한 뒤에도 '로마, 교황, 종교 논쟁에 대해 전혀 알지 못했고, 도리어 내게 로마에 사제가 있는지 물었다'고 밝혔다.[9]

개종시키려는 사람들의 기존 신앙에 대해 무지했던 선교사의 사례는 뒤에서 다루도록 하겠다.

평신도

종교 개혁이 평신도들의 기독교 신앙에 대한 무지를 줄였는지에 대한 여부는 차치하고, 적어도 무지를 연구할 수 있는 자료를 만들어 냈다는 점은 주목할 만하다. 여기에는 선교사들이 토로한 어려움뿐 아니라 교구를 시찰하거나 방문한 기록이 포함된다. 이를 통해 역사가들은 근대 초기 가톨릭과 개신교의 성직자들이 교구민의 신앙 지식 수준을 파악하려고 했으며, 종종 교구민들의 무지를 알고 당황했음을 알 수 있다.

예를 들어 16세기 영국 성직자들의 증언에 따르면 '가난한 자들은 주기도문을 대개 이해하지 못했고', '상당수가 무지했으며', '성경이 무엇인지, 성경이라는 게 있는지도 알지 못했다.'[10] 웨일즈의 뱅거Bangor 주교는 자신의 교구에서 '많은 사람이 무지로 인해 미신에서 헤어나지 못하고 있다'고 했다.[11] 독일 개신교 시찰의 경우 1527년부터 1529년까지 있었던 작센 지방 시찰로 종교에 대한 전반적인 무지가 드러나면서 루터가 두 가지 교리문답을 작성했다.[12] 단순한 자들을 위해 신앙을 단순하게 설명한 것이다. 일반 신자의 종교 지식을 가장 철저하게 조사한 사례는 근대 초기 스웨덴의 '교리문답husförhör'이다. 성직자들은 집집마다 다니며 모든 가족 구성원을 상대로 성경에 대한 지식과 이해도, 무지 등을 조사했다.[13]

가톨릭교 역시 같은 목적으로 질문과 답변 형식을 채택했지만, 일반 신자들은 자신이 암기한 답변을 이해하지 못했을 수 있다. 교회는 일반인들이 종교 교리를 이해하기보다 신념을 갖길 원했는데, 종교 교리를 이해하려다가 자칫 이단으로 빠질 위험이 있었기 때문이다.[14]

이탈리아의 주교들은 교구를 방문했을 때 교구민들의 종교 지식보다는 교회와 성직자의 상태에 더 큰 관심을 기울였다. 주교들이 고해성사와 성찬식의 참여율뿐 아니라 교구민 중 교회의 신앙과 교리를 비판하거나 이단으로 의심되는 자가 있는지 조사한 것은 오랜 시간이 흐른 뒤였다. 한 예로 베네치아의 어느 가난한 교구 신부가 자신의 교구민이 무지하다며 관심 부족을 비판하고 나선 것은 1821년의 일이었다.[15]

물론 다양한 지역, 시대, 사회 집단에 따라 종교 교리에 대한 일반 신자의 지식이 어떻게 다른지 구분하는 것도 중요하다. 근대 초기 스페인에서는 1492년 이후 기독교로 개종을 강요받은 이전의 무슬림들이 기독교에 대해 거의 알지 못했다. 그들이 무지했던 이유는 새로운 신앙에 대해 1490년대에 짧은 기간 동안 그라나다에서 교육받은 것 말고는 교육받은 적이 없었기 때문이다. 교육의 주요 장애물은 이 지역 대부분의 사제들이 아랍어를 모른다는 점이었다.[16]

유대교에서 개종한 사람들도 이와 비슷했다. 15세기 말, 수많은 개종자가 자신의 새 종교에 대해 그야말로 '깜깜했다'. 기독교 신앙과 관습에 대한 체계적 교육이 부족했던 것이다.[17] 율법학자의 가르침도 받지 않았기 때문에 유대교에 대해서도 점점 무지해져 갔다. 유대교 신

앙에 대한 지식은 기독교에 대항하거나 기독교에서 도입한 형태로 단순화되어 다음 세대에 전수되었다.[18]

예로부터 기독교 신앙을 유지해온 지역에서도 일반 신자들이 무지하기는 마찬가지였다. 근대 초기 영국에서는 성직자를 비롯한 교육받은 자들이 '무지한 이단들이 미개인만큼이나 신에 무지하다'며 고충을 토로했다.[19] 이 같은 불만은 특히 북부와 서부 같은 '땅의 어두운 구석' 지역에서 집중적으로 터져 나왔다. 독실한 기독교 신자였던 벤저민 러디어드 경Sir Benjamin Rudyerd은 1628년 하원에서 잉글랜드 북부와 웨일즈에 '인도인보다도 하나님을 모르는 사람들'이 있다며 한탄했다.[20]

러디어드 경만 이런 비교를 한 것은 아니었다. 당시 이탈리아와 스페인의 일부 지방은 주민들에게 아시아나 아메리카 대륙 못지않게 선교사가 필요했기 때문에 '이곳의 인도Indie di qua' 혹은 '또 하나의 인도otras Indias'로 알려졌다. 또한 아펜니노산맥 지역과 아브루치에서 활동한 이탈리아 선교사와 스페인 선교사들 중 일부는 인도에 관한 글을 읽고 영감을 받았다. 그래서 그중 한 선교사는 지중해의 코르시카 섬을 '나의 인도la mia India'라고 부르기도 했다.[21]

선교

유럽의 16세기는 종교개혁이 일어났을 뿐 아니라 기독교가 유럽 밖으로 확장된 시대이기도 했다. 특히 예수회는 세계적 교단으로 성장해 기독교의 세계화를 주도했다. 가톨릭의 주도권은 17세기부터 인도의 루터파와 칼뱅파 선교사들이나, 펜실베이니아부터 수리남에 이르기까지 아메리카 대륙에서 활발하게 활동한 모라비아 형제단 등의 개신교 선교사들이 이어받았다.

선교사들은 열악하기 짝이 없는 환경에서 전도해 나가야 했지만, 본국의 동료들에 비해 한 가지 좋은 점이 있었다. 그들이 개종시키려는 사람들이 기독교를 전혀 몰랐던 것이다. 남인도에서 가톨릭 선교사 로베르토 데 노빌리Roberto de Nobili와 개신교 선교사 바톨로메우스 치근발크Bartholomäus Ziegenbalg는 개종한 신자들을 가리켜 '무지'를 뜻하는 타밀어인 아키야남akkiyanam이라고 불렀다.[22] 실제로 선교사들이 쓴 글을 보면 신도들을 무지하다고 여긴 경우가 흔했음을 알 수 있다.[23] 게다가 개종한 이들 스스로도 그 같은 견해를 받아들였다. 19세기 초 감리교 선교 활동이 활발했던 아프리카 코사Xhosa에서 한 남성은 기독교 설교를 '한 귀로 들으면 다른 한 귀로 흘러 나갔다'고 고백했다. 당시에는 그 같은 사람이 한둘이 아니었던 것으로 보인다.[24]

근대 초기 유럽의 '어두운 구석' 지역에서는 상황이 더욱 암담했다. 일부 선교사들은 특정 지역을 방문하면서 주교 방문에서 묻는 질문보다 훨씬 어려운 질문들을 던지기 시작했다. 17세기 중반 이탈리아 남부 에볼리에서 예수회 선교사 몇 명이 한 무리의 양치기를 만났는데, 선교사들의 '신이 몇이나 되는지 아느냐'는 질문에 사람들은 백 명부터 천 명 이상까지 여러 답을 내놓았다. 이 질문은 예수회 선교단의 공식 질문이었을 가능성도 있다. 몇 년 후, 브리타니에서 활동하던 또 다른 예수회 선교사 쥘리앵 모누아Julien Maunoir가 우샹트섬 주민들에게 똑같은 질문을 했을 때 제대로 답하는 사람이 아무도 없었다는 기록이 있기 때문이다. 1652년 성 뱅상 드 폴St Vincent de Paul 선교사는 코르시카섬의 니올로 주민들에게 '신은 한 분인가, 아니면 여러 분인

가?'라는 좀 더 구체적인 질문을 던졌다.[25]

이 세 지역 주민들이 기독교에 대해 조금이라도 알았더라면 검은 사제복을 입은 성직자들이 던지는 질문에 어떻게든 만족할 만한 대답을 내놓으려고 했을지 모른다. 성직자들은 '이곳의 인도' 지역으로부터 생긴 선입견으로 인해 주민들의 대답을 크게 오해했을 수도 있다. 글을 아는 사람들이 문맹자들은 아는 게 전혀 없거나 거의 없다고 단정 짓듯이, 일부 성직자들도 주민들의 무지를 확대 해석했을 가능성이 있다.

선교사들의 무지는 일반 신자들의 무지에 비해 거론되는 횟수가 훨씬 적다. 하지만 그들 역시 선교의 대상이 되는 지역의 문화에 대해서라면 언어를 비롯해 아는 것이 거의 없었다.

다시 아프리카 코사로 돌아가 얘기하자면 19세기 초 선교사들은 그들이 개종시키려던 사람들의 전통 신앙, 즉 비인격적 신을 받드는 종교에 대해 거의 내지 전혀 알지 못했던 것 같다. 이 때문에 코사 주민들은 기독교 설교를 이해하기가 더 어려웠을 것이다.[26] 19세기 초 아프리카에 파견된 선교사들은 훈련을 거의 받지 않았을 뿐더러 교육과 신학이 무의미하다고 여겼다. 그들에게 필요한 것은 성경에 대한 깊은 지식과 독실한 신앙, 그리고 큰 목소리였다.[27] 이처럼 무지에 오만까지 겸비한 위험한 태도는 1991년 공산주의 정권이 종식된 뒤 알바니아로 파견된 선교사들에 관한 연구 자료에서도 찾아볼 수 있다.[28]

선교의 역사는 선교를 펼치는 쪽과 받는 쪽의 두 집단, 혹은 선교사를 현장 인력과 본국의 관리자로 구분했을 때 각 집단이 저마다 무지하다는 관점에서 접근하는 게 명쾌할 것이다. 이러한 집단적 무지는 이미 3장에서 다루기도 했다. 20세기 초 콩고에서 오순절 선교사로 활동했던 윌리엄 버튼William Burton은 다음과 같이 말했다. '본국의 지도위원회가 감독하는 바람에 선교 활동이 얼마나 방해받았던가? 현장을 한 번도 본 적 없고 아는 것도 전혀 없는 사람들이 사무실 의자에 앉아 선교 활동을 지휘했다.'[29]

이런 식으로 진행된 선교 활동은 양측이 서로에 대해 조금씩 알아가는 기회가 되었을 것이다. 20세기 초 일부 선교사들은 많은 시간을 쏟아 전도 대상이 되는 주민들의 언어뿐 아니라 신앙까지 연구했다. 나중에는 그 같은 주제로 책을 출간하는 이들도 있었다. 영국인 존 로스코John Roscoe는 1911년에 (현재 우간다에 위치한) 바간다에 대한 이야기를, 스위스인 앙리 쥐노Henri Junot는 1912년에 《남아프리카 부족의 삶》을, 그리고 벨기에 선교사 플라시드 템펠스Placide Tempels는 아프리카 반투족의 《반투 철학》을 출간했다. 이들은 아마추어 인류학자라 할 수 있는데, 그중 몇몇은 나중에 전문가로서 인류학자가 되었다. 뉴칼레도니아에서 프랑스 선교사로 활동하다가 파리에서 교수가 된 모리스 린하르트Maurice Leenhardt가 대표적 인물이다.[30]

20세기의 종교에 대한 무지

유권자나 소비자를 대상으로 설문조사가 활발해진 시대를 맞아 미국과 영국의 설문 대상자들에게 자신의 종교 신념과 지식에 대해 질문을 던져 보았다. 그 결과 2009년 영국에서 십계명을 모두 외울 수 있는 사람은 답변자의 5퍼센트도 되지 않았다(삼위일체나 성변화聖變化 같은 전통 교리 질문이 아니었던 게 그나마 다행이었다).[31]

2010년 미국의 퓨 포럼Pew Forum은 '종교에 대해 누가 무엇을 아는가'라는 조사에서 32개의 간단한 문제를 제시했다. 문제는 응답자가 어렵지 않게 답을 맞힐 수 있도록 객관식으로 만들었지만, 32점 만점에 평균 16점이었으며 지식 편차가 상당히 큰 것으로 드러났다.

상위 점수를 받은 미국인들 가운데 10명 중 8명이 공립학교 교사가 수업 시간에 학생들을 이끌어 기도하는 것이 법적으로 금지되어 있고, 무신론자라는 말은 신을 믿지 않는 사람을 가리키며, 테레사 수녀가 가톨릭 신자였다는 사실을 알고 있었다. 반면 하위권 점수를 받은 사람들 가운데는 20세기에 철학자이자 토라(율법) 학자로 활동한 모세 마이모니데스Moses Maimonides가 유대인이었다는 사실을 아는 이가 8퍼센트에 불과했다.[32]

타 종교에 대한 무지

타 종교에 무지하거나 심지어 그 종교를 경멸하는 태도는 오래전부터 있어 왔다. 가톨릭과 개신교, 동방 정교회와 서양 기독교 간의 논쟁에서 서로에게 무지했던 것은 말할 필요도 없다. 한 예를 들자면 16세기 그리스 정교회는 초기 종교개혁 신학이 미치지 않는 사각지대였다.[33]

철학자 니콜라스 리처Nicholas Rescher가 말했듯이 '자연은 진공眞空을 싫어한다. 인간의 마음도 마찬가지다.'[34] 신뢰할 만한 지식이 없으면 소문만 무성해진다.[35] 심지어 이러한 소문이 널리 퍼지고 자주 반복되면 미신으로 굳어지기도 한다. 이 같은 현상은 중세 이후 기독교가 이교도, 유대교, 이슬람교를 바라보는 관점에서 실제로 일어났다. 또한 근대 초기에 여행자, 상인, 군인이 아시아, 아프리카, 아메리카에 발을 들여놓은 뒤 유럽에 퍼진 힌두교, 불교, 기타 종교에 대한 기독교적 시각에서도 마찬가지였다. 이를 통해 잘못된 정보가 널리 퍼졌다.

고대 기독교인들은 종교의식을 위해 어린이를 살해하고, 심지어 인육을 먹기도 해 지탄의 대상이 되었다. 이를 통해 당시 기독교인들이 사회를 위협하는 존재로 받아들여졌음을 알 수 있다.[36] 중세 시대 기독교인들은 유대교를 우상 숭배의 종교로 낙인찍어 비난했지만, 막상 유대인들은 성상을 거부한 반면 기독교인들은 성상을 받아들였다. 정말 아이러니한 일이 아닐 수 없다.[37] 당시 유럽에는 유대인들이 악마를 숭배하고, 성체를 훼손해 그 힘을 시험하고(예를 들어 그것을 밟는 행위), 도시의 우물에 독을 타서 페스트를 퍼뜨린다는 소문이 나돌았다. 또한 유대인들은 초기 기독교인들과 마찬가지로 종교의식을 위해 어린이를 납치해 살해하고 먹기까지 한다는 비난을 받았다. 적대적 고정관념이 얼마나 오래 지속되는지, 한 집단에서 다른 집단으로 어떻게 옮겨가는지 극명하게 보여주는 사례라 할 수 있다. 이처럼 입증되지 않은 혐의로 인해 중세 후기에 집단 학살이 일어났는가 하면, 다른 종류의 폭력이 정당화되기도 했다.[38] 이들 사례를 보면 유대교에 대한 거부감과 옷차림, 언어, 문화가 다른 소수 집단에 대한 증오가 어떻게 서로 다른지 구분하기 어렵다.

교회에서는 유대교를 기독교 내의 이단으로 보기도 했다. 유대교는 독립된 신앙이 아니라 하나의 참된 신앙에서 잘못 뻗어나간 돌연변이에 불과하다는 것이다. 이는 이교도로 간주되는 것보다 더 나빴다. 이단으로서의 유대교는 공식 박해의 대상이 되었기 때문이다.[39] 중세 말기의 유명한 신학자이자 철학자인 니콜라우스 쿠자누스Nicolaus Cusanus는 '고대의 이교도들은 자신들이 알지 못하는 불멸의 유일신을

숭배한 유대인들을 조롱했다'는 글을 써 정확하게 진단하면서도 유대인을 동정하는 마음을 내비쳤다.[40]

니콜라우스나 유대교를 연구하기 위해 히브리어를 배운 16세기 독일의 인본주의자 요하네스 로이힐린Johann Reuchlin 같은 기독교 학자는 소수에 불과했다. 로이힐린은 유대인을 '상냥하고 친절한 이성적 논쟁'을 통해 개종시킬 수 있다고 믿었다. 반면 네덜란드 출신의 인문주의자인 에라스무스Erasmus는 극심한 반유대교 신학으로 물든 사상을 가지고 있었다. 그는 사도 바울의 뒤를 이어 많은 기독교인이 '유대주의자Judaizer'라고 비판했는데, 유대주의자란 종교의 정신을 희생시키며 규칙과 형식에 얽매이는 율법주의자를 의미한다(유대주의자는 할례, 안식일 준수 같은 유대교 관습과 의식을 받아들인 기독교인을 뜻하기도 한다-옮긴이).[41]

마르틴 루터는 더 격렬했다. 그는《유대인과 그들의 거짓말에 대하여On the Jews and Their Lies》(1543)라는 책에서 유대인이 '악마의 배설물로 가득 차 있으며 … 돼지처럼 진흙탕에서 뒹군다'고 묘사하며 유대교 회당과 학교를 불태워야 한다고 주장했다.[42] 또한 17세기 마녀 사냥꾼 피에르 드 랑크르Pierre de l'Ancre를 비롯한 많은 사람은 유대교가 '터무니없고 음란한 의식이자 신앙'이라며 비난했다. 종교 박해자들이 마녀로 간주하는 이들의 모임을 '유대교 회당'이라고 부른 것만 봐도 당시 분위기를 짐작할 수 있다.[43]

프랑스 혁명 이후에는 반유대주의 레퍼토리에 새로운 미신이 추가되었다. 유대인은 특정 종교의 추종자가 아닌, 하나의 인종 혹은 민족 집단이며, 이들이 프리메이슨과 손잡고 전 세계적으로 음모를 꾸미고 혁명을 일으키려 한다는 모함이었다(프리메이슨은 중세 석공 길드에서 비롯되어 자유주의, 인도주의 등을 표방한다고 알려진 비밀 단체다-옮긴이). 이 같은 내용으로 러시아에서 처음 출간된 《시온 장로 의정서》(1903)는 유대인의 세계 지배 욕망을 입증하는 데 자주 사용되었다.[44] 1919년 이후 나치가 악용한 배후중상설Dolchstosslegende은 제1차 세계대전에서 독일이 패한 책임을 유대인에게 돌림으로써 독일 장군들을 편리하게 면책해 주었다.[45] 루터의 반유대주의로 인해 적어도 독일 개신교도만큼은 나치의 반유대주의를 신봉하기가 한층 수월했다. 역시 나치였던 하인츠 덩스Heinz Dungs 목사는 루터와 히틀러 모두 위대한 투사로 치켜세웠다.[46] 미신은 사라졌지만 반유대주의는 지금도 증오, 두려움, 불신, 무지를 자양분 삼아 여전히 존재한다.

이슬람교를 바라보는 기독교의 시각 또한 왜곡되기는 마찬가지였다. 이 같은 경향은 저명한 중세사 학자 리처드 서던Richard Southern이 '무지의 시대'라고 부른 1100년 이전의 유럽에서 특히 두드러졌다. 《롤랑의 노래》나 장 보델Jean Bodel의 《성 니콜라스 희곡》 같은 중세 작품에서 이슬람교도는 무함마드와 함께 테르바간트(중세 시대 기독교인들이 이슬람교도가 숭배한다고 여겼던 신의 이름이지만, 그 유래와 실체는 명확치 않다-옮긴이)와 아폴론을 숭배하는 것으로 묘사되었다. 무함마드, 테르바간트, 아폴론 숭배는 기독교 신앙이 왜곡된, 신성하지 않은 삼위일체로 여겨졌다(흔히 그렇듯 낯선 것을 익숙한 것의 관점에서 해석했다).[47] 이 같은 견해는 '중세의 우둔함'에서 비롯되었다고 일축할 수도 있지만, 이슬람교도를 광신자나 테러리스트로 간주하는 최근의 일부 견해와 크게 다를 것이 없다.

니콜라우스 쿠자누스는 코란을 연구한 데다 무함마드를 악마나 사기꾼이 아닌, 단순히 기독교에 무지한 사람으로 봤다는 점에서도 남달랐다. 니콜라우스는 '다른 종교에 대한 우리의 판단에 한계가 있음을 알고 있었다'고 했다.[48] 8세기 이후 북아프리카 출신 아랍인들이 침략 후 정착한 중세 스페인의 기독교인들은 이슬람과 비교적 친숙했다. 16세기 멕시코에 도착한 스페인 정복자들은 현지 사원을 '모스크'라고 부르기도 했다. 이 역시 낯선 것을 익숙한 것의 관점에서 해석한 것이다.

반면 마르코 폴로Marco Polo는 페르시아와 다른 지역을 여행하면서 자신이 '사라센(이슬람 제국의 사람들을 가리키는 말-옮긴이)의 저주받은 교리'라고 한 것에 동조하지 않았다. 그는 '그들의 예언자 무함마드가 그들에게 준 법에 따르면, 그들의 법을 받아들이지 않는 사람에게 해를 끼쳐도 죄가 되지 않는다'라며 사실이 아닌 내용을 적었다.[49] 17세기에 이르러서야 유럽 학자들이 아랍어를 배우면서 이슬람교에 호의적이지는 않아도 그전보다 정확한 정보를 제공하기 시작했다. 하지만 이 시기의 문서에서도 무함마드를 '사기꾼'으로 묘사해 놓은 것을 흔히 볼 수 있다.[50]

서구인들의 타 종교에 대한 무지는 오랫동안 계속되었다. 1498년 바스코 다 가마Vasco da Gama가 캘리컷에 상륙했을 때 그의 부하들은 모든 인도인이 기독교인이라고 믿고 있었다(실제로 일부는 '성 토마스 기독교인'이었다). 그들은 힌두교 사원을 '성모 마리아를 상징하는 형상이 있고 네 개 혹은 다섯 개의 팔을 가진 성인이 그려진 거대 교회'로 착각했다. 다시 말해 그들은 누가 봐도 모스크가 분명한 건물을 교회로 볼 수 있는 능력을 가지고 있었다.[51] 서구인들은 오해에서 벗어난 뒤에도 힌두교 신앙을 우화나 미신으로 치부했고, 힌두교 사원에 보이는 신들을 중세 이교도처럼 뿔을 달고 있는 괴물이나 악마로 묘사했다.[52]

이탈리아 예수회 소속으로 중국에서 활동한 마테오 리치Matteo Ricci와 인도에서 활동한 네덜란드 개신교 목사 아브라함 로히에르Abraham Rogier 같은 발군의 인물을 제외하면 선교사들은 이교도, 우상 숭배, 미신, 토착 문화는 참 신앙의 악마적 패러디에 지나지 않는다는 확신 외에 아는 게 거의 없었다.

멕시코의 선교사들 역시 비슷한 확신에 사로잡혀 있었다. 누에바 에스파냐(스페인 제국 당시 아메리카, 필리핀 등지의 식민지 영토를 일컫던 말로, '새로운 스페인'이라는 뜻이다–옮긴이)의 주교였던 후안 데 수마라가Juan de Zumárraga는 원주민이 숭배한 악마의 우상을 자신이 여럿 파괴했다고 주장했다. 유카탄의 선교사 디에고 두란Diego Durán은 가짜 신들과 악마를 숭배하는 거짓 종교에 대해 적었는가 하면, 주교인 디에고 데 란다Diego de Landa는 우상 숭배가 만취 상태와 같은 인디오의 악덕vicios de los Indios 중 하나라고 선언했다.[53]

18세기에 이르러서야 일부 서구인들이 이 같은 적대적 이미지를 거부하고 힌두교를 엄연한 종교로 받아들이기 시작했다. 벵골 임시 총독을 지낸 영국인 외과의사 존 홀웰John Holwell은 무지가 '타인을 선불리 판단하고 경멸하도록' 만든다며 '인도인들을 어리석은 우상 숭배자라고 여기는 것에 놀랐다. 정치와 상업에서 우리가 그들보다 열등하다는 것을 깨달았기 때문이다'라고 했다. 스코틀랜드 군인 알렉산더 다우Alexander Dow는 '브라만의 학문, 종교, 철학에 대한 우리의 무지'에 이유가 있다고 하면서 잘못된 것을 바로잡으려고 했다. 동인도회사에서 근무한 영국인 나타니엘 핼드Nathaniel Halhed는 기적을 믿는 힌두교가 문맹과 '무지 시대'의 기독교와 비슷하다고 지적했다.[54]

타 종교에 대한 유럽인들의 지식은 베르나르 피카르Bernard Picart가

삽화를 그리고 장 프레데릭 베르나르Jean Frédéric Bernard가 글을 쓴《세계의 종교 의식Religious Ceremonies of the World》(1723~1743)을 계기로 획기적으로 확장되었다. 이는 '유럽을 바꾼 책', '종교에 대한 최초의 세계적 시각'으로 불리며 독자로 하여금 서로 다른 문화를 비교하고 대조할 수 있도록 해주었다.[55]

선교사들이 점차적으로 발견한 것들을 돌아보면 초기에 그들이 얼마나 무지했는지 알 수 있다. 근대 초기 선교사들이 인도에 처음 발을 들여놓았을 때 힌두교를 비롯한 토착 신앙에 대해 아는 게 거의 없었다. 토착 신이 괴물이 아니라는 사실을 알게 되고 힌두교를 알게 된 것은 아주 서서히 진행된 변화의 결과였다. 그들이 단순히 인도를 방문하거나 인도에 관한 자료를 읽는 것이 아니라, 다른 유럽인들과 함께 인도에 거주했기 때문에 가능한 일이었다. 하지만 일부 학자들은 선교사들이 인도의 다양한 지역 신앙과 종파를 힌두교로 간주함으로써 종교를 발견했다기보다 구성했다고 봐야 한다고 주장했다.[56]

불교 또한 유럽인들이 갑자기 알게 된 것이 아니었다. 1549년 예수회가 일본과 접촉하면서 시작된 오랜 학습을 통해 점차 이해하게 되었다. 이런 이해 과정은 1924년 런던불교협회가 설립될 때까지 계속되었다. 기독교 포교를 목적으로 티베트에 파견된 이탈리아 예수회 선교사 이폴리토 데시데리Ippolito Desideri는 라싸의 불교대학이라고 할 수 있는 곳에서 5년간 수학했는데, 그가 배운 내용에 관한 보고서는 20세기에 들어서야 출간되었다. 이 같은 배경에는 데시데리가 불교에 지나치게 동조한다는 예수회 지도부의 판단이 작용했던 것으로 보인다. 19세기 이전의 서구인들은 불교 신자들과 접촉하더라도 불교를 제대로 알 수 없었다.[57]

위장

개인 차원이든 집단 차원이든 타 종교에 대한 무지는 숨기거나 위장하는 행위가 원인이 되기도 한다. 특히 강제 개종이 이루어졌을 때 더욱 그렇다. 신대륙에 끌려와 기독교를 받아들여야 했던 아프리카 출신 노예들은 서아프리카와 중앙아프리카의 토착 신앙을 끝까지 고수한 것으로 알려졌다. 그들은 자신의 수호신인 오리샤orishas를 가톨릭 성인에 이입해 숭배함으로써 주인과 기독교 성직자들 앞에서 자신의 신앙을 숨길 수 있었다. 성 게오르기우스를 오군Ogun으로, 성 바바라를 샹고Shango로 받드는 식이다. 하지만 감추기 위해 시작한 신앙 행위가 이중 신앙을 낳기도 했다. 실제로 오늘날 일부 브라질 사람들은 가톨릭교와 아프리카 토착 신앙인 칸돔블레Candomblé를 함께 믿는다.[58]

자신의 종교를 숨겨 외부인에게 비밀로 한 사례에는 근대 초기 유럽의 크립토 유대교, 크립토 이슬람교, 크립토 가톨릭교, 크립토 개신교가 있다(크립토는 그리스어 크리프토스kryptós에서 유래한 말로, '비밀의, 숨겨진'이라는 뜻이다-옮긴이).

영국의 엘리자베스 1세 여왕은 인간의 영혼으로 통하는 창문을 열지 않겠다고 약속했다고 한다. 하지만 가톨릭 종교재판관이나 교회를 장악한 칼뱅파 의회는 이에 동의하지 않았다. 지배적 신앙에 따르지 않는 사람들은 자신의 창문을 닫아 두었다. 결국 타 종교에 박해가 이루어지는 한 위장은 계속될 수밖에 없다. 다시 말해 공개적으로는 어떤 종교를 지지하면서 실제로는 그와 다른 종교를 믿는 것이다.

유대교, 기독교, 이슬람교에 대한 박해가 반복적으로 일어난 16세기에는 위장 역시 반복적으로 이루어졌다. 스페인에서 이슬람교도와 유대인이 개종을 강요당하는가 하면, 종교개혁과 반종교개혁이 일어난 시기 유럽에서 기독교의 여러 종파 간 갈등이 계속되었기 때문이다. 이슬람교의 시아파가 이런 식으로 오랫동안 시행해온 위장을 아랍어로 '타키야taqiyya'라고 하는데, 여기에는 '두려움'이나 '신중함'의 뜻도 담겨 있다.

가톨릭 왕과 여왕인 페르디난드와 이사벨라가 스페인을 재정복한 1492년에는 신중한 태도가 필수였다. 당시 유대인과 이슬람교도는 자신의 의지와 무관하게 기독교로 개종하면서 공식적으로는 '새로운 기독교인'으로 알려지게 되었다.

1504년 북아프리카 오랑의 한 이슬람 율법학자는 타 종교의 강제에 형식적으로 따르는 것을 허용하는 파트와(이슬람법에 따른 결정이나 명령-옮긴이)를 발표했다. '그들이 섬기는 우상이 무엇이든 허리를 숙이되 네 의도만큼은 알라를 향하도록 하라. … 그들이 포도주를 마시도록 강요하면 마시되 네 의도까지 포도주를 받아들이지 않도록 하라. … 그들이 돼지고기를 강요하면 먹되 마음속으로는 거부하라.'[59] 다시 말해 겉으로 따르는 척하면서 당국의 무지가 계속되게 하라는 것이다.

크립토 유대인과 크립토 이슬람교도는 근대 초기 종교 박해 당국자들에게 그랬듯이 오늘날의 역사가들에게도 어려운 문제를 던진다. 즉, 실제 개종자와 가짜 개종자를 어떻게 구분하느냐 하는 것이다. 진짜와 가짜의 구분 문제가 남아 있는데도 이들 반체제 집단을 연구한 자료가 발표되기도 했다.[60]

이단은 엄연한 범죄였기 때문에 기독교 내에서도 위장이 필요했다. 종교개혁 이후 서유럽이 가톨릭교, 루터파, 칼뱅파 지역으로 분열되면서 '그릇된' 지역에 거주하는 사람들은 위장이라는 관행을 따랐다. 이 위장은 당시 장 칼뱅 등이 니코데미즘Nicodemism이라고 부르기도 했다. 니코데미즘은 신약성서에 나오는 바리새인 니코데모가 남몰래 밤을 틈타 그리스도를 만나러 간 것에서 유래했다.[61]

불가지론

'불가지론자agnostic'라는 단어는 그리스어에서 유래한 말로 영적 지식gnosis의 부족을 의미한다. 기록상 최초의 불가지론자는 고대 그리스 철학자 크세노파네스Xenophanes로, 그는 '어떤 사람도 신에 관한 분명한 진실을 본 적이 없고, 앞으로도 알지 못할 것이다'라고 말했다. 프로타고라스Protagoras 역시 '나는 신이 존재하는지 존재하지 않는지, 그리고 어떤 형상을 하고 있는지 아무것도 알 수 없다. 신의 모호함과 인간의 짧은 생이 알 수 없게 하기 때문이다'라고 단언했다.[62]

2장에서 논의한 바 있는 섹스투스 엠피리쿠스에 따르면 철학적 회의론자들은 신의 유무에 관해 아무 판단을 내리지 않는다.[63] 자신은 신의 존재 여부를 알 수 없고 다른 사람들도 모르기는 마찬가지라고 믿는 것을 보통 '불가지론agnosticism'이라 하는데, 이 용어는 1869년 영국 생물학자 토머스 헨리 헉슬리T. H. Huxley가 만들었다. 이 용어는 독일어(니체가 말한 Agnostikern)와 프랑스어(프루스트가 말한 agnosticisme)에서도 사용되었지만, 해당 사상에 대한 논의는 영어권에서 더 빈번하게 이루어진다.[64]

헉슬리는 자신의 불신앙不信仰 고백이라 할 수 있는 책《불가지론과 기독교Agnosticism and Christianity》에서 '어떤 확신을 논리적으로 정당화하는 증거도 제시하지 못하면서 특정 명제가 객관적으로 진실하다고 주장하는 것은 잘못이다. 이것이 불가지론이 주장하는 바이자 불가지론의 본질이라는 게 내 생각이다'라고 했다.[65] 헉슬리와 비슷한 사상을 가진 빅토리아 시대 지식인에는 허버트 스펜서Herbert Spencer, 프랜시스 골턴Francis Galton, 《불가지론자의 사과An Agnostic's Apology》의 저자 레슬리 스티븐Leslie Stephen, 찰스 다윈, 토머스 하디Thomas Hardy 등이 있다.[66]

불가지론에 대한 논쟁은 1862년 철학자 제임스 마티노James Martineau가 '종교적 불가지론'을 논한 이래 《불가지론 연감Agnostic Annual》이 해마다 출간된 1884년부터 1907년까지 영국에서 가장 활발했다. 하지만 또 다른 철학자 로버트 플린트Robert Flint가 고대 회의론자로부터 시작된 불가지론의 역사를 책(《불가지론Agnosticism》을 말한다-옮긴이)으로 출간한 1903년에는 이 논쟁에 대한 관심이 이미 시들해져 있었다.

이른바 '독실한 불가지론'은 유대교와 기독교 모두에서 찾아볼 수 있다.[67] '숨어 있는 하나님'이라는 개념은 구약성서(이사야 45장 15절)로 거슬러 올라간다. 중세 유대인 학자 모세 마이모니데스는 '부정적 속성을 제외한 채 창조주를 설명하는 것은 불가능하다'고 주장했다.[68] 나지안주스의 그레고리우스Gregorius of Nazianzus 주교를 비롯한 일부 교부 역시 비슷한 지적을 했으며, 《무지의 구름The Cloud of Unknowing》이라는 시적 제목의 관상기도 지침서를 쓴 14세기 익명의 영국 작가 등 일부 신비주의자들도 같은 의견을 밝혔다.

이 같은 개념의 가장 유명한 표현은 15세기 니콜라우스 쿠자누스가 쓴 《학습된 무지Docta Ignorantia》다. 이 문구는 '자신의 무지에 대한 지식을 얻을 수 있음'을 뜻한다. 니콜라우스는 '신은 형언할 수 없기에 부정否定의 방법, 즉 신이 아닌 것을 말함으로써 신에 접근할 수 있다'고 했다. 그 뒤 마르틴 루터와 블레즈 파스칼Blaise Pascal은 이성만으로 신을 알 수는 없다고 주장했다. 이들에 따르면 기독교는 오직 신의 계시에만 근거해야 한다.[69]

무신론자들은 신의 부재를 믿는 만큼 여기서 논의할 수 있지만, 사실 이신론자(창조주로서의 신은 인정하지만, 신이 세상일에 관여하거나 계시·기적으로 인간과 접촉하지는 않는다고 보는 사람-옮긴이)야말로 논의에 포함하는 것이 더 바람직하다. 18세기 이신론자들이 믿었던 신은 세상을 창조하기는 했지만 그다음부터는 자체의 법칙에 따라 움직이도록 내버려 두었다. 마치 시계 장인이 만든 시계가 스스로 작동하는 것처럼 말이다.[70] 시인 알렉산더 포프는 여기서 한 가지 교훈을 끌어냈다. '신을 살피려고 들지 말라. 인간의 적절한 연구 대상은 인간이다.'[71]

오늘날의 상황

2015년 여론조사업체 유고브YouGov에서 영국민을 대상으로 종교 성향을 조사한 결과 자신이 불가지론자라고 답한 이가 7퍼센트, 무신론자라고 답한 이가 19퍼센트였다. 불가지론자들이 실제로 알 수 있는 것에 한계가 있다고 생각하는지 여부는 밝혀지지 않았다. 그리고 2019년 미국에서 실시된 한 여론조사에서 자신이 무교라고 답한 이는 23퍼센트였으며, 같은 해 유로바로미터Eurobarometer가 독일에서 실시한 연구에서는 무교라고 답한 이가 30퍼센트 정도였다(서부 지역보다 옛 동독 지역에서 더 높게 나타났다).[72]

이 같은 답변은 응답자들이 종교에 완전히 무지하기보다 단순히 믿지 않을 뿐이라는 사실을 뜻한다. 그럼에도 영국, 미국, 독일이라는 거대 서구 국가의 인구 4분의 1 이상이 종교 지식을 거의 갖고 있지 않음을 시사한다. 심지어 신앙이 있는 자들조차 자신의 종교에 대한 지식은 부족하다. 기독교 근본주의자들은 '성경만 있으면 다른 책은 읽을 필요가 없다'고 주장하지만, 은퇴한 어느 미국 목사가 최근 지적했듯이 사실 그들의 상당수는 성경을 잘 알지 못한다. 성경의 신빙성이나 다양한 해석을 둘러싼 논란이 계속되어 왔다는 사실에도 완전히 무지하다.[73]

글로벌 시대인 만큼 세계 종교에 대한 지식도 증가했다고 생각하기 쉽다. 물론 지식에 접근하기가 갈수록 쉬워지고 개종도 빈번하게 일어나지만, 무지는 여전히 만연해 있다. 기독교에 관한 글을 쓰고 힌두교, 시크교, 자이나교를 논하는 프로그램을 진행하는 영국 언론인 피터 스탠포드Peter Stanford는 자신의 무지에 대해 보기 드물게 솔직한 태도를 드러냈다. 예를 들어 '시크교의 5K(다섯 가지 필수 조항-옮긴이)를 일일이 나열하지 못하고 불교의 주요 종파가 헷갈린다'는 식으로 이들 종교의 핵심 교리에 대해 잘 모른다는 사실을 인정한 것이다.[74]

2008년 미국에서 실시한 설문조사에 따르면 수니파가 이슬람의 최대 종파라는 사실을 모르는 이가 80퍼센트에 달했다. 2010년 퓨 포럼은 더욱 야심찬 설문조사를 기획해 미국인에게 유대교, 이슬람교, 불교에 대한 질문을 각 2개씩, 그리고 힌두교에 대한 질문을 1개 던졌다. 응답자들은 평균 절반의 정답률을 보였는데, 이는 이슬람교 경전 쿠란의 여러 다른 이름을 모르거나 라마단이 뭔지 모르는 사람이 절반 이상임을 말한다. 2019년 퓨 포럼의 또 다른 설문조사에서는 인도네시아인 대부분이 이슬람교를 믿는다는 사실이나 유대인이 새해를

나팔절Rosh Hashanah이라고 하는 것을 모르는 이가 응답자의 70퍼센트였다.[75]

지난 반세기 동안 영국에서 이슬람교 인구가 증가함에 따라 영국민 역시 이슬람 신앙에 대해 더 잘 알게 되었다고 짐작할 수 있다. 하지만 2018년 여론 조사업체 입소스 모리Ipsos Mori가 조사한 바에 따르면 영국 사람들은 이슬람교에 대해 여전히 아는 게 별로 없다. 설문조사 응답자들은 영국 내 이슬람교도의 수를 과대 추산하고 있으며(20명 중 1명이 아닌 6명 중 1명), 특히 노년층에서 이슬람에 대한 이해가 부족한 것으로 나타났다.[76]

타 종교에 무지한 것은 서구 이외 지역에서도 마찬가지이다. 2019~2020년 퓨 리서치 센터가 인도 성인 3만 명을 대상으로 실시한 조사에서 힌두교도의 대다수가 인도의 다른 종교(이슬람교, 시크교, 자이나교, 기독교)에 대해 잘 모른다고 답했다.[77]

종교 지식과 관련해 장기간에 걸쳐 일어난 큰 변화를 간단히 요약해 보자. 중세 기독교 지역에서는 많은 사람이 신앙을 가졌지만 정작 기독교에 대해 잘 아는 이는 거의 없었다. 1500~1900년에는 기독교와 이슬람교 모두 국내외 전도 활동에 적극 나섰다. 1900년 이후 종교 지식은 누구나 쉽게 얻을 수 있었지만 정작 그 중요성은 낮게 받아들여졌다. 20세기 후반부터 종교개혁이 확산되기 시작한 이슬람 세계를 제외하면 종교에 무지한 사람이 갈수록 늘고 있다.

7장
과학의 무지

20세기 과학의 최고 업적은 인간의 무지를 깨우쳐 준 것이다.

루이스 토머스Lewis Thomas(미국 의사)

앞서 밝혔듯이 무지의 역사는 지식의 역사에서 나왔고, 지식의 역사는 과학의 역사에서 시작되었다. 따라서 무지의 역사에서 중요한 연구 중 일부가 자연과학에 초점을 맞추고 있는 것은 전혀 놀랄 일이 아니다. 예를 들어 아그노톨로지agnotology 연구의 기반을 닦은 책만 해도 두 명의 과학사 학자가 편집했다.[1]

1993년 미국과학진흥협회가 주최한 심포지엄 '과학과 무지'에서 과학 철학자 제롬 라베츠Jerome Ravetz는 과학의 죄를 강조했다. 과학자들이 받는 교육과 과학은 진보한다는 승리주의가 무지에 대한 무지를 확산시킨다는 것이다. 라베츠는 과학자들에게 '불확실성은 우리 과학 지식의 주변부에서 해결이 가능한 연구 과제의 형태로 존재한다'고 주장했다.[2]

과거에 일부 과학자와 자연철학자들은 자신의 무지를 잘 알고 있었다. 그중 가장 유명한 사람은 아이작 뉴턴이다. 아이작 뉴턴은 '나는 진실의 드넓은 바다가 개척되지 않은 채 눈앞에 펼쳐져 있는데도 해변에서 좀 더 매끄러운 조약돌, 예쁜 조개껍질이나 찾아 헤매는 어린 아이에 불과하다'고 말했다고 한다. 설사 뉴턴이 이런 말은커녕 생각조차 한 적 없다고 해도, 이 같은 발상이 18세기 문서에서 발견되었다는 사실 자체가 놀라운 일이다.[3] 어쨌든 뉴턴은 자신의 무지를 그대로 드러냈으며, 그중에는 일상적인 현상의 원인에 대한 무지도 포함되어 있었다. 그는 '솔직히 나는 중력의 원인을 알지 못한다'라는 유명한 말을 남겼다.[4] 마찬가지로 토머스 헨리 헉슬리의 불가지론은 신학뿐 아니라 과학에도 적용되었다. 그는 '물질이 힘과 구분되는지 아닌지 나는 모른다'고 했고, '나는 원자가 순수한 신화에 불과한지에 대해 알지 못한다'고도 했다.[5]

영국의 물리학자 제임스 클러크 맥스웰James Clerk Maxwell은 헉슬리와 거의 같은 시기에 이렇게 적었다. '무지를 철저하게 깨닫는 것이야말로 진정한 과학 진보의 서막이다.'[6] 1872년 독일의 생리학자 에밀 뒤 부아 레이몽Emil Du Bois-Reymond은 과학의 한계를 주제로 유명한 강연을 했다. 그는 당시까지 알려지지 않은 것뿐 아니라 앞으로도 결코 알 수 없는 것들에 대해 논했다. 그의 강연 제목은 '우리는 모를 것이다Ignorabimus'였다.[7]

알지 못하는 것에 대한 과학자들의 관심은 21세기 들어 더욱 두드러졌다. 미국의 이론물리학자 데이비드 그로스David Gross는 2004년 노벨물리학상 수락 연설에서 다음과 같은 질문을 던졌다. '지식의 증가로 해결되는 문제가 늘면 과학적 발견 속도가 느려질 수 있는가?' 그의 답은 낙관적이었다. '오늘날 우리가 던지는 질문은 내가 학생이던 시절에 비해 훨씬 깊고 흥미롭다. … 당시 우리는 영리하게 무지를 유지할 정도의 지식을 갖추고 있지 못했다. … 나는 우리의 가장 중요한 자원인 무지가 고갈되고 있다는 증거가 없음을 보고하게 되어 기쁘다.'[8]

그로부터 1년 후인 2005년, 과학 잡지 〈사이언스〉 125주년 기념호에 '과학적 무지에 대한 설문조사'가 실렸다. 미국의 신경과학 교수인 스튜어트 파이어스타인Stuart Firestein 역시 2006년 컬럼비아대학교에서 과학적 무지에 관한 강의를 시작하면서 다양한 분야의 과학자들에게 그들이 모르는 것에 대해 강의해 달라고 요청했다. 과학자들은 강의에서 '무엇을 알고 싶은지, 무엇을 알아야 한다고 생각하는지, 그것을 어떻게 알 수 있는지, 이런저런 것들을 알아내면 어떻게 되고, 그러지 못하면 어떻게 되는지 이야기했다.'[9]

이어서 과학 역사에서 무지가 차지하는 비중, 새로운 연구에서의 무지, 지식의 상실, 지식에 대한 반감, 비과학자인 일반인의 무지 등을 논하도록 하겠다.

무지의 발견

과학의 역사를 서술하는 한 방법은 프랑스 역사학자 알랭 코르뱅이 지리학의 역사에서 제시한 몇 가지 에피소드처럼, 과거의 무지를 점차 깨달아 가는 것이 될 수 있다. 앞서 1장에서 무지는 나중에 드러나는 경우가 있다고 이야기했다. 사회 구성원이 전에 모르고 있던 사실을 발견이 이루어진 뒤에야 알게 된다는 것이다. 볼테르는 17세기 이전 사람들은 모두 '혈액의 순환, 공기의 무게와 압력, 운동 법칙, 빛과 색의 원리, 우리 은하계의 행성 수에 대해 무지했다'고 한 바 있다.[10]

지구의 나이를 예로 들어 보자. 17세기에 학자들은 지구가 생겨난 지 6천 년쯤 되었다고 믿었다. 제임스 어셔James Ussher 대주교는 '기원전 4004년 10월 23일 전날 어둠이 내려앉을 무렵 … 시간이 시작되었다'는, 지금 보면 우습기만 한 선언을 했다.[11] 그로부터 백여 년 후 콩트 드 뷔퐁Comte de Buffon은 자신의 책《자연의 시대Epochs of Nature》(1779)에서 지구가 생겨난 것은 약 75,000년 전이라고 주장했다.

19세기 초 독일의 지질학자 아브라함 베르너Abraham Werner는 지구의 나이가 백만 년이 넘었다고 주장해 뷔퐁의 추정치를 훌쩍 뛰어넘어 버렸다. 1860년대 영국의 물리학자 윌리엄 톰슨William Thomson(켈빈 경)은 열 손실에 근거해 1억 년이라는 나이를 제시했지만, 나중에 2천만 년으로 줄였다. 이후 그가 내놓은 수치가 너무 소박해 보이는 일이 일어났다. 1915년경 지질학자 아서 홈즈Arthur Holmes가 모잠비크에서 발견한 암석을 분석해 1억 5천만 년이라는 수치를 내놓은 것이다. 그러나 그는 1931년 지구의 나이를 연구하는 한 위원회에 참석해 30억 년을 제시했다. 그로부터 20년 후 운석을 연구하던 클레어 패터슨Clair Patterson은 이 수치를 오늘날과 같은 45억 년으로 늘렸다. 수치가 바뀔 때마다 앞선 수치를 제시할 당시에 얼마나 무지했는지 드러난 셈이다.[12]

무지는 어떻게 과학을 발전시키는가

유발 하라리Yuval Harari는 자신이 쓴 책《사피엔스》에서 현대 과학을 설명하는 장의 제목을 '무지의 발견'(좀 더 정확한 뜻은 '무지를 인정하려는 의지')으로 붙였다.[13] 이는 단지 그가 즐겨 쓰는 도발적인 표현이 아니라 허버트 스펜서, 루이스 토머스, 스튜어트 파이어스타인의 영향을 받은 것이었다. 이들은 저서를 통해 '과학은 무지의 성장을 통해 발전한다'는 역설을 탐구했다.

19세기 영국의 철학자 허버트 스펜서는 과학을 점차 커지는 구체球體로 상상했다. 표면에 추가되는 모든 것은 주변의 무지와 더 광범위하게 접촉한다는 개념이었다.[14] 특정한 문제가 해결될 때마다 또 다른 문제가 모습을 드러낸다. 과학자들의 시선은 항상 미래를 향하고 있다. 물리학자 마리 퀴리Marie Curie는 '우리는 이미 한 일은 알아차리지 못하고, 앞으로 해야 할 일만 보게 된다'고 고백했다.[15] 파이어스타인이 말했듯이 '과학자들은 무지를 이용해 자신의 연구를 계획하고, 해야 할 일과 다음 단계를 파악한다.'[16] 또한 아일랜드 화학자 존 버널John Bernal에 따르면 '진정한 연구는 항상 미지의 세계를 파고들어야 한다.'[17] 그리고 영국의 분자생물학자 프랜시스 크릭이 언급했듯이 누군가에게 적절한 아이디어가 떠오를 때까지 '연구의 최전선은 항상 안개에 싸여 있다.' 크릭이 참여한 DNA 이중나선 구조 발견 이야기가 이를 증명한다.[18]

일단 안개가 걷히면 과학자들은 1장에서 언급했듯이 선택적 무지를 실천한다. 특정 문제에 집중하기 위해 일부 데이터를 의도적으로 무시하는 것이다. 신경과학자 래리 애벗Larry Abbott은 자신의 연구에 대해 이야기하면서 '무지와의 경계에서 정확히 어디에서 일할지' 선택하는 것이 중요하다고 강조했다. 이 같은 선택을 무지의 관리라고 할 수 있을 것이다.[19]

때로는 선택이 잘못되기도 한다. 예를 들어 암 연구에서는 무지의 선택이 문제 해결에 심각한 장애가 될 수 있다.[20] 하지만 일반적으로 과학자들은 미국 철학자 존 듀이John Dewey가 말한 '진정한 무지'를 실천한다고 할 수 있다. 진정한 무지는 겸손, 호기심, 열린 마음을 동반할 가능성이 높아 유익하다.[21] '예상치 못한 무지'는 연구 과정에서 일어나는 뜻하지 않은 발견을 뜻한다.[22]

무지는 놀라움으로 이어지는데, 놀라움은 사람들이 자신의 무지를 인식하게끔 만들어 예상치 못한 새로운 지식의 창을 열어 준다.[23]

인간의 눈에 보이지 않아 더욱 경이로운 최근의 사례를 들어 보자. 바로 전자보다 중량이 더 큰 뮤온muon 입자다. 2021년 초 언론 보도에 따르면 미국 페르미 국립 가속기 연구소(페르미랩)에서 뮤온을 연구하던 물리학자 팀은 뮤온의 흔들림이 현재 입자물리학에서 제시하는 모형과 일치하지 않는다는 사실을 발견했다. 해당 팀은 자신들이 새로운 입자를 발견한 것인지, 아니면 더욱 놀랍게도 자연의 새로운 법칙을 알게 된 것인지 알 수 없었다. 사실이 무엇이든 간에 무지를 향한 이들의 인식은 암흑 물질의 경우와 마찬가지로 향후 연구의 원동력이 될 것이다. 천문학자들이 여전히 암흑 물질의 정체를 알 수 없는 채로 암흑 물질 분포 지도를 만드는 것처럼 말이다.[24]

지식의 상실

무지는 때때로 지식의 상실, 즉 일종의 집단 기억상실로 인해 나타난다. 가장 대표적인 사례가 중세 초기 서유럽인들에게 잊힌 (수학을 포함한) 그리스 과학이다. 11세기의 두 학자 쾰른의 라긴볼트Raginbold와 리에주의 라돌프Radolf가 주고받은 편지를 보면 피타고라스의 정리 중 삼각형의 내각이 무슨 뜻인지 논의하는 내용이 나온다. 한 중세사

학자가 지적한 것처럼 이는 '그 시대가 직면한 광범위한 과학적 무지를 떠올릴 수밖에 없게 만든다.'[25] 그러나 그리스어 문서가 바그다드에서 아랍어로 번역·해설되고, 12~13세기에 톨레도에서 이 문서가 다시 라틴어로 번역되면서 이 같은 무지의 일부가 해소되었다.[26]

근대 초기 유럽의 연금술 연구는 마틴 멀조Martin Mulsow가 말하는 '위태로운 지식precarious knowledge'의 표본이라 할 수 있다. 연금술사들이 혼자 비밀리에 실험을 진행한 뒤 그 결과를 필사본에 적어 놓았기 때문에 지식을 잃어버릴 위험이 많았다.[27]

지식은 다양한 매체에 보존하려는 노력이 이루어지지만 여전히 상실의 위험은 있다. 특정 관찰 결과나 이론은 아메리카의 재발견처럼 다시 만들어지거나 공식화할 때까지 집단적 과학 의식에서 사라지기도 한다.

과학사에서 심각한 집단 기억상실 중 하나는 색깔 인지의 역사와 관련이 있다. 1867년 라자루스 가이거Lazarus Geiger는 지난 수천 년간 색깔이 민감도에 따라 빨강, 노랑, 초록, 파랑, 보라의 순서로 사람들에게 지각되었다고 주장했다. 하지만 가이거의 순서는 제1차 세계대전 이후 수십 년이 흐르는 동안 기억에서 지워졌으며, 1960년대에 이르러서야 재발견되었다.[28]

지식 상실이 더 널리 알려진 사례는 식물의 유전 형질에 관한 것이다. 아우구스티노 수도회 수도사 멘델은 지금은 유명한 유전 법칙에 관한 논문을 1866년 〈브륀 자연과학협회 회보〉에 발표했다. 당시 과학계는 이 논문을 별로 주목하지 않았기 때문에 한 세대가 지난 뒤 독일의 생물학자 칼 코렌스Carl Correns와 네덜란드의 식물학자 휘호 더 프리스Hugo de Vries가 멘델의 발견을 다시 한 번 입증해야 했다.[29]

새로운 아이디어에 대한 반감

1장에서 살펴본 것처럼 무지의 주요 유형 중 하나는 알고 싶지 않은 데서 비롯된 의도적 무지다. 이는 특정 아이디어, 특히 새로운 아이디어에 대한 반감에 기인한다는 점에서 칼 포퍼가 말한 적극적 무지와도 연관된다. 갈릴레오가 달에서 분화구를 발견한 순간과 관련한 유명한 일화가 있다. 망원경을 통해 본 달은 아리스토텔레스가 말한 대로 완벽하게 매끄러운 구가 아니었다. 이에 일부 아리스토텔레스 지지자들은 분화구를 확인하고 싶지 않아 망원경으로 달을 보는 것을 거부했다고 한다. 이 이야기는 전설에 불과하지만, 과학사에서 이처럼 반감이 앞서 눈앞의 대발견을 놓치고 만 사례가 수두룩하다.[30] 이런 사람들은 토머스 쿤이 말한 자연과학의 변칙變則, 즉 그동안 익숙하게 받아들여 온 이론에 의문을 제기하는 것을 보고 싶어 하지 않는다.[31]

이 같은 의도적인 맹목과 가스통 바슐라르Gaston Bachelard가 말한 인식론적 장애로 볼 수 있는 사례는 코페르니쿠스의 지동설, 다윈의 진화론, 파스퇴르의 미생물 발견, 멘델의 유전 법칙, 막스 플랑크Max Planck의 양자론 등에 대한 저항이 있다.

플랑크가 '과학은 장례식을 한 번 치를 때마다 진보한다'는 쓴소리를 남긴 것은 양자론에 대한 물리학자들의 반감에서 비롯되었다. 이 말의 뜻은 새로운 과학적 진리는 반대자들을 설득해 깨닫게 함으로써 승리하는 것이 아니라, 반대자들이 마침내 죽고 진리에 익숙한 새로운 세대가 성장하기 때문에 승리한다는 것이다.[32] 기성세대 중에는 자신의 전문적 자본을 투자한 이론을 포기하려 들지 않는 사람이 많다. 자신이 틀렸다는 사실을 인정하고 싶어 하지 않는 것은 이해되지만, 실로 유감스러운 일이 아닐 수 없다.

코페르니쿠스의 지동설과 갈릴레오의 지동설 옹호에 반대한 것이 단지 무지 때문이거나 아리스토텔레스와 성경이 틀렸다는 사실을 확인하고 싶지 않았기 때문이라고는 할 수 없다. 특히 갈릴레오 사건은 코넬대학교 공동 설립자이자 총장인 앤드류 화이트Andrew White가 언급해 널리 알려진 '신학과 과학의 전쟁'의 대표적 사례다.[33] 이 같은 대립의 공식화는 신학자와 자연철학자(갈릴레오 시대에는 과학자를 이렇게 불렀다)의 다양한 의견, 그리고 두 진영이 지닌 같은 생각은 언급하지 않는 문제점이 있다. 한 과학사가가 지적했듯이 지구 중심설(천동설)은 다양한 집단이 옹호했다. 또 다른 과학사가에 따르면 반코페르니쿠스파는 자신들의 견해를 뒷받침하기 위해 과학적 주장에 의존했고, 코페르니쿠스파는 종교적 주장에 의존했다.[34]

갈릴레오 반대파는 지동설의 모든 주장에 반대하는 도미니크회의 강경파 신학자들과 온건한 노선의 예수회로 나뉘었다. 예수회에는 지동설을 하나의 가설로 보는 사람들과 태양이 우주의 중심이라고 생각하는 사람들이 함께 있었다.[35] 갈릴레오에 대한 교회의 악명 높은 비난은 종종 오해를 받아 왔다. 사실 갈릴레오는 개인적인 의견 때문에 유죄 판결을 받은 것이 아니라, 글자 그대로의 성경 구절 해석에 반대하면서 교회를 새로운 과학 이론을 통해 '전환'하려 했던 것 때문에 유죄 판결을 받았다. 예를 들어 여호수아가 태양의 움직임을 멈추도록 명령하는 성경 구절에 대한 논쟁이 문제였다. 갈릴레오는 성경 해석에 대한 성직자의 독점권을 침해한 것으로 여겨졌다.[36]

다윈은 자연 선택에 의한 진화론이 성경의 창세기에 위배된다는 이유로 루이 아가시Louis Agassiz 같은 과학자와 사무엘 윌버포스Samuel

Wilberforce 같은 신학자의 공격을 받았다. 아가시는 '최고 지성이 창조를 직접 계획했다'고 믿었다.[37] 하지만 다윈주의의 역사는 과학과 신학의 전쟁처럼 단순하게 규정할 수 없다. 다윈은 자신이 쓴《종의 기원》으로 기독교인 다윈주의자의 지지를 받았지만, 과학적 근거 측면에서 비판받기도 했다. 실제로 윌버포스는《종의 기원》비판에서 신학적 주장은 의도적으로 배제했다.[38]

다윈 이론에 대한 반발은 프랑스, 그중에서도 과학아카데미를 장악한 기성세대 사이에서 강하게 일어났다. 다윈 옹호자인 토머스 헨리 헉슬리는 프랑스인들 사이에 '침묵의 음모'가 있다고까지 적었다.[39] 헉슬리는 (훗날의 막스 플랑크와 마찬가지로) 사람들이 다윈 이론에 반발한 데는 알고 싶지 않은 마음도 크게 작용했다고 믿었다. 또한《종의 기원》이 '당시 사람들에게 나쁘게 받아들여졌다'고 하면서, '만약 또 다른 다윈이 등장해 인류 대다수가 가장 싫어하는 것, 즉 그들의 신념을 수정해야 할 필요성을 제기한다면 지금 사람들도 똑같이 좋지 않게 반응할 것'이라고 주장했다.[40]

헉슬리와 플랑크가 목소리를 높인 뒤로 과학자들이 좀 더 열린 마음을 갖게 되었다면 좋았겠지만, 현실은 그 반대였다. 독일 과학자 알프레드 베게너Alfred Wegener가 저서《대륙과 해양의 기원》(1915)에서 제시한 대륙 이동설을 생각해 보자.

베게너는 세계 지도에서 브라질의 동해안이 아프리카의 서해안과 퍼즐 조각처럼 서로 맞아떨어지는 것을 보고 깊은 인상을 받았다고 설명했다. 그는 두 대륙의 암석과 화석에서 유사점을 발견하고, 이들이 한때는 하나였지만 나중에 둘로 나뉘었다는 결론에 도달했다. 하지만 베게너의 이론은 1920~1930년대에 북미 지역을 비롯한 여러 지역의 지질학자들에게 거부당했다.

과학사가 나오미 오레스케스Naomi Oreskes가 주장한 것처럼 베게너의 이론이 받아들여지지 않은 데는 두 가지의 큰 이유가 있었다. 그중 하나는 과학 지식 해체에 대한 반발, 즉 대륙의 안정성이라는 전통 지질학 패러다임을 포기하지 못하는 데 따른 거부감이었다.[41] 미국 지질학자 롤린 체임벌린Rollin Chamberlin이 말했듯이, '만약 우리가 베게너의 가설을 믿으려면 지난 70년 동안 배운 모든 것을 잊고 다시 시작해야 한다'고 생각했다.[42]

대륙 이동설에 반대한 또 다른 이유는 지식에 이르는 방법이 낯설었기 때문이다. 지질학의 오랜 지식은 현장 관찰을 통해 얻어진 반면, 지구물리학의 새로운 지식은 실험실에서의 실험을 바탕으로 '판구조론'으로 알려진 거대한 암석판의 움직임으로 대륙 이동을 설명했다. 1950년대 대륙 이동설을 강력하게 지지한 패트릭 블래킷Patrick Blackett은 본래 핵물리학자였다. 지진학자 찰스 릭터Charles Richter는 '우리는 모두 자신에게 가장 익숙한 유형의 증거에 가장 깊은 인상을 받는다'고 했다.[43]

좀 더 최근인 1980년대와 1990년대에도 일부 유명 과학자들은 자신이 믿고 싶은 것과는 다른 발견에 끈질기게 반대함으로써 악명을 떨쳤다. 이들은 흡연과 암의 연관성, 산성비, 오존층 파괴, 지구 온난화 현상 등 생명과 건강을 위협하는 네 가지 문제로 합의된 사항에 의문을 제기했다.[44] 이들 과학자를 경력순으로 나열하면 프레데릭 세이츠Frederick Seitz, 윌리엄 니렌버그William Nierenberg, 프레드 싱어Fred Singer 등이다. 세 사람 모두 물리학자로 과학자 생활을 시작했는데, 세이츠와 니렌버그는 제2차 세계대전 때 맨해튼 프로젝트에 참가해 원자폭탄 제작을 함께했다. 이들은 나중에 물리학계의 최고 자리에 올랐는데 세이츠는 미국 국립과학아카데미 회장이 되었고, 니렌버그는 해당 아카데미의 위원회에서 활동했다.

세 사람 모두 정치적으로 보수적이었다. 세이츠와 니렌버그는 우파 싱크탱크인 조지 마셜 연구소의 창립 멤버였고, 싱어는 또 다른 우파 싱크탱크인 알렉시스 드 토크빌 연구소의 선임 연구원이었다. 세 사람 모두 특정 산업과 정부 부처에 연결되어 있었는데 세이츠는 담배업계에 컨설팅을 해주었고, 니렌버그는 레이건 대통령의 임명으로 산성비 전문 평가단장을 역임했으며, 싱어는 미국 교통부의 수석 과학자였다. 세 사람은 모두 기후 변화를 믿지 않았다. 싱어는 기후 변화에 대한 자신의 주장을 담은 책을 여러 권 출간했고, 세이츠와 니렌버그는 지구 온난화를 예방하거나 늦추기 위한 조치 따위는 필요하지 않다고 주장했다. 이는 레이건 대통령과 조지 H. W. 부시 대통령이 간절히 듣고 싶어 했던 조언이었다.

세 과학자의 의도적인 무지에 대한 증거는 네 가지 위협이 제기된 초기에 그들이 보인 회의적인 입장이 아니다(새로운 발견이나 이론을 평가하는 초기에는 회의적 시각이 필요하다). 위협이 실재한다는 증거가 늘어나는데도 끝까지 그 사실을 받아들이지 않은 점이다. 세 사람은 자신이 알고 싶지 않은 정보를 무시하거나 그에 반발했다. 산업계와 정부가 대중에게 허위 정보를 제공하기 위해 벌인 캠페인에 대해서는 9장에서 논의하겠다.

이들 캠페인 중 일부는 수행되지 않는 과학(수행될 필요성이 있음에도 외면당하는 과학 영역-옮긴이), 문제에 대한 집단적 무시, 그리고 자금을 지원하지 않고 방치하는 연구 영역과 연결되어 있다. 이 같은 지식의 체계적 비생산은 과학의 정치 행태, 서로 다른 어젠다를 가진 집단(정부, 산업계, NGO, 재단, 대학 등) 간의 경쟁을 보여준다.[45] 이런 방식으로 수행되지 않는 사회과학, 심지어 만성적 자금 부족에 시달리는 인문학을 연구하는 것도 의미 있을 것이다.

의학에 대한 무지

4장에서 살펴본 바와 같이 의학은 무지가 비교적 일찍부터 연구된 분야다. 전문성을 좀 더 갖춘 나쁜 의학에 관한 글뿐 아니라 사기꾼과 돌팔이 의사에 대한 글도 숱하게 찾아볼 수 있다.[46] 이런 경우 해당 분야에서 알려지지 않은 사항도 논의해야 하지만, 그 분야 종사자들이 알지 못하는 사항에 대한 논의가 더 시급하다. 특히 단순 연구가 아닌, 자신의 지식을 적용하는 일을 하는 이들이 그 대상이다.

영국 의사 벤 골드에이커Ben Goldacre는 '오늘날의 의대생은 24세에 자격을 취득해 50년간 일하게 될 것이다. … 의학은 수십 년에 걸쳐 부지불식간에 변화한다. 완전히 새로운 종류의 약이 발명되고 진단 방법도 완전히 달라지며 심지어 완전히 새로운 질병까지 등장한다'고 지적했다. 의사들은 늘 뒤처지지 않으려 노력하겠지만, 매년 의학 학술지에 발표되는 논문 수를 감안하면 정보 과부하로 인해 어느 한 영역의 최신 정보를 파악하는 것조차 불가능하다.[47] 더군다나 일반인은 니코틴, 콜레스테롤, 단순 운동부족 등이 건강에 미치는 악영향을 제대로 알지 못하거나 그 지식에 반발한다. 과학자나 의사들만 자기 분야의 어떤 측면을 알고 싶어 하지 않는 것은 아니다.

일반인의 무지

전문 과학자와 일반 대중의 지식 차이가 지금처럼 항상 두드러졌던 것은 아니다. 다른 형태의 전문화도 그랬지만, 영어에 '과학자'라는 단어가 생겨난 19세기 초부터 격차가 벌어지기 시작했다. 하지만 이전에도 배운 사람과 그렇지 않은 사람을 대략은 구분할 수 있었을 것이다. 의학을 비롯해 예전에는 자연철학으로 알려진 자연과학에서도 마찬가지다.

16~17세기 자연철학의 연구 결과는 거의 라틴어로만 발표되었기 때문에 유럽인 대다수는 물론 심지어 글을 아는 사람 대부분이 내용을 알아보지 못했다. 16세기에 스위스 의사이자 연금술사였던 파라켈수스Paracelsus는 이 같은 규칙을 깨고 독일어로 글을 썼고, 17세기에 갈릴레오는 이탈리아어를 사용했을 뿐 아니라 대중에게 더 쉽게 다가갈 수 있도록 대화체라는 극적 형식을 선택했다. 하지만 학계의 수많은 동료는 이런 식으로 관습을 위반한 데 큰 충격을 받았다.

어부, 조산사, 광부, 석공, 대장장이, 금세공사 등 다양한 직업의 사람들이 자연에 대한 전문 지식을 습득했지만, 이들은 자신의 지식을 기록하는 일이 드문 데다 널리 공유하지도 않았다. 사실 장인들이 속한 길드에서는 연금술사처럼 전문 지식을 비밀로 유지해야 다른 길드와의 경쟁을 피할 수 있다고 주장했다.[48]

근대 초기 유럽에서 지식, 혹은 지식으로 여겨지는 것이 확산된 한 분야가 있다면 바로 의학이다. 환자 입장에서 여러 의사 중 한 명을 선택하는 것은 불확실한 상황에서의 의사결정을 생생하게 보여주는 사례다. 또 다른 선택지로 직접 치료하는 방법이 있기는 했는데, 그러려면 일반인이 의학에 대한 무지를 극복해야 했다. 파라켈수스는 자신이 아는 모든 것은 다른 사람의 무지에 의존하기보다 경험에서 배웠다고 자랑하며, 모든 사람이 자신의 병을 고치는 의사가 되기를 바랐다.[49]

파라켈수스가 등장한 16세기 이후, 자국의 문자로 쓰인 의학 서적이 출간되어 더 많은 사람이 읽을 수 있게 되었다. 당시 영어로 쓰인 유명한 책으로는《영국의 의사The English Physician》(1652)를 꼽을 수 있는데, 이 책은 약재상 니콜라스 컬페퍼Nicholas Culpeper가 쓴 약초 안내서다. 공화주의자이자 급진적 개신교 신자였던 컬페퍼는 라틴어로 된 출판물이 일반 대중을 무지에 가두어 노예로 만드는 수단이라며 비난했다. 그는 사제와 변호사의 지적 독점에 반대했을 뿐만 아니라, 의사협회의 지적 독점도 반대했다. 그리고 그들을 '학습된 무지'라며 비난했는데, 이 표현은 니콜라우스 쿠자누스의 긍정적인 책 제목과는 달리 경멸적인 뜻으로 쓰였다(15세기 독일 철학자이자 신학자인 쿠자누스가 지은 책으로《학습된 무지에 대하여》가 있다-옮긴이).[50] 표지에서부터 영어 서적임을 알 수 있는 컬페퍼의 저서는 모든 사람의 자가 치료가 실현될 수 있도록 가격도 고작 3펜스로 책정되었다. 마찬가지로 컬페퍼의《조산사를 위한 안내서Directory for Midwives》(1651) 역시 조산사를 대상으로 한 게 아니라 임신·출산과 수유 여성을 위한 안내서로 출간되었다.[51] 그로부터 백여 년 후, 스코틀랜드 의사 윌리엄 버컨William Buchan의《가정 의학Domestic Medicine》(1769)은 베스트셀러가 되었다. 경쟁 서적 중에《가난한 자의 약상자Poor Man's Medicine Chest》(1791)는 병원에 가는 것보다 그 같은 책을 보는 게 더 저렴하겠다는 생각을 독자들이 갖게 했다.

18세기 후반에는 자연철학 대중화를 위한 운동이 확산되었다. 일부 선도적인 과학자들이 이 운동에 참여했는데, 예를 들면 스웨덴 식물학자 칼 린네Carl von Linné는 간결한 내용에 번역까지 빠르게 되는 책을 출간해 자연 연구에 대한 교육적, 재정적 진입 장벽을 낮추었다.[52] 급기야 대중화 전문가라는 새로운 직업군까지 등장했다.

18세기 과학 지식을 확산하는 주요 수단 중 하나는 대중 강연이었다. 이 강연에는 대중 앞에서 직접 실험해 보이는 시연이 포함되는 경우가 많았다.[53] 19세기 영국 과학자 존 헨리 페퍼John Henry Pepper는 이 같은 대중 강연으로 유명해졌다. 예를 들면 빛의 물리학을 주제로 한 강연에서 유령 같아 보이는 그림자를 활용하는 식이었다. 1828년 알렉산더 폰 훔볼트Alexander von Humboldt 역시 베를린의 한 음악당에서 일반 대중을 상대로 우주에 관한 강연을 했는데, 페퍼의 강연만큼 화려하지는 않았지만 큰 성공을 거두었다. 1868년 토머스 헨리 헉슬리가 영국 노리치의 노동자들 앞에서 분필 한 토막을 가지고 화학, 지질학, 고생물학을 소개한 강연도 마찬가지였다.

과학 지식 대중화의 또 다른 형태는 과학 잡지였다. 〈사이언티픽 아메리칸Scientific American〉은 1845년 장인과 기계공을 대상으로 미국에서 창간된 과학 잡지인데, 오늘날까지도 계속 발행되고 있다.[54]

19세기는 일반 대중이 일부 과학 이론, 특히 다윈의 진화론에 반발한 시기이기도 했다. 진화론은 성경의 창세기, 그리고 자연계의 설계가 신의 존재를 증명한다는 주장을 정면으로 비판하는 관점이었다. 다윈은 자연이 신의 창조물이라고 믿으며 자신의 견해에 반대하는 이들을 가리켜 창조론자라는 용어를 사용했다. 지금도 미국을 비롯한 여러 지역에서는 이 같은 창조론의 시각을 지닌 사람들을 찾아볼 수 있다.

1925년 미국 테네시주에서는 공립학교 교사가 성경의 창조 이야기를 부정하고 진화론을 가르치는 것을 금지하는 법(주의회 의원 존 워싱턴 버틀러가 발의해 '버틀러법'이라 한다-옮긴이)이 제정되었고, 존 스콥스John Scopes라는 교사가 이 법을 어겼다는 이유로 법정에 서게 되었다(정확히는 스콥스가 이 법안에 항소를 제기한 사건이다). 재판은 사람들 사이에 엄청난 화제를 불러일으켰지만 결국 진행되지 못했고, 해당 법은 1967년이 되어서야 폐지되었다.[55]

이 법의 지지자들이 주장하는 '과학적 창조론'은 지금도 여전히 강력한 영향력을 발휘하고 있다. 1970년에는 창조과학연구소가 설립되었고, '현대의 아가시Agassiz(19세기 스위스 출신의 자연과학자-옮긴이)'로 불리는 미국의 가톨릭 생화학자 마이클 비히Michael Behe는 다윈주의에 반대하며 지적 설계론(유기체가 외부의 지성에 의해 설계되었다는 이론-옮긴이)을 옹호했다.[56] 2017년 갤럽이 실시한 설문조사에 따르면 미국 성인의 38퍼센트가 '지난 1만 년 이내의 어느 시점에 신이 현재의 모습으로 인간을 창조했다'고 믿고 있다.[57]

이제 와 돌아보면 19세기는 다윈에 대한 반발이 있기는 했지만 일반인들의 과학 지식이 비약적으로 늘어난 황금기였다. 그러나 그 후로 점차 후퇴가 일어나 물리화학자이자 소설가인 찰스 퍼시 스노C. P. Snow는 1959년 케임브리지 강연에서 그에 관한 우려를 토로한 바 있다. 그는 과학과 인문학은 별개의 문화라고 설명하며, 과학자가 아니면 아무리 교육을 받았어도 물리학에 무지해 열역학 제2법칙의 중요성을 이해하지 못하는 것은 물론이고 인용조차 할 수 없다고 주장했다. 그는 '현대 물리학의 위대한 체계가 구축되고 있지만, 서구 세계에서 가장 똑똑하다는 사람들 대부분이 신석기 시대의 조상과 다를 바 없는 이해력을 지녔다'고 말했다.[58]

스노의 강연 몇 년 후인 1963년, 미국에서는 과학 지식을 언론을 통해 확산시키기 위해 '공공정보를 위한 과학자협회Scientists' Institute for Public Information'를 설립했다. 협회가 대중에게 정보를 제공할 언론인들에게 먼저 정보를 제공하는 간접적인 접근 방식을 채택할 필요가 있다고 판단한 것은 의미가 있다. 그리고 대중화 과정에서 TV 프로그램이 특히 중요한 역할을 하게 되었다. 예를 들어 영국의 BBC는 물리학자 브라이언 콕스Brian Cox에게는 천문학에 관한 시리즈를, 유명 방송인 데이비드 애튼버러David Attenborough에게는 자연사 시리즈를 여러 편 의뢰했다.

시청자들이 이런 식으로 접한 정보를 몇 달, 몇 년이 지난 뒤까지 얼마나 기억할지는 의문이다. 대중의 과학 이해도를 연구하는 존 듀런트John Durant가 1989년 실시한 조사에 따르면 '영국인과 미국인은 스포츠, 영화, 정치보다 과학에 더 많은 관심을 갖고 있지만, 과학에 보이는 호기심만큼 깊은 지식은 갖고 있지 않았다.'[59]

하지만 과학의 일부 영역을 잘 아는 일반인도 있다. 이 같은 사실은 과학 지식을 동원해 환경 보호 캠페인을 벌이는 사람들만 봐도 알 수 있다.[60] '산발적 비전문가 자원봉사자'로 일컬어지는 또 다른 소수 집단 역시 특정 지역의 조류 이동이나 기후 변화의 영향을 관찰하고 인터넷으로 정보를 제공함으로써 시민 과학에 기여한다.[61] 컴퓨터와 관련한 지식을 지닌 사람도 어렵지 않게 볼 수 있다. 보통 사람들은 열역학 제2법칙을 여전히 모르지만, 고밀도 집적회로의 트랜지스터 수가 2년마다 두 배로 증가한다는 무어의 법칙을 아는 사람이 젊은 세대 중에 많을 것이다.

이렇게 지속적인 노력이 이루어지고 있음에도 일반 대중이 과학에 접근하기는 갈수록 어려워지고 있다. 심지어 과학이라는 거대 분야에서 무지가 급속히 늘고 있다고 해도 과언이 아니다. 전문화가 고도로 진행됨에 따라 과학의 큰 그림을 이해하기가 19세기보다 훨씬 더 어려워진 것도 그 이유 중 하나다. 2012년 스튜어트 파이어스타인이 《이그노런스Ignorance》에 썼듯이 '오늘날 과학은 마치 고대 라틴어로 쓰인 문서처럼 대중이 접근하기 어렵다.'[62] 심지어 과학자들조차 자신이 연구하는 분야가 아니면 일반인과 마찬가지인 신세가 되어 버렸다.

전문화뿐만이 아니다. 과학 실험이 갈수록 일상생활과 무관해지는 것도 또 다른 원인이라 할 수 있다. 19세기의 실험은 맨눈으로도 얼마든지 볼 수 있어 존 헨리 페퍼 같은 대중화 전문가가 사람들에게 깊은 인상을 남기는 것이 가능했다. 이와 달리 오늘날에 전자와 염색체를 보거나 인식할 수 있는 사람은 복잡한 장비를 사용하는 전문가뿐이다. 1990년대에 '대중의 과학 이해'를 위한 운동이 같은 이름의 학술지와 강좌(리처드 도킨스Richard Dawkins가 맡은 강좌 포함)를 통해 일어난 것은 과학에 대한 일반인의 무지를 해소하려는 강한 의지의 표명이었다.

8장
지리학의 무지

미지의 땅Terra Incognita

프톨레마이오스(고대 그리스 천문학자, 지리학자)

이 장에서는 지구 표면에 대한 무지, 즉 4장에서 언급한 에드워드 퀸의《역사 지도책》에서 구름이 둘러싼 것으로 표현된 땅이나 여백으로 비워둔 부분을 다룬다. 물론 퀸은 묻지 않았지만, 물리적이든 정신적이든 누구의 지도에 공백이 있었는지 물어볼 필요가 있다. 누가 무엇에 무지했던 것일까?

역사학자와 마찬가지로 지리학자들도 사람들이 지리학에 무지한 것을 우려했다. 2012년 영국에서 실시된 원폴OnePoll의 설문조사에 따르면 성인의 50퍼센트 이상이 에베레스트산이 자국에 있는 산이라 여겼고, 20퍼센트는 블랙풀(잉글랜드 랭커셔주에 있는 항구 도시-옮긴이)이 어디에 있는지도 몰랐다. 미국의 내셔널지오그래픽협회는 지리적 문맹 퇴치를 위해 오랫동안 힘써 왔다. 그러나 2006년 실시된 한 설문조사에 따르면, 18세에서 24세에 이르는 미국인의 약 3분의 2는 세계 지도에서 이라크를 찾지 못했다.[1]

인간은 어디에 살든 해당 지역에 대한 지식을 습득해 왔다. 캐나다와 오스트레일리아의 원주민을 포함한 여러 문화권 사람들은 그 지식을 시각적으로 표현하기도 했다. 때로 극적으로 변하는 것이 외부인의 지리 지식이다. 그들 중 일부는 원주민의 도움을 받아 새로운 땅을 탐험한 뒤 지도를 제작했다.[2]

외부인들, 즉 식민지 개척자들의 무지 중 일부는 일부러 꾸며내기라도 한 것처럼 너무나 편리했다. '주인 없는 땅terra nullius'이라는 말이 실제로 사용되었는지는 논란이 있지만, 16세기부터 19세기까지 백인 정착민이 그렇게 추정한 것은 분명하다. 1492년 콜럼버스가 서인도제도를 점령했을 때처럼 영국의 식민지 개척자들은 자신들이 도착하기 전에 아메리카 원주민, 뉴질랜드 마오리족, 오스트레일리아 원주민이 그 땅을 어떻게 사용했는지 알고 싶어 하지도 않았다. 1824년 프랜시스 포브스Francis Forbes 대법원장은 뉴사우스웨일스에 원주민이 거주한다는 사실을 몰랐을 리 없는데도 무인도라 불렀고, 1835년 뉴사우스웨일스 주지사 리처드 버크 경Sir Richard Bourke은 영국 왕실이 점유하기 전에 그 땅은 비어 있었다고 선언했다. 이 같은 고의적 무인식은 이전에 존재했던 사회를 '머릿속에서 지우기'로 설명되었다.[3]

이 장에서는 앞서 설명했던 후향적 방식을 따를 것이다. 18세기와 19세기에 대한 알랭 코르뱅의 최근 연구에서처럼, 발견된 것을 활용해 이전에는 알려지지 않았거나 잘못 알려진 사실을 밝히겠다.[4] 그러한 무지의 대표적 예가 세계는 세 개의 대륙으로 나뉘어 있다는 중세 유럽인들의 믿음이다. 고대 그리스 지리학자 프톨레마이오스가 스칸디나비아반도를 섬, 즉 스칸디아 인술라Scandia insula로 믿었던 것도 마찬가지다.[5] 세계 각 지역의 사람들이 다른 지역에 대해 무엇을 몰랐는지 알아보는 것도 흥미롭겠지만, 그에 필요한 수많은 논문 자료는 아직 없다. 따라서 여기서는 유럽인들이 유럽 너머의 세계에 얼마나 무지했는지 중점적으로 살펴보고, 자신들이 사는 유럽에도 무지했던 점을 논할 것이다. 비교적 최근인 1950년대에도 시칠리아의 농민들은 러시아의 위치를 몰라 조사관이 깜짝 놀랐다고 한다.[6]

과거를 돌아보면 1450년 무렵, 심지어 1750년 무렵에도 유럽인들은 세계의 다른 지역에 대해 상상하기 힘들 정도로 아는 것이 없었다(서유럽인이 동유럽에 대해 얼마나 무지했는지는 말할 것도 없다).[7] 물론 중세에도 일부 유럽인들은 유럽 이외의 지역을 직접 경험할 수 있었다. 항해사, 상인, 순례자, 십자군, 선교사 등은 모두 중동 지역을 방문할 기회가 있었는데, 특히 카이로, 알레포, 카파(현재 크림반도의 페오도시야) 같은 국제 무역 도시들, 십자군 도시 아크레(현재 이스라엘에 위치), 순례자들의 목적지인 예루살렘 등을 많이 드나들었다.[8]

반면 중국이나 인도에 대해서는 알려진 것이 거의 없었다. 인도에는 '짐노소피스트gymnosophist'로 알려진 벌거벗은 고행자들이 존재하는가 하면, 중국에는 사도 성 토마스가 설립했다고 전해지는 교회의 한 분파인 '네스토리우스교'(중국에서는 경교라 했다-옮긴이)가 있다는 사실 정도만 알려졌을 뿐이다.

유럽의 무지를 극명하게 드러낸 이는 크리스토퍼 콜럼버스였다. 중국으로 가는 임무를 부여받은 콜럼버스는 자신이 상륙한 히스파니올라섬이 아시아의 일부가 아니라는 사실을 몰랐으며, 알고 싶어 하지도 않았다. 고대 그리스인과 로마인에게 알려지지 않았던 '신세계'라는 개념을 대중이 받아들이기까지는 어느 정도 시간이 걸렸다.[9] 그런 이유로(콜럼버스가 신대륙을 발견한 것이 아니기에) 멕시코의 역사가 에

드문도 오고르만Edmundo O'Gorman은 이 주제로 쓴 자신의 책 제목을 '아메리카의 발견'이 아니라 《아메리카의 발명The invention of America》으로 붙였다. 역시 같은 이유에서 사회학자 에비아타 제루바벨Eviatar Zerubavel은 아메리카의 정신적 발견을 다룬 책《알려진 땅Terra Cognita》을 썼다. 아메리고 베스푸치Amerigo Vespucci나 마틴 발트제뮐러Martin Waldseemüller처럼 당대에 아메리카 대륙을 신대륙으로 받아들인 이는 소수에 불과했다.[10]

어쨌든 콜럼버스의 아메리카 '발견'은 사실 유럽인들의 입장에서는 재발견에 해당했다. 1000년경 북유럽 탐험가 레이프 에릭슨Leif Erikson은 지금의 래브라도로 볼 수 있는 북미 연안의 '빈란드Vinland'에 도착했다. 14세기의 이탈리아 수사 갈바노 피암마Galvano Fiamma는 13세기 사가(saga, 북유럽의 영웅담-옮긴이)에서 '마르크란드Markland'로 기록된 서쪽 땅을 발견하고 '마르크칼라다Marckalada'로 부르며 거인들이 사는 곳이라고 설명했다.[11] 그 후로 이곳에 관한 지식이 사라졌던 듯하다.

영국, 프랑스 등지에서 여행 서적 붐이 일어난 18세기에는 오늘날의 미얀마와 에티오피아에 해당하는 버마와 아비시니아에 관한 지식이 뒤늦게야 밝혀지면서 남아 있던 무지가 드러났다. 장 자크 루소Jean-Jacques Rousseau가 유럽인들이 세계 대부분 지역에 무지하다는 사실에 놀라지 않을 수 없다고 선언한 것은 당연하다. 그는 이렇게 말했다. "우리는 전 지구를 뒤덮고 있는 나라에 대해 아는 게 이름밖에 없는데도 인류를 판단할 수 있다고 믿는다."[12]

상상 속 외국

외부인이 만든 지도의 빈 공간은 상상력으로 채워졌다. 앞에서도 지적했듯이 인간은 천성적으로 공백을 싫어한다. 그래서 호기심, 희망, 두려움에서 비롯된 상상력을 집단으로 발휘해 짧게는 소문으로, 길게는 전설이나 신화로 그 공백을 메웠다.[13]

대표적인 예로 '괴물 종족'을 들 수 있다. 고대 그리스인과 로마인들은 아시아나 아프리카 같은 세계 먼 곳에는 인간이 아닌 종족이 산다고 믿었다. 개의 머리를 한 키노케팔로이Kynokephaloi, 한쪽 발이 거대한 스키아포데스Skiapodes, 셰익스피어의 《오셀로》에 묘사된 것처럼 머리가 어깨 밑에서 자라는 블렘미아이Blemmyae, 고대 로마의 가이우스 플리니우스 세쿤두스Gaius Plinius Secundus가 쓴 백과사전 《자연사Naturalis Historia》에 묘사되어 플리니우스 종족으로 불리는 종족 등 종류도 다양하다.[14] 이 같은 이야기는 누군가에게는 호기심을 불러일으키겠지만 다른 사람들에게는 여행을 가로막는 방해 요소가 될 수 있다.

12~16세기 기독교 지역에는 아시아의 대제국을 다스리는 통치자로서 '사제 왕 요한Prester John'으로 알려진 기독교 왕에 관한 이야기가 떠돌았는데, 처음에 그는 두려움의 대상이었지만 나중에는 희망의 상징으로 자리 잡았다.[15] 이교도와 무슬림에 대항해 언제든 손잡을 수 있는 이 잠재적 동맹자는 '세 인도'의 황제로 소개되었는가 하면, 12세기 비잔틴 제국의 황제인 마누엘 콤네누스Manuel Comnenus에게 자신의 왕국을 설명하는 편지를 라틴어로 썼다고도 전해졌다. 이 편지는 여러 언어로 번역되었고, 사람들에게 유포되는 과정에서 더 자세한 내용이 추가되었다.

사제 왕 요한이 어디서 살았는지는 논란거리로 남아 있다.[16] 12세기 독일의 연대기 작가 오토 프레이징Otto of Freising은 그가 페르시아와 아르메니아 너머에 살았다고 설명했다. 마르코 폴로는 사제 왕 요한이 중앙아시아 사람이라고 생각했다. 마르코 폴로는 사제 왕 요한의 대제국을 언급하며 그가 칭기즈칸과의 전투에서 사망했다고 전했다. 하지만 아시아에서는 아무런 흔적도 발견되지 않았기 때문에 그가 인도처럼 기독교인들이 수세기 동안 거주해온 에티오피아에 살았던 것으로 소문이 바뀌었다. 15세기 스페인 여행가 페로 타푸르Pero Tafur는 베네치아의 여행가 니콜로 데 콘티Niccolò de'Conti가 사제 왕 요한의 궁정에 실제로 가봤다는 얘기를 했다고 주장했다.[17] 1498년 바스코 다 가마와 그의 부하들은 모잠비크 해안에 도착해 '사제 왕 요한의 궁이 그리 멀지 않지만, 내륙에 위치해 있어 낙타를 타야만 갈 수 있다'는 얘기를 들었다.[18]

마찬가지로 아프리카와 아시아에서 찾을 수 없는 것으로 밝혀진 괴물 종족은 1492년 이후에 미지의 아메리카 대륙으로 자리를 옮겼다. 1590년대에 영국의 정치인 월터 롤리Walter Raleigh는 기아나(남아메리카 북동부에 있는 대서양 연안 지방-옮긴이)에 도착했을 때 머리는 없고 눈은 어깨에 달린 남성에 관한 이야기를 들었다.

기원전 5세기 헤로도토스의《역사》에 언급된, 여전사로 이루어진 아마존 부족 역시 거주지가 바뀌었다. 13세기에 마르코 폴로는 아마존 부족이 동아시아에서 발견되었다고 선언했다. 콜럼버스는 아마존 부족이라고 여겨지는 여성들의 섬을 언급했지만, 프란시스코 피사로Francisco Pizzaro의 페루 정복 부대에서 탈영한 프란시스코 오레야나Francisco Orellana는 오늘날 우리가 알고 있는 아마존강 유역에서 그들과 마주쳤다고 주장했다.[19]

일부 스페인 탐험가들은 1510년에 출판된 기사도 소설에서 칼라피아 여왕이 지배하는 가상의 섬 '캘리포니아'가 묘사된 것을 보았다. 에르난 코르테스Hernán Cortés와 그의 부하들은 탐험을 떠나 그 섬을 발견했다고 믿었는데, 현재 멕시코 바하 칼리포르니아 반도인 그곳은 17세기 지도에도 서해안의 긴 섬으로 그려졌다. 1701년 예수회의 유세비오 키노Eusebio Kino가 캘리포니아는 반도(우리나라에서는 캘리포니아 반도라고도 한다-옮긴이)라고 주장해 이 같은 믿음에 문제를 제기했지만, 18세기 중반까지 캘리포니아는 지도에 섬으로 표기되었다.[20]

사제 왕 요한의 전설과 함께 엘도라도 전설은 프로이트가 말한 소망충족wish-fulfilment의 대표적 예로 손꼽힌다(프로이트는 꿈을 억압된 소망의 왜곡된 성취로 해석했다-옮긴이). 이 이야기가 확산된 것은 스페인 정복자 에르난 코르테스가 아즈텍 제국의 황제 모테쿠소마Moctezuma(몬테수마) 2세의 금고에서 금을 발견한 이후였다. 1530년대 스페인 정복자들에게는 여전히 미지의 땅이었던 안데스산맥의 쿤디나마르카는 추장이나 왕이 매년 금가루로 온몸을 치장할 만큼 금이 풍부하다고 전해졌다. 그리스 신화의 황금 양털 이야기에 영향을 받은 엘도라도 전설의 '엘도라도El Dorado'는 처음에는 한 인물을 가리키다가 도시, 심지어 나라를 가리키는 말로 바뀌었다. 플리니우스 종족처럼 엘도라도 또한 콜롬비아에서 아마존 유역, 기아나의 정글에 이르기까지 위치가 수차례 바뀌었는데, 그 찬란한 약속이 번번이 실현되지 못했기 때문이었다. 엘도라도를 찾아내기 위한 수많은 여정은 엄청난 노력과 희생에도 불구하고 실패로 돌아갔으며, 월터 롤리의 마지막 항해(영국의 탐험가 월터 롤리의 1617년 항해를 가리킨다. 그는 엘도라도를 찾아 기아나의 오리노코강을 두 번째로 탐험한 뒤 1618년에 처형되었다-옮긴이)도 그중 하나였다.[21]

중국에 대한 서양의 무지

이어지는 두 섹션에서는 중국에 대한 서양의 무지와, 반대로 서양에 대한 중국의 무지에 대해 논의한다. 물론 중국과 서양을 각각 뭉뚱그려 말하는 대신 시기와 지역별로 다르게 나타난 무지, 그리고 황제, 문인, 선교사와 상인의 무지를 구분해야 할 것이다.

유럽인들에게 중국 혹은 카타이(거란에서 유래된 중국의 명칭-옮긴이)는 13세기에 몽골이 러시아, 헝가리, 폴란드를 침략하기 전까지 미지의 땅이었으나, 몽골의 침략에 위협을 느낀 일부 유럽인들은 중국에 대한 무지에서 벗어나려는 시도를 했다.[22] 침략 이후 교황 인노켄티우스 4세와 프랑스의 루이 9세는 몽골의 칸에게 사절단을 보냈다. 이는 침략자들의 계획을 파악하고, 그들과 동맹을 맺으며, 기독교로 개종시키려는 의도에서였다. 이 사절단 중에서 네 명의 프란체스코회 수도사가 유명한데 세 명은 이탈리아 출신(조반니 다 피안 델 카르피네Giovanni da Pian del Carpine, 조반니 다 몬테코르비노Giovanni da Montecorvino, 오도리코 다 포르데노네Odorico da Pordenone)이고, 나머지 한 명은 플랑드르 출신(빌럼 판 뤼브룩Willem van Rubroeck)이었다. 이들 중 세 명은 페르시아와 인도를 거쳐, 오도리코는 수마트라를 거쳐 몽골 또는 원나라로 갔다. 오도리코의 구술을 필사한 원나라 여행기는 73권의 복사 필사본이 있을 정도로 사람들의 큰 관심을 불러일으켰는데, 이 여행기는 1574년에 마침내 출간되었다.[23]

13세기 베네치아 상인이었던 마르코 폴로의 여행기《동방견문록》은 유럽 독자들 사이에서 더 큰 인기를 누렸다.[24] 이 책은 프랑스어(정확하게는 프랑스-베네치아어) 원서가 베네치아어, 토스카나어, 라틴어, 스페인어, 카탈루냐어, 아라곤어, 독일어, 아일랜드어로 번역되어 중세 후기 유럽에서 가장 유명한 서적으로 등극했다.[25] 대칸(大汗, 황제)의 수하로 들어가 원나라에서 17년을 보낸 마르코 폴로는 종이 화폐가 사용되는 것을 보고 놀라움을 금치 못했다. 또한 직접 본 것인지 얘기만 들은 것인지는 확실하지 않지만, 항저우의 유명한 서호西湖에 깊은 인상을 받아 '이 호수를 항해하는 게 지구상에서 다른 어떤 경험을 하는 것보다 훨씬 상쾌하고 즐겁다'고 적었다.[26] 그러나 마르코 폴로는 자신의 여행기에 기록된 모든 장소를 방문한 것은 아니며, 특히 중국 중부와 남부의 대부분 지역을 방문하지 않았을 가능성이 있다(남부의 항구도시 취안저우泉州에서 유럽으로 돌아가는 배를 타기는 했다).[27] 사실 그의 책은 여행기라기보다는 비공식적인 지리학 논문에 가깝다. 중요한 것은 동양에 대한 이전의 생각을 매우 과감하게 수정한 마르코 폴로의 책이 유럽인들의 머릿속 지도에 중국을 추가시켜 그들의 문화와 크게 다른 문화를 알게 했다는 점이다.[28]

대칸의 왕국은 중세의 또 다른 베스트셀러인 《존 맨더빌 경의 여행기The Voyages and Travels of Sir John Mandevile, Knight》에도 생생하게 묘사되어 있다. 이 여행기는 지금까지 전해지는 필사본만 무려 300권이 넘으며, 프랑스어 원문에서 영어, 독일어, 네덜란드어, 스페인어, 이탈리아어, 라틴어, 덴마크어, 체코어, 아일랜드어 등 9개 언어로 번역되었다. 이 책을 읽은 이들 역시 크리스토퍼 콜럼버스부터 16세기 제분업자 메노키오Menocchio(정통 가톨릭과는 다른 종교적 견해로 인해 이단으로 몰려 화형을 당한 인물-옮긴이)에 이르기까지 다양하다.[29] 이 책을 어디까지 믿을 수 있는가 하는 문제는 이 장의 뒷부분에서 논의할 것이다.

아시아로 가는 새로운 항로를 찾기 위해 출항할 당시 콜럼버스의 머릿속에는 마르코 폴로와 맨더빌의 책을 읽고 얻은 지식이 가득했다. 그는 다른 유럽인들처럼 대칸이 여전히 중국을 통치한다고 믿었으며, 킨세이Quinsay(황제의 행궁을 뜻하는 행재行在를 당시 중국 발음대로 옮긴 것. 송나라는 금나라에 밀려 항저우를 수도로 삼아 남송 시대를 열었는데, 송나라 사람들은 고토 회복의 염원을 담아 항저우를 임시 수도의 뜻으로 행재라 부르기도 했다-옮긴이)에서 대칸에게 서신을 전달할 수 있길 바랐다. 그러나 1368년에 원나라가 명나라로 교체되었으니, 콜럼버스는 자신의 참고 서적이 124년이나 뒤처진 사실을 꿈에도 몰랐다.[30]

당시 서양은 중국의 지리, 역사, 언어와 문자, 의학, 예술, 정치, 사회, 종교(유교, 도교, 불교) 등 광범위한 영역에서 아는 바가 없었다. 포르투갈의 마누엘Manuel 왕은 무지에 호기심이 더해진 사례를 보여준다. 1508년 그는 말레이시아 말라카로 떠나는 배의 선장에게 중국에 대한 모든 것을 알아 오도록 지시했는데, 여기에는 언제 몇 척의 중국 배가 어떤 상품을 싣고 말라카에 오는 것뿐만 아니라 왕이 한 명 이상인지 등 중국의 종교와 정부 형태까지 포함되었다.[31]

이 같은 지식 공백이 메워지기 시작한 것은 16세기 후반의 일로, 세 권의 책이 특히 중요한 역할을 했다. 포르투갈 출신의 도미니코회 수도사 가스파르 다 크루스Gaspar da Cruz가 쓴 《중국 연구Tractado de la China》(1569), 스페인 군인 베르나르디노 데 에스칼란테Bernardino de Escalante가 쓴 《중국 왕국Reino de la China》(1577), 멕시코에서 사제(나중에 주교가 됨)로 활동한 후안 곤살레스 데 멘도사Juan González de Mendoza가 쓴 《대왕국 중국El Gran Reyno de la China》(1585)이 그것이다. 멘도사의 책은 16세기 말까지 7개 국어로 번역되고 47판까지 출간될 만큼 큰 성공을 거두었다. 몽테뉴는 자신의 글 〈마차에 관하여On Coaches〉에서 이 책을 인용하며 이렇게 적었다. '우리는 대포와 인쇄술 발명이라는

기적에 감탄하지만, 지구 반대편의 중국인은 이 기술을 이미 1천 년 전부터 누려 왔다.'

위의 세 저자는 중국을 방문한 적은 없었지만 꽤 믿을 만한 자료를 바탕으로 책을 썼다.[32] 포르투갈 출신 여행가 페르낭 멘데스 핀투Fernão Mendes Pinto의 《순례Peregrinação》(1570년대에 썼지만 1614년에 출간되었다)는 더 생생하게 묘사했지만, 신뢰도는 좀 떨어진다.

핀투의 책이 출간되고 1년 후에 이탈리아인 마테오 리치가 쓴 일기를 바탕으로 플랑드르 출신의 동료가 편집한 예수회의 중국 선교 활동 보고서가 출간되었다.[33] 이 보고서는 곧 재인쇄에 들어갔고, 라틴어에서 프랑스어로 번역되기도 했다. 이는 18세기 후반까지 중국 정보의 주요 공급원이었던 일련의 예수회 보고서 중 첫 번째 보고서였다. 예수회는 그 후 2백여 년 동안 중국에 대한 유럽의 무지와 외부 세계에 대한 중국의 무지를 함께 바로잡는 역할을 했다. 이를테면 마테오 리치는 유럽인들에게 더욱 신뢰할 수 있는 중국 지리 정보를 제공했다.[34] 1642년 이탈리아인으로서는 두 번째로 중국에 도착한 마르티노 마르티니Martino Martini는 중국이 수록된 지도집, 1644년에 명나라에서 청나라로 왕조가 바뀐 내용을 다룬 역사서, 그리고 중국의 초기 역사가 담긴 책을 출간했다. 로마에 거주하던 시절 마르티니는 독일 예수회 소속의 박식가 아타나시우스 키르허Athanasius Kircher에게 가르침을 받았다. 키르허는 마르티니와 계속 연락하면서 정보를 제공받아 《중국 도설China Illustrata》을 집필했고, 이 책으로 독자들은 차 마시는 법과 침술을 알 수 있었다.

1658년에는 마르티니가 라틴어로 중국 역사서를 출간해 서양 지식의 큰 공백이 채워질 수 있었지만, 한편으로 논쟁도 불러일으켰다. 중국 연대기에 따르면 중국 역사는 노아의 홍수가 일어나기 최소 600년 전으로 거슬러 올라갔고, 이는 모든 인류가 노아의 후손이라는 성경 내용에 위배되었기 때문이다.[35] 일부 서양 학자들은 중국의 고대사 주장을 알고 싶어 하지도 않았다. 프랑스 주교 자크베니뉴 보쉬에Jacques-Bénigne Bossuet는《보편적 역사에 관한 담화Discourse on Universal History》(1681)에서 중국을 언급조차 하지 않았다. 이탈리아의 잠바티스타 비코Giambattista Vico는《새로운 과학New Science》(1744)에서 히브리인의 역사가 중국의 역사보다 오래되었다고 주장했다. 반면 볼테르는 중국의 화약 발명 역사를 근거로 보쉬에의 유럽 중심주의를 비판했다.

플랑드르인 필리페 쿠플레Philippe Couplet를 포함한 예수회 선교단은 유럽인들이 중국 철학을 알 수 있도록 라틴어로 번역해 출간했다. 이 책에 힘입어 철학자 공자는 서양에서 라틴어 콘푸키우스Confucius로 널리 알려져 있다.[36] 독일의 다재다능한 인물인 고트프리트 빌헬름 라이프니츠Gottfried Wilhelm Leibniz는 중국에 완전히 매료되어 책뿐 아니라 예수회 선교사들을 통해 중국의 많은 것을 습득했다. 그의 열정은 계몽주의 시대의 학자와 작가들이 중국에 얼마나 감탄했는지 잘 보여주며, 볼테르 등은 중국을 좋은 정부의 모범으로 여겼다(그와 반대되는 사례에 무지했기 때문에 그렇게 보았다).[37] 유럽에는 도자기 등 중국 공예품 유입이 점점 늘면서 실내 장식부터 정원 디자인에 이르기까지 중국풍이 유행했다.[38]

예수회가 황제를 위해 만든 지도를 비롯한 중국에 대한 새로운 지식은 프랑스에 머물던 동료 장 바티스트 뒤 알드Jean-Baptiste Du Halde가 네 권으로 집필한《중국 설명Description de la Chine》(1735)에 요약되어 있다. 이 책의 영어 번역본은《중화제국과 중국 타타르의 지리, 역사, 연대기, 정치, 자연에 대한 설명》(1738)이라는 제목으로 출간되었다.

이 무렵부터 정보가 부족해 중국에 대해 아는 게 없다는 변명은 더 이상 통하지 않게 되었다. 그럼에도 대중 사이에 무지는 계속 남아 있었는데, 이는 언론이나 출판물이 중국을 잘 다루지 않거나 다루더라도 신뢰할 수 없는 정보를 제공했기 때문이다. 예를 들어 1960년대 초에 영국 기자 펠릭스 그린Felix Greene은 두 권의 저서에서 언론, 전문가, 공무원이 미국 대중에게 전달한 공산국가 중국에 대한 보고서의 정확성을 비판했다.[39] 하지만 과연 오늘날이라고 더 정확할까?

유럽에 대한 중국의 무지

중국인들이 외부 세계에 흥미가 전혀 없었다고 말할 수는 없지만, 서양인들이 중국에 폭발적으로 관심을 가졌던 16~18세기에 중국인들은 유럽에 별로 관심이 없었다. 이는 지식 격차를 초래해 20세기까지 중국과 서양의 관계에 지속적인 영향을 미쳤다.[40] 중국 조정은 멀리 떨어진 국가에 대해 별로 알고 싶어 하지 않았다. 중국이 더 넓은 세상에 대해 알아봐야겠다고 마음먹은 것은 서양의 위협에 맞닥뜨렸던 19세기로, 6세기 전 몽골의 침략에 각성할 수밖에 없었던 유럽인들의 경우와 비슷하다.

1840년대 전까지 중국학자들이 가지고 있는 유럽에 관한 지식은 대부분 유럽인, 특히 예수회 선교사들이 전해 준 것이었다. 1582년 마테오 리치가 중국에 도착했을 때 중국인들은 지구를 둥근 하늘에 둘러싸인 편평한 사각형으로 알고 있었다(중세 유럽인들도 지구를 완벽한 사각형으로 보았다).[41] 리치는 중국인들에게 지구가 구체라는 사실을 알렸을 뿐 아니라 더욱 개선된 세계 지도를 보여주며 유럽, 아프리카, 아메리카 대륙에 대한 정보를 제공했다.[42]

리치는 개종자들이 가톨릭을 더 잘 이해할 수 있도록 그들의 집에 가톨릭 판화 그림을 보내 주었다. 중국인들은 이 그림으로 원근법을 처음 접했는데, 중국의 화가나 문인들은 서양의 회화 관습을 받아들이지 않고 기존의 방식을 고수했다. 하지만 서양 방식을 인식함으로써 중국 회화에 전통 간의 융합으로 평가되는 변화가 일어날 조짐이 보였다. 전통이 전부가 아니라는 사실을 배운 중국의 일부 풍경화가들은 자신만의 방식으로 혁신에 나섰다.[43]

17세기 예수회는 적어도 몇몇 중국인들에게 또 다른 형태의 '서학'을 일깨워 주었다. 이탈리아인 줄리오 알레니Giulio Aleni는 1623년 유럽, 아프리카, 아메리카 대륙의 지도가 포함된 세계 지리 지도책을 《직방외기職方外紀》란 제목으로 출간했다.[44] 스위스계 독일인으로 다재다능했던 요한 슈렉Johann Schreck은 서양 해부학 입문서를 집필하고, 1627년에 중국학자 왕징王徵과 함께 《원서기기도설록최遠西奇器圖說錄最》(먼 서쪽의 기묘한 기계 엄선 도해집이란 뜻으로, 유럽의 여러 논문이나 책에 실린 기계를 모사하고 중국어 해설을 곁들였다. 약칭 기기도설이라 한다-옮긴이)를 엮어 출간했다.

1629년 슈렉이 일식을 중국 천문학자보다 더 정확하게 예측하자 명나라의 마지막 황제인 숭정제는 그에게 역법을 개혁해달라고 요청했다. 당시 황실 천문대 대장은 독일인 아담 샬 폰 벨Adam Schall von Bell이었는데, 그 역시 조수인 페르디난트 페르비스트Ferdinand Verbiest와 함께 역법 개혁을 추진하고 있었다. 아담 샬은 1757년 교회의 지동설

교육 금지령이 해제된 후에 중국인들에게 서양 천문학을 소개하기도 했다.[45]

명나라가 멸망하고 청나라가 들어선 뒤 페르비스트는 천문대 대장직을 맡았다. 그는 7세에 황제에 오른 강희제의 스승이기도 했다. 중국 전통 침술을 싫어했던 강희제는 서양의 군사 기술뿐 아니라 의학에도 관심을 보였다. 프랑스 예수회는 말라리아에 걸린 강희제에게 (유럽에서 예수회의 나무껍질로 알려진) 퀴닌을 주었고, 이에 강희제는 그들 중 한 명인 장 프랑수아 제르비용Jean-François Gerbillon에게 의학에 관한 책을 쓰도록 했다. 프랑스 예수회의 일원이던 조아생 부베Joachim Bouvet는 해부학에 관한 서양 교과서를 만주어로 번역하기 시작했다.[46] 서양의 의학, 해부학, 천문학을 소개한 이 책들이 얼마나 널리 읽혔는지는 알 수 없지만, 적어도 황실에서는 유명했다.

또한 제국 지도 제작을 의뢰받은 예수회는 사분의四分儀 같은 과학 도구를 사용해 서양 방식과 중국 전통 관행을 통합했고, 그 결과물을 1717년에 황제에게 제출했다.[47] 강희제는 서양 지식을 활용함으로써 관리들에 대한 의존도를 줄인 것으로 알려졌다.[48]

강희제의 뒤를 이은 건륭제 역시 서양에 관심이 많았다. 그는 프랑스 예수회 소속 미셸 베누아Michel Benoist(1744년부터 1774년까지 30년간 조정에서 근무)에게 유럽 정치에 대해 꼬치꼬치 캐묻기도 했다. 예를 들면 프랑스와 러시아의 관계가 어떠한지, 유럽에서 한 국가가 패권을 잡을 수 있는지 알고 싶어 했다. 서양에 대한 황제의 호기심과 중국 조정 최고위급 관리들의 유럽 정치 체계에 대한 무지는 모두 강조할 만하다.[49]

서양 학문을 도입하려던 시도가 성공했는지는 평가하기 어렵다. 특히 조정 밖을 두고 보았을 때 그렇다. 물론 중국 관리와 학자들 가운데 외국 사상에 관심을 갖는 사람도 있었다. 예를 들면 자오칭肇慶 지사 왕반王泮은 마테오 리치가 수학과 지도 제작에 일가견이 있다는 이야기를 듣고 그를 초대했고, 리치는 그곳에서 세계 지도를 제작했다. 왕반은 한문으로 번역된 지도를 인쇄해 중국 전역에 알리고 싶어 했다. 그는 목판으로 인쇄한 지도를 지역의 모든 친구에게 선물로 나누어 주고 다른 지방에도 보냈다.[50] 또한 베이징에서 리치는 서양 지리학을 공부한 두 학자 풍응경馮應京, 이지조李之藻와 친구가 되었다.

리치의 또 다른 친구인 학자 서광계徐光啓는 서양의 수학 등 세계에 대한 새로운 지식을 습득하는 데 열정적이었다. 그가 리치와 함께 유클리드(그리스명 에우클레이데스)의 《기하학 원론Elements》을 번역한 덕분에 유클리드 기하학에 대한 중국의 무지를 바로잡을 수 있었다. 한편 중국 수학자들은 서양 수학자들에게는 아직 알려지지 않은 선형 대수학을 연구하고 있었다.[51]

서양 학문에 관심을 보인 중국학자들 중에는 왕징도 있다. 가톨릭으로 개종한 그는 아담 샬과 다른 예수회 선교사들과 아는 사이로 기계공학을 공부했으며, 다음 세기에 매문정梅文鼎이 그랬던 것처럼 서양과 중국의 지식을 통합하겠다는 야심을 품었다.[52]

하지만 이 같은 일부 사례를 제외하면 중국인이 서양 학문에 진지한 관심을 보였다는 증거는 찾아보기 힘들다. 특히 청나라 초기에는 서양의 지식을 탐구하는 데 장애물이 많았다. 교류 시점마다 정보는 차단되고 걸러졌는데 중국인들은 서양 국가를 방문할 수 없었고, 서양 사람들은 16세기 중반에 외국인과 일정 거리를 유지하면서도 국제 무역을 활성화하기 위해 설립된 항구인 마카오까지만 출입이 허용되었다.[53]

일부 문인들이 서양 학문에 반대했던 증거도 있다. 학자인 위준魏濬은 마테오 리치가 중국을 세계의 중심으로 보지 않은 사실을 비판하며, 그가 허위 사실을 가르쳐 사람들을 속였다고 주장했다.[54] 또 다른 학자인 동함董含은 줄리오 알레니Giulio Aleni가 콜럼버스의 아메리카 항해, 멕시코 정복, 마젤란의 세계 일주에 대해 쓴 글을 두고 아무 근거도 없이 환상적이고 과장된 주장을 하고 있다고 비난했다.[55] 서양 학문의 도전에 맞서 유교 전통을 지키려는 태도는 18세기 말의 소설 《야수폭언野叟曝言》에 잘 드러난다. 이 소설은 유교적 초인을 추종하는 사람들이 유럽을 방문해 유럽인들을 유교로 개종시키는 내용을 담고 있다.[56]

지도 제작자들이 (지구가 구체라는 개념을 포함해) 새로운 정보에 무지했기 때문이든, 그들이 새로운 정보를 의도적으로 무시했기 때문이든 중국 전통 우주론과 지도 제작은 계속되었다.[57] 19세기 중반까지도 중국인들은 5백 년 전 조상보다 서양에 대한 정보를 가지고 있지 않았다는 주장도 제기되었다. 지식의 공백은 다시 한 번 신화로 채워졌다. 중국인 중에는 서양인을 식인종으로 보는 사람도 있었다. 영국에 처음 개설된 중국 대사관의 한 직원은 일기에 '영국의 모든 것은 중국의 반대'라고 썼는데, 이는 헤로도토스가 이집트인에 대해 썼던 것을 연상시키는 외국인에 대한 반응이었다.[58]

중국의 일부 엘리트는 제1차 아편 전쟁(1839~1842)이 일어나 중국의 요새가 영국 전함에 격파당한 뒤에야 자기방어를 위해서라도 서구에 대한 무지를 떨쳐내야 한다는 것을 깨달았다. 그러나 보수적인 학자들은 이런 생각에 저항하는 태도를 계속 보였다.[59] 전쟁이 끝난 직후인 1844년, 중국 독자들이 외국 문화를 더 쉽게 받아들이려면 지도가 필수라고 본 다재다능한 학자였던 위원魏源은 중국 너머의 해양 왕국들을 설명하는 책《해국도지海國圖誌》를 출간했다. 이 책은 해양 아시아와 서구의 아시아 침략에 초점을 맞추었다. 위원은 이러한 침략에 대한 중국인들의 무지를 비판하면서 '영국이 부유하고 사람들로 북적이는 무역 기지를 싱가포르에 설치했다는 소식을 들은 중국인들은 그곳이 어디 있는지도 몰랐다'고 언급했다.[60] 그는 책을 통해 독자들에게 아프리카, 유럽, 아메리카 대륙에 대해서도 알려주었다.

이전 세기에는 서양 역사가 중국에 거의 알려지지 않았지만, 1876년 사절단을 이끌고 영국을 방문한 외교관 곽숭도郭嵩燾는 영국 남북전쟁을 잘 알고 있음을 보여주었다. 그는 일기에 '국왕과 백성이 권력을 둘러싸고 벌인 유혈 투쟁'이라고 썼다.[61]

개신교 선교단은 예수회가 코페르니쿠스를 반대했던 것보다 훨씬 거세게 다윈을 반대했지만, 중국에 서양 학문을 전파하는 데 계속 중요한 역할을 했다. 한편 서양 과학은 번역 과정에서 자연신학natural theology으로 바뀌면서, 사람들에게 다윈주의가 받아들여지기까지 시간이 지체되었다.[62]

16~18세기에는 서양 서적의 번역이 거의 이루어지지 않았지만, 1867년 상하이에 공식 번역 기관이 설립되었다. 보통 '강남제조국 번역관'으로 불리는 이곳은 당시 청나라의 최대 무기 제작소인 강남기기제조총국 산하 부속국으로, 서양 학문에 대한 관심이 실용적인(특히 군사적인) 이유에서 비롯되었음을 알 수 있다. 이곳에서 근무한 영국인 존 프라이어John Fryer는 서양 과학과 기술에 관한 책 78권을 번역했을 뿐 아니라 최초의 중국 신문을 편집하고 중국 학교에서 사용할 과학 교과서도 집필했다(독자들이 프라이어의 책을 어떻게 받아들이고, 또 어떤 반응

을 보였는지 알 수 있다면 좋을 것이다).[63]

서양 문학과 사상에 대한 무지가 지식으로 바뀌기 시작한 것은 특정 인물들의 노력 덕분이었다. 그중 한 명인 임서林紓는 외국어에 능통하지 못했지만, 통역사의 도움으로 찰스 디킨스와 알렉상드르 뒤마의 작품을 번역했다. 다른 한 명은 엄부嚴復로, 그는 1870년대에 런던의 해군사관학교에서 공부하고 애덤 스미스, 존 스튜어트 밀, 토머스 헨리 헉슬리의 책을 번역했다.[64]

일본, 조선과 대만

유럽인들의 아시아 일부 지역에 대한 무지는 오랜 시간이 지나 사라졌다. 일본을 방문한 유럽인으로는 1549년에 도착한 스페인 선교사 프란시스코 하비에르Francisco Xavier, 1600년 선원들과 함께 온 영국 항해사 윌리엄 애덤스William Adams 등이 있다. 쇼군 도쿠가와 이에야스는 애덤스를 심문하면서 그의 종교가 무엇인지, 영국도 전쟁을 하는지 등을 물었다. 이후 애덤스는 사무라이 신분과 함께 영지를 받았고, 유럽 방식의 선박 건조법을 전수하라는 지시에 따라 움직였다.

출국을 금지당한 애덤스는 1620년 일본에서 사망했는데, 예수회의 전도로 기독교로 개종하는 일본인이 늘자 1635년 일본 정부는 이를 막기 위해 외국인의 유입을 대부분 차단했다. 이처럼 일본이 쇄국을 단행하면서 일본과 서구는 서로에 대해 점점 더 무지해져 갔다.[65]

이 같은 정책에도 불구하고 네덜란드 동인도회사는 일본에 상관(商館, 외국과의 무역이 이루어지는 개항지-옮긴이) 설립을 허가받았다. 그러나 마카오의 서양 상인들과 마찬가지로 동인도회사의 직원들은 일본인과의 접촉을 최소화하기 위해 나가사키 항구 근처의 작은 인공 섬 데지마出島에 갇혀 지냈다. 그들이 섬을 떠날 수 있는 경우는 수도를 공식 방문할 때뿐이었다. 이로 인해 유럽인들이 네덜란드인을 통해 얻는 일본에 대한 정보는 지극히 제한적이었다.

일본에 대한 가장 구체적 정보가 담긴 서양 문서는 엥겔베르트 캠퍼Engelbert Kaempfer가 쓴 것이었다. 독일 의사로서 동인도회사에 근무한 그는 다른 직원들과 함께 수도인 에도를 오가며 일본을 세심하게 관찰했다(캠퍼의 독일어 원고는 그의 사후인 1727년에 영어로 먼저 번역 출간되었다).[66]

이와 반대로 일본 정부는 일본인들이 유럽에 관심을 갖지 못하게 억제했다. 하지만 일부 사람들은 '란가쿠(蘭学, 네덜란드 학문)'라고 불렸던 서양 학문, 그중에서도 의학 분야에 특히 열정을 보였다.[67] 서양 지식을 가로막던 장벽은 1850년대에 일본인이 자발적 고립을 포기할 수밖에 없게 된 후에야 무너졌다. 중국과 마찬가지로 일부 일본인들은 서양 문화를 배우고 흉내 내는가 하면 미국과 유럽을 여행하며 자신들의 무지를 개선해 나갔다.[68]

아시아의 다른 지역에 대한 유럽인들의 지식은 더 적었다. 조선은 일본 못지않게 폐쇄적인 나라로 '은둔의 왕국'으로 불렸으며, 1905년 국권을 일본에 빼앗기기 전까지 서양에는 거의 알려지지도 않았다.[69] 의도치 않게 조선을 방문한 몇 안 되는 외국인 중 하나가 네덜란드인 헨드릭 하멜Hendrik Hamel이었다. 네덜란드 동인도회사의 회계 담당자였던 그는 일본으로 배를 타고 가던 중 난파를 당해 조선에 상륙하게 되었다. 출국이 금지된 그는 포로 생활 13년 만에 탈출에 성공한 뒤 자신의 경험을 일기로 남겼다. 일기는 1668년 네덜란드어로 출간되었고, 2년 후에는 프랑스어 번역본으로도 선보였다.[70]

유럽인들이 한때 포모사Formosa로 부르던 대만에 대해 아는 바가 거의 전무했다는 사실은 자신을 조르주 살만나자르George Psalmanazar라고 칭한 18세기 사기꾼의 행각을 통해 알 수 있다(대만의 별칭인 포모사는 16세기 포르투갈인들이 배를 타고 가다가 대만의 경치를 보고 '아름다운 섬'이란 뜻으로 "일랴 포르모자Ilha Formosa!"라고 외친 것에서 유래했다는 설이 있지만, 말 그대로 사실이 아니라 단지 설일 뿐이다-옮긴이). 본명은 알려지지 않은 살만나자르는 본래 프랑스인이지만 포모사 사람 행세를 하며 커리어를 쌓았는가 하면, 심지어 포모사 주민의 말과 문자까지 허위로 만들어 냈다. 미래의 포모사 기독교 선교사들을 교육해 달라는 요청을 받고 영국으로 건너간 그는 런던에서 유명 인사로 이름을 떨치기도 했다.

살만나자르가 사기꾼이라는 사실을 밝혀낸 것은 영국왕립학회 회원들이었는데, 포모사를 정확히 알고 있어서가 아니라 그의 언행이 수상했기 때문이었다. 두 차례에 걸쳐 키케로Cicero 책의 한 구절을 포모사어로 번역해 달라는 요청을 받은 그는 전혀 다른 두 개의 버전을 지어냈다. 천문학자 에드먼드 핼리Edmond Halley가 포모사섬에서는 황혼이 얼마나 오래 지속되는지 물었을 때도 대답하지 못했다. 살만나자르는 한동안 자신을 방어했지만 결국 《회고록Memoirs》(1747)에서 '유럽인들이 하나같이 그 섬에 무지한 사실을 알았기 때문에 포모사를 선택했다'고 설명하며 자신의 사기를 인정했다.[71]

세 개의 신비한 도시

메카와 라싸를 비롯한 아시아의 일부 유명 도시는 19세기에 들어서도 유럽인들의 지식을 거부했다. 특히 메카는 비이슬람교도의 접근이 금지되어 있었지만, 영국 탐험가 리처드 버튼Richard Burton과 네덜란드 학자 크리스티안 스나우크 휘르흐로녀Christiaan Snouck Hurgronje 등 일부 대담한 여행자들이 위험을 무릅쓰고 변장한 채 들어갔다. 두 여행자는 이 순례를 기록으로 남겨 유명해졌다.[72]

유럽인들은 포르투갈 예수회 선교사 안토니오 데 안드라데Antonio de Andrade의 기록이 책으로 나온 1626년 이전에는 티베트의 도시 라싸를 거의 알지 못했고, 티베트라는 나라도 모르기는 마찬가지였다. 그로부터 90년 후 예수회의 또 다른 선교사 이폴리토 데시데리Ippolito Desideri가 티베트에 가서 5년을 머물렀지만, 그의 보고서는 20세기까지 기록 보관소에 처박혀 있었다.[73] 동인도회사에 근무하던 영국인 조지 보글George Bogle은 1774년 외교 사절단으로 티베트에 파견되었지만, 라싸 방문은 허용되지 않았다.

티베트는 1863년 인도 주둔 영국군 대위 토마스 몽고메리Thomas Montgomerie가 보낸 첩자들이 조사를 시작할 때까지 지도 제작자들에게 금지된 구역으로 남아 있었으나, 첩자들 중 한 명인 푼디트 나인 싱Pundit Nain Singh이 위험을 무릅쓰고 1865년 승려로 변장하고 라싸에 들어가 도시의 경도와 위도를 기록했다.[74]

오늘날 말리의 한 오아시스에 위치한 팀북투는 중세 후기에는 무역과 학문의 중심지로 번창했지만, 그 뒤로 차츰 유럽인들에게 고립과 신비의 상징이 되었다. 니제르강과 마찬가지로 19세기 초까지도 정확한 위치가 알려지지 않았는데, 심지어 영국과 프랑스 양국의 지리학자들이 이 도시를 찾아내기 위한 원정을 후원했음에도 성과가 없었다. 영국에서는 왕립학회 회장인 조셉 뱅크스 경Sir Joseph Banks이 1788년 같은 목적으로 아프리카협회 설립을 후원했다. 그로부터

36년이 지난 1824년까지 팀북투의 위치가 밝혀지지 않은 가운데 파리 지리학회는 팀북투를 탐험하고 돌아와 직접 목격한 것을 처음으로 들려주는 사람에게 상금을 수여하겠다고 제안했다. 이에 1830년 탐험가 르네 카일리에René Caillié가 마침내 상금을 받았다.[75]

지식을 가로막는 장애물

유럽인들이 중국을 비롯한 아시아 지역에 왜 이리 오랫동안 무지했는지 이해하기 위해서는 외부인들이 그곳을 탐험하는 데 장애물이 얼마나 많은지 먼저 알아야 한다. 앞서 살펴본 바와 같이 일부 당국은 정치 또는 종교적 이유로 국가를 공식 폐쇄했다. 일본은 1635년부터 1850년대까지 서양인에 대한 폐쇄 기조를 유지했으며, 티베트는 1792년까지 유럽인 출입을 금지했고, 조선은 1905년까지도 중국인 이외의 외국인은 들이지 않았다.

다른 지역의 경우 출입 금지보다 여행의 어려움과 위험이 더 문제였다. 사막은 오랫동안 지도에서 찾아볼 수 없었던 만큼 걷거나 낙타를 타고 건너다가 식량과 물이 떨어지면 죽을 수도 있는 위험도 감수해야 했다.

1865년, 인도인 모하메드 이 하미드Mohamed-i-Hameed는 인도 주둔 영국 공병대 장교인 토마스 몽고메리의 지시로 히말라야 인근 타클라마칸사막으로 비밀 원정을 떠났다. 하미드는 돌아오는 길에 사망했지만, 영국의 측량사 윌리엄 존슨William Johnson이 그의 노트를 발견해 실크로드에 위치한 호탄 근처에서 모래에 파묻혀 사라져 버린 도시 유적을 찾는 데 성공했다. 그로부터 몇 년 후인 1879년에는 러시아

지리학회의 지원을 받아 탐험에 나선 한 식물학자가 동투르키스탄에서 모래에 파묻힌 다른 도시를 발견해 냈는데, 그곳은 640년 당나라에 정복당한 옛 위구르의 수도인 카라호자(Karakhoja, 고창국이라는 이름으로 더 많이 알려졌다-옮긴이)였다.[76]

이밖에 다른 사막들은 20세기에 들어선 뒤에야 지도에 기재되었다. 그중 하나인 아라비아의 룹알할리사막은 1930년대에 세인트 존 필비St John Philby가 잃어버린 다른 도시를 찾던 과정에서 발견했으며, 1946년에는 영국 탐험가 윌프레드 테시거Wilfred Thesiger가 횡단하기도 했다.[77]

육로 여행은 위험하지 않더라도 바다나 강을 통한 여행보다 훨씬 어렵고 비용이 많이 들었다. 아시아, 아프리카, 아메리카 대륙 해안에 대한 지식이 내륙에 대한 지식보다 훨씬 앞선 이유가 바로 여기에 있다. 남아메리카에서 '브라질의 헤로도토스'로 알려진 프레이 비센테 데 살바도르Frei Vicente de Salvador는 포르투갈인들이 브라질 내륙을 탐험할 생각은 하지 않고 게 떼처럼 해안에만 몰려 있다고 불만을 터뜨렸다.[78] 북아메리카의 경우 현재 중서부로 불리는 지역에 대한 정보가 메리웨더 루이스Meriwether Lewis와 윌리엄 클라크William Clark가 탐험에 나선 1803~1806년에야 알려지기 시작했다.

아프리카 내륙

유럽에서 레오 아프리카누스Leo Africanus로 알려진 알 하산 이븐 무함마드 알 와잔al-Hasan ibn Muhammad al-Wazzan의 책《아프리카에 대한 설명Della descrittione dell'Africa》역시 앞서 말한 '게 떼처럼' 내륙보다는 대륙 해안에 대한 정보에 집중되어 있다. 북아프리카 베르베르인인 저자가 레오라는 세례명을 얻게 된 것은 스페인 해적에게 붙잡혀 교황 레오 10세 앞에 끌려갔기 때문으로, 만약 그런 일이 없었다면 그의 책은 이탈리아어로 출간되기는커녕 아예 쓰이지도 않았을 것이다(원래 이 책은 아랍어로 쓰였고, 1550년에 이탈리아어로 번역 출간되었다. 원본은 남아 있지 않다-옮긴이).[79]

아프리카 중에서도 서양인들에게 오랫동안 미스터리였던 지역은 아비시니아라고도 알려진 에티오피아였다. 에티오피아를 처음 방문한 유럽인은 스페인 예수회 선교사 페드로 파에스Pedro Páez로, 그는 1622년 에티오피아에 관한 정보를 담은 책《에티오피아의 역사História da Etiópia》를 출간했다. 하지만 1633년 예수회 선교사들이 추방된 뒤로는 외국인이 에티오피아에 들어가는 게 어려웠고, 나오는 것은 더 어려웠다. 예수회의 또 다른 선교사 헤로니모 로보Jerónimo Lobo가 에티오피아에 대해 적은 글은 1728년까지 출간되지 못했으며, 몇 안 되는 흐릿한 지도는 예수회가 철저히 숨겼다.[80]

이처럼 닫혀 있던 아프리카의 문을 연 사람은 스코틀랜드의 영주 제임스 브루스James Bruce였다. 브루스는 자신의 아프리카 여행을 다섯 권의 책으로 낸 작가이기도 했다.[81] 영국 정부로부터 알제리 영사로 임명된 브루스는 '세계는 에티오피아에 관한 진정한 정보를 얻게 될 것이다. 우리가 방문한 다른 여러 지역의 위치까지 대형 기구로 가장 정확하게 관측해 지도를 제작할 것'이라고 결심했다.[82]

1769년 시리아 의사로 위장한 그는 사분의, 육분의, 망원경 등을 가지고 에티오피아에 도착했다. 그는 나일강에 대한 유럽인의 무지를 두고 '모든 여행자에 대한 반항이자 지리학에 대한 비난'이라고 평가하며 나일강의 발원지를 찾는 데 집착했다.[83] 결국 청나일강의 발원지를 발견한 그는 전형적 과장법을 동원해 '고대부터 현대에 이르는 3천여 년간 온갖 재능, 근면, 조사를 미궁에 빠지게 했던 그 지점'이라고 묘사했다. 그러나 강의 발원지는 그의 예수회 선배들에게 이미 알려져 있었다.[84]

로열 아프리카 컴퍼니의 직원이던 프랜시스 무어Francis Moore가 1738년《아프리카 내륙 여행Travels into the Inland Parts of Africa》을 펴내기는 했지만, 1790년에도 한 영국인은 아프리카 내륙을 두고 광활하게 펼쳐진 여백으로 묘사했다.[85] 유럽인들은 1856년까지도 백나일강 발원지가 빅토리아 호수라는 사실을 알지 못했다. 1870년대에 이곳을 확인한 헨리 스탠리Henry Stanley는 '아프리카 내륙의 광대한 지역이 여전히 세상에 알려지지 않은 채 어둠 속에 남아 있다'는 의미로 '어둠의 대륙'이라는 용어를 사용했다.[86]

아프리카 내륙 탐험을 어렵게 만드는 요인은 수없이 많았다. 배를 타고 멀리 이동할 수 있는 강이 거의 없었고, 체체파리의 공격에 취약한 말을 이용할 수 없어 도보로 이동하거나 짐꾼이 짐을 옮겨야 했다. 또한 가이드를 구하기도 어려웠고, 경로상에 거주하는 지역 주민들은 대체로 이방인들에게 정보를 주려 하지 않았다. 여행자들은 아프리카 부족에게 강도나 살해를 당할 수도 있었다. 또 강에 빠져 익사하거나, 사막에서 물과 음식이 부족해 죽거나, 이질, 말라리아, 수면병 같은 치명적 질병에 걸려 죽을 수도 있었다.

지도상에 표기되지 않은 미지의 지역을 탐험하는 데 얼마나 많은 위험이 뒤따랐는지는 팀북투로 떠난 탐험대에게 어떤 운명이 닥쳤는지를 봐도 알 수 있다. 두 명의 탐험가는 그곳으로 가는 도중 사망했고, 다른 한 명은 돌아오는 길에 사망했으며, 다른 이는 아예 돌아오지 못했다. 프랑스의 르네 카이예René Caillié는 임무를 성공적으로 완수하고 프랑스 지리학회로부터 9,000프랑의 상금을 받은 데 이어 자신의 여행기를 출간했지만, 아프리카에서 걸린 병으로 불과 39세에 사망했다.[87]

아프리카 내륙 탐험의 어려움과 위험은 동인도회사 외과의로 근무했던 스코틀랜드 탐험가 먼고 파크Mungo Park가 쓴 책《아프리카 내륙 지방 여행기Travels in the Interior Districts of Africa》를 통해서도 엿볼 수 있다. 책 제목에서도 여실히 알 수 있듯 파크의 여행은 아프리카협회의 지시와 후원하에 이루어졌다. 1795년 첫 번째 탐험에서 그는 무어족 추장에게 붙잡혔다가 3개월 후 돈과 소지품을 모두 빼앗긴 채 빈털터리로 풀려났는데, 얼마 안 있다가 또 강도를 만나 말과 여벌옷까지 빼앗기고 말았다. 그럼에도 그는 1805년에 니제르강의 발원지를 찾기 위해 서아프리카로 돌아갔다. 하지만 그는 또 자신을 경쟁자로 여겨 적대감을 가진 무슬림 상인들을 만났고, 강을 따라 배를 타고 갈 때는 강변에서 멀찍이 떨어지는 게 현명하다는 사실도 배웠다. 하지만 걸핏하면 아프리카 부족이 카누를 타고 그의 배를 추격했다. 그러던 어느 날 카누의 추격을 피해 도망가다가 배가 좌초되었고, 이어진 싸움에서 파크는 익사하고 말았다.[88]

또 다른 탐험가인 아일랜드 출신의 제임스 터키James Tuckey는 1816년 콩고강의 발원지를 찾아 나섰다가 사망했다. 이에 훗날 콩고강 발원지를 발견한 헨리 스탠리가 1878년 출간한 여행기《어둠의 대륙을 가로질러Through the Dark Continent》도입부에서 '최근 아프리카에서 위험천만하게 노력하는 동안 나와 부하들을 지켜 주신 신의 은혜에 감

사드린다'고 한 것은 당연해 보인다.[89]

이 같은 사실을 고려하면 베를린 회담에서 세계 14개국이 아프리카를 식민지로 나누어 가질 때의 무지를 두고 영국 총리 로드 솔즈베리Lord Salisbury가 '우리는 산과 강과 호수를 나누어 가졌는데, 다만 그것들이 어디에 있는지는 정확히 알지 못했다'[90]고 한 말은 과장이 아닐 것이다.

비밀의 지도

심지어 뭔가 새롭게 발견하더라도 그 정보가 비밀에 부쳐져 외국인들은 무지에서 벗어날 수 없었다. 얼핏 보면 지난 500여 년의 지도 제작 역사는 지식이 꾸준히 발전한다는 견해를 뒷받침하는 것 같다. 세계 지도에 표시되는 지역이 점점 많아졌을 뿐 아니라 지도 자체도 더 정확해졌기 때문이다. 하지만 비밀 유지가 더 넓은 세계에 대한 지식을 얻는 데 큰 장애물로 작용했다.

영국의 지리학자 브라이언 할리Brian Harley는 지도의 '침묵'(그가 공백보다 선호한 용어) 연구에서 지도가 지리적 지식을 널리 확산시키던 시기에 일부 국가의 왕들이 자국의 자원이 다른 나라에 알려지지 않게 하려고 자국 지도를 비밀에 부친 사실에 주목했다.[91]

16세기에 포르투갈 역시 인도, 중국, 아프리카, 브라질에 무역 기지를 세우고 제국을 건설하면서도 지도를 포함한 자국 정보는 철저히 비밀에 부쳤다. 1504년 마누엘 1세는 지도 제작자들이 콩고 너머의 서아프리카 해안을 지도에 표시하지 못하게 하고, 기존 지도까지 검열하도록 했다. 또한 포르투갈 약재상 토메 피레스Tomé Pires가 마누엘 국왕에게 바친 동양 여행기《동방 개요Suma Oriental》는 향신료 무역에 관한 정보 때문에 출판되지 못했다.[92] 정보를 절대 공유하지 않는 포르투갈의 관행은 오랫동안 계속되었다. 1711년 이탈리아 예수회의 한 선교사가 쓴 브라질 경제에 관한 책은 출판되기 무섭게 회수되었는데, 브라질 금광으로 가는 경로를 외국인들이 아는 것을 우려했기 때문으로 보인다.[93]

포르투갈의 경쟁국들은 당연히 이러한 정보를 입수하려고 노력했다. 1502년 이탈리아인 알베르토 칸티노Alberto Cantino는 현재 '칸티노 플래너스피어Cantino Planisphere'로 알려진 포르투갈의 세계 항해 지도를 빼돌렸고, 1561년 리스본 주재 프랑스 대사는 포르투갈 지도 제작자에게 뇌물을 주고 남아프리카 지도를 받아 오라는 지시를 받았다.[94]

포르투갈이 비밀주의 정책으로 악명 높기는 했지만, 꼭 그들만 그런 것은 아니었다. 당시에는 다른 나라에서도 외국인들에게 지도를 비밀로 했다. 스페인 정부는 스페인 제국에 대한 지식을 철저히 통제해 항해사 수업을 담당하는 학자들은 외국인들에게 지식을 전하지 않겠다는 맹세를 해야 했다.[95] 16세기 후반 모스크바 대공국에 살던 네덜란드 상인은 그 지역의 지도를 구할 수 없었는데, 지도를 유출하는 것은 사형에 처해질 수 있는 범죄였기 때문이다.[96] 이 같은 비밀주의는 유럽 정부에만 국한되지 않았다. 1522년 중국을 방문한 조선인들은 명나라 지도가 수록된 책을 구입했다는 이유로 숙소에 감금되기도 했다.[97](조선 중종 때 사신단 통역관 김이석이 북경에서 90권의 명나라 지리서《대명일통지大明一統志》를 구입했다가 사신단의 사적인 숙소 밖 외출을 금지당했다-옮긴이) 일본 또한 자국 지도를 국가 기밀로 간주해 국외 반출을 금지했다.

네덜란드가 포르투갈을 제치고 대륙 간 무역의 제왕으로 거듭난 17세기에도 네덜란드 동인도회사는 비밀주의 전략을 따랐다.[98] 그들이 보유한 지도는 암스테르담에 위치한 본사 특별실에 보관되었으며, 그중에서도 항로에 대한 지식을 극비로 취급했다. 해도海圖 제작자들은 해도에 기재된 정보를 인쇄하거나 회사 밖 사람들에게 발설하지 않겠다고 암스테르담 시장 앞에서 서약해야 했다. 해도는 항해에 나서는 항해사들이 빌려갈 수 있었지만 반납이 원칙이었다. 그럼에도 비용을 지불한 외국인들에게 대여하기도 했다. 현재 프랑스 기록물 보관소에 있는 한 네덜란드 해도에는 '네덜란드 항해사에게 구입'이라는 문구가 적혀 있다.[99] 그러나 비용을 지불하지 않은 사람들은 여전히 무지한 상태로 남아 있어야 했다.[100]

18세기와 19세기 초, 영국 동인도회사는 지도의 제작과 배포 규제를 모두 담당했다. 1811년 동인도회사 관리위원회는 지도가 회사에 적대적으로 구는 유럽인들, 특히 프랑스인들의 손에 들어가지 않도록 일부 인도 지도의 발간을 막았다.[101] 프랑스도 마찬가지였다. 1798년 나폴레옹의 이집트 원정 당시 이집트에서 제작된 지도 중 일부는 영국에 유출되는 일이 없도록 비밀에 부쳐졌다. 이들 지도는 나폴레옹 정권이 몰락할 때까지 비밀로 유지되었다.[102]

심지어 20세기와 21세기에도 일부 정권과 기업들은 비밀 정책을 이어 갔다. 예를 들면 소련에서는 과학 연구가 이루어지던 도시 나우코그라드를 지도에 표시하지 않았다. 오늘날 구글 지도 역시 특정 지역은 사용자가 열람할 수 없도록 차단하고 있다.[103]

여행의 인식론

지난 수천 년간 외국에 대한 지식은 전문가의 체계적 조사보다는 여행가들의 관찰을 통해 축적되어 왔다. 하지만 이들의 여행기를 어디까지 신뢰할 수 있는지는 논란의 대상이었다.[104] 가령 고대 그리스의 역사학자 헤로도토스는 후세에 종종 거짓말쟁이라는 비난을 받았고, 고대 그리스 지리학자 스트라보Strabo는 여행 작가들을 믿을 수 없다고 토로했다. 참고로, 신뢰할 수 없는 수준은 다양하다. 비교적 가벼운 수준으로는 급히 대충 다녀온 것에 근거한 진술, 한 번 경험한 것을 전체로 확대해 일반화하는 주장, 어떤 일에서 역할을 부풀리는 것, 앞서 여행한 사람이나 현지인에게 들어 반쯤 아는 정보 등을 들 수 있다.

심지어 자신이 이야기하는 장소를 방문하지 않았는데 방문한 척하거나 그런 장소가 아예 존재하지 않는 경우도 있다. 이 같은 사례는 세인트올번스의 '존 맨더빌 경Sir John Mandeville'(일명 리에주의 장 망드빌) 사기극에서 찾아볼 수 있다. 그는 14세기에 《존 맨더빌 경의 여행기The Travels of Sir John Mandeville》라는 동방 여행기를 출간했는데, 이 책은 수도사 오도리코 다 포르데노네Odorico da Pordenone(오도릭이라고도 한다)가 동아시아를 방문하고 쓴 보고서와 독일 수도사 빌헬름 폰 볼덴젤레Wilhelm von Boldensele가 기독교 성지에 관해 쓴 글을 짜깁기해 놓은 것으로 드러났다. 리처드 해클리트Richard Hakluyt의 여행기 선집 《주요 항해The Principal Navigations》(1589) 초판에 실렸던 맨더빌의 여행기가 두 번째 판에서는 빠졌는데, 맨더빌의 '내가 본 것'에 대한 글이 더 이상 신뢰를 얻지 못했기 때문으로 보인다.[105]

마르코 폴로의 《동방견문록》은 다소 신뢰할 수 없는 여행기의 대표적 사례라 할 수 있다. 중세부터 오늘날에 이르기까지 이 책이 큰 인기를 누리는 데는 재미있는 이야기가 큰 역할을 했다. 마르코는 중국으로 가는 길에 들른 인도에서 보았다는, 음식을 적게 먹는 데다 유황과 수은을 섞은 약을 마셔 150년이나 200년 동안 사는 요가 수행자들을 언급했다.[106] 또한 그는 실제로 방문했을 확률이 거의 없는 일본에 대해 '상당히 큰 섬'이라고 묘사하는가 하면, '금이 헤아릴 수 없을 만큼 많이 있고, 국왕은 지붕이 순금인 거대한 궁전에 거주한다'고 했다.[107] 이는 나중에 엘도라도 전설로 구체화한 희망을 일찍이 마르코가 제시했다고 볼 수 있다.

마르코의 책에서 가장 유명한 것은 쿠빌라이 칸(칭기즈칸의 손자로, 원나라 초대 황제-옮긴이) 시대의 중국에 관한 설명이다. 하지만 책에서 주장한 것처럼 그가 실제로 중국에서 17년을 거주했다면 차, 젓가락, 문자 체계, 인쇄술, 여성의 전족, 만리장성 등을 빠뜨린 것은 이해가 되지 않는다.[108] 또 한 가지 의심스러운 특징은 지명을 페르시아어로 소개한 것이다. 이로써 마르코는 중국어를 알지 못했고, 그가 제공한 많은 정보가 직접 얻은 것이 아니라는 사실을 알 수 있다. 실제로 마르코는 책 서문에서 '자신이 직접 보기도 했지만 진실하고 믿을 만한 사람들에게 들은 것도 있다'고 밝혔다. 마르코는 몽골은 직접 가서 봤을지 몰라도 중국 지역은 '몽골, 튀르키예, 페르시아 사람들의 눈'을 통해 접한 것으로 추정된다.[109]

우리는 앞서 언급한 오도리코 다 포르데노네, 빌헬름 폰 볼덴셀레 등 13세기 수도사의 기록과 달리 마르코의 책은 대필되었음을 알아야 한다. 대필 작가는 마르코가 제노바 감옥에 있을 때 만난 전문 이야기꾼 루스티켈로 다 피사Rustichello da Pisa다. 루스티켈로는 기사도 소설을 쓰기도 했는데, 한 이탈리아 학자에 따르면 마르코가 쿠빌라이

칸의 궁궐에 도착한 이야기는 루스티켈로의 소설에서 기사 트리스탄이 아서 왕의 궁궐에 도착해 환영받는 장면을 떠올리게 한다.[110]

이 같은 사실을 감안할 때 《우울의 해부학Anatomy of Melancholy》을 쓴 로버트 버튼Robert Burton이 '마르코 폴로의 거짓말'을 거부한 것은 당연한 일이다.[111] 최근 연구에서는 상인이었던 그의 아버지와 삼촌이 일찍이 한 여행은 신뢰할 만하지만, 마르코 본인은 기껏해야 흑해와 콘스탄티노플에 위치한 집안과 관련한 무역항까지만 가본 게 분명하다고 결론 내렸다.[112] 마르코가 중국 중부와 남부에 대해 아는 게 없다는 사실도 근거로 제시되었다.[113]

16세기 기록물 중에서 근거가 확실하지 않은 예는 페르낭 멘데스 핀투Fernão Mendes Pinto의 책을 들 수 있다. 포르투갈 출신의 핀투는 21년간 아시아에 머무르며 쓴 책 《핀투 여행기Peregrination》(1614년 사후 출간)에서 중국을 방문한 적이 있다고 주장했다. 17세기에 그 책을 읽은 일부 독자들은 그를 거짓말쟁이라고 했지만, 다만 독자들 중 한 명이었던 재능 있는 서간문 작가 도로시 오스본Dorothy Osborne은 '그의 거짓말에는 거짓말 본연의 유쾌함과 무해함이 있다'고 평가했다.[114] 영국의 중국 역사학자 조너선 스펜스Jonathan Spence는 핀투가 마카오를 비롯한 일부 항구를 방문했을지 몰라도 '중국은 아무 데도 가 보지 않았을 것'이라고 단언했다. 스펜스는 '핀투가 실제로 직접 행동하고 목격하고 들은 게 무엇이고… 가짜로 꾸며낸 것은 또 무엇인지 구분이 불가능하다'고 했다.[115] 이런 점을 고려할 때 핀투의 여행기는 다른 작가가 쓴 여행기와 크게 다르지 않지만, 그가 쓴 이야기의 대부분은 눈앞에 펼쳐진 것처럼 생동감 있다.

과학 혁명의 시대에도 여행자들이 쓴 책은 자연계에 대한 지식의 주요 공급원 역할을 계속했다. 1660년대에 영국왕립학회는 신뢰할 수 있는 정보를 더욱 체계적으로 제공하기 위해 여러 설문지를 작성하기도 했다. 18세기에는 천문학, 지질학, 식물학, 동물학 전문가들이 팀을 이루어 과학 탐사를 하면서 아마추어들이 쓴 내용을 대체했다.

여행기의 신뢰성을 둘러싼 논란은 계속되었다. 제임스 브루스James Bruce가 에티오피아 여행기(《나일강의 근원을 찾아 떠나는 여행Travels to Discover the Source of the Nile》을 말한다-옮긴이)를 영국에서 선보였을 때 사람들의 반응은 회의적이었다. 브루스는 헤로니모 로보를 '예수회 최고의 거짓말쟁이'라고 비난한 바 있는데, 로보의 책을 번역하고 거기서 발췌한 정보를 자신의 소설《라셀라스Rasselas》에 사용한 새뮤얼 존슨 역시 브루스에게 똑같은 비난을 날렸다.[116]

20세기에 여행기뿐 아니라 소설도 출간한 로렌스 반 데르 포스트Laurens van der Post와 브루스 채트윈Bruce Chatwin은 두 장르를 혼동해 여행자로서의 성과를 과장했다는 비난을 받았다. 포스트의 경우《내륙으로의 모험Venture to the Interior》(1952)에서 니아살랜드(현재의 말라위)의 물란제산에 오른 것을 이야기하면서 그곳이 외지다고 해 비판받았다. 실제로는 그 주변에 거주하는 외국인들과 식민지 관리들이 자주 찾는 곳인데도, 저자가 그럴듯하게 포장하는 데 너무 집착했다는 것이다. 채트윈의《파타고니아In Patagonia》(1977) 또한 비슷한 비판을 받았다.[117] 포스트와 채트윈은 독자들에게(어쩌면 자기 자신에게도) 지나치게 허구를 덧입혔을지 모르지만, 자서전이 그렇듯 개인 경험의 기록은 객관적인 신뢰를 완전히 충족하지는 못할 것이다.

지리학에서 생태학으로

21세기에 들어 탐험과 과학 연구로 지리에 대한 무지가 줄어들었고, 2005년 구글 어스가 생겨난 이후 일반 대중 역시 지리에 대한 무지를 해소할 수 있었다. 하지만 기후 변화를 비롯해 핵무기, 환경오염과 생물 다양성 감소를 둘러싼 논쟁이 끊이지 않는 것을 보면 지금껏 이어지는 우리의 무지가 그 같은 비극적인 결과를 낳았음을 알 수 있다.

핵무기는 1945년 히로시마와 나가사키에 원자폭탄이 투하된 이래 끊임없이 논란을 불러일으켰다. 원자폭탄이 두 도시 주민들에게 어떤 영향을 미쳤는지 잘 알려진 만큼 아인슈타인과 버트런드 러셀Bertrand Russell이 인류 멸종 가능성에 대해 경고했는가 하면, 철학자 토비 오드Toby Ord는 위험이 증가한 우리 시대로 정의되는 '벼랑세Precipice世'가 뉴멕시코에서 처음 원자폭탄이 폭발한 1945년 7월 16일에 시작되었다고 보았다.[118] 오늘날까지 발명된 훨씬 강력한 폭탄들이 전쟁에서 사용될 경우 어떤 결과가 초래될지는 확실히 알 수 없다. 수억 명을 죽게 할 뿐 아니라 핵겨울(엄청난 양의 연기와 먼지가 햇빛을 차단함으로써 발생하는 기온 급강하)을 일으킬 수 있으며, 심지어 지구의 죽음을 초래해 지구상의 모든 생명체가 멸종할 수 있다. 우리는 그저 모를 뿐이다.[119]

환경에 대한 관심은 20세기 후반에 접어들면서 급격히 확산되었다. 미국 생물학자 레이첼 카슨Rachel Carson의 저서 《침묵의 봄》(1962)이 출간되고, 1969년 지구의 벗Friends of the Earth 재단이 샌프란시스코에 설립되면서 사람들의 인식이 달라진 것이다. 《침묵의 봄》은 지구, 강, 식물, 동물, 인간, 새에 미치는 살충제의 독성을 파헤쳤다('침묵의 봄'이라는 제목은 새들의 노래가 들리지 않는 상태를 의미한다).

카슨의 경고는 당시 비교적 새로운 현상에 대한 반응이었다(그녀는 살충제가 1940년대 중반부터 대량으로 사용되기 시작했다고 지적했다). 오늘날 이 책을 다시 읽어 보니 저자가 무지에 대해 거듭 언급한 것이 눈에 띈다. 그녀는 독성 화학 물질이 '유해 가능성을 거의 혹은 전혀 모르는 사람들에게 주어졌고', '그 영향에 대한 사전 조사도 거의 혹은 전혀 이루어지지 않은 상태에서 사용되기 시작했다'고 주장했다. 그녀는 미국의 환경공학 전문가 롤프 엘리아센Rolf Eliassen의 고백을 인용했다. "사람들에게 어떤 영향을 미치냐고요? 알 수 없죠." 또한 네덜란드 생물학자 C. J. 브리예르C. J. Briejer의 말도 인용했다. "우리는 농작물 주위의 잡초가 해로운지, 아니면 일부는 쓸모가 있는지 아직 모른다." 카슨은 심지어 과학자들조차 토양 생태계를 거의 고려하지 않았고, 관리 당국은 완전히 무시했다고 지적했다.[120]

《침묵의 봄》은 출간 40주년과 50주년을 맞아 특별판이 출간될 만큼 고전으로 자리 잡았다. 그 뒤를 이어 미국 기자 출신 빌 맥키벤Bill McKibben이 충격적 제목으로 출간한《자연의 종말》(1989)도 비슷한 성공을 거두었다. 저자는 다음과 같이 설명했다. '자연의 종말이라는 제목이 의미하는 것은 세상의 종말이 아니다. 여기서 내가 말하는 자연은 세계와 그 안에 있는 우리의 위치에 대해 인간이 가지는 어떤 생각들이다. … 우리를 둘러싼 자연계에 우리가 거의 주의를 기울이지 않는 것은 그것이 항상 거기에 있고 앞으로도 계속 그럴 것이라고 추정했기 때문이다.'[121] 그런 의미에서 우리는 자연을 무시했다.

맥키벤의 책이 출간되기 몇 년 전, 역사학자 키스 토머스Keith Thomas가《인간과 자연계Man and the Natural World》(1983)라는 제목의 연구서를 출간해 비슷한 주장을 펼쳤다. 단, 책의 배경이 되는 시기가

1500~1800년이라는 점이 흥미롭다. 영국에서는 동물, 식물과 자연 경관에 대한 새로운 인식이 확산되었다. 인간이 다른 종과 맺는 관계가 재정의되었고, 인간의 이익을 위해 다른 종을 착취할 권리가 있는가 하는 점에서 강력한 비판이 제기되었다.[122] 왜 이러한 현상이 발생했을까? 두 차례에 걸친 산업화로 인한 파괴 또는 파괴의 위협이 위협받는 대상에 관심을 갖게 만든 것이다.

20세기 후반에는 13장에서 논의할 내부 고발자 에린 브로코비치Erin Brockovich와 관련한 미국 법정 소송처럼 산업공해의 영향에 관심이 집중되었다. 이러한 영향은 기름 유출 사고와 바다에 대량으로 버려지는 플라스틱 쓰레기로 인한 해양 오염과 생태계 파괴에 대한 우려를 계속 불러일으키고 있다.[123] 하지만 최근 지구 온난화를 부정하는 의견이 제기되는 등 논란이 일면서 지구에 대한 새로운 무지가 드러나 우리 모두에게 새로운 과제를 안겨 주고 있다.

생물 다양성의 감소는 이제 대중이 주목하는 사안이다. 2014년 엘리자베스 콜버트Elizabeth Kolbert는 《여섯 번째 대멸종》을 출간해 최근의 생물 다양성 감소를 지구 역사상 발생한 다섯 번의 대멸종 이후 여섯 번째 대멸종으로 보았다. 그동안의 대멸종으로는 6,600만 년 전 거대 소행성의 충돌로 전체 생물종의 4분의 3이 멸종한 사건, 불과 1만 3,000년 전 매머드와 마스토돈을 포함한 거대 동물 멸종 사건 등이 포함된다. 2019년 UN은 전 세계적으로 유례없는 생물 다양성 감소에 대한 보고서를 발표했다.[124]

기후 변화에 대한 지식은 꽤 오래전부터 가지고 있었지만, 이 문제가 공론화되기 시작한 것은 비교적 최근의 일이다. 스웨덴 물리화학자 스반테 아레니우스Svante Arrhenius는 1896년에 이미 지구 온난화를 예측했다(독자 여러분의 짐작대로 당시 선배 학자들은 그의 예측을 무시하고 넘어갔다). 1938년 영국 공학자 가이 캘런더Guy Callendar는 지난 반세기 동안 온난화가 진행되어 왔다는 사실을 입증했다. 과학자들은 지구 온난화가 자연적인 주기로 일어난 게 아니라 화석 연료를 태워 생긴 온실 효과 때문이라 알고 있었다. 나쁜 소식이 대개 그렇듯 과학자들의 이 같은 발견은 거의 무시되거나 깡그리 부정당했다. 이제 지구 온난화가 공개적으로 논의되고 있는 만큼 실질적 조치가 (12장에서 설명할 재난의 경우처럼) 너무 작은 규모로 늦게 이루어지기보다는 제때 필요한 규모로 이루어지기를 바랄 뿐이다.

|2부|

무지의 결과

∽

앞서 논의한 환경 문제에서도 알 수 있듯이 정책 결정권자가 무지한 경우 심각하고 치명적인 결과가 초래될 수 있다. 여기서 얻을 수 있는 교훈은 교육의 필요성이다. 1989년 브라질 대선 토론 당시 후보였던 페르난두 엔히크 카르도주Fernando Henrique Cardoso가 교육 비용을 두고 문제를 제기하자 경쟁 후보였던 레오넬 브리졸라가 이렇게 받아쳐 화제가 되었다. "교육은 비싸지 않습니다. 비싼 건 무지입니다."[1]

이 점은 9, 10, 11장의 전쟁, 비즈니스, 정치 분야에서 각각 설명할 것이다. 기근, 홍수, 지진, 전염병 등 다양한 재난이 발생했을 때 무지가 어떤 역할을 하는지는 12장에서 다룬다. 대중의 무지와 그들이 어떻게 무지한 채 남게 되는지는 13장의 주제이다. 14장에서는 미래에 대한 우리의 무지를 극복하기 위한 시도에 대해 알아보고, 15장에서는 과거의 무지가 어떤 불행한 결과를 초래했는지 살펴볼 것이다.

에드워드 기번에 따르면 '인류의 범죄, 어리석음과 불행'은 인간 역사에서 큰 비중을 차지한다. 그 말이 사실이든 아니든 이어지는 여러 장에서 큰 비중을 차지하는 것만큼은 분명하다.

9장
전쟁의 무지

전쟁은 불확실의 영역이다.

카를 폰 클라우제비츠Carl von Clausewitz(프로이센 장군)

전쟁은 다른 수단으로 펼치는 정치의 연장선일 뿐 아니라, 프로이센 장군 클라우제비츠가 적은 것처럼 '미래가 계획대로 흘러가지 않는 사실을 알면서도 계획을 세우고, 불확실한 상황에서 결정을 내릴 때 발생하는 문제를 극단적으로 보여주는 사례'에 해당한다. 또 다른 유명 군사 이론가 손무(손자, 기원전 544~496년경)는 다음과 같이 말하기도 했다.

> 군주가 군에 환난을 초래하는 방법에는 세 가지가 있다. (첫째,) 군대의 진격이 불가능한 것을 모르면서 진격을 명령하고 군대의 퇴각이 불가능한 것을 모르면서 퇴각을 명령하는 것으로, 이는 군대를 위험에 빠뜨리는 것이다. (둘째,) 군대의 사정을 모르면서 행정에 간섭하면 군사들이 갈팡질팡할 것이다. (셋째,) 군대의 임기응변을 모르면서 임무에 간섭하면 군사들의 의심을 살 것이다.[1]

사단, 군단, 연대로 나뉘어 있는 군대는 심지어 평화 시에도 앞서 논의했던 '조직적 무지'가 존재하는 곳이다. 이 문제의 역사를 연구한 자료는 존재하지 않지만, 나는 목격자로서 할 말이 있다. 나는 1956년부터 1957년까지 주로 말레이계로 구성된 싱가포르 지구 통신 여단에서 유급 사무원으로 일했다. 당시 영국 장교들은 자신들이 자리를 비운 시간대(오후 4시~오전 6시)에 내무반에서 무슨 일이 벌어지는지 알지 못했다. 내무반장의 소지품이 마을 한복판의 장물 시장에 매물로 나오는가 하면, 일부 군인들은 인근 상점에서 보호비 명목으로 돈을 갈취했다. 당시 가장 수익성이 좋았던 사업은 차茶 배달 서비스로, 낮이면 품위 있어 보이는 한 인도인이 내가 일하는 곳을 포함해 여러 사무실로 차를 배달해 주었다. 또 그는 밤에 사업가로 변신해 일반인들에게 잠잘 수 있는 막사를 대여해 주었는데, 주택이 한참 모자랐던 때라 가능한 사업이었다. 당시 학교를 졸업한 지 얼마 안 된 순진한 열여덟 살 소년이던 나는 놀랍고 경이로운 마음으로 이들 사업을 지켜봤지만, 당국에 알릴 생각은 하지 못했다. 학교에서는 그것을 '고자질'이라고 불렀을 테니 말이다.

전쟁에서 군사 작전은 다른 무엇보다 무지와 지식 간의 싸움이다. 아군의 계획을 적군이 모르게 철저히 관리하는 한편, 적군의 계획을 알아내기 위해 노력해야 하기 때문이다. 웰링턴 공작(1815년 워털루 전투에서 나폴레옹군을 격파한 영국의 군인이자 정치가-옮긴이)이 입버릇처럼 말했듯이 '전쟁의 모든 기술은 언덕 저편의 상황을 파악'하는 데 있다. 그리고 그에 실패할 때는 큰 대가를 치러야 한다. 전쟁은 적의 움직임에 신속하게 대응하는 것이 중요한 제로섬 게임이기 때문이다. 영국의 해럴드 윌슨Harold Wilson 총리는 '정치에서 일주일은 긴 시간'이라고 즐겨 말했지만, 전장에서는 15분도 긴 시간이다.

전장에서의 실수는 정치나 비즈니스에서보다 훨씬 빠르고 확실하게 처벌받는다. 이 게임에서 승리한 자의 전기는 넘쳐나지만, 루드비히 폰 베네데크Ludwig von Benedek 같은 패자의 몇 안 되는 전기에서도 많은 것을 배울 수 있다. 오늘날 베네데크는 1866년 쾨니히그레츠 전투(사도바 전투라고도 한다)에서 오스트리아를 패배로 이끈 인물로 기억된다. 그는 정보국이 제공한 정보를 오인했는데, 상황 판단을 잘못한 탓에 군대를 둘로 나누었고 그 결과 대재앙에 맞닥뜨렸다.[2]

이쯤에서 '상대적 무지'라는 개념을 알아야 할 것이다. 전쟁에서는 양쪽 진영 모두 무지로 인해 어려움을 겪는다. 그리고 그나마 정보를 좀 더 확보해 중대한 실수를 적게 한 쪽이 승자로 등극한다. 1806년과 1807년 나폴레옹이 중부 유럽에서 러시아를 상대로 벌인 전투를 예로 들어 보자. 그는 예나 전투에서 프로이센 군대 대다수 병력의 위치를 오판한 잘못된 추정에 근거해 결정을 내렸다. 한편 아일라우 전투에서 상대적 무지에 빠진 러시아 사령관 레온티 레온티예비치 베니히센Leonti Leontijevic Bennigsen은 나폴레옹이 예비 병력을 소진했다는 사실을 알지 못해 승리의 기회를 놓치고 말았다. 프리틀란트 전투의 경우 나폴레옹은 2만 5천 명의 병력이 본대에서 분리되어 쾨니히스베르크로 보내졌다는 사실을 모르고 러시아군의 전력을 과대평가했다.[3] 스페인의 이베리아반도 전쟁에서는 프랑스군이 영국군보다 전황을 파악하지 못했는데, 이는 스페인군이 동맹인 영국군의 지형 파악을 돕고 프랑스군 포로까지 넘겨줬기 때문이다.[4]

무지 중에서도 지휘관의 무지는 문제가 된다. 일반 병사들은 보통 자신들이 다음으로 공격하고 후퇴할 시간과 장소를 전혀 알지 못한다. 다시 말해 지식의 공백은 소문으로 채워진다. 프랑스 역사학자 마르크 블로크Marc Bloch는 제1차 세계대전 참전 후 1914년부터 1918년까지 참호 안에 나돌았던 가짜 뉴스를 주제로 선구적인 연구 논문을 집필했다.[5]

전투와 전쟁이 계획으로 승리할 수 있는가라는 근본적인 질문은 여전히 답을 찾지 못하고 있다. 19세기의 유명한 두 소설인 스탕달의 《파르마의 수도원》(1839)과 톨스토이의 《전쟁과 평화》(1869)에서 전투는 모두 몇 야드 밖에서 무슨 일이 일어나는지 알지 못하는 완전한 혼란으로 묘사된다. 스탕달은 전투를 직접 목격한 적 없는 17세 소년 파브리스의 눈으로 워털루 전투를 그린다. 파브리스는 혼란을 겪고 이따금 대포 연기를 뚫어져라 바라보지만, 뭐가 어떻게 되고 있는지 도무지 알 수 없다. 톨스토이도 보로디노 전투의 나폴레옹을 비슷한 방식으로 서술한다. 나폴레옹이 언덕 위에서 쌍안경을 들여다봐도 보이는 건 자욱한 연기뿐이다. 또한 톨스토이는 '무슨 일이 벌어졌는지 알기란 불가능했다', '무슨 일이 벌어지고 있는지 파악하는 게 불가능했다', '전투의 열기 속에서는 어떤 순간에 무슨 일이 일어나고 있는지 말한다는 게 불가능했다'는 식으로 불가능이라는 단어를 반복적으로 사용했다. 그리고 나폴레옹과 부하 장군들의 명령은 이행되지 않았다. '대부분 그들의 명령과는 반대되는 일들이 벌어졌다.'[6]

반면 실제 나폴레옹, 프랑스군에 맞선 연합군 사령관 웰링턴 등 양측의 일부 지휘관들은 자신들이 승리한 전투에서 상당한 통제력을 발휘한 것으로 보인다. 웰링턴은 항상 언덕이나 망루에 올라 망원경으로 지형과 적군의 위치를 파악했고, 말을 타고 전장을 돌아다니며 위협과 기회에 모두 대응할 준비를 했다. 웰링턴은 정보를 흡수하는

데 능했고, 집중력 또한 대단했는데, 이 같은 자질을 전장에서뿐 아니라 전장 밖에서도 잘 활용했다.[7] 스탕달과 톨스토이는 두 전투를 전쟁에 무지한 관찰자의 눈을 통해 독자들에게 보여줌으로써 자신들의 혼돈 이론에 유리하게 주사위를 던졌다고 할 수 있다.

그럼에도 두 소설가의 증언은 진지하게 받아들일 가치가 있다. 두 사람 모두 전쟁을 경험했기 때문이다. 스탕달은 기병 연대 중위 출신으로, 1812년 나폴레옹 군대와 함께 러시아 원정에도 참가했다. 톨스토이 역시 포병 장교로 크림 전쟁에 참전해 세바스토폴 공방전과 체르나야 전투를 겪었다.[8] 혼돈을 강조한 두 소설가는 영국 군사 이론가인 론스데일 헤일Lonsdale Hale 대령의 지지를 받았다. '전쟁의 안개'라는 문구를 만들어 낸 것으로 유명한 헤일은 안개를 '지휘관이 적군뿐 아니라 아군의 실제 병력과 위치에 무지한 상태'로 설명했다.[9] 이 비유는 포연에 빗댄 표현이 분명하다(그렇다면 '전쟁의 안개'보다는 '전투의 안개'라는 표현이 더 정확할 수 있다).

전장의 무지라는 개념은 근대 초기에 어느 전쟁 전문가가 더욱 구체적으로 묘사한 바 있다.

> 전령은 중간에 붙잡히고 본부는 강제 이동해 소통이 끊겼다. 각 대열이 서로를 향해 진군하면서 도로가 막히고 지휘가 혼란에 빠졌다. … 성급한 철수와 후퇴로 부대 전체가 길을 잃었지만, 그 사실조차 깨닫지 못하는 경우가 많아 본부 보고가 늦어졌을 뿐만 아니라 애초에 틀린 데다 심지어 이해조차 할 수 없었다. 본부에서는 참모들의 상황 파악이 점점 어려워지면서 불확실성과 우유부단함으로 의사결정도 미뤄지기 시작했다.[10]

나폴레옹이 지휘한 유명한 두 전투에서는 무지와 계획이 모두 드러난다. 바로 ('전쟁의 안개'라는 표현이 문자 그대로 실현된) 아우스터리츠 전투와 워털루 전투다. 아우스터리츠에서 오스트리아-러시아 군대는 프랑스의 전력과 의도를 잘못 읽고 접근해 처음부터 패배가 예상되는 상황에 놓였다. 안개가 걷히자 나폴레옹은 주란 언덕에서 내려다보며 군대가 어떻게 움직여야 할지 계획하고, 적군에 신속하게 맞설 수 있도록 전략을 수정했다. 그는 아군의 오른쪽 측면을 공격해 들어올 수 있는 위치로 적군을 유인해 적군의 후방을 치기로 결정했다. 프랑스군이 러시아군보다 수적으로 열세였지만, 나폴레옹과 휘하 장군들은 국지적 수적 우위를 제대로 활용했다. 러시아의 알렉산드르 황제가 나중에 인정했듯이 그의 군대는 프랑스군이 공격한 지점을 보강할 시간이 없었다. 그는 이렇게 말했다. "너희는 어딜 가나 우리보다 두 배 더 많았다."[11]

워털루 전투 이전에 웰링턴은 나폴레옹의 의도를 알 수 없었다. 뒤늦게 프랑스군의 전략을 깨달은 그는 외쳤다. "나폴레옹이 날 속였어, 젠장. 그가 우리 군을 칠 24시간을 벌었어." 웰링턴은 프랑스군이 측면을 치고 들어올 것이라고 짐작했지만 예상은 완전히 빗나갔다. 그럼에도 그는 프로이센군이 도착해 승리가 가시권에 들어올 때까지 프랑스군의 공격에 적절히 대응했다.[12]

군사 기술

전투는 다양한 무지로 인해 패배할 수 있다. 그 패배 중 하나는 적을 과소평가하는 오만에서 비롯된다. 대표적인 예로 중세의 크레시 전투(영국과 프랑스의 백년전쟁 초기에 프랑스 크레시에서 영국군이 프랑스군을 격파한 전투-옮긴이)를 들 수 있는데, 당시 프랑스 기사들은 영국 궁수들을 얕보고 무작정 달려들었다가 전사했다. 이 경우 이른바 '계급적 편견'이 그들의 약점으로 작용했다고 할 수 있다(프랑스 기사들은 귀족인 데 반해 영국 궁수들은 웨일스의 농민으로 편성되어 있었다-옮긴이). 또 다른 무지는 군사 기술의 발전을 따라잡지 못한 결과로, 적군이 먼 거리에서 아군보다 빠르고 정확하게 발사할 수 있는 총을 가진 사실을 알지 못한 것이 포함된다. 한때 효율적 전술로 여겨졌던 돌격도 어느 순간부터 자살 행위가 되었는데, 이는 1854년의 유명한 경기병 여단의 돌격과 1863년 피켓의 돌격에서 잘 드러난다.

영국군 경기병은 러시아와 격돌한 오스만 제국을 지원하고자 참전한 크림 전쟁의 발라클라바 전투에서 러시아군의 사격 공격에 맞서 돌격했다. 경기병 여단은 명령을 오인한 게 분명한 이 돌격으로 죽음의 계곡에서 전멸했다. 한편, 피켓의 돌격은 미국 남북전쟁의 게티스버그 전투에서 남부 연합군이 북군 보병대를 공격한 사건으로, 당시 연합군이 집중 공격에 맞닥뜨리면서 절반이 사망하거나 부상을 입었다. 결과적으로 남부 연합군은 해당 전투에서 패한 것은 물론 남북전쟁에서도 패했다.[13]

이러한 돌격은 포병의 발전으로 양측의 전력이 거의 대등한 상황에서도 학살로 이어질 수 있는 시기에 일어났다. 하지만 그 어느 전투도 옴두르만 전투(1898년 수단 옴두르만에서 식민지를 획득하려는 영국군과 수단 원주민군 간에 벌어진 전투-옮긴이)에 비할 바는 아니다. 당시 영국군은 대포와 기관총의 초기 형태인 맥심 기관총으로 무장했지만, 아랍 메시아인 마흐디Mahdi의 추종자들이 가진 것이라고는 칼과 창뿐이었다. 수단인들은 총을 향해 돌진하면 어떻게 되는지 무지했던 게 분명하다. 프랑스 태생 영국 작가 힐레어 벨록Hilaire Belloc의 냉소적인 시구를 인용하면, '무슨 일이 생기든 우리에게는 / 맥심 기관총이 있고 그들에게는 없다'는 것이 현실이었다.

전략과 기습

지금까지 설명한 사례에서는 포병이 눈에 보이게 배치되었지만, 이를 숨기는 것도 가능했다. 이런 식으로 덫에 빠진 적군은 치명적 결말을 맞이할 수밖에 없었다. 한니발, 스키피오 아프리카누스Scipio Africanus, 나폴레옹, 호레이쇼 넬슨Horatio Nelson 등 역사상 유명한 지휘관 중 일부는 적군을 기습해 곤경에 빠뜨리는 기만의 달인이었다.

고대 카르타고의 한니발 장군은 풀리아 지방 칸나에 마을에 함정을 설치해 로마 대군을 격파했다. 우선 취약한 중심부를 적군에 노출해 공격을 유도한 뒤 협공 작전으로 그들을 포위했다.[14] 한니발 시대에 그의 적이자 라이벌이었던 스키피오 아프리카누스는 카르타고군을 상대로 야간 기습 공격을 펼쳐 두 번의 큰 승리를 거두었다. 그는 나폴레옹보다 위대한 인물로 추앙받았다.[15]

한니발의 전략은 19세기와 20세기 주요 장군들의 찬사를 받았다. 1866년과 1870년, 프로이센군이 오스트리아와 프랑스를 상대로 승리를 거둘 수 있도록 이끈 원로 헬무트 폰 몰트케Helmuth von Moltke, 1914년 공격 계획을 세운 독일 총참모장 알프레드 폰 슐리펜Alfred von Schlieffen, 그리고 좀 더 최근에는 1991년 1차 걸프전에서 이라크군을 속이는 데 중요한 역할을 한 미국 지휘관 노먼 슈워츠코프Norman

Schwarzkopf가 바로 그들이다.

나폴레옹은 유럽에서 유명했던 지휘관들의 전투를 연구했고, 때로 적군을 함정에 빠트려 승리를 거두기도 했다. 가령 아우스터리츠 전투에서 후퇴하는 것처럼 꾸며 오스트리아군과 러시아군의 공격을 유도하는가 하면, 군의 우측 측면이 취약한 것으로 가장해 적군을 교란하고 중앙을 공격했다. 앞서 살펴봤듯이 워털루 전투에서도 나폴레옹은 웰링턴을 속이고 예상치 못한 방향에서 적군을 쳤다.

웰링턴도 특정 방향에서 공격하는 척하면서 다른 방향에서 더 세게 치고 들어가 프랑스군을 우왕좌왕하게 만드는 경우가 많았다. 한 프랑스 장군은 살라망카 전투에서 웰링턴의 전술을 두고 '군대 배치를 거의 온종일 숨기고 있었다'며 칭찬을 아끼지 않았다. 포르투갈의 전투에서 웰링턴은 토레스 베드라스 방어선이라는 성벽을 구축해 적군의 진격을 지연시키고 인근 언덕에서 발사하는 포마저 무용지물로 만들었다. 이런 장애물이 있다는 사실을 전혀 몰랐던 프랑스 장군 앙드레 마세나André Masséna는 기껏 진격했다가 큰 손실을 피하기 위해 후퇴했다.[16]

영국 제독 호레이쇼 넬슨은 나폴레옹과 바다에서 맞붙은 전투에서 으레 통용되는 해상 전투의 관습을 무시해 적군을 혼란에 빠트렸다. 나일 해전 당시 병력이 월등히 앞섰던 프랑스군은 영국군의 공격을 전혀 예상하지 못한 채 정박해 있었다. 넬슨은 보통 다음날까지 기다리는 것과 달리 사방이 어두워질 무렵 공격 개시 명령을 내렸다. 그뿐만 아니라 전함의 바깥쪽이나 오른쪽을 공격하는 일반적인 관습을 뒤집고 완전히 무방비 상태였던 안쪽을 치고 들어갔다. 그의 뒤를 따르던 전함들도 마찬가지였다.[17]

제2차 세계대전에서도 속임수가 승리에 결정적인 역할을 했다.[18] 가령 1943년 1월 독일군이 스탈린그라드에서 항복한 것은 게오르기 주코프Georgy Zhukov 원수가 천왕성 작전으로 독일군을 포위했기에 가능한 일이었다. 작전 내내 무전, 서신 등의 통신을 최소화하고, 한밤중에 행군하며 군사 활동을 다른 구역에서 벌이는 것처럼 속임수를 계속 썼다. 명확한 정보가 없는 독일군은 소련군이 포위를 진행하는 중에도 아무것도 모르고 있었다. 소련군의 공격이 일어난 1942년 11월 19일, 독일의 당시 지휘관은 얼음안개가 낀 데 이어 눈보라까지 치면서 공중 정찰을 통한 상황 파악조차 불가능했다고 언급했다. 아우스터리츠 전투와 마찬가지로 '전쟁의 안개'라는 유명한 표현이 비유적으로뿐만 아니라 문자 그대로도 실현된 것이다.[19]

당시 주요 전투에서 승자의 계획이 성공할 수 있었던 것은 실제로 무슨 일이 일어날지 적군이 전혀 예상하지 못했기 때문이다. 다시 말해 지휘관들은 적군이 선택할 수 있는 다양한 옵션을 빠짐없이 검토하는 데 실패했다. 전쟁과 전투도 무지에 대한 지식의 승리로 설명할 수 있지 않을까?

프로이센-프랑스 전쟁

전투의 혼돈에 대한 톨스토이의 주장에 힘을 실어준 전쟁이 있다. 바로 1870~1871년의 프로이센-프랑스 전쟁이다. 톨스토이는《전쟁과 평화》가 출간된 지 불과 1년 만에 발발한 이 전쟁 소식을 접하고는 분명 자신의 주장이 사실로 입증된 듯한 느낌을 받았을 것이다. 에밀 졸라Émile Zola는 프랑스의 패배를 다룬 소설《패주La Débâcle》(1892)에서 주인공 모리스가 '알아야 할 모든 것에 지독히 무지한' 자신을 비난하게 했다.[20] 졸라는 당연히 《전쟁과 평화》를 잘 알고 있었을 뿐 아니라 소설을 쓰기 전에 신중하게 연구했다. 어쨌든 그가 게을리하지 않은 무지에 대한 성찰은 우리 시대 최고의 군사 역사가로 꼽히는 마이클 하워드Michael Howard의 뛰어난 전쟁 저작물을 통해서도 확인할 수 있다.

하워드는 제2차 세계대전에 참전해 용맹한 활약을 펼친 공로로 무공십자훈장을 받기도 했다. 그는 많은 시간이 흐른 뒤 훈장에 대한 질문을 받자 당시 자신이 너무 어리고(고작 스무 살이었다) 무지했기 때문에 그런 행동을 할 수 있었다고 말했다.[21] 하지만 하워드는 자신의 책에서 프랑스 지휘관들의 무지를 강조했다. 전투가 벌어지는 영토의 지형에 대해 무지했고, 특히 적군과 아군 모두의 정확한 위치에 대해 무지했다는 것이다. 당시 프랑스는 공격하는 것만 생각했지 공격받을 것이라고는 전혀 예상하지 않았기 때문에 독일 지도 외에는 사용할 만한 지도가 없었다. 어느 전투가 끝난 뒤 프랑스의 아실 바젠Achille Bazaine 원수는 '독일군이 좌측으로 진격해 들어올 수 있다고 민간 당국이 전혀 알려 주지 않았다'며 불만을 터트렸다. 프랑스군의 패배가 전쟁의 사실상 종식으로 이어진 스당 전투에서 패트릭 맥마흔Patrick MacMahon 원수는 자신이 무엇을 해야 하는지 결정하는 데 필요한 정보가 부족하다고 느꼈고, 그의 부사령관은 다른 군단의 위치나 독일군의 위치, 심지어 어떤 보급품이 있는지조차 알지 못했다고 말했다.[22]

프로이센군도 무지로 어려움을 겪었다. 보몽 전투를 지휘한 헬무트 폰 몰트케 원수는 적군의 위치에 대한 무지가 진격 계획을 세우는 데 가장 큰 어려움이라고 실토했고, 그의 부하였던 레온하르트 폰 블루멘탈Leonhard von Blumenthal 원수는 부적절한 정보로 명령이 계속 바뀌는 것에 고충을 토로했다.[23] 프로이센군이 승리할 수 있었던 것은 그들이 무엇이든 다 알아서가 아니라 프랑스군보다 지형과 적군에 덜 무지했기 때문이다.

프로이센이 60여 년 전에 그랬듯이 프랑스도 교훈을 얻었다. 프로이센은 1806년 예나 전투에서 나폴레옹에게 패한 뒤 지리학 교육을 더욱 강화했다. 프랑스 역시 미국의 한 지리학자가 '무기만큼이나 지도로 싸웠다'고 묘사한 1870년 전쟁에서 패배한 뒤 지리학 교육에 더욱 힘을 쏟았다.

1839~1842년과 1896~1897년의 게릴라전

정규군과 지역 게릴라 간의 교전에서 재앙이 발생하기 가장 쉬운 순간은 오만하고 숨 막힐 만큼 무지한 장군이 적을 과소평가했을 때다. 대형 군사 참사의 비교 연구를 통해 이에 해당하는 11가지 사례를 들 수 있다.[24]

제1차 영국-아프가니스탄 전쟁은 1842년 영국군이 카불에서 사실상 완패하고 철수할 수밖에 없었던 비극으로 기억된다. 돌이켜 보면 영국군은 모든 실수를 다 저질렀다고 할 수 있다. 기본적으로 지형, 날씨, 적군의 무기 등 현지 상황에 무지했기 때문이다. 영국군 지휘관들은 좁은 산길을 행군하는 동안 아프가니스탄 군대가 얼마나 쉽게 매복할 수 있는지 깨닫지 못했다. 설상가상으로 영국군은 아프가니스탄의 유명한 제자일 머스킷 소총이 영국 머스킷 소총보다 사거리가 더 길다는 사실도 알지 못한 것 같다. 아프가니스탄군은 영국군의 총알이 닿지 않는 절벽 위에서 영국군을 향해 안전하게 사격할 수 있었다.[25]

또한 영국군은 자신들이 왕으로 복귀시킨 샤 슈자Shah Shuja가 출발을 봄까지 연기하라고 조언했음에도 겨울에 후퇴하는 실수를 저질렀다. 겨울옷이 부족했던 병사들은 밤에 줄줄이 동사하고 말았다. 설사 살아남았다고 해도 동상에 걸린 손발로는 적과 싸우는 것 자체가 불가능했다. 결국 주그둘룩 협곡에서 감행된 아프가니스탄군의 매복공격은 대학살로 이어졌다. 그중 한 명의 영국 병사만이 살아 돌아와 이야기를 전했고, 이에 엘리자베스 톰슨Elizabeth Thompson(버틀러 부인)의 그림 〈군대의 잔재Remnants of an Army〉(1879)가 탄생했다.[26] 동양에 대해서라면 전문가라고 자부하던 여행가 리처드 버튼Richard Burton은 영국의 패배가 '동양 민족에 대한 지독한 무지의 결과'라고 말했다.[27]

상대적 무지 측면에서 보면 아프가니스탄군 역시 실수를 저질렀다. 영국군과 평지에서 맞서면 대개 영국군이 승리한다는 사실을 깨닫기 전에는 특히 더 그랬다. 하지만 아프가니스탄군은 패배를 통해 빠르게 교훈을 얻었고, 실수를 줄였다. 영국군도 결국 요령을 터득했다. 이른바 영국 '보복군'은 1840년 여름에 카불로 진격하면서 산악 협곡을 지나기 전에 고지대를 점령했고, 후장식 소총으로 제자일 소총을 무력화시켰다. 19세기 후반에는 인도 북서부 변경에서 벌이는 산악 전투나 '야만적' 전쟁에서 어떤 전술을 사용하면 좋은지 알려 주는 매뉴얼이 발간되었다.[28]

15장에서 살펴보겠지만, 이와 같은 실수는 현대에 들어 소련군과 미군이 아프가니스탄을 침공했을 때도 재현되었다.

카누두스 반란

1896~1897년의 카누두스 반란은 다른 곳은 몰라도 브라질에서는 게릴라와 싸우는 직업 군인들의 오만과 무지가 얼마나 치명적 결과를 초래하는지 보여주는 사례로 잘 알려져 있다. 이 반란은 군사학교 생도 출신 〈상파울루주〉 신문 기자 에우클리데스 다 쿠냐Euclides da Cunha가 현장을 취재해 불멸의 기록을 남겼다. 이 이야기는 1902년 《오지Os Sertões》로 출간되어 브라질 문학의 고전으로 자리 잡았다. 이 책은 게릴라 전쟁의 역사 분야에서도 고전으로 자리매김할 만하다.

카누두스는 브라질 북동부에 위치한 작은 마을로, 1889년 새로 건국된 공화국에 반대하는 사람들이 이곳으로 몰려들었다. 이들의 지도자는 카리스마 넘치는 방랑 예언자 안토니우 콘셀레이루Antonio Conselheiro로, 그는 1578년 북아프리카에서 무슬림과 싸우다가 전사한 포르투갈 세바스티앙 왕의 재림이 임박했음을 예언한 것으로 유명했다. 1896년 11월 정부의 소규모 군대가 반란 진압 명목으로 쳐들어왔지만 별다른 공격은 취하지 않았고, 반란군의 기세에 이내 후퇴했다. 얼마 후 좀 더 많은 800여 명의 병력이 쳐들어왔지만 결과는 비슷했다. 그리고 1897년 초에 훨씬 큰 규모의 세 번째 부대가 왔지만 역시 패배했고, 지휘관 모레이라 세자르Moreira César는 전사했다.[29]

직업 군인으로 성공했던 모레이라 세자르는 적이 아마추어라고 과소평가하는 전형적 실수를 저질렀다. 여기에는 인종적 편견이 크게 작용했다. 방어군 중 상당수가 유럽계 혼혈이거나, 원주민과 아프리카계가 뒤섞인 혼혈(메스티소)이었기 때문이다. 세자르가 비극적 결말을 맞이한 데는 무지의 역할도 컸다. 자군수jagunço(브라질 대지주의 사병 또는 경호원-옮긴이)들로 구성된 비정규군이 남다른 사명감으로 마을을 방어하고 있다는 사실을 전혀 몰랐던 것이다. 그들은 첩자를 파견해 적군의 동태를 파악하고 참호를 설치했으며, 나뭇가지로 자신들의 위치를 위장했다. 또한 적군에게는 익숙하지 않은 열대 초목을 헤치고 가뿐하게 이동하기도 했다. 1840년 당시 아프가니스탄군이 그랬던 것처럼 자군수는 카누두스의 여러 고지를 장악해 적군을 포격했고, 군인들이 마을에 쳐들어왔을 때도 교회 종탑에서 총탄을 퍼부었다. 이어서 계속된 동네 교전에서도 주민들은 인근 지형에 익숙한 것을 무기 삼아 적군을 쉽게 습격했다.

에우클리데스 다 쿠냐에 따르면 모레이라 세자르는 전쟁 기술의 원칙에 무지했기 때문에 대가를 치렀다.[30] 그는 열대의 더위 속에 장시간 행군해 지칠 대로 지친 병사들에게 공격을 명령했다. 진압군은 8천 명이 넘는 병력에 기관총과 대포까지 갖추고 네 번째로 공격했을 때야 비로소 반란군을 완전히 진압할 수 있었다.

베트남 전쟁

베트남 전쟁에서 미국의 무지는 결정적 역할을 했다. 사회학 교수인 제임스 깁슨James Gibson은 베트남전을 다룬 책(《완벽한 전쟁The Perfect War》-옮긴이)에서 지식의 부재가 다양하게 존재한다고 언급했다. 진짜 아무것도 모르는 공백이 있는가 하면 다양한 이유로 전쟁을 얕잡아 보거나 무시한 데 따른 공백도 있다는 것이다. '군부대는 효율성으로 평가받는데, 민간 사상자에 신경 쓰는 것은 여기에 방해만 되기 때문에 군 관료들은 … 민간 사상자 수를 집계하는 데 무관심했다'고 깁슨은 설명했다.[31] 1983년 베트남전을 돌아보고 교훈을 얻기 위해 열린 회의에서는 무지의 문제가 줄줄이 제기되었다. 정책 입안자의 무지, 군의 무지, 대중의 무지, 베트남이 어떤 나라이고 무엇과 관련되어 있는지와 심지어 어디에 위치하는지에 대한 언론의 무지가 바로 그것이다.[32] 이 모든 무지에 대해 빠짐없이 논의할 필요가 있다.

미군 지휘관들은 수십 년 후 아프가니스탄에서 저지르게 되는 것과 비슷한 실수를 베트남에서 저질렀다. 두 실수 모두 깁슨이 '자전거를 탄 농민들의 나라를 상대로 펼치는 기술전'이라고 표현한 전쟁에서 대포, 폭탄, 헬기 등과 전반적 기술이 우월하다는 생각에 고무된 데서 비롯되었다.[33] 그들이 고려하지 않은 것은 1776년(미국이 영국 식민지에서 벗어나기 위해 독립선언을 한 해다–옮긴이) 미국인 자신들이 그랬던 것처럼 근본 가치를 지키기 위해 싸우는 사람들의 힘과 의지였다.

침략자들이 군사적으로 가질 수밖에 없는 최대 약점은 외부인이라는 사실이다. 그들이 공격하는 국가의 언어, 관습, (열대 기후를 포함한) 지형에 대부분 무지하기 때문이다. 언어에 대한 무지는 미국인 대다수가 이른바 베트남의 같은 편과 소통할 수 없다는 것을 의미했다.[34] 미군은 현지 정보에 밝고 민간인의 지원까지 등에 업은 베트콩 게릴라에 맞서 싸우면서도 무지했던 바람에 혹독한 대가를 치러야 했다. 1955년부터 1975년까지 20년간 미군 6만여 명이 사망하고 1,680억 달러라는 천문학적 비용이 들었음에도 수치스러운 패배로 끝난 것이다.

미국 정부 역시 군과 마찬가지로 베트남 사람들의 생각을 고려하지 않았다. 인도차이나 역사를 보면 베트남인들이 외세에 오래도록 저항할 수 있다는 사실을 얼마든지 알 수 있었음에도 과거로부터 아무런 교훈도 얻지 못했다.[35] 미국 정부는 베트남의 공산주의는 물론 민족주의와 반식민주의에 대해 알고 있었지만, '외부 개입이 혁명에 찬

물을 끼얹기는커녕 불을 더욱 지핀다'는 정보의 속뜻은 무시했다.[36] 다시 말해 미국은 북부는 물론 남부에서도 베트남인 대다수가 미국에 반대한다는 사실을 알고 싶어 하지 않았다.

미국 정부는 핵심 정보를 얻지 못했다. 예를 들어 북부 폭격(롤링썬더 작전)이 어떤 결과를 가져올지 CIA의 조사가 이루어지지 않았는데도, 존슨 대통령은 베트남전에서 중대한 결정 중 하나를 내렸다. CIA도 조직의 무지에 시달렸다. 일부 현장 요원들은 남베트남군의 부패를 잘 알았지만, 그들의 직속상관은 그 사실을 본부에 보고하지 못하게 했다.[37]

한 베트남 참전용사의 연구에 따르면 양 진영 모두 상대방의 결의와 근성을 지독하게 과소평가했다. 미국의 실패는 이해력과 상상력의 실패였다.[38] 설상가상으로 조직의 무지가 한 번 더 실패의 원인으로 작용했다. 1961년부터 1968년까지 미국 국방부 장관을 지낸 로버트 맥나마라Robert McNamara는 상황이 나아지고 있다는 증거를 제공하라는 자신의 압박으로 인해 물리친 적군의 수를 비롯해 보고 체계에 입수되는 정보가 조작되는 지경에 이르렀지만 이를 알아차리지 못했다. 깁슨이 말한 '정부의 할당량을 맞추기 위해 전투 보고서 조작'이 진행된 것이다. 즉 베트남 현지에서 싸우는 병사들과 멀리 워싱턴에 있는 관리자들 사이에 심각한 지식 격차가 존재했다.[39]

결국 베트남전이 실수였다고 믿게 된 맥나마라는 미국이 실패한 이유 11가지를 나열했다. 그중 네 번째는 '그 지역 사람들의 역사, 문화, 정치에 대한 깊은 무지로 인해 아군과 적군 모두를 오판한 것'이었다.[40] 맥나마라는 적과 공감할 필요성을 주장하면서 '베트남의 경우 우리가 그들을 잘 알지 못해 공감하지 못했고, 그 결과 총체적 오해가 발생했다'고 덧붙였다.[41] 다른 논평가들도 미국의 패배 원인으로 무지를 강조했으며, 그들 중 일부는 오만함을 지적하기도 했다.[42] 인종차별을 비롯한 편견도 한 가지 원인이었다. 직업 군인이던 미군 지휘관들이 적군 지휘관을 아마추어로 여기는가 하면, 일반 병사들은 베트남 사람을 '국gook(19세기 후반 필리핀을 점령한 미군들이 처음 사용했다고 하지만, 그 뜻의 유래는 명확하지 않다. 동남아시아와 함께 한국을 포함한 동아시아 사람들을 비하하는 말로도 사용된다-옮긴이)'이라 부르며 무시했다. 카누두스와 아프가니스탄의 사례에서 알 수 있듯 적군을 과소평가하면 치명적 결과를 맞이하게 된다.

미국 언론도 무지에서 벗어나지 못했다. 언론인 로버트 쉬어Robert Scheer는 "미국 정부가 알아보기 전까지 우리도 베트남을 알아보지 못했다. 그래서 1950년 이전에 일어난 모든 일은 우리에게 아무런 흥미도 불러일으키지 못했다"고 고백했다. 결국 그들은 무력 충돌의 배경에 대해 한심할 정도로 무지했던 것이다.[43] 당시 기자들은 (정기 브리핑에서) 군과 정부가 거짓말을 일삼고, 성공은 과대 포장하고, 사상자 수는 최대한 줄이고, 잔혹 행위는 숨겼다고 비난했다.[44] 캄보디아 폭격 사건(북베트남군·남베트남민족해방전선 사령부와 병참선을 파괴하기 위해 1969년 3월부터 1970년 5월까지 미 공군이 캄보디아 동부를 무차별 폭격해 수십만 명의 캄보디아인이 희생된 사건-옮긴이)과 1968년 미라이 마을에서 수백 명의 민간인이 학살된 사건도 은폐되었다. 모두가 서로의 치부를 숨겨주는 데 급급했다. 은폐된 학살이 드러날 수 있었던 것은 프리랜서 기자 세이모어 허시Seymour Hersh가 독립성을 바탕으로 진실을 좇은 덕분이었다.[45]

현장에 있던 기자들은 진실을 이해할 준비는 되어 있지 않았지만, 경험에서 배울 수 있었다. 하지만 조직적 무지의 또 다른 사례로 우리가 언론이라고 부르는 거대 조직은 현장 특파원들을 제대로 따라잡지 못했다. 허시의 기사는 〈라이프〉 잡지로부터 거부당해 별로 알려지지 않은 〈디스패치 뉴스 서비스〉에 게재되었다. 그로써 봉인된 대학살 언급이 해제되었고, 35개 신문이 이 기사를 보도했다.[46]

미국 대중은 정부가 베트남 남부에 왜 그토록 전력을 쏟았는지 정치 지도자들에게서 정보를 제대로 제공받지 못했다.[47] 전쟁이 시작되자 쏟아져 나온 오보와 허위 정보, 전달되지 않은 정보로 인해 무슨 일이 벌어지고 있는지 이해할 기회조차 없었다.

중도?

승리와 패배를 결정짓는 것은 계획인가, 아니면 혼돈인가? 유명한 장군을 추앙하는 자들과 톨스토이 추종자들 사이에 벌어진 논쟁에서 정답은 언제나 그렇듯 양극단 사이에 있을 것이다. 프로이센 왕국의 장군이자 군사 이론가였던 클라우제비츠는 전쟁이 불확실의 영역에 있다고 주장했다. 모든 행동은 안개나 달빛처럼 사물을 기괴하고 크게 보이게 하는, 일종의 박명薄明 속에서 이루어지기 때문이라는 것이다. 이는 앞서 인용한 헤일 대령의 '전쟁의 안개'라는 유명 문구에 영감을 준 비유이기도 하다.[48] 클라우제비츠는 이렇게 비관적 발언을 했지만 장군의 용기, 자신감, 지능에 따라 결과가 달라진다는 믿음만큼은 계속 유지했다.

계획과 혼돈 사이에서 중도를 제시한 예는 바실리 그로스만Vasily Grossman의 소설에서 찾아볼 수 있다. 소련 기자였던 그는 1942년 스탈린그라드 포위 공격을 취재하고 이를 바탕으로 소설 《스탈린그라드》와 《삶과 운명》을 집필했다. 그로스만은 종종 톨스토이의 《전쟁과 평화》를 언급했는데, 그는 이 책을 본받고 싶어 했지만 한편으로는 전쟁이 혼돈과 무질서라는 톨스토이의 일반화에 동의하지 않았다.

《스탈린그라드》에서 참모 장교 노비코프는 종종 이해의 차원을 넘어선 듯 보이는 혼돈 속에서도 논리를 찾아내는 자신의 능력에 놀랐다고 하는가 하면, 《삶과 운명》에서는 군인이 전투에서 병력의 진정한 상관관계를 판단하고 결과를 예측할 수 있는 감각인 군사적 직관에 대해 묘사한다. 그로스만은 '혼돈chaos'이라는 말을 종종 사용하지만, 그의 서사를 살펴보면 이 같은 혼돈은 실제라기보다 겉으로 드러나는 양상에 더 가까운 측면이 있다.[49]

물론 전쟁은 구분이 필요하다. 전면전(보로디노, 워털루), 게릴라전(아프가니스탄, 브라질, 베트남), 지상전, 해상전, 공중전은 차이가 있고, 무대와 시기에 따라서도 차이가 난다. 또한 전술 계획과 전쟁 물자 확보(군대에 충분한 식량, 탄약, 적절한 의복, 말, 트럭, 프로이센-프랑스 전쟁에서 프로이센의 승리에 결정적 역할을 했던 기차 같은 운송 수단을 확보하는 것) 사이에도 큰 차이가 있다. 하지만 시대와 장소를 막론하고 무지는 말 그대로 치명적 결과를 초래할 수 있다.

1941년 독일의 소련 침공은 무지와 오만이 얼마나 큰 재앙을 가져올 수 있는지 극명하게 보여주는 사례다. 당시 가장 큰 화근은 히틀러가 전장에서 한참이나 떨어진 라스텐부르크(현재 폴란드의 켕트신)의 '늑대 소굴'에서 장군들을 직접 통제하겠다고 고집을 부린 것이었다. 전화가 발명되기 전에는 이 같은 원격 제어가 물리적으로 아예 불가능했겠지만, 이 경우는 단지 어리석은 선택에 따른 것으로 드러났다.

1943년 1월, 전령이 히틀러에게 독일군의 끔찍한 상황을 보고하자 히틀러는 독일군 사단을 나타내는 깃발로 가득 찬 지도만 내려다보았다. 그는 이들 사단이 더 이상 제 역할을 할 수 없다는 사실을 전혀 모르는 듯했다. 전령은 나중에 '그때 나는 히틀러가 현실 감각을 잃어버렸음을 깨달았다. 그는 지도와 깃발로 이루어진 환상의 세계에 살고 있었다'고 회고했다.[50] 지도가 표현한 것을 현실로 착각하는 이 같은 사례는 인류학자 제임스 스콧James Scott의 빈약한 단순화 개념을 여실히 설명해 준다. 좀 더 넓은 관점에서 보면, 모든 군사 작전을 후방에서 제어하려는 시도의 위험성을 알 수 있다.

현장 상황에 무지했거나 관심 없었던 히틀러는 어떤 경우에든 후퇴를 금했고, 현장 지휘관이 예상치 못한 사태에 유연하게 대처하는 것조차 막았다.[51] 즉, 히틀러는 오만함뿐만 아니라 지나친 자신감으로 인해 1812년 나폴레옹의 러시아 원정에서 교훈을 얻는 데 실패했다. 15장에서는 과거로부터 배우지 못한 실패에 대해 논의하겠다.

10장
비즈니스의 무지

HP에서 알고 있는 것들을 우리가 알았더라면

루 플랫Lew Platt(전 휴렛팩커드 회장)

전쟁과 정치의 세계가 그렇듯 비즈니스 세계에서도 불확실한 미래에 대해 어떤 결정을 내려야 할 때가 있다. 과학의 경우와 마찬가지로 전문가(농부, 상인, 금융가, 산업가)의 무지는 소비자나 투자자 같은 일반 대중의 무지와는 다른 결과를 초래한다.

농업

농업에서 무지가 어떤 위험을 초래하는지는 17세기 뉴잉글랜드, 19세기 오스트레일리아와 뉴질랜드의 정착민들이 그랬던 것처럼 농부가 자신의 경작지에 도착한 지 얼마 안 되었을 때 극명하게 드러난다. 뉴잉글랜드에서는 식민지 주민 대부분이 영국에서와 다를 바 없이 살 수 있을 것으로 기대했지만, 겨울이 얼마나 가혹한지 알지 못한 데다 봄까지 버틸 식량을 가져오지 않아 결국 기근으로 사망했다.[1] 오스트레일리아와 뉴질랜드의 경우는 농부와 목장주들이 큰 희망과 적은 정보만 가지고 새로운 나라로 몰려갔다. 그중 일부는 가뭄, 서리, 더위 때문에 망했고, 다른 이들은 농사나 방목의 기술로 땅을 오히려 황폐하게 만들어 실패했다.[2] 그뿐 아니라 가축의 빠른 번식이 어떤 결과를 가져오는지 알지도 못하면서 토끼를 비롯한 가축을 들여와 박멸이 불가능한 유해동물로 만들었다. 정착민들은 이를 막을 수 없었을 뿐만 아니라 설명할 방법도 없었다.[3] 또다시 무지가 원인이 된 것이다.

대지주였던 트라비아 왕자(18~19세기 이탈리아 귀족 피에트로 란자-옮긴이)에 따르면 시칠리아 농업이 쇠퇴하기까지는 지역 노동자들의 무지가 주요 원인으로 작용했다.[4] 1723년 에든버러에 설립된 농업지식개선협회를 시작으로 계몽주의 시대 유럽에 세워진 수많은 농업협회의 상류층 회원들은 소작농들의 무지를 탓하는 경우가 많았다.

사실 계몽주의의 키워드인 '개선'이라는 용어는 농업 부문에서 처음 사용되었다. 그것은 윤작과 새로운 형태의 쟁기 사용 등 지주들이 추진한 이른바 제2차 농업혁명의 다양한 내용을 의미했다. 이를 위해 18세기에 설립된 학회로는 더블린의 농업·제조업 발전협회, 피렌체의 경제·농업·농예 아카데미, 파리의 농업학회, 클라겐푸르트의 농업협회, 스페인의 국가친구들 경제협회 등이 있다.[5] 이들 협회가 하나같이 도시에 있었다는 점은 주목할 만하다.

19세기 독일 기센대학교의 화학과 교수 유스투스 폰 리비히Justus von Liebig는 한 걸음 더 나아가 농업에 과학을 접목했다. 농업에 유기 화학을 적용해 질소가 함유된 비료를 사용함으로써 수확량 증가를 꾀한 것이다. 하지만 최근 화학 비료에 대한 비판이 리비히 교수가 몰랐던 점을 조명하는 것처럼, 그의 발견은 옛 농부들의 무지를 드러낸다.

20세기 중반의 녹색혁명처럼 여러 협회와 리비히의 작업이 위로부터 시작된 농업 개선 캠페인의 성공을 보여준다면, 현지인들의 지식을 무시하고 변화를 강요하는 것이 얼마나 위험한지 잘 보여주는 사례들도 존재한다. 무지에서 비롯된 재앙을 찾는다면 경제, 특히 농업 부문에서 전쟁에 버금가는 결과가 초래됐다고 할 수 있다. 중앙 당국이 번번이 현지 지식은 고려도 하지 않고 계획을 세웠기 때문이다. 제임스 스콧의 책《국가처럼 보기Seeing Like a State》는 이 같은 재앙이 중심 주제인데, 인간 환경을 개선하려는 계획들이 어떻게 실패했는지 보여준다.[6]

영국의 사례로는 노동당 정부(특히 식량부 장관 존 스트레이치John Strachey)의 땅콩 프로젝트(1947~1951)를 꼽을 수 있다. 이는 탕가니카(현재 탄자니아의 일부)의 500만 에이커(약 2만 제곱킬로미터) 땅을 개간해 땅콩을 재배하겠다는 야심찬 프로젝트로, 1951년 가치 기준으로 무려 3,600만 파운드의 비용을 투입했지만 실패로 돌아갔다. 적은 강우량, 단단한 토양, 제공된 기계를 운용할 정도로 훈련이 되지 않은 노동력 등 현지 사정에 영국 정부가 무지했기 때문이다. 전쟁에서와 마찬가지로 재앙은 무지와 오만이 합쳐져 생겨나는데, 여기서도 '화이트홀(영국 정부)이 가장 잘 안다'는 태도가 작용했다.[7] 훨씬 큰 규모의 재앙으로는 엄청난 인명 피해를 초래한 마오쩌둥의 대약진 운동(1958~1962)(농촌의 현실을 무시한 정책으로 수천만 명에 이르는 사상 최악의 아사자를 내고 실패로 끝났다-옮긴이)을 들 수 있다.[8]

물론 농부들이 스스로 내린 결정으로 재앙이 초래된 경우도 있다. 1930년대 미국 중서부의 대평원에서 발생한 '모래 폭풍' 사례가 대표적이다. 밀 가격이 치솟자 농부들은 전례 없는 속도로 초원을 갈아엎어 토양을 침식에 취약한 상태로 만들었다. 이는 순수한 무지의 결과라기보다 이런 식으로 땅을 갈아엎는 행위의 위험성을 알고 싶지 않았던 농업 기업가들의 (잘못) 계산된 모험 때문이라고 할 수 있다. 결국 이들은 1930년대에 극심한 가뭄을 겪으면서 교훈을 얻었다.[9]

무지가 아닌, 눈앞의 이익에 눈이 멀어 손실을 초래하는 경우도 있다. 오래도록 계속되어 온 브라질 벌목 사업이 대표적 사례다. 이는 대서양 삼림에서 시작해 지금은 아마존에서 진행되고 있으며, 목표 사업도 사탕수수에서 커피, 콩 순으로 변화해 왔다. 이로 인해 농민이라는 한 집단은 단기 이익을 누릴지 몰라도 원주민과 전체 인류라는 다른 집단은 대가를 치르고 있으며, 앞으로도 계속 치러야 할 것이다.[10]

무역과 산업

비즈니스에서 특정 무지는 적어도 누군가에게는 득이 될 수 있다. 예를 들어 경매에서는 입찰자들이 서로 얼마까지 부를 준비가 되어 있는지 알지 못할 때 판매자가 이득을 볼 수 있다.[11] 이처럼 거래 당사자들의 '대칭적 무지'는 거래 이윤으로 이어진다고 알려져 왔다. 하지만 더 흔한 것은 '비대칭적 무지'다. 이와 관련해 미국 경제학자 조지 애컬로프George Akerlof가 제시한 '레몬 시장의 법칙'은 유명하다. 이 법칙에 따르면 중고차 시장에서는 불량 중고차(레몬)가 좋은 중고차를 몰아내는 현상이 발생한다. 좋은 차는 소유주가 계속 타고 다녀 시장에 나오지 않기 때문이다. 결국 무지는 구매자의 실망을 초래한다(판매자는 자신이 파는 중고차의 좋지 않은 상태를 잘 알고 있지만 밝히지 않고, 구매자는 제대로 된 정보가 없는 상황에서 차를 사게 된다. 이처럼 정보의 불균형으로 인한 무지를 비대칭적 무지라 한다-옮긴이).[12] 다른 종류의 무지는 판매자의 실패로 이어지며, 이는 파산 비율을 통해 측정할 수 있다.

결국 경제생활에서 정보의 역할에 대한 연구가 경제학의 주요 분야로 자리 잡은 것은 당연하다. 경제학자 오스카르 모르겐슈테른Oskar Morgenstern과 대수학자 존 폰 노이만John von Neumann은 게임 이론을 활용해 이 분야에 크게 기여했다. 경제 행동의 기본 요소는 플레이어, 전략, 보상으로 게임과 동일하다. 그뿐 아니라 서로의 선택에 무지한 게임 형태와도 유사하다. 문제는 이 같은 상황에서 최고의 전략을 찾아내야 한다는 점이다.[13]

경제학자 케네스 애로Kenneth Arrow는 정보를 사고파는 문제를 분석함으로써 이름을 알렸다. 애로의 역설은 자신이 구매하려는 상품에 대해 미리 알고 싶어 하는 고객의 욕구와 돈을 받기 전 정보를 완전히 누설하지 않으려는 판매자의 욕구가 상충하는 점을 지적한다.[14] 전쟁에서와 마찬가지로 여기서 핵심은 상대적 무지다. 모든 참가자가 어느 정도 무지하지만, 그나마 덜 무지한 참가자가 성공할 가능성이 가장 높다.

무지의 정도뿐 아니라 영역을 구분하는 것 역시 중요하다. 비즈니스에서 무지는 보통 국내보다 국제 무역의 영역에서 더 커진다. 최근한 연구는 근대 초기 지중해 지역에서 활동한 유럽 상인과 오스만 상인의 상호적 무지에 주목했다. 영국의 경우 18세기 해외 무역은 위험성이 클 수밖에 없는 영역이었다.[15] 범선 시대에는 난파와 화물 손실의 위험이 특히 컸기 때문이다. 이는 선원뿐 아니라 상인들에게도 잘 '알려진 무지'였다. 이를 감안하면 보험이 인명이나 주택이 아닌 선박에서 시작된 것은 당연하다.

전쟁은 과거와 마찬가지로 지금도 여전히 큰 위험 요소로 남아 있다. 18세기 영국에서 전쟁은 정보, 돈, 상품의 흐름을 차단하고 시장 접근을 방해함으로써 높은 수준의 불확실성을 야기했다. 불확실성은 혁신에 의해서도 발생한다. 새로운 방식의 생산이나 마케팅은 기존보다 위험할 수밖에 없다. 특히 소통이 느리고 빈번하지 않을 때 새로운 기회에 대한 무지가 발생할 가능성이 높다. 예를 들어 산업혁명 당시 런던 근처 소도시에 있는 옥수수 상인이 면직물로 유명한 볼턴으로 가서 공장을 차릴 수 있을 만큼 면직물 시장에 대해 충분히 안다는 것은 기대하기 어려웠다.[16]

무지의 또 다른 영역은 '언덕의 반대편', 즉 경쟁자의 정책과 기술에 관한 것이다. 자신만의 레시피, 기술, 고객, 향후 프로젝트를 비밀에 부치는 것과 마찬가지로 경쟁자들이 새로운 기술을 사용하는지 여부를 아는 것은 당연히 중요하다. 18세기 영국의 제철업자 벤자민 헌츠먼Benjamin Huntsman은 기술 공정에 대한 지식을 비밀로 유지하기 위해 제철소를 밤에만 운영한 것으로 알려져 있다.[17]

산업 스파이의 역사는 오래되었다. 17세기 프랑스와 영국의 유리 제조업체들은 베네치아 유리업체의 비밀을 알아내고 싶어 안달했다. 산업혁명 시대에 영국을 방문한 스웨덴인 중 일부는 새로운 기계를 관찰하고 스케치한 뒤 자국의 광산위원회와 철공소에 보고했다. 1780년대에 어느 프랑스 엔지니어는 영국을 방문해 웨지우드 도자기, 스타킹 방직기와 그 밖의 기계에 대한 정보를 수집하고, 이들 기계를 부릴 줄 아는 노동자 세 명을 프랑스로 데려왔다.[18] 냉전 시기에 공산권의 스파이들은 서방 국가의 기술 정보를 훔치는 데 성공했다.[19] 2013년에 에드워드 스노든Edward Snowden(미국 중앙정보국과 국가안보국에서 일했던 컴퓨터 기술자-옮긴이)이 폭로한 내용 중에는 미국 국가안보국이 독일 기업들을 사찰했다는 내용도 포함되어 있다.

비즈니스에서 무지의 또 다른 중요한 영역은 잠재적 시장에 대한 지식 부족이다. 영국 남해회사South Sea Company 사례에서처럼 실수에는 큰 비용이 따를 수 있다. 1714년 남해회사는 열대 기후인 남아메리카 지역에는 모직물이 부적합하다는 사실을 모른 채 콜롬비아 카르타헤나로 모직물을 보냈다.[20] 네덜란드 동인도회사는 이 같은 문제를 해결하기 위한 시도를 일찍부터 했다. 이곳의 이사 중 한 명인 요하네스 후데Johannes Hudde는 후추 등 아시아에서 오는 상품의 가격과 주문량을 결정하기 위해 1692년에 이미 판매 수치를 분석하고 있었다.[21] 체계적 시장 조사는 이보다 훨씬 뒤에 이루어졌다. 시장 조사의 역사를 돌아보면 관리자들이 특정 제품을 구매하는 사람의 (성별, 연령대, 경제 수준 등의) 유형, 혹은 다른 브랜드가 아닌 해당 브랜드를 선택한 이유나 동기에 대해 얼마나 무지했는지 알 수 있다.

미국의 심리학자 다니엘 스타치Daniel Starch는 1923년 광고 효과를 알아보기 위한 시장 조사 회사를 설립했다. 스타치와 그의 직원들이 사람들에게 단순히 선호도를 물었다면 1940년대에 활동한 오스트리아계 미국인 심리학자 어니스트 디히터Ernst Dichter는 '구매 동기 조사'에 프로이트식 접근법을 채택했다. 비누부터 자동차에 이르는 제품의 선택에 소비자의 어떤 잠재 욕구가 작용하는지 파악함으로써 판매자들이 그에 맞는 광고를 제작하도록 돕는 것이다. 오늘날에는 이 같은 '은밀한 설득'이 널리 사용되고 있다.[22]

조직적 무지는 정부뿐 아니라 기업에도 심각한 문제다. 실제로 조직적 무지에 대한 연구가 발전한 것은 경제 분야였다. 미국에서는

20세기 초부터 작은 기업들이 합병해 큰 회사로 거듭났다.[23] 기업의 규모가 커지면서 더 많은 정보를 얻게 되었지만, 상부와 하부 사이에 더 많은 관리층이 생겨 체계가 복잡해졌다. 이 같은 발전과 함께 '조직적 침묵'이라는 새로운 약점이 생겨났다. 즉, 기업 내에서 지식을 전달하는 소통에 실패하는 것이다.[24]

예를 들어 공장 작업 현장의 근로자가 경험으로 습득한 생산 과정에 대한 지식을 관리자와 CEO는 따라잡을 수 없다. 마찬가지로 현장 근로자들은 CEO의 계획에 대해 알지 못하거나 알아낼 수 없다. 노동자와 경영진은 (영국의 과학자 겸 소설가인 찰스 퍼시 스노C. P. Snow의 표현을 빌리자면) 과학과 인문학이라는 두 문화와 비슷하다. 양쪽 모두 서로의 지식에 무지하다. 이러한 문제는 쉽게 이동하지 않는 '끈적끈적한 지식'으로 표현되었다.[25]

만약 지식이 흐르는 것이라고 한다면, 지식은 이따금 장벽에 차단되고 걸러질 수도 있다. 경영진이 경청하려 하지 않으면 발언 또한 꺼리게 되어 침묵의 분위기로 이어진다.[26] 극단적인 경우, 관리자는 상사가 듣고 싶지 않을 것 같은 사안은 말을 꺼내는 것조차 두려워하게 되고 (이 문제는 정치 분야를 다루는 다음 장에서도 다시 한 번 등장할 것이다) 그 결과 심각한 문제까지 그냥 지나치고 만다. 조직적 무지의 두드러진 예는 과거 헝가리에서 중국에 이르는 공산권 국가의 공장에서 찾아볼 수 있었다. 그곳에서 관리자들이 노동자들의 결근, 태업, 심지어 도둑질을 알아채지 못했거나 모른 척하는 사건이 일어난 것이다.[27]

한 기업 관련 저술가는 '무지의 빙산'이라는 비유를 소개했다. 기업 조직에서 높은 계층으로 올라갈수록 아래에 있는 노동자들이 알고 있는 기업과 제품에 대한 지식을 점점 모르게 된다는 것이다. 실제로

루 플랫 전 휴렛팩커드 회장은 씁쓸한 듯 "HP에서 알고 있는 것들을 우리가 알았더라면"이라고 말한 적이 있다.[28] 조직의 망각도 비슷한 문제이다. 한 회사에서 수십 년 동안 근무한 직원들은 암묵적 지식, 즉 본인이 인지하지 못한 지식을 습득하게 된다. 하지만 이 지식은 기록되거나 후임자에게 인계되지 않기 때문에 해당 직원의 퇴사와 함께 기업에서 사라지고 만다. 경영 컨설턴트 데이비드 드롱David DeLong은 특히 2004년 이후의 10년을 염두에 두고 이렇게 말했다. "여러분이 듣게 될 빨려 들어가는 엄청난 소리는 은퇴와 이직으로 인해 조직에서 온갖 지식이 모두 빠져나가는 소리일 것이다."[29] 물론 이 문제는 기업에만 국한되지 않고 정부, 교회, 군대 등 다른 조직에도 영향을 미친다. 하지만 특히 기업, 그중에서도 일본 기업들은 이 문제를 극복하기 위해 선구적 시도를 해왔다.[30]

경제 침체나 쇠퇴를 초래한 정부의 정책은 '단순한 무지'에서 비롯된 것은 아니다. 근대 초기 유럽의 일부 국가는 경제적 번영보다 종교적 정통성을 더 중시했다. 1609년 스페인의 펠리페 3세는 모든 모리스코(스페인에서 이슬람교를 신봉한 것으로 추정되는 무슬림과 그 후손)를 국외로 추방했고, 1685년 프랑스의 루이 14세는 개신교도들을 추방했다. 국외 추방은 많은 숙련 노동자를 잃는 것을 의미했지만, 위의 두 국왕은 모두 종교적 명분에 따라 행동했다. 이들 정부는 노동력 손실에 따른 경제적 손해를 무시했다고 할 수 있다.[31]

소비자들의 무지

소비자 역시 기업과 정부처럼 불확실한 상황에서 경제적 결정을 내린다. 경제학자들은 소비자가 완전히 합리적인 선택을 한다는 가정 하에 그들의 행동을 분석해 왔지만, 그들의 지식 정도나 무지의 정도는 분명 중요하다. 반면 스타치나 디히터 같은 심리학자들은 소비자 행동을 비합리적(혹은 적어도 무의식적 욕망의 산물로서 비이성적)인 것으로 분석하기도 하는데, 이때는 무지가 전혀 개입되지 않는다. 실제로는 소비자뿐 아니라 제품별로도 구분해 분석하는 것이 더 현명할 수 있다. 무의식적 욕구는 슈퍼마켓에서 달걀을 고를 때보다 자동차를 고를 때 훨씬 중요하게 작용한다.

시장, 박람회장, 장인의 작업장 앞 등에서 한정된 제품만 판매되던 산업화 이전 시대에는 선택이 비교적 간단했다. 하지만 그때도 습득해야 할 정보는 지나치게 많았다. 제품의 가격이 정해져 있지 않고 협상에 따라 결정되었기 때문에, 구매자들은 판매자가 융통성이 있는지 없는지 알아야 했다. 그래도 여러 노점이나 상점을 방문하면 다양한 제품의 품질과 가격을 비교할 수 있었다. 반면 말을 사는 것과 같이 고가의 구매인 경우 구매자가 충분한 정보를 갖고 있지 않으면 교활한 판매자에게 속아 넘어가기 일쑤였다. '구매자는 조심하라caveat emptor'는 고대의 충고도 이런 이유에서 나왔다.[32]

17세기부터 비교적 부유한 사람들에게는 상황이 더욱 복잡해졌다. 특히 의류 분야에서 패션이 부상하면서 최신 유행을 따르고 싶어 하는 소비자들은 〈패션 진열실Le Cabinet des Modes〉(1785) 같은 전문 잡지를 읽어서라도 유행이 무엇인지 알아내야 했다. 산업화 시대에는 판매되는 상품의 종류와 수가 현기증이 날 정도로 증가하면서 상황이 더욱 복잡해졌다. 소비자는 상품을 선택하기 전에 카탈로그나 인쇄된 광고를 보기 시작했으며, 유명 브랜드도 갈수록 많아졌다.

구매자에게 정보를 제공할 목적으로 시작된 광고는 갈수록 소비자가 미처 알지 못했던 욕구에 호소하는 설득의 형태로 변했다.[33] 구매자가 판매자보다 더 많은 지식을 가진 경우 절대 설득되지 않을 것이라고 생각한다면 오산이다. 한편 소비자가 광고주의 전략에 무지하면 속아 넘어가기 쉽다.[34] 이 같은 문제에 대응하고 소비자에게 정보를 제공하며 분별력을 일깨우기 위해 소비자 연구Consumer's Research(1929) 같은 기관이 설립되고 〈위치?Which?〉(1957) 같은 잡지가 발행되었다. 이제는 소비자를 위한 제품 연구와 제품 판매를 위한 소비자 연구가 함께 이루어지고 있다. 그럼에도 여전히 많은 소비자는 특정 제품에 어떤 재료가 들어가는지, 제품 제조가 노동자나 환경에 어떤 영향을 미치는지 잘 알지 못한다. 경쟁 제품에 대해서도 마찬가지다.

문제는 법률, 의료, 금융 등과 관련한 상품을 평가하려면 전문 지식이 필요한 만큼 일반 소비자는 중개인의 조언에 의존할 수밖에 없다는 사실이다. 오늘날처럼 전문화된 세상에서는 약국의 약사 또한 환자에게 어떤 약을 처방할지 알려면 의사의 처방전이 필요하다. 의사도 의학 학술지에 끊임없이 업데이트되는 신약 관련 정보를 모두 파악하는 것이 불가능한 만큼 제약 회사의 도움에 의존할 수밖에 없을 것이다. 하지만 제약 회사는 의도적으로 잘못된 정보를 제공하거나 심지어 직원이 학술 논문을 대필하기도 한다.[35]

한마디로 아무런 도움 없이 현명하게 소비한다는 것은 그 분야의 정규직 직원이 쏟는 만큼의 노력이 필요한 일이 되었다. 금융, 즉 회계와 투자에 대해서도 비슷하게 주장할 수 있다.

회계 문맹

금융계에서는 재무 이해력과 회계 이해력 같은 문구가 흔히 쓰이게 되었다. (1982년 설립되어 2020년 재단이 된) 회계 이해력 재단Accounting Literacy Foundation은 이 같은 이해력을 재무 상황이나 사건을 읽고 해석하고 전달하는 능력으로 정의하며, 일반적으로 대차대조표와 손익계산서의 5가지 요소(수익, 자본, 부채, 자산, 비용)를 파악하는 것으로 드러난다고 한다.[36]

하지만 여기서 우리의 관심을 끄는 것은 정반대 개념으로, 재무 전문가를 고용할 여력이 없는 소규모 기업이나 은퇴를 계획하는 일반인의 회계 문맹과 그로 인한 결과다. 후자의 경우 여성이 남성보다 금융 이해력이 떨어진다거나 청년층과 노년층이 중년층보다 금융 이해력이 떨어진다는 사실이 지적되어 왔다.[37]

시간을 거슬러 올라가 고대 바빌로니아에서 점토판에 글을 새기기 시작한 것은 물품의 보관과 흐름을 기록해야 했기 때문이다. 복식부기(한쪽은 차변debit, 다른 쪽은 대변credit)에 따른 장부 기재 지침은 15세기 이후 이탈리아 상인들을 위한 매뉴얼과 그 후의 많은 유럽 도시 세대주를 위한 매뉴얼에서 찾아볼 수 있다. 반면 (11장에서 논의할) 펠리페 2세 같은 통치자와 귀족들은 회계 문맹이더라도 아쉬울 게 전혀 없었으며, 1800년까지 유럽 농촌 인구의 대부분은 글을 읽거나 쓸 줄 몰랐다.

19세기에는 회계가 더욱 복잡해지면서 회계사가 별도의 전문직으로 등장했는데, 이 같은 추세는 지금까지도 이어지고 있다.[38] 한편 회계 자체가 '무지의 기술'이라는 주장이 제기되기도 했다. 2014년부터 2018년까지 이탈리아에서 보고된 17건의 부패 스캔들을 조사한 연구 결과는 회계가 무지를 생산하고 유지하는 역할을 한다고 결론지었다.[39] 이에 대해서는 '거짓말하는 것은 통계학자이지 통계가 아니다'라는 유명한 말에 빗대어 개인과 기업이 대차대조표에서 거짓말을 할 수 있을지언정 회계는 거짓말하지 않는다고 반박할 수 있을 것이다. 이 같은 거짓말을 알아차리지 못하는 것이야말로 회계 문맹이 치르는 대가일 것이다.

무지에 투자하기

일반인의 관점에서 금융 문맹의 위험성이 가장 큰 곳은 투자의 영역이며, 오래전부터 그래 왔다. 중세 말기와 근대 초기에 제도적 혁신으로 탄생한 것이 주식회사다. 대표적 사례로 1600년 설립된 영국 동인도회사가 있으며, 이 회사는 상인 그룹이 주식을 보유했다. 1602년 설립된 경쟁업체 네덜란드 동인도회사에는 부유층뿐 아니라 소액 투자자들도 참여했다. 또 다른 혁신으로는 증권 거래소, 특히 1602년에 설립된 암스테르담 증권 거래소를 꼽을 수 있다.[40] 초창기의 거래소는 상품을 사고팔 기회를 제공했지만, 암스테르담 증권 거래소에서는 기업의 주식을 사고팔았다. 런던 증권 거래소는 왕립 거래소 근처 체인지 앨리에 있었고, 뉴욕 증권 거래소는 월가에 위치해 있다. 뉴욕 증권 거래소는 1792년 주식 중개인들이 월가의 한 나무 아래서 만나 설립한 것이다.[41]

네덜란드 동인도회사가 그랬듯이 증권 거래소는 많은 소액 투자자의 돈을 끌어들였다. 지금처럼 그때도 투자자 중에는 전문가(상인과 투기꾼)와 아마추어가 있었다. 투자자들의 무지는 소비자들의 무지와 마찬가지로 체계적 연구의 대상이 되지 않았다. 하지만 주식시장이 수

세기에 걸쳐 급격히 변화하고 호황과 불황을 반복하는 것은 수많은 초보 투자자의 존재 없이는 설명하기 어려울 것이다.[42]

소비자와 마찬가지로 투자자의 행동을 설명하는 데는 심리학 언어, 그중에서도 옛날식 집단 심리학의 용어가 동원되어 투자자가 개인이 아닌 무리로 취급되고 활기, 광기, 공황, 히스테리 같은 용어가 사용되었다.[43] 다시 말하지만 신중한 투자자와 그렇지 못한 투자자, 투자와 주식을 원하는 사람이 급증하는 호황기 투자와 평상시 투자는 당연히 구분되어야 한다. 기술 혁신은 투기 급증으로 이어질 수 있다. 무지와 더불어 기술을 둘러싼 흥분이 고조되거나 좀 더 정확히는 주식을 정확히 평가할 정보가 제한되어 있기 때문이다.[44]

이 같은 환경에서는 '버블'이 급속히 확장되다가 더 빠르게 터지고 만다. 철도 버블, 자전거 버블과 좀 더 최근의 닷컴 버블(인터넷 관련 기업과 그 주식으로 인한 거품경제 현상-옮긴이)처럼 말이다. 이때는 투자하는 회사의 재무 상태에 대한 투자자의 무지가 중요한 요소로 작용한다. 무지하지 않았다면 버블이 꺼지기 전에 주식을 팔았을 것이기 때문이다. 모든 투자에는 불확실성이 수반되지만, 1720년의 남해 버블(영국 남해회사에 대한 투자 기대심리와 주식 매매 열풍으로 인한 거품경제 현상-옮긴이)이나 뒤에서 설명할 1929년 월가 대폭락 같은 버블에서는 쉽게 믿는 경향이 무지와 함께 중요한 역할을 했다.

투자는 종종 도박에 비유된다. 사실 이는 매력 포인트의 일부라고도 할 수 있다. 어떤 사람들은 은행에 돈을 맡겨 두고 높은 안정성과 낮은 수익률을 확보하느니 리스크를 어느 정도 감수하더라도 높은 수익을 기대할 수 있는 것을 선호하기 때문이다. 도박꾼 중에는 경마 전에 특정 말들의 외관을 연구하거나 카지노의 룰렛 테이블에서 손익 통계를 연구하는 이가 있는가 하면, 그런 것에 전혀 신경 쓰지 않는 이도 있다. 투자자의 경우에도 상황은 동일하다. 어떤 이들은 특정 상품의 성쇠를 연구하고, 어떤 이들은 주식 중개인의 조언을 구하며, 또 어떤 이들은 책이나 TV 프로그램을 참고한다. 미국의 프리랜서 자문가이자 베스트셀러 작가인 수즈 오먼Suze Orman이 2002년부터 2015년까지 비즈니스 뉴스 채널 CNBC에서 진행했던 프로그램도 그중 하나다.

어떤 투자자는 그저 다른 사람을 따라 주식을 사거나 팔고, 1920년 미국에서 활동했던 찰스 폰지Charles Ponzi 같은 사기꾼에게 속아 넘어가기도 한다. 폰지는 투자자들에게 믿을 수 없을 만큼 높은 수익률을 제시했지만, 초기 투자자들에게 지급한 배당금은 사실 후순위 고객들의 투자금이었다. 오래 버티지 못할 게 분명했던 사기는 실제로 1년도 안 돼 무너지고 말았다. 폰지는 사기 혐의로 수감되었고, 투자자들은 거의 모든 것을 탕진해 너무 꿈같은 얘기라면 결국 꿈으로 그칠 확률이 높다는 걸 보여주었다.[45]

앞서 살펴본 것처럼 신뢰할 수 있는 지식이 부재한 곳은 소문으로 빠르게 채워지며, 이 같은 소문은 인쇄물과 기타 미디어를 통해 더욱 확산된다. 투기성 버블의 역사는 18세기 초 신문의 역사와 거의 동시에 시작되었다고 볼 수 있다. 미디어는 (주식시장에서 아주 중요한) 전화, 라디오, 텔레비전, 인터넷의 시대에 지속적으로 투자를 장려하거나 억제해 왔다.[46] 증권 거래소가 설립된 지 얼마 지나지 않아 일부 투기꾼은 현재 우리가 가짜 뉴스라고 부르는 것을 퍼뜨림으로써 시장을 얼마든지 조작할 수 있다는 사실을 깨달았다. 예를 들어 해상에서 향신료 화물이 분실되었다는 소문을 퍼뜨리면 특정 상품의 가격을 올릴 수 있는 식이었다.

정치 루머도 비슷한 파장을 일으켰다. 1814년에는 나폴레옹의 사망 소식이 의도적으로 극적인 방식으로 확산되었다. 보좌관 차림의 한 남성이 영국 도버에 도착해 황제가 코사크족에게 패하고 목이 잘렸다는 소식을 전한 것이다. 이 가짜 뉴스로 인해 런던 증권 거래소의 주가가 급상승하면서 비밀을 알고 있던 소규모 단체나 신디케이트는 진실이 밝혀지기 전 고가에 주식을 팔아치우며 대중의 일시적 무지를 이용해 이득을 취했다. 이때까지만 해도 증권 거래소는 의도적 루머 유포 행위를 그냥 눈감아주고 말았지만, 이 사건은 허위 보도를 통한 사기 공모 혐의로 재판에 부쳐졌고 결국 처벌까지 받았다.[47]

정반대로 루머가 공포를 낳아 투자자들이 주식을 팔아치우고 은행으로 달려가도록 만들기도 한다. 19세기, 특히 1819년, 1837년, 1857년, 1873년 미국에서는 공포가 너무나 만연해 일종의 관습처럼 여겨질 정도였다. 1929년 월가 주식 대폭락이나 2008~2009년의 세계 금융 위기와 비교하면 지극히 사소한 이벤트에 불과했는데 말이다.[48]

루머가 효과적인 이유는 희망과 두려움이라는 두 가지 강력한 감정을 모두 활용하기 때문이다. 증권 거래소는 다른 사람들이 그렇게 한다는 이유만으로 주식을 사거나 팔도록 부추기는 루머 증폭기로 볼 수 있다.[49] 주가 상승은 매수를 부추기고 이는 다시 일종의 연쇄 반응, 혹은 피드백 루프를 통해 가격을 상승시킨다.[50] 따라서 주식시장의 역사는 앨런 그린스펀Alan Greenspan 전 미국 연방준비제도 의장이 '비합리적 과열'이라고 불렀던 주기적 호황으로 점철되어 있다. 18세기부터 거품으로 알려진 호황은 숙취만큼이나 피할 수 없는 폭락으로 이어졌는데, 매수자 공급이 바닥나서일 때도 있었고 진위를 떠나 나쁜 뉴스가 터져서일 때도 있었다. 그러면 또다시 다른 사람들을 따라 매도 행렬에 동참하는 연쇄 반응이 일어났다.

비교적 최근의 예로는 인터넷 기업의 주식과 관련한 닷컴 버블(1995~2002)과 2005~2008년 수많은 주택의 건설 공사 중단을 일으킨 스페인의 주택 버블(부동산 버블이라고도 한다-옮긴이)을 들 수 있다. 전문 투기꾼들은 상황이 어떻게 돌아가는지 주시하다가 매도 시점을 계산해 주식이 폭락하기 직전 매도하는 데 성공한다. 이들이 주식을 오르게 할 때도 있다. 이 같은 메커니즘은 주식 상승세를 거짓으로 꾸며 내고 교묘하게 확산시켜 평판에 이끌린 무지한 자들에게 오로지 주식을 팔기 위해 회사를 설립하는 행위라고 1690년 영국무역위원회가 비난한 바 있다.[51] 이 설명은 마치 30년 후 영국에서 남해 버블이 부풀어 올랐다가 급격히 붕괴할 것을 미리 알고 내놓은 예언처럼 들린다.[52]

남해 버블

이 사건은 투자자의 무지가 쉽게 믿는 상황을 초래하고 재앙으로 이어진 전형적 사례라 할 수 있다. 앤 여왕의 수석 장관이던 로버트 할리Robert Harley는 그때까지 일종의 엘도라도로 여겨졌던 남아메리카와의 교역을 위해 1711년 남해회사South Sea Company를 설립했다. 교역에서 별 재미를 못 본 회사는 국가 채무를 청산하기 위한 작전에 돌입해 대중을 교란했다.[53] 주식을 발행하면서 주요 인물들에게 우대 금액에 매수할 수 있게 하거나 가상의 주식을 할당하는 한편, 잠재 투자자들에게 돈을 빌려주어 그들이 감당하지도 못할 주식을 사도록 부추겼다. 그 결과 주가가 상승하면서 더 많은 사람이 투자했고, 주식 수

요가 늘자 주가는 더 뛰었다. 이는 일종의 승수 효과로 당시 광란 혹은 곰을 죽이기 전 곰의 가죽을 판매하는 행위로 묘사되었다.[54] 투자자들은 조지 1세, 아이작 뉴턴, 시인 알렉산더 포프를 비롯해 여러 정치인과 금융가까지 다양했다. 여성 역시 공작 부인부터 빌링스게이트 어시장의 어부에 이르기까지 다수가 투자한 것으로 알려졌다.[55]

일부 개인은 조기 매도해 이익을 챙겼다. 재무부 장관 존 아이슬라비John Aislabie는 폭락을 가장 먼저 예견한 사람 중 한 명이었다. 그는 조지 1세 왕에게 사람들의 광기로 주가가 과도하게 오른 만큼 더 이상 버티는 것은 불가능하다며 매각을 권했다. 말보로 공작 부인 역시 현금 매수보다 신용 매수가 더 많아 이 프로젝트가 조만간 무너질 게 분명하다고 내다보고 아이슬라비처럼 제때에 빠져나왔다.[56] 당시 (조지 1세를 포함해) 쉽게 현혹되는 군중으로 묘사된 다른 사람들은 신문이 불어넣은 바람으로 마법처럼 계속 부풀어 오르던 주식을 절대 손에서 놓지 않았다.[57]

1720년 9월, 거품이 터져 버렸다. 2020년 영국 재무장관 리시 수낙Rishi Sunak이 '300년 만의 최악의 불황'을 이야기하며 언급했던 게 바로 이 사건이다. 주가 폭락 이후 자살이 잇따랐고, 정부도 무너졌다. 이에 영국 초대 총리 로버트 월폴Robert Walpole은 많은 사건을 은폐하는 조치를 취해 '은폐의 대가'라는 별명을 얻었다. (은폐에 대해서는 13장에서 논의할 것이다).[58]

도박 심리를 교묘하게 이용한 데 넘어간 수천수만 명의 부주의한 이들만 무지한 것은 아니었다.[59] 투자자들이 거액의 운용 방식에 대해 무지했다면 투기꾼들은 국가의 정치 지도부처럼 국가를 좌지우지하는 실제 경제 세력에 대해 무지했다.[60]

본 사건에 대해 애덤 스미스만큼 균형 잡힌 평결을 내놓은 이는 찾아보기 어렵다. 그는 남해회사가 "엄청나게 많은 주식 소유주에게 엄청난 금액의 배당금을 분배했다. 따라서 그 모든 사업을 운용하는 데 어리석음, 과실, 탐욕이 만연했을 것이라고 예상할 수밖에 없다"고 언급했다.[61] 스미스는 자신이 '악당 근성'이라고 한 회사 하수인들의 태만, 사치, 횡령을 지적했다. 그리고 거품과 폭락을 일으킨 가해자와 피해자를 밝혀내기도 했는데, 전자가 거짓 약속을 한 내부자와 전문가들이라면 후자는 단순 무지에서든 그저 믿고 싶어서였든 그 거짓 약속을 믿은 외부자와 아마추어들이었다. 1720년 당시 내부자들은 이러한 행위로 사람들의 마음을 병들게 했다.[62]

대폭락

미국의 유명한 경제학자 존 케네스 갤브레이스John Kenneth Galbraith에 따르면 1929년 뉴욕 주식시장의 대폭락[63]은 남해 버블 이후 현대사에서 최대 규모로 일어난 투기적 호황과 붕괴의 주기에 해당했다.[64] 갤브레이스는 점잖으면서도 아이러니한 문투로 이 폭락을 에드워드 기번이 말한 '인류의 범죄, 어리석음, 불행'의 사례로 제시했다.

주식시장의 쇠퇴와 몰락에 대한 갤브레이스의 설명에 따르면 폭락은 '투기적 광란'으로서 이때는 큰 부자가 될 수 있다는 생각에 사로잡힌 이들이 엄청난 광기를 드러낸다. 그는 1920년대에 미국인들이 최소한의 신체적 노력으로 빠르게 부자가 되고자 하는 부적절한 욕망을 내보였다고 주장했다. 그는 평범한 사람도 부자가 될 수 있다는 자신감과 낙관주의, 확신이 만연해 있던 사회 분위기에 주목했다.[65] 〈레이디스 홈 저널Ladies' Home Journal〉의 '모두 부자가 되어야 한다'는 제목의 기사에서 볼 수 있듯이 투자는 노골적으로 장려되었다. 투자자, 특히 여성들은 (갤브레이스에 따르면) 자신이 뭘 하는지 모른다는 것을 알아차리지 못했다.[66]

주가가 하락하기 시작하자 또 다른 연쇄 반응이 일어났다. 투자자들은 다른 사람들이 주식을 팔자 덩달아 주식을 팔았고, 주가는 결국 더 떨어졌다. 그 결과 1929년 10월 대폭락이 일어났다. 맹목적인 공포가 닥치자 패닉과 광란의 매도 행렬이 시작되었고, 소문이 꼬리에 꼬리를 물고 월스트리트를 휩쓸었다. 남해 버블이 꺼졌을 때와 마찬가지로 수치가 과장되기는 했지만 실제로 자살이 잇따랐다.[67]

하지만 갤브레이스는 다른 연구를 통해 아마추어 투자자들의 비합리성을 일반화한 자신의 논리를 훼손했다. 첫째로 그는 남해 버블의 경우와 마찬가지로 주식 보유 민주화(다양한 계층의 사람들이 주식을 소유하고 거래할 수 있게 된 상황-옮긴이)가 과장되었다는 점을 지적하며 "1929년 정점에 이르렀을 때 적극적 투기자의 수는 백만 명에 훨씬 미치지 못했을 것이다"라고 했다.

둘째로 갤브레이스는 전문가들이 아마추어 투자자들을 조종하고 있음을 보여주었다. 특정 주식을 부양하기 위해 다수의 트레이더가 자원을 모았다는 것이다. 투자자들은 1920년대에 성장을 거듭한 투자 신탁의 조언에 따라 움직이는 경우가 많았다. 신탁이 성공할 수 있었던 것은 전문가와 금융가들이 전능하다는 명성을 누릴 만큼 대중의 전폭적 신뢰를 받은 덕분이었다. 문제는 신탁이 신뢰할 만하지 않다는 사실이었다. 애덤 스미스가 말한 '악당 근성'이 여기에도 적용될 수 있었다.

셋째로 갤브레이스는 대폭락의 구조적 원인에 주목했다. 신규 투자자의 공급이 한정되어 있는 만큼 공급이 바닥나면 수요가 감소하면서 주가 상승이 멈추고 약화할 수밖에 없다. 또한 하락이 시작되면 손절매 시스템(특정 가격에 도달하면 자동으로 매도하는 시스템)이 작동해 매도 추세가 증폭되었다. 즉 청산이 일어날 때마다 또 다른 청산이 그 뒤를 따르게 되어 있었다.[68]

아마추어들의 행동 양식을 좀 더 자세하게 설명한 독일 역사가 다니엘 메닝Daniel Menning은 정보 과부하를 강조했다. 티커 테이프(과거에 주식 정보를 전신으로 전달받아 얇고 긴 종이에 인쇄하던 기계-옮긴이)에 지나치게 많은 수치가 기재되는가 하면 그 수치가 너무 빠르게 변해 일일이 따라잡기 힘들다는 것이다. 소규모 투자자들은 정보를 어떻게 분석해야 하는지 알지 못했고, 이 같은 무지가 그들을 재앙으로 이끌었다.[69]

다시 말하면 투자자의 무지는 주식 폭락의 필요조건이었지만 충분조건은 아니다. 갤브레이스가 전제한 투자자의 비합리성에도 의문을 제기할 필요가 있다. 가치가 상승하는 주식을 매수하는 것은 합리적 선택처럼 보인다. 주가가 하락할 때 손실을 줄이는 것도 마찬가지다. 문제는 개인 투자자에게는 합리적인 선택이더라도 많은 사람이 동시에 선택할 경우 의도치 않게 비참한 결과가 초래될 수 있다는 점이다.

은밀한 비즈니스

앞서 설명한 비즈니스 활동 중 일부는 합법과 불법의 경계에서 일어났다. 위장 혹은 특정인들에게 알려지지 않도록 숨기는 '전략적 무지'에 의존하는 불법 비즈니스는 한 섹션 전체를 할애해 다루어야 한다. 여기에는 알코올, 마약, 위조품 같은 금지 물품, 물품의 운송(밀수)과 판매(암시장)뿐 아니라 성매매, 청부살인 같은 불법 행위도 포함된다. 이들 비즈니스는 모두 보이지 않는다는 가정하에 은밀하게 일어나지만, 사회역사학자는 항상 '누구에게 보이지 않는가?'라는 질문을 해야 한다.

여기서 무지한 자는 (적어도 이론적으로는) 세관 공무원, 과세 공무원, 경찰이다. 실제로 뭔가 일어나고 있다는 것을 아는 이들은 정부 고위직을 포함해 많지만, 정확히 언제 어디서 일어나는지 아는 이들은 적다.[70] 어떤 경우에든 무지 자체는 아니더라도 위장된 무지는 유지되어야 한다. '가짜 무지'라는 개념이 가장 유용한 데가 바로 비즈니스와 정치 분석 영역이다.

이 중에는 소규모 비즈니스도 포함되어 있다. 가령 칼바도스(사과주를 증류한 프랑스 술-옮긴이)를 직접 만드는 농부부터 현금으로 지불하면 요금을 깎아주는 배관공, 영업 허가를 받지 않았거나 유명 브랜드 위조품을 판매하는 노점상 등이 이 비즈니스의 주체다. 만약 진품이라면 밀수품이나 도난품일 수 있다. 내가 어렸을 때 런던에서는 이 같은 진품을 두고 사람들이 트럭에서 떨어진 것이라고 말하고는 했는데, 이러한 시스템은 회색, 비공식, 병행(평행), 대안, 그림자 경제로 다양하게 알려져 있다.

위기의 시대에는 이 같은 비공식 경제가 특히 더 중요하다. 미국의 1920~1923년은 알코올을 금지한 금주령의 시대였다. 이에 따라 어떤 이들은 술을 직접 생산했고, 어떤 이들은 캐나다에서 어선에 싣고 밀수해 왔으며(럼 러닝Rum Running으로 알려진 관행), 또 어떤 이들은 아는 사람만 출입이 가능한 주류 밀매점에서 유리잔(혹은 찻잔 등 위장이 용이할수록 좋다)에 판매했다. 역사가의 말을 빌리면 '금주법은 범죄 산업 훈련을 위한 대학원 과정을 제공'했고 젊은 알 카포네Al Capone(미국 금주법 시대에 시카고에서 활동했던 갱단의 두목으로, 밀주 제조 판매 등으로 큰돈을 벌었다-옮긴이)를 돈방석에 앉혀 놓았다.[71] 물론 역사가들은 누가 그런 정보를 받았고 받지 않았는지 알고 싶어 할 것이다. 경찰 조직(또는 일부 경찰) 역시 잠재 고객이 무엇을, 언제, 어디서 제공받을 수 있는지 알았을 테지만 모른 척 가짜 무지로 위장하는 것이 득일 때는 그렇게 했다.

1958~1962년 대기근이 발생한 중국에서는 비공식 배급 시스템이 생겨나거나 훨씬 중요해졌다. 당원들은 끝도 없이 교활한 방법으로 국가를 속였고, 물물 교환과 위조 허가증 사용을 포함한 병행 경제 parallel economy가 발전했다. 생산자 집단에서 배급을 더 많이 받기 위해 노동자 수를 부풀림에 따라 '죽은 영혼의 거래'도 일어났다.[72] 경찰을 포함한 관리들은 무슨 일이 벌어지고 있는지 몰랐거나 대가를 받고 눈감아 주었다.

경제학자들이 비공식 경제의 규모를 추정하기 어렵다는 것은 말할 필요도 없다. 그럼에도 1999년부터 2007년까지 151개국을 대상으로 한 연구에 따르면 스위스와 미국에서 규모가 가장 작았고(GNP의 8~9퍼센트) 볼리비아와 조지아에서 가장 컸다(GNP의 68~69퍼센트).[73] 역사학자들이 과거의 비공식 경제 규모를 추산하는 것은 더 어렵다. 가령 16세기 스페인의 경우 매년 신대륙에서 세비야로 들어오는 은의 양이 실제보다 적게 공시되었다는 사실은 잘 알려져 있다. 하지만 비공식 경로로 들어오는 게 얼마나 되는지는 알 수 없다. 역사학자들이 실질적으로 할 수 있는 일은 서로 다른 시기의 총량을 대조해 보는 것뿐이다. 19세기에 소득세가 도입되기 전에는 소득의 규모를 숨길 필요가 없었다(그전에 정부는 수익의 대부분을 관세와 소비세에서 얻었기 때문에 밀수업자들과 전쟁을 치렀다). 20세기 들어 정부 주도로 복지제도가 도입되기 전에는 실업 수당은 다 챙기면서 남몰래 일하는 사례는 찾아볼 수 없었을 것이다.

은밀한 비즈니스는 비공식 경제의 소소한 거래보다 훨씬 대규모로 일어났다. 악명 높은 사례로는 금지된 마약 거래를 들 수 있다. 이 거래와 관련해 비밀 조직원들은 FBI, 마약단속국 등의 비밀 요원들과 은밀한 전쟁을 벌인다. 생산도 대개 비밀리에 이루어진다. 실제로 캐나다 브리티시컬럼비아에 위치한 '숲속 거대한 구멍'의 컨테이너에서 재배된 대마초는 푸젠성福建省 산속의 지하 공장에서 가공된다.[74] 코카인은 보통 개인 주택의 비밀 실험실에서 정제되었지만, 마약왕 파블로 에스코바르Pablo Escobar와 그의 파트너인 오초아Ochoa 형제는 특유의 화려함이 가미된 복잡한 실험실을 콜롬비아 정글에 건설했다. 여기에는 항공기를 위한 활주로와 노동자들을 위한 기숙사까지 갖춰져 있었다(트란퀼란디아 단지로 알려진 이곳은 1983년 발각되어 파괴되었다).[75]

이제 생산에서 유통으로 넘어가 보자. 마약은 짐꾼이나 당나귀에 의해 산길이나 터널 같은 비밀 경로로 운반되거나 자가용, 비행기, 선박, 심지어 인간 운반책의 몸속에 숨겨진 채 밀수된다. 이때 많은 불법 제품이 물리적 공간을 공유하는데[76] 같은 경로를 활용하되 무기는 이쪽, 마약은 저쪽으로 운반되는 식이다. 콜롬비아의 코카인을 수출하는 경로 중 일부는 이미 에메랄드, 담배, 대마초 밀수업자도 이용하는 중이다.

다이아몬드는 상당한 가치를 지닌 데다 작아서 감추기 쉬운 만큼 거래가 다른 어떤 것보다 비밀스럽게 이루어진다.[77] 광부들은 채굴한

다이아몬드 중 일부를 빼돌렸고, 그런 것들이 전 세계로 밀반입되었다. 이처럼 보이지 않는 수출을 통해 벨기에의 안트베르펜을 비롯한 여러 도시로 전달된 다이아몬드는 합법적 상품으로 판매된다.

이 은밀한 분야를 주름잡는 세력들은 경찰과 다른 기관에서 자신의 신원과 소재를 파악할 수 없도록 다양한 이름과 여권을 사용하고 은신처도 자주 옮긴다. 19세기 이래 이들의 재산은 스위스와 채널제도(영국과 프랑스 사이 바다에 위치한 영국령 섬-옮긴이)를 필두로 한 해외 계좌 혹은 조세 피난처에 숨겨져 있다. 이들은 경찰과 세무 조사관에게 불법 활동이 발각되지 않도록 계좌, 은행, 회사를 끊임없이 옮기며 돈을 세탁한다.[78]

법의 바깥은 아니더라도 경계에 아슬아슬하게 걸친 활동에는 비밀 유지가 필수다. 스위스에서 수세기 동안 유지되어 온 금융 비밀은 1934년 악명 높은 은행 비밀법이 제정되면서 정점을 찍었다. 제1차와 제2차 세계대전에서 외국 자본이 스위스 은행으로 쏟아져 들어온 배경에는 이 같은 고객 사생활 보호 전통과 함께 중립성이라는 스위스의 오랜 전통이 큰 역할을 했다.[79] 나치, 미국 마피아, 에티오피아의 하일레 셀라시에Haile Selassie 황제, 이란의 샤(국왕), 아르헨티나의 페론Perón, 자이르(콩고)의 모부투Mobutu, 도미니카공화국의 트루히요Trujillo 대통령 등이 하나같이 자금을 숨긴 곳도 스위스였다.[80]

돈세탁은 비밀 서비스 산업의 굵직한 요소 중 하나다. 또 다른 주요 요소로는 개인과 기업이 범죄 조직에 일종의 세금처럼 지급하는 보호비가 있다. 피노 아를라키Pino Arlacchi, 디에고 감베타Diego Gambetta 같은 경제학자와 사회학자들이 한 번 이상은 연구 대상으로 삼은 시칠리아 마피아는 19세기부터 중소기업에 보호 서비스를 제공하는 사업(다른 범죄자뿐만 아니라 마피아 자체도 경호)을 벌여 왔다. 보호는 중국 범죄 조직에서도 주요 수입원이었다. 삼합회로 알려진 비밀 조직은 일찍이 18세기부터 있었으며, 소련 해체 이후에는 러시아에 자리를 잡았다. 러시아 범죄 조직은 문제를 일으킨 다음 이를 해결하겠다고 나서는 것으로 유명하다.[81] 보호 거래는 수요와 공급의 법칙에 따른다. 수요는 법과 질서가 무너진 사회에서 자산을 잃을까 봐 두려운 사람에게서 나온다. 공급은 전직 군인, 전직 경찰, 기타 폭력을 전문으로 하는 개인이 담당한다.[82]

비공식 경제가 대체로 그런 것처럼 범죄 비즈니스 역시 위기의 시대에 번창한다. 1990년대 이후 인신매매의 규모는 갈수록 커졌다. 무기 불법 거래는 혁명과 내전을 틈타 번창하기 마련인데, 실제로 1911년 멕시코 혁명 당시 미국에서 온 무기가 베라크루스 항구를 통해 밀반입되었다.[83] 피터 안드레아스Peter Andreas가 '전쟁과 평화의 은밀한 정치 경제학'으로 이름을 붙인 분석에서는 1990년대 보스니아 내전을 연구 사례로 제시하면서 밀수 네트워크를 통해 공급받은 물품과 준準 민간 범죄 행위자가 전쟁의 발발, 지속, 종결과 그 이후 상황에 중요한 영향을 미친다고 주장했다.[84]

훗날 '죽음의 상인'으로 불리는 러시아의 빅토르 부트Viktor Bout가 아프가니스탄, 앙골라, 라이베리아, 시에라리온, 콩고 등 내전 지역에 무기를 밀매해 악명을 떨친 것도 1990년대였다. 한때 소련 정보부에서 일했던 부트는 러시아의 낡은 화물기 일체를 인수한 뒤 이를 이용해 내전 지역에 (어떤 때는 양 진영 모두에) 무기를 판매했다. 무기는 불가리아와 우크라이나에서 매입한 중고였다. 심지어 라이베리아 같은 곳에서는 이들의 화물기를 등록해 두고 아무런 검문도 없이 통과시

켜 주었으며, 그렇게 공급된 화물은 위조된 최종 사용자 인증서와 함께 합법적 무기로 둔갑했다.[85]

국경 지대에서 밀수 무기는 일상생활의 일부가 되었다. 특히 케냐, 우간다, 에티오피아, 수단이 모두 만나는 일레미 삼각지구에서는 '한 개의 총탄으로 버스에 타거나 맥주 한 잔 혹은 코카콜라 한 병을 살 수 있다'고 어느 방문객이 말했다.[86]

은밀한 비즈니스는 독점과 금지에 대응해 생겨나는 경우가 많다. 예를 들어 알 카포네가 금주법을 위반한 것처럼 부트도 유엔 무기 금수 조치를 위반했다. 유물 밀거래는 (일찍이 약탈당했거나 위조되었을 가능성도 있지만) 국가 유산의 일부로 간주되는 품목에 대한 수출 허가가 거부되면서 생겨난 현상이다. 합법적 상품이지만 세금과 독점을 피해 한때 밀반입된 물품으로는 비단, 향신료, 소금, 은, 브랜디, 담배 등이 있다.

밀수된 상품 자체가 불법으로 낙인찍힌 경우도 있다. 예를 들면 이단과 체제 전복을 유도하거나 음란한 내용이 담긴 것으로 간주되어 금지된 인쇄 서적은 오랫동안 은밀하게 유통되어 왔다. 16세기 가톨릭 교회가 에라스무스와 마키아벨리의 저작을 금지했지만, 이들의 책 사본은 1570~1580년대에도 베네치아에서 계속 유통되었다.[87] 이단 서적은 (금주법 시대에 진이나 위스키를 목재 운반 트럭에 실어 유통한 것처럼) 생선을 담은 통에 숨겨 밀반입되기도 했다.

18세기 프랑스에서는 (철학 서적으로 알려진) 금서의 거래가 활발하게 이루어졌다. 스위스 뇌샤텔에서 입수된 이 책들은 문제없는 다른 제품들과 함께 상자에 담겨 쥐라산맥의 비밀 통로를 통해 운반된 뒤 프랑스에서 은밀하게, 혹은 당시 표현에 따르면 '망토 아래에서' 판매되었다.[88]

냉전 시대에 소련에서 밀반출되어 서구에서 출간된 서적들은 소련 당국의 공식 검열을 피하는 데 성공한 사례로 유명하다. 보리스 파스테르나크Boris Pasternak의 소설《닥터 지바고》(1957년 이탈리아 펠트리넬리 출판사에서 최초 출간), 정권을 비판해 1966년 반소비에트 활동 혐의로 투옥된 안드레이 시냐프스키Andrei Sinyavsky와 유리 다니엘Yury Daniel의 작품이 이에 포함된다. 검열을 피해 가는 기술이 새로운 것은 아니었다. 17세기에는 베네치아 수도사 파올로 사르피Paolo Sarpi가 교황청에 반대하는 내용을 담은《트리엔트 공의회의 역사History of the Council of Trent》원고가 노래라는 암호명을 달고 섹션별로 밀반출되어 런던에서 이탈리아어와 영어 번역본으로 출간되었다.[89]

이른바 책의 해적판 제작, 즉 저작권법을 무시하고 무단으로 책을 복제하는 것은 수세기 전으로 거슬러 올라가며, 오늘날까지도 계속되고 있다. 해적판은 18세기에는 더블린, 1960년대에는 대만을 중심으로 확산되었는데, 작품도《반지의 제왕》부터 (1875~1905년 미국에서 해적판이 최소 열두 번 제작된)《브리태니커 백과사전》까지 다양하다.[90]

오늘날 디자이너 브랜드가 소비자들의 많은 관심을 받고 있는 만큼 그 위조는 엄청난 규모의 비즈니스로 성장했다. 2007년 무렵에는 중국 수출품의 20~25퍼센트가 위조품이었다. 저가 위조품에는 담배, DVD 등이 있고, 고가 위조품으로는 아르마니 재킷, 루이뷔통 가방, 심지어 메르세데스 벤츠까지 꼽을 수 있다.[91] 위조품에 대해 실제로 얼마나 많은 구매자가 무지한지, 얼마나 많은 구매자가 알고 싶어 하지 않는지, 알고 있는 것을 들키고 싶어 하지 않는지 알아보는 것은 흥미로운 일이다.

이탈리아 언론인 로베르토 사비아노Roberto Saviano는 위조와 밀수에 대한 뛰어난 연구를 통해 비밀 조직 카모라Camorra의 활동을 밝혀냈을 뿐 아니라 실명까지 거론했다. 그는 그의 책《고모라Gomorrah》가 출간된 후 숨어 지내야 했다.[92] 사비아노는 중국 혹은 베트남 출신의 불법 이민자들이 나폴리 외곽에 위치한 세콘디글리아노의 비밀 작업장에서 숙련된 솜씨로 생산한 디자이너 브랜드 의류 위조품에 대해 생생하게 묘사했다.[93] 그뿐 아니라 다른 위조품들이 중국에서 나폴리 항을 거쳐 유럽으로 밀수되는 과정도 설명했다. 항구에 도착하는 모든 컨테이너에는 공식 통제를 위한 번호가 부여되는데, 카모라는 세관원이 밀수품을 눈치챌 수 없도록 같은 번호를 합법적 컨테이너 한 대뿐 아니라 여러 대의 불법 컨테이너에도 부여했다.[94]

이러한 상품의 홍보는 반쯤 은밀하게 이루어지는 만큼 균형을 잡기가 어렵다. 판매자들은 잠재 고객에게 자신들의 제품을 알려야 하지만, 한편으로 다른 이들에게 발각되지 않도록 조심해야 한다. 마약이 운반책과 소규모 딜러들의 네트워크를 통해 유통된다면, 위조품이나 도난품은 판매 장소가 정해져 있다. 악명 높은 시장으로는 뉴욕의 캐널 스트리트, 상파울루의 산타 이피제니아 거리, 그리고 위조품의 메카로 불리는 부에노스아이레스의 라 살라다 지역을 들 수 있다. 심지어 중국의 선전深圳이나 파라과이의 시우다드 델 에스테(브라질과의 국경에 위치) 등은 도시 전체가 위조품 시장이다.[95] 이들 사업에 필요한 것은 가장된 무지(모른 척하기)와 공식적 눈감아 주기, 경찰과 조사원이 번창하기 위해 수행하는 법의 체계적 비집행이다.[96]

이 엄청난 규모의 불법적인 거래를 통해 과거에는 누가 이득을 보았고, 지금은 누가 이득을 보고 있는가? 수익의 일부는 소규모 범죄 조직의 몫으로 돌아가겠지만 (정확히 파악할 수 없는) 상당 부분은 대규모

배후 세력이 차지할 확률이 높다. 여기에는 마피아 같은 여러 비밀 조직이 포함된다. 이들은 전통적으로 보호 활동에 집중하다가 1970년대 들어 이익을 낼 수 있는 새로운 분야에 진출했다. 건설부터 마약, 무기, 비자금 거래에 이르기까지 마피아의 다양한 활동은 이탈리아 기득권층의 노골적 조장까지는 아니더라도 암묵적 동의와 학습된 무지를 바탕으로 이루어졌다.[97]

오래전부터 마피아 조직원은 무지를 가장한 오메르타omertà(마피아 조직원의 비밀 엄수 규율-옮긴이)의 불문율에 복종하는 잠재적 증인들 덕분에 감히 건드릴 수 없는 존재로 자리 잡아 왔다. 이 같은 침묵의 규율은 1980년대 들어서야 깨질 수 있었는데, 톰마소 부셰타Tommaso Buscetta가 선례를 세운 후 동료들이 뒤를 따르면서 그 같은 관행이 세상에 알려진 것이다. 이처럼 마피아 조직원들이 비밀 유지 의무에 얽매여 있다는 사실이 알려지면서 달리 설명이 안 되는 그들의 절제가 이해될 수 있었다. 부셰타가 취조관들에게 말했듯이 '술에 취한 사람은 비밀이 없지만, 마피아는 어떠한 상황에서도 자제력과 품위를 유지해야 한다.'[98] 불법 비즈니스에서 신뢰는 특히 중요한데, 피해 당사자는 법에 의지할 수 없기 때문이다.[99] 따라서 어둠의 비즈니스를 수행하는 비밀 조직은 복잡한 입단 의식과 명예 규율을 통해 구성원끼리 연대하는 경우가 많다. 이는 마피아뿐만 아니라 중국의 삼합회와 일본의 야쿠자도 마찬가지다.

은밀한 범죄에는 은밀한 방법으로 맞서야 한다. 첩자를 심어 놓을 뿐 아니라 사복 형사가 조직을 감시하고, 필요하면 침투까지 해야 한다. 스파이와 비밀경찰의 정치 세계는 정말 비슷하다. 다음 장에서는 정치에 대한 무지를 살펴보도록 하겠다.

11장
정치의 무지

문명화된 국가가 무지하면서도 자유로운 것은
이전에도 이후에도 있을 수 없는 일이다.
토머스 제퍼슨Thomas Jefferson(미국 제3대 대통령)

미셸 푸코의 여러 저서는 많은 이가 권력과 지식의 관계를 한층 명확하게 바라볼 수 있도록 해주었다. 권력과 무지의 관계를 조명했다는 점도 고무적이다.[1] 여기서는 정치적 무지의 세 가지 주요 형태에 대해 논의할 것이다. 첫 번째는 통치받는 자들의 무지이며, 두 번째는 국왕, 총리, 대통령 등 통치하는 자들의 무지이고, 마지막으로 세 번째는 정부 기구, 즉 정치 체계에 고착되어 있는 조직적 무지다. 이 같은 무지는 의도하지 않았고 예측할 수 없었던 재앙을 자주 일으킨다. 푸코가 말했듯이 사람들은 자신이 무엇을 하는지 안다. 그리고 대개 그것을 왜 하는지도 안다. 하지만 그 일이 어떤 결과를 초래할지는 모른다.[2]

통치받는 자들의 무지: 독재 정치

일반인의 무지는 독재 정권에는 귀한 자산이지만 민주주의 국가에는 불안 요소다. 이 단순한 명제의 입증은 민주주의와 전제주의(더욱 중립적인 용어를 사용하자면 '독재')의 차이가 종류가 아닌 정도의 차이에서 기인한다는 점을 살펴보는 것으로 충분하다. 정권은 다소 권위적이거나 다소 민주적이거나 둘 중 하나다.

17세기 프랑스 국왕 루이 13세가 강한 권력을 자랑하는 리슐리외 Richelieu 추기경의 도움을 받아 나라를 통치하던 절대 군주제 시대에 리슐리외는 마키아벨리 못지않게 냉정한 어조로 무지가 국가에 해가 될 때도 있지만, 그것은 지식도 마찬가지라고 단언했다. 예를 들어 농민과 농업 노동자가 교육받으면 농사를 망치고 징병도 더욱 힘들어질 수 있다. 게다가 모든 이를 대상으로 교육을 실시하면 '의문을 제기할 수 있는' 사람들이 늘지만, 정작 해결 능력은 그에 미치지 못한다. 다시 말해 리슐리외는 대놓고 말하지는 않았지만 교육이 정부와 교회를 비판하는 자를 너무 많이 만들어 낼 것이라고 믿었다. 100년 후, 루앙 아카데미에서는 글을 읽고 쓸 줄 아는 농민이 국가에 득인지 실인지에 대해 논의했다.[3]

볼테르는 리슐리외와 같은 의견이었던 것으로 보인다. 1763년 노동자는 교육에서 배제되어야 한다고 주장한 치안판사 루이 르네 드 라 샬로테Louis-René de La Chalotais에게 감사를 표했기 때문이다(나중에는 자신의 생각을 바꾸었다). 마찬가지로 200년 후, 1808년부터 1839년까지 통치한 덴마크의 프레데리크 6세 국왕은 이렇게 선언했다. "농민은 읽기, 쓰기와 셈을 배워야 한다. 신, 자신과 타인에 대한 의무를 배우되 그 이상을 배워서는 안 된다. 머릿속에 괜히 쓸데없는 생각이 자리 잡을 수 있다."[4]

영국에 살면서 왕립학회 총무가 되어 지식을 전파하는 데 평생을 바친 독일인 헨리 올덴부르크Henry Oldenburg는 1659년에 이와 정반대의 근거를 들어 비슷한 주장을 했다. 올덴부르크는 동양 전제주의의 대표 사례로 거론되는 오스만 제국 술탄이 '백성을 무지한 상태로 두는 것이 자신의 권력에 유리하다고 여긴다'는 글을 썼다.[5]

폴란드 언론인 리샤르트 카푸시친스키Ryszard Kapuściński도 올덴부르크의 주장에 동의했다. 샤(국왕)가 다스린 이란에 관한 책《샤 중의 샤Shah of Shahs》(1982)에서 그는 '독재정권의 존속은 군중의 무지에 달려 있다. 무지를 강화하기 위해 독재자들이 하나같이 그토록 발버둥 치는 것은 바로 이 때문이다'라고 했다.[6]

무지를 유지하기 위해, 특히 공식 노선을 대체할 방안에 무지한 것을 유지하기 위해 교회와 국가의 권위주의 정권은 오랫동안 검열을 실시해 왔다. 이에 대해서는 13장에서 논의할 것이다.

독재자들은 국민을 무지한 상태로 몰아감으로써 일부 골칫거리를 덜었을지 모르지만, 다른 문제가 불거지기도 했다. 비즈니스나 지리와 마찬가지로 정치에서도 일반인에게 주어지는 정보가 부족하면 그 빈자리는 소문으로 채워진다. 특히 소문은 새로운 소식에 대한 수요가 공급을 넘어설 때 활개 치기 마련이다.[7] 인도 캘커타의 신문 〈더 스테이츠맨The Statesman〉은 1942년 일본의 폭격 이후 도시 대탈출이 이어지던 당시에 다음과 같이 보도했다. '이곳에서 무슨 일이 벌어지고 있는지 신뢰할 만한 정보를 신속하게, 충분히 제공하지 못하면 소문이 퍼져 나갈 수밖에 없다.'[8] 스탈린이 이끈 소련에서는 사람들이 공산당 기관지 〈프라우다〉와 〈이즈베스티야〉에 실린 내용을 믿지 않았기 때문에 소문이 주요 정보원이었다.[9]

무대 뒤에서 무슨 일이 벌어지고 있는지 알 수 없으면 음모론이 득세하기 마련인 만큼 옛날이나 지금이나 음모는 소문의 대부분을 차지한다. 영국 역사에서 잘 알려진 예로는 이른바 '구교도 음모 사건'을 들 수 있다. 1678년에서 1681년에 이르는 기간에 가톨릭 신자들이 찰스 2세 국왕을 암살하려 한다는 소문이 널리 퍼졌다. 정작 국왕은 그리 진지하게 받아들이지 않았지만, 많은 영국인이 의심을 거두지 않았다. 관보에서도 이에 관해 언급하지 않았지만 정보의 공백이 소문으로 채워지면서 사회학자들이 말하는 '도덕적 공황' 상태가 3년 동안 지속되었다.[10] 이 음모 사건은 저명한 영국 역사가인 존 케넌John Kenyon의 연구 주제가 되었으며, 상식적인 경험주의 접근 방식의 강점과 약점을 모두 보여준다.[11] 저자는 무슨 일이 실제로 일어났는지를 밝히는 데만 관심을 가졌고, 당시 항간에 떠돌던 이야기는 집단 히스테리일 뿐이라며 추가 분석 없이 넘어갔다.

하지만 구교도 음모 사건은 미디어 이벤트(대중 매체를 통해 널리 보도되고 사회적·문화적 영향을 미치는 사건-옮긴이)로서 소문의 확산, 수용, 변형에 관한 사례로 탐구할 필요가 있다. 여기에는 교황과 예수회에 대한 개신교의 고정관념에 의해 소문이 오염되거나 변형된 것도 포함된다. 100여 년 전 미국의 역사학자 윌버 애벗Wilbur Abbott은 구교도 음모 사건과 그보다 앞선 음모 사건, 즉 가이 포크스Guy Fawkes와 몇몇 가톨릭 신자들이 영국 의회를 폭파하려다가 발각된 1605년의 '화약 음모 사건' 사이의 유사점을 지적했다. 이에 애벗은 새로운 이야기가 창작된다기보다 옛이야기가 새로운 환경에 맞게 각색되는 것이라고 적었다.

후대의 사회과학자들은 이 같은 주장을 더욱 강화하고 이론화했다.[12] 1850년대 미국에서는 구교도 음모에 대해 비슷한 신념을 가진 사람들이 '아무것도 모른다Know Nothings'라는 이름으로 잘 알려진 단체를 결성했다. 지난 몇 년 동안에는 힐러리 클린턴이 정적을 암살했고 어린이의 피를 마시는 등 다양한 악행을 저질렀다는 소문도 나돌았다. 코로나 시기에는 인터넷에 떠도는 이야기들로 인해 백신에 대한 대중의 의심이 가중되었으며, 심지어 백신에 마이크로칩이 들어있어 백신 접종자를 추적할 수 있다는 주장도 제기되었다.[13]

물론 음모가 무조건 상상의 산물인 것은 아니다. 모든 쿠데타는 사전에 계획된다. 정부는 이미 수세기 전부터 비밀 정보원과 비밀 요원을 고용해 왔다. 게다가 비밀 조직은 근대 초기 베네치아의 경우처럼 지난 100년에 걸쳐 더욱 거세게 성장해 왔다.[14] 비밀 단체는 최고위급 정치에 관여하기도 한다. 19세기 후반 이탈리아의 프란체스코 크리스피Francesco Crispi 총리는 프리메이슨 회원이었으며, 그로부터 100년 후의 줄리오 안드레오티Giulio Andreotti 총리는 시칠리아 마피아에 연계되어 있었다. 정치 활동의 상당 부분은 항상 막후에서 이루어진다. 정보에 아무리 밝은 시민이라고 해도 실제로 무슨 일이 벌어지고 있는지는 극히 일부만 알 뿐이다.

무지는 일상적 저항의 형태로도 활용된다. 난처한 질문을 받았을 때 그에 대한 대답을 모르는 척하는 것이 대표적이다. 본래 비밀 결사체였던 미국당American Party은 회원들에게 조직에 대한 질문을 받으면 아무것도 모른다고 답하도록 훈련시켰기 때문에 '아무것도 모른다'는 이름을 얻게 되었다. 이 같은 저항은 '전략적 무지'로 분류할 수 있지만, 반대로 지배 수단으로 활용되는 무지 역시 같은 이름으로 불리기도 한다.[15]

시민의 무지: 민주주의

독재자가 국민들의 무지를 조장한다면 민주주의 세력은 불안해지게 된다. 미국 제3대 대통령 토머스 제퍼슨Thomas Jefferson은 '문명화된 국가가 무지하면서도 자유로운 것은 이전에도 이후에도 있을 수 없는 일'이라고 주장했다. 그다음 대통령인 제임스 매디슨James Madison 역시 '지식은 영원히 무지를 지배할 것이기 때문에 대중적인 정보'가 필요하다고 했다.[16] 이에 반해 선거권 확대에 반대하는 이들은 노동계급, 노예 출신의 성인, 여성은 지식이 부족해 투표를 합리적으로 할 수 없다는 점을 근거로 내세웠다.

19세기 초 영국의 침례교 목사인 존 포스터John Foster와 급진적 의원 존 로벅John Roebuck을 비롯한 이들은 이 같은 주장을 거부하고 대중교육을 지지했다. 포스터는《대중의 무지라는 폐해에 관한 에세이An essay on the evils of popular ignorance》에서 대중의 지식이 증가하면 그들의 지위에 적합하지 않게 될 것이라는 (리슐리외 추기경의 주장을 연상시키는) 주장을 거부하고 국가 교육 시스템을 요구했다.[17] 로벅 역시 1833년 정부가 '대중의 무지를 조장하며 유지한다'고 비난하면서 국민 교육 확대를 위한 결의안을 영국 의회에 제출했다. 로벅은 보수당 정부의 관심을 끌지 못했지만, 미래 유권자들의 무지를 개선하기 위한《국민을 위한 팸플릿》(1835~1836)을 발간하기도 했다.[18] '대헌장Magna Carta'에서 그 명칭이 유래한 차티스트 운동(영국 노동자들이 보통 선거권을 요구한 운동-옮긴이)에서 윌리엄 로벳을 비롯한 일부 지도자들은 교육 개혁을 주장했다. 차티스트 운동 신문 〈노던 스타Northern Star〉의 기사를 인용하자면, '대중이 무지로 인해 모든 시대에 계몽된 자와 교활한 자의 노예 노릇을 해왔기 때문'이었다.[19]

이후 영국 정부는 대중 교육을 더욱 진지하게 고민할 수밖에 없었다. 1867년 제2차 선거법 개정을 통해 노동자 계급의 숙련된 남성에게까지 선거권이 확대되자 존 스튜어트 밀John Stuart Mill과 월터 배젓Walter Bagehot 같은 주요 지식인들은 '무지가 지식을 심판하고 가르침보다 우위인 상황'이라며 우려를 표명했다.[20]

모든 어린이 교육을 의무화한 1870년 교육법이 선거권 확대 직후 통과된 것은 당연한 일이다. '우리는 주인을 교육해야 한다'는 격언으로 유명한 로버트 로우Robert Lowe 재무장관은 교육과 선거권의 연관성을 지적한 바 있다.[21] 오스카 와일드의 희곡《진지함의 중요성The Importance of Being Earnest》에 등장하는 브랙넬 부인은 자연적 무지를 훼손하는 것은 무엇이든 반대했는데, 그대로 두었다가는 상류층에 심각한 위험이 초래될 것이기 때문이었다.[22]

시민의 무지 문제는 사라지지 않았다. 1950년대 시칠리아의 경우를 예로 들어 보자. 이탈리아의 엔지니어에서 사회학자이자 운동가로 변신한 다닐로 돌치Danilo Dolci는 사회 조사에서 500명의 남성에게 11개의 질문을 던졌다. 그중 하나가 '이탈리아 정당이 무엇을 해야 한다고 생각하십니까?'였는데, 응답자 중 45명은 대답을 하지 않거나 "내가 그걸 어떻게 알겠느냐, 우리는 신문을 보지 않는다, 그건 정부가 알아야 한다, 나는 글을 모른다, 나는 가난하고 무식한 사람이다" 등의 답을 내놓았다. 이 같은 대답을 그대로 받아들여야 하는지, 아니면 그 지역의 유명한 오메르타처럼 민감한 질문에 자기방어로 전략적 무지의 대답을 한 것인지는 알 수 없다.[23]

오늘날 사람들은 대개 신문이 아닌 텔레비전이나 소셜 미디어를 통해 정치 관련 정보를 얻지만, 시민의 무지 문제는 여전히 남아 있다.

유권자의 무지는 미국을 비롯한 여러 지역에서 수많은 설문조사와 연구의 대상이 되어 왔다. 존 F. 케네디는 한 연설에서 학생들에게 다음과 같은 메시지를 전달했다. "교육받은 시민은 … 교육을 받고 정보에 밝은 사람만이 자유롭다는 사실을 알고 있습니다. 민주주의 체제에서는 유권자 한 명의 무지가 모두의 안전을 해친다는 사실을 알고 있습니다."

케네디가 21세기 초반에도 여전히 미국 시민의 3분의 1 이상이 정치적으로 무지하다는 사실을 알게 된다면 충격에 빠질 게 분명하다. 실제로 미국인들은 정치 지식을 묻는 설문조사에서 질문의 3분의 2가량에 틀린 답을 제시하거나 답을 하지 못했다.

이 같은 종류의 단순한 질문에 답하지 못한 사람은 더욱 많다. 2008년 조사 대상자의 58퍼센트는 콘돌리자 라이스가 국무장관이었다는 사실을 몰랐고, 61퍼센트는 낸시 펠로시Nancy Pelosi가 하원의장이었다는 사실을 몰랐다. 2014년에는 미국의 상원과 하원을 어느 정당이 각각 장악하고 있는지 아는 사람이 조사 대상의 38퍼센트에 불과했다.

미국인은 유럽인에 비해 외교 문제에 특히 무지했다. 1964년 당시 소련이 나토 회원국이 아니라는 사실을 알고 있는 미국인은 기껏해야 38퍼센트였고, 2007년에도 러시아 대통령이 누군지 아는 미국인은 36퍼센트에 불과했다(1989년의 47퍼센트에서 감소한 수치다). 조사자들은 '뉴스와 정보의 혁명이 일어났어도 시사 문제에 대한 대중의 지식은 거의 달라진 게 없다'고 결론지었다.[24]

경제학자 앤서니 다운스Anthony Downs는 자신이 수백만 유권자 중 한 명에 불과하기 때문에 굳이 정보를 얻으려고 애쓸 필요가 없다고 생각하는 사람들을 '합리적 무지'라는 새로운 용어로 설명했다.[25] 하지만 2016년 도널드 트럼프에게 투표한 수많은 유권자의 무지를 설명하기 위해서는 다른 용어가 필요하다. 페미니스트 철학자 린다 알코프Linda Alcoff는 그들의 무지를 다음과 같이 설명했다.

> (그들의 무지는) 지식 부족으로 설명할 수 없다. 단지 지식이 부족한 것이 아니라, 어떤 것에 대한 공동의 노력, 의식적인 선택, 일련의 선택에 따른 결과이다. 특정 뉴스 기사나 뉴스 소스를 회피하고, 특정 대학 과정을 멀리하며, 특정 부류의 사람들에게 그날 뉴스에 대한 의견을 묻지 않는 것이 바로 그 예다.[26]

우리는 어떤 사실에 대한 사람들의 무지를 쉽게 알 수 있지만, 그 무지는 선거 후보자의 약속을 쉽게 믿거나 출처를 확인하지 않고 가짜 뉴스를 진짜로 받아들이는 것만큼 심각한 문제는 아닐 수 있다. 어쨌든 정치에 관한 유권자의 무지는 정치에 한정되는 것이 아니다. 가령 선거에서 과학 정책이나 기후 변화가 쟁점이 되는 경우 과학에 무지한 유권자는 잘못된 길로 들어설 수 있다. 철학자 필립 키처Philip Kitcher는 기술적인 이슈를 다수결로 결정하는 것은 '천박한 민주주의'이며, 이것을 무지의 폭압으로 설명해 밀과 배젓의 우려를 더욱 정확한 형태로 표현했다.[27]

물론 무지한 자는 미국 유권자들에만 있는 것은 아니다. 이들은 무지에 대한 조사에서 가장 빈번하게 표본 집단이 됐을 뿐이다. 예를 들어 2016년 영국에서는 중대한 국민투표를 앞두고 브렉시트의 영향에 대한 무지가 만연해 있었다. 뿐만 아니라 영국 내 범죄율이 실제로는 감소하고 있었음에도 증가하고 있다는 인식이 지배적이었다.[28] 따라서 유럽연합에서는 이른바 '시장 검열market censorship'(언론이 시장에서 살아남기 위해 평균적인 대중의 정서에 맞을 것으로 추측하는 기사와 견해를 보도하는 행태-옮긴이)로 인해 정치적 무지가 부상하고 있다는 주장이 제기되었다. 즉 불필요한 내용이 범람하면서 정작 연관성이 높은 정보는 묻히고 있다는 것이었다.[29]

여기서 한 걸음 더 나아가 '유권자의 무지'라는 개념에는 언론의 편파 보도나 가짜 뉴스일 가능성을 고려하지 않고 의심스러운 정보에 의존하는 사람들까지 포함할 수 있다. 이들은 13장에서 논의할 '허위 정보'에 취약하다.

근대 초기 통치자들의 무지

일반인만 정치에 무지해 고통을 받는 것이 아니다. 자신이 알아야 할 것에 무지한 통치자도 많다. 사회 위쪽에서는 아래쪽이 보이지 않는 사회적 거리 때문에 그런 무지가 발생한다. 브라질의 지배 계급이자 노동자당 소속인 에두아르두 수플리시Eduardo Suplicy의 경우를 예로 들어 보자. 텔레비전 생방송 인터뷰에서 진행자 보리스 카소이Boris Casoy가 빵 한 덩이의 가격을 물었을 때 수플리시는 대답하지 못했다.[30]

근대 초기 유럽에서는 통치가 가업이었던 만큼 통치자들의 무지 문제가 더욱 심각했다. 자녀 세대는 공식 훈련이 아닌 부모 세대의 조언이나 사례를 통해 통치를 배우다 보니, 왕위에 올라 정해진 방식 없이 자유롭게 통치했던 것이다. 왕 중에는 자신의 왕국에는 관심을 두지 않은 채 사냥에만 몰두하는 이도 적지 않았다. 실제로 외국의 외교관들은 (프랑스의 프랑수아 1세나 영국의 제임스 1세 같은) 특정 군주와 논의할 사안이 있으면 사냥터를 찾아야 했다. 이들 왕은 정치를 하는 틈틈이 사냥하는 것이 아니라 사냥하는 틈틈이 정치적 결정을 내린다고 회자되었다(제임스 1세는 '깨어 있는 시간의 절반 정도를 사냥터에서 보냈다'고 전해진다).[31]

성실한 통치자조차 필요한 정보를 얻기 어려웠다. 한 정보원에 집중하다 보면 다른 정보원에 귀 기울일 시간이 거의 없었기 때문이다. 신성 로마 제국의 황제 카를 5세는 백성들이 어떻게 사는지 직접 확인해야 한다는 생각을 가지고 있었기 때문에 거의 평생 동안 여러 유럽 영토를 돌아다니며 보냈다. 하지만 이렇게 눈으로 직접 확인하는 방식에는 새로운 영토의 상황을 알리기 위해 그곳에서 보낸 편지 등을 황제가 거의 읽을 수 없다는 단점이 뒤따랐다. 따라서 그가 제국에서 벌어지는 수많은 일에 무지한 게 당연했다. 카를이 열아홉 살 나이에 황제로 선출되자 재상은 그에게 "업무 속도를 높이고 결정이 필요한 사람들을 기다리게 하지 않으려면 매일 아침 침상에서 일어나 옷을 입을 때 서너 가지 보고를 받아야 합니다"라고 조언했다.[32] 청년 시절의 카를이 이 조언을 따랐든 안 따랐든 제국에서 업무가 갈수록 많아진 것을 감안하면 서너 가지 업무는 아무것도 아니었다.

황제는 일할 준비가 늘 되어 있지 않았다. 카를 역시 사냥을 좋아했다. 그의 조부인 막시밀리안 1세가 관찰한 바에 따르면, 카를이 어릴 때부터 사냥을 즐긴 것은 차라리 다행이었다. 그게 아니었다면 더 '나쁜 놈'이 되었을지도 모르기 때문이다. 30대의 카를은 사냥과 매사냥으로 며칠씩 책상 근처에 얼씬도 하지 않았으며, 40대에 그는 사냥과 매사냥으로 온종일을 보냈다고 고백했고 그 와중에 다른 스포츠를 즐기기도 했다. 일종의 테니스 게임을 하느라 영국 대사를 온종일 기다리게 한 적도 있었다.[33]

공식 업무의 대부분은 프란시스코 데 로스 코보스Francisco de los Cobos 같은 비서관들이 도맡아 처리했다. 그들은 카를이 받은 서신 수천 통을 읽고 요약해 보고한 뒤 그의 승인과 서명을 받을 답장을 준비했다. 카를의 고해 신부가 말한 것처럼 비서관 코보스는 황제의 무지를 어떤 식으로 메울지 알고 있었다. 하지만 카를의 제국이 확장되면서 더 많은 보좌관이 필요해졌고, 그들끼리 업무를 분담해야 했다. 인장 관리인이던 니콜라 드 그랑벨Nicolas de Granvelle이 북유럽을 맡고, 코보스는 지중해와 아메리카 대륙을 관리했으며, 조카인 후안 바스케스Juan Vázquez는 스페인의 업무를 보았다. 카를은 보좌관에 의존하는 것이 위험하다는 사실을 알고 있었다. 그는 아들인 펠리페 2세에게 '보좌관들은 위험한 적이자 동지이며, 그 각각은 자신에게만 의지하도록 너를 설득하기 위해 어둠 속에서 접근해 올 것'이라고 충고했다.[34] 하지만 업무량이 계속 증가했기 때문에 카를은 다른 선택을 할 수 없었다.

1558년에 왕위에 오른 카를의 아들 펠리페 2세는 성실한 군주로서 아버지와는 반대되는 해결책을 선택했다. 아들에게도 '왕국을 돌아다니는 것은 유용하지도 않고 품위도 없다'고 조언했다. 펠리페는 자신 앞으로 온 수천 통의 문서를 읽고 그 여백에 메모하는 것을 즐겼다(펠리페가 주고받은 문서 중 1만여 통이 지금까지 전해진다). 그는 보통 하루 8시간씩 책상 앞에서 보냈고, 침대에서도 문서를 읽었으며, 가족과 함께 배를 타고 타구스강을 여행할 때조차 작은 책상을 가지고 다녔다.[35] 펠리페야말로 자신이 '저 악마, 내 문서'라고 한 것들을 처리하느라 고

생한 정보 과부하의 초기 희생자라 할 수 있다.[36]

펠리페는 예리한 정치 분석가로 타고났거나 노력을 통해 그렇게 되었지만, 근대 초기의 수많은 통치자와 마찬가지로 재정 부실이 취약점이었다. 그의 정부는 제노바의 은행가들이 대출해주지 않았다면 제 기능을 할 수 없었을 것이다.

하지만 그는 '나는 대출과 이자라는 사업을 도저히 내 머릿속에 넣을 수 없었다'는 글을 남겨 자신이 금융 문맹임을 고백했다. 그는 '나는 이들 문제에 절대적으로 무지하다. 회계 장부나 재정 보고서에서 뭐가 좋고 나쁜지 알 수 없다. 그리고 나는 지금도 이해하지 못하고 있으며, 평생 이해한 적도 없는 것을 이해하려고 애쓰느라 뇌를 망가뜨리고 싶지 않다'고도 했다.[37] 그는 금융에 대해 알고 싶어 하지 않았다.

이런 점에서 펠리페는 괴짜가 아니라 근대 초기의 전형적 군주라고 할 수 있다. 당시 귀족 계층이 그랬듯이 그는 돈을 벌거나 저축하는 것, 심지어 돈을 생각하는 것조차 자신의 존엄성에 맞지 않는 행위라고 여겼다. 돈은 자신의 위엄을 과시하기 위한 소비 수단에 지나지 않았다. 루이 14세는 어린 시절 장 바티스트 콜베르Jean-Baptiste Colbert 장관의 설득으로 주머니에 회계 장부를 넣어 다녔고, 어머니에게 보내는 편지에 직접 하는 재정 관리의 즐거움에 대해 적기도 했지만, 콜베르 사후에는 모두 그만두었다. 그는 무지를 선호한 게 분명했다.[38]

펠리페가 긴 시간을 책상 앞에서 보낸 것은 그의 강점이자 약점으로 여겨질 수 있다. 그는 1566년부터 사망한 해인 1598년까지 스페인 마드리드에서 50킬로미터 이상 떨어진 엘 에스코리알 궁전에서 갈수록 더 많은 시간을 보내며 3장에서 미셸 크로지에가 묘사한 관료 조직의 관리자들처럼 자신이 통치한 사회로부터 고립되어 갔다.

세계 여러 지역에서 유행한 민담은 군주의 고립 문제에 대한 사람들의 인식을 드러낸다. 바그다드의 하룬 알 라시드Harun al-Rashid, 런던의 헨리 8세, 모스크바의 이반 4세 등 일부 통치자는 한밤중에 변장한 채 수도의 거리로 나가 일반인들이 자신을 어떻게 생각하는지 알아보기도 했다. 그와 같은 사실을 알아볼 방법이 달리 있었겠는가? 장관들에게 물어보는 것은 아무 소용이 없었다. 장관들은 군주가 듣고 싶은 말만 골라서 할 게 분명했기 때문이다.

이 같은 군주의 고립은 유명한 '포템킨 마을' 이야기가 뒷받침하거나 상징해 주고 있다. 그리고리 포템킨Grigory Potemkin은 러시아의 예카테리나 대제(예카테리나 2세)의 연인이자 장관이었다. 1787년 예카테리나가 유람선을 타고 드네프르강(현 우크라이나 드니프로강-옮긴이)을 따라 러시아 남부를 방문하기로 했을 때, 포템킨은 그녀가 가장 부유한 마을만 볼 수 있도록 건물 외관을 꾸미거나 가짜 건물을 이리저리 옮겨 배치했다고 한다.

이 이야기는 예카테리나의 시찰이 진행되기 전 소문으로 퍼졌고, 이내 작센 외교관 게오르크 폰 헬비히Georg von Helbig에 의해 반복되었다. 대제의 시찰에 동행한 리뉴의 공작 샤를 조제프 라모랄Charles-Joseph Lamoral은 판자로 만든 마을 이야기가 터무니없다고 일축했지만, 그럼에도 황제가 남부 지방의 가장 화려한 면만 보고 왔다는 사실은 잘 알고 있었다. 이 이야기는 약간 과장되었는지 몰라도 진실을 제시하고 있다고 결론짓는 게 합리적이다. 한편 가짜 집을 지은 책임자는 하리코프(현재 우크라이나의 하르키우--옮긴이)와 툴라의 총독이었던 만큼 예카테리나 대제를 속인 사람은 포템킨 혼자만이 아니었다.[39]

독일 정보국에 따르면 무솔리니 역시 공군에게 비슷한 방식으로 속

았다. 그는 비행 대대 여름 시찰에서 몇 번이고 같은 부대를 돌았지만, 그런 사실은 꿈에도 몰랐다.[40]

물론 통치자는 정보원을 고용해 선술집을 비롯한 여러 공공장소에서 대화를 듣고 자신에게 보고하도록 할 수도 있었다. 하지만 이들의 정보를 믿기는 어렵다. 돈을 받고 일하는 처지인 만큼 듣지도 않은 정보를 제공할 수 있기 때문이다.[41] 어쨌든 군주는 직접 거리에 나가 보고 듣더라도 자신이 알고 싶고 또 알아야 하는 모든 것을 얻지 못했을 것이다.

제임스 스콧의 책《국가처럼 보기》에 나오는 표현을 빌려 요약하자면 '전근대 국가는 중요한 여러 가지 측면에서 눈 뜬 장님이나 다름없었다. 국민, 그들의 재산, 토지 보유량과 수확량, 위치에 대해 거의 아는 게 없었고 … 지형과 국민에 대한 상세한 지도 같은 것도 없었다.'[42] 현대 정부는 대개 이 같은 정보를 보유하고 있지만 이제 살펴볼 것처럼 그만한 대가를 치러야 했다.

현대의 통치자들

현대 대통령과 총리의 무지는 필자가 이 책을 쓰려고 조사를 시작했을 때 상상했거나 두려워했던 것보다 더 화제가 되고 있다. 도널드 트럼프와 자이르 보우소나루는 코로나바이러스 확산에 공개적으로 대응하거나 제대로 대응하지 못하는 과정에서 무지를 가장 분명하고 위험한 방식으로 드러냈다. 하지만 무지한 사람은 이들만이 아니었다. 예를 들어 2003년 이라크 침공을 결정했을 때 조지 W. 부시 대통령이 무슬림 수니파와 시아파 간 갈등에 얼마나 무지했는지 생각해 보라. 당시 부시는 이라크가 지도 어디에 있는지도 몰랐다는 소문까지 돌았다. 오늘날 그 무지의 결과는 대충 보고 넘기기 어렵다.[43]

대통령과 총리는 근대 초기 군주들과 상당히 다른 방식으로 훈련받았다. 정치에 입문하기 전에는 법학(토니 블레어, 버락 오바마 등)이나 행정학(에마뉘엘 마크롱 등)을 공부하고 실무에 종사하는 경우가 많았다. 최고 권력을 잡기 전에는 의회나 시청에서 정치 경험을 쌓는 시간을 가졌는데, 각료들과 권력을 공유해야 하는 지도자에게 반드시 필요한 경험이 아닐 수 없다. 총리는 외교관으로서 외교 분야 경력을 쌓은 경우가 많았다. 예를 들어 1871년부터 1890년까지 신생 독일 제국의 총리를 지낸 오토 폰 비스마르크Otto von Bismarck는 한때 외국에서 대사로 근무했다. 19세기 후반 영국 총리를 세 번 역임한 솔즈베리 경Lord Salisbury 역시 이전에 식민지 인도의 국무장관과 외무장관을 지냈다.

다른 지도자들도 정부 부처에서 일한 경험이 있었다. 진보 총리로 유명했던 영국의 윌리엄 글래드스턴William Gladstone은 재무부 장관을 네 번 역임했다. 독일의 루트비히 에르하르트Ludwig Erhard는 총리가 되기 전 콘라트 아데나워Konrad Adenauer 총리 밑에서 경제부 장관을 지냈다. 이탈리아 총리를 다섯 번 역임한 아민토레 판파니Amintore Fanfani는 농업부 장관과 경제기획부 장관을 지낸 바 있다. 일부 대통령과 총리는 경제학을 전공했고, 심지어 정치학을 전공하기도 했다. 정계에 입문하기 전 판파니는 경제학 교수였다. 우드로 윌슨Woodrow Wilson은 미국 대통령이 되기 전 프린스턴대학교의 정치학 교수로 지내다가 총장의 직위에 올랐다.

하지만 전문성만 키우게 되는 직업 교육과 달리 대통령직이나 총리직을 수행하기 위해서는 광범위한 지식이 요구된다. 따라서 갖추지 못한 지식이 있을 수밖에 없다. 《통계와 독일 국가Statistics and the German State》에 따르면 1920년 독일 제국에서 바이마르 공화국으로 전환된 위기의 시대에 독일 경제 상황에 대한 지식에는 '완벽한 구멍'이 나 있었다.[44] 경제학자 프랭크 코웰Frank Cowell은 더 일반적으로 정부의 지식 부족과 그것이 조세 제도 설계에 미치는 영향을 지적했다.[45] 공무원들이 무지하면 직접세를 탈루하는 것이 가능하다. 간접세는 부정한 개인과 기업으로 인한 문제를 방지해 주지만, 부유층보다 빈곤층에 더 큰 부담을 준다는 단점이 있다.

다른 나라에서도 정치 지도자의 무지가 보기 드문 현상은 아니다. 가령 소련 공산당 서기장을 지낸 니키타 흐루쇼프Nikita Khrushchev는 외교 문제에 놀라울 정도로 무지하다는 평가를 받았다.[46] 영국의 일부 총리와 외무장관 역시 외교 부문에서 그다지 좋은 성과를 거두지 못했다. 비스마르크는 1862년 런던에서 '영국의 장관들은 일본과 몽골보다 프로이센에 대해 아는 것이 더 적다', '팔머스턴Palmerston, 그리고 정도는 덜하지만 러셀 경Lord Russell 역시 완전한 무지 상태에 있었다'고 지적했다.[47] 국제 문제가 중요했던 시절인 1914년, 외무장관 에드워드 그레이Edward Grey는 영국 이외의 세계는 거의 알지 못했고, 여행에 큰 관심을 보이지 않았으며, 외국어를 구사하지 못했고, 외국인들과 함께 있는 것을 불편해했다.[48]

1916년부터 1922년까지 영국 총리를 지낸 데이비드 로이드 조지David Lloyd George도 무지로 따지면 앞서 언급한 이들 못지않았다. 프랑스 총리 조르주 클레망소Georges Clemenceau는 그가 유럽과 미국 모두에 대해 충격적으로 무지하다고 평가했다. 1916년 로이드 조지는 "누가 슬로바키아인인가? 도무지 알 수가 없다"고 답했고, 1919년에는 앙

카라와 메카를 혼동하기도 했다.[49] 폴란드와 독일 간 국경 협상에 대한 최근 연구에서는 '국제 문제에서… 데이비드 로이드 조지 영국 총리의 무지는 전설이 되어 버렸다. 그가 스페인의 갈리시아 지방을 동부 갈리시아(현재 우크라이나의 서부 지역-옮긴이)로 혼동한 것을 예로 들 수 있다'고 적었다.[50] 1919년 파리 강화회의의 주요 의제였던 중국 산둥 문제(산둥반도 독일 조차지를 중국에 반환하는 문제-옮긴이)의 경우, 로이드 조지는 동아시아에 깊은 지식은 물론 깊은 관심조차 없다는 사실을 드러냈다.[51]

총리의 측근 중 일부도 무지하기는 마찬가지였다. 파리 강화회의에 참석한 한 공무원은 영국 측에 갈리시아 문제에 실질적 지식을 가진 사람이 없다고 불만을 늘어놨다.[52] 물론 영국과 제국 밖의 세계에 관심이 부족했던 게 로이드 조지만은 아니었다. 후임 총리 중 스탠리 볼드윈Stanley Baldwin은 외교 문제를 따분해했고, 그의 후임이던 네빌 체임벌린Neville Chamberlain은 1938년 체코슬로바키아에 대한 히틀러의 요구를 두고 '우리로서는 전혀 모르는 사람들이 아주 먼 나라에서 벌이는 싸움'으로 묘사해 악명을 떨쳤다.[53]

우드로 윌슨 미국 대통령도 지식 면에서는 그다지 나은 게 없었다. 그의 약점 중 하나는 유럽 대륙에 대한 무지로, 주미 오스트리아-헝가리 대사는 이를 '사실과 지리에 대한 완전한 무지'라고 표현하기도 했다.[54] 미국의 제1차 세계대전 개입 이후 윌슨은 이 같은 핸디캡에도 불구하고 1919년 파리 강화회의에서 국경을 다시 조정하는 등 새로운 유럽의 중재자들 중 한 명이 되었다. 이는 미국 대통령으로서 전례가 없던 역할이었지만 그는 전혀 준비돼 있지 않았다. 실제로 취임 당시 윌슨은 '나는 국내 문제에만 만반의 준비가 되어 있기 때문에 만약 내 행정부가 외교 문제를 주요하게 다루어야 한다면 운명의 아이러니가 될 것'이라고 인정한 바 있었다.[55] 프랑스 총리 조르주 클레망소는 윌슨의 유럽에 대한 무지에 큰 충격을 받았다.[56] 공정하게 말하자면, 미국 대통령 중 어느 누구도 우드로 윌슨만큼 동유럽에 관심을 가진 적이 없었다. 비록 그는 1914년 당시에는 지식이 매우 제한적이었지만, 그 후 점점 더 많이 지도를 받고 전문가들의 보고서를 섭렵하며 부족한 부분을 채워 나갔다.[57]

파리 강화회의에서 윌슨은 전문가들에게 정보를 요청했지만, 정작 전문가들이 조언할 때는 들을 준비가 거의 되어 있지 않았다. 그는 '경제 문제에 관심이 별로 없다'고 고백하며 사실상 배상 문제를 무시했다. 그가 저지른 실수는 다른 나라의 압력 때문이기도 했지만, 단순한 지식 부족으로 말미암은 것이기도 했다. 예를 들어 윌슨은 독일어권인 남티롤 지역을 이탈리아가 점령하도록 허용했는데, 해당 결정을 내릴 때 상황에 무지했다고 추후 해명했다.[58]

윌슨의 동료들은 그보다 심하지는 않을지언정 나은 것도 없었다. 역사가이자 중부 유럽 전문가로서 파리 강화회의에 참석했던 R. W. 시튼 왓슨R. W. Seton-Watson은 회의 참가자들을 가리켜 '결정이 필요한 일련의 방대한 문제를 해결하기에는 너무 지치고 무지한 무능력자 집단'이라고 묘사했다. 긴 세월이 흐른 후 시튼 왓슨은 옥스퍼드에서 파리 강화회의에 대한 세미나를 열고 지리에 대해 아무것도 모르는 무지한 정치가들이 수많은 결정을 내렸다고 주장했다.[59] 다른 자리에서 그는 소련 정치가들이 남슬라브족에 대해 '지독한 무지'를 보였다고 폭로했다.[60]

최근 대통령들의 무지, 특히 외교 문제에 대한 대통령들의 무지는 윌슨의 수준을 훨씬 뛰어넘었지만, 이 경쟁에서 도널드 트럼프는 아마도 (시사 문제에 워낙 무지해 기자회견에서 당혹감을 불러일으켰던) 로널드 레이건과 조지 W. 부시를 능가할 것이다. 그는 자신을 추종하는 브라질의 자이르 보우소나루 대통령과 마찬가지로, 자신이 모른다는 사실을 모르는 심각한 형태의 무지를 겪고 있다. 두 대통령 모두 2020년 코로나바이러스 위기 당시 상황을 그다지 심각하게 받아들이지 않으며 불편한 진실을 무시했고, 전염병 학자들을 비난하며 하이드록시클로로퀸 같은 수상쩍은 치료제를 옹호했다.

벨라루스의 알렉산드르 루카셴코Alexander Lukashenko 대통령은 한술 더 떠 코로나바이러스에 대한 두려움을 정신병으로 치부했고, 설사 그 바이러스에 감염되더라도 보드카로 치료할 수 있다고 주장했다.[61] 물론 전문가가 항상 옳은 것은 아니지만, 위기 상황에서 그들의 조언을 무시하는 것은 위험한 처사임에 분명하다. 이는 2020년 미국과 브라질에서 발생한 코로나바이러스 사망자 수만 봐도 알 수 있다.[62]

트럼프와 보우소나루는 기후 변화도 부정했다. 트럼프는 지구 온난화를 사기로 치부했고, 보우소나루는 아마존의 농업 기업과 협력 관계를 맺음으로써 산림 벌목이 세계 기후에 미치는 영향 따위는 알고 싶지 않다는 뜻을 내비쳤다. 부정은 알고 싶지 않다는 것을, 더 노골적으로 말하면 그냥 모르고 싶다는 것을 의미한다. 통치자나 정부가 보이는 고의적 무지의 사례는 집단 학살, 기근, 오염된 강이나 산성비가 환경에 미치는 악영향의 부정 등 수없이 많다.[63] 부정에 대해서는 13장에서 더 자세히 다룰 것이다.

조직의 무지

3장에서 언급했듯이 무지는 개인뿐 아니라 조직에서도 발견된다.[64] 조직의 무지는 보통 기업체에서 찾아볼 수 있지만, 국가 기구 같은 정치 조직에도 다양한 수준의 무지가 존재한다. 앞서 말한 것처럼 특정 부서에는 잘 알려진 것이 다른 부서에는 생소할 수 있다. 정부가 통치 대상인 국민에 대해 점점 더 많이 알아 갈수록 행정부 내 개개인이나 고위층은 그 지식의 일부만 인식하며, 관리하거나 이해할 수 있는 것보다 더 많은 정보를 처리해야 하는 문제에 직면한다.[65]

이제 학자들이 정부의 1차, 2차 혁명이라고 부르는 역사의 두 시기에 초점을 맞춰 이 문제를 탐색해 볼 것이다. 이들 혁명은 주로 효율성 개선으로 칭송받아 왔지만, 여기서는 무지의 부상이라는 부정적 측면을 중심으로 알아볼 것이다.

1차 정부 혁명

'정부 혁명'이라는 말은 역사학자 제프리 엘턴Geoffrey Elton이 헨리 8세 치하를 연구한 논문에서 처음 사용했다. 그는 당시 국무장관이던 토머스 크롬웰Thomas Cromwell이 1540년 헨리의 명령으로 처형되기 전 수년간 이룬 업적을 집중 조명했다. 평민으로 태어난 크롬웰은 전통적으로 정부에서 중요한 역할을 했던 귀족들을 무시했기 때문에 그들에게 미움을 샀다. 엘턴이 설명한 변화는 워낙 점진적으로 이루어지기도 했고 영국뿐 아니라 유럽 여러 나라에서 일어난 만큼 크롬웰이 일으킨 혁명이라고 말하는 것은 다소 과장된 면이 있다.[66] 이 같은 변화는 '관료제'라는 단어로 요약할 수 있다. 역사 사회학자 막스 베버Max Weber에 따르면 관료제는 각 참여자의 역할이 신중하게 규정된, 정해진 서면 규칙에 따라 비인격적으로 운영되는 정부 조직을 말한다.[67] 새로운 형태의 정부는 중앙에 새로운 기관, 즉 평의회가 있었다. 통치자들은 오랫동안 참모들에 둘러싸여 있었는데, 16세기에 들어 참모가 의원으로 바뀐 것이다.

정부의 업무가 증가함에 따라 통치자들은 평의회뿐 아니라 기하급수적으로 늘어나는 서류를 처리할 비서관들이 더 필요했다. 앞서 살펴본 바와 같이 카를 5세는 들어오는 서류를 요약하고 나가는 서류를 작성하는 일을 모두 비서관들에게 맡겼다. 스웨덴에서는 더 이상 정부에 참여하지 못하는 데 격분한 귀족들이 이를 두고 '비서관들의 통치'라고 불렀다. 그들은 특히 에리크 14세의 비서관으로서 강한 권력을 지닌 요란 페르손Jöran Persson에게 불만을 가졌다. 페르손은 스웨덴의 크롬웰이었다. 그도 평민 출신으로 귀족의 미움을 받았으며, 1568년 에리크가 폐위되고 동생인 요한 3세가 왕위를 이어받은 뒤 처형당했다.[68]

자신의 비서관을 고용해 정부 업무 관리를 맡긴 크롬웰은 루이 13세의 리슐리외 추기경처럼 사실상 왕의 총리 노릇을 했다. 이 역할이 점점 중요해지면서 급기야 관직으로 자리 잡자, 왕들은 갈수록 정부 정책에 무지해졌다. 서류 작업이 기하급수적으로 늘어나 비서관들은 왕의 서명을 위조하는 것까지 허용되었다.[69] 통치자의 동의가 필요했지만, 통치자에게 보내는 정보는 동의 없이 비서관들이 거를 수도 있었다.

정복한 영토의 규모를 고려할 때 스페인의 펠리페 2세는 관료제의 극단적 사례를 보여준다. 그는 유럽(스페인, 네덜란드, 이탈리아 일부, 포르투갈)과 아메리카(멕시코, 페루), 멕시코 총독이 관리하는 필리핀을 아우르는 거대 제국의 최고경영자였다고 할 수 있다. 이 모든 지역을 통치하려면 당시로서는 엄청난 규모의 정부 조직이 필요했다. 재임 초기부터 펠리페는 14개 평의회의 자문을 받았는데, 여기에는 귀족과 성직자는 물론 변호사 교육을 받았지만 관리가 된 '레트라도스letrados'도 대규모로 참여했다. 평의회는 주기적으로 회의를 가졌고, 그때마다 건의 사항을 적은 문서를 국왕에게 보냈다. 시간이 흐를수록 더 자주, 더 길게 회의를 하면서 더 많은 문서를 펠리페에게 보냈으며, 그 와중에 훈타junta로 알려진 위원회가 이 시스템에 추가되었다.

뿐만 아니라 펠리페 2세는 사적 비서관까지 고용했는데, 그중 프란시스코 데 에라소Francisco de Eraso, 마테오 바스케스Mateo Vázquez, 곤살로 페레스Gonzalo Pérez, 곤살로의 아들 안토니오 페레스Antonio Pérez는 상당한 권력을 행사했다.[70] 예를 들어 바스케스는 일종의 개인 비서로서 국왕 옆에서 (위계질서 때문에 등받이 없는 작은 의자에 앉은 채) 문서를 요약하고 일부 답장을 작성했다. 그는 왕과 훈타 사이를 중재하기도 했다. 그래서 안토니오 페레스처럼 자기 뜻대로 할 여지가 생겼다. 스페인은 영국과 스웨덴처럼 비서관들이 통치하고 있었지만, 펠리페 2세는 아버지 카를 5세의 가르침대로 자신 이외에 누구에게도 의지하지 않았으며 최종 결정은 자신이 내린다고 고집했다.[71]

펠리페 정부는 정보를 수집하는 데 집단별로 엄청난 노력을 기울였지만, 정작 정보를 제대로 활용할 수 있는 사람에게 전달하려는 노력은 별로 하지 않았다. 이 시스템의 가장 큰 단점은 지역, 항상 존재하는 계층 구조, 전쟁, 금융, 종교 등 영역별 분산이었다. 전보와 전화가 발명된 이후의 시대에는 상상도 할 수 없는 의사소통의 어려움으로 정부의 문제는 더욱 악화되었다.

이 시스템은 프랑스 역사학자 페르낭 브로델Fernand Braudel이 말한 '거리distance의 폭정'으로 인해 어려움을 겪었다. 브로델은 거리를 '공공의 적 제1호'라고 부르기도 했다.[72] 카를 5세 시대에는 오스만 제국이 헝가리의 모하치 전투에서 승리했다는 소식이 스페인 국왕에게 전해지기까지 51일이 걸렸다.[73] 펠리페 시대에는 마드리드에서 보낸 편지가 브뤼셀이나 밀라노에 도착하는 데 최소 2주, 멕시코에 도착하는 데 최소 2개월, 마닐라에 도착하는 데 최소 1년이 걸렸다. 정보가 국왕으로부터 인도의 평의회로, 혹은 그 반대로 전달되는 데는 더 많은 지연이 발생했다. 이를 두고 곤살로 페레스는 '결정이 너무 느리게 내려져 절름발이도 따라잡을 수 있을 정도다'라고 불평했다.[74]

정치에서는 신속한 결정을 내려야 할 때가 많기 때문에 이 같은 일시적 무지의 결과는 대서양 양쪽 대륙에 심각한 영향을 미쳤다. 육상 제국의 통치자도 비슷한 문제를 겪었는데, 러시아의 예카테리나 대제가 바로 그러했다. 예카테리나 대제가 러시아를 통치하던 시절에는 상트페테르부르크에서 보낸 황제의 명령이 캄차카반도에 도착하기까지 18개월, 그 답변이 수도에 도달하는 데 다시 18개월이 걸리기도 했다.[75]

근대 초기의 또 다른 군주 루이 14세는 아들에게 가르침을 주기 위해 대필로 출간한 회고록에서 자신은 '모든 것을 알고 있었다'고 떠벌렸지만, 그것은 사실이 아니었다. 그는 최근 '정보통'으로 알려진 장바티스트 콜베르를 비롯한 일부 장관들에 비해서도 왕국에 대해 아는 것이 적었다. 콜베르조차도 모든 것을 알지는 못했다. 요새 설계로 유명했던 보뱅Vauban 원수는 통계에 관심이 많아 매년 프랑스 인구 조사를 실시할 것을 루이 14세에게 제안했다. 그러면 그의 백성이 전국적으로 혹은 지역별로 몇 명인지 알 수 있고, 각 지역의 자원과 부와 빈곤까지 파악할 수 있었기 때문이다. 하지만 아무런 조치가 내려지지 않아 프랑스 정부는 이 같은 문제에 계속 무지했다.[76]

2차 정부 혁명

2차 정부 혁명은 19세기에 일어났다.[77] 1차와 마찬가지로 이는 18세기 후반 독일어권 대학에 행정학이 개설되어 미래의 공무원을 양성한 것을 포함해 오랜 기간에 걸친 변화가 축적되어 나타난 결과였다. 당시에는 국가에 대한 지식을 독일어로 '통계학Statistik'이라고 했는데, 이 용어에서 영단어 '통계학Statistics'이 유래했다. 이 같은 단어의 의미 변화는 정부가 공장과 학교, 빈곤과 위생을 조사하는 데 점점 관심이 많아졌음을 의미한다. 이로 인해 생산된 수많은 정보는 19세기부터 막대그래프, 그래프, 원형 차트 등으로 표현되었다.

이러한 조사는 무지에 대한 지식의 승리로 표현할 수 있겠지만, 모든 승리가 그렇듯 이 과정에서 얻은 것만큼 잃은 것도 많았다. 우선 정보가 지나치게 많아 다 소화하기가 불가능했다. 민주주의의 부상은 일부 문제를 해결했지만, 새로운 문제도 만들어 냈다. 선거를 통해 정권이 몇 년마다 바뀌는 체제에서 새 지도자들은 자신이 처리해야 하는 문제에 대해 제대로 정보를 얻을 시간이 없기 때문이다. 어쨌든 법학이나 고전이나 교육 연수를 통해서는 지도자들이 새로운 역할을 수행할 준비를 제대로 할 수 없었다.

새로 임명된 농업부, 교통부, 교육부, 보건부 등의 장관들은 해당 분야를 잘 알지 못할 가능성이 많았다. 설사 배우고자 노력한다고 해도 얼마 지나지 않아 내각 개편을 통해 다른 부서로 옮겨지거나 정권이 바뀌면서 동반 사퇴하게 될 확률이 높다. 공무원은 연속성을 가지고 일할 수 있지만, 이들은 장관에게 조언만 할 뿐 직접 결정을 내릴 수는 없다. 어쨌든 장관과 부처 간의 관계는 어려울 때가 많다. 이전 시기에 그랬던 것처럼 정보가 상부로 전달되는 과정에서 중간의 여러 지점에서 걸러지기도 할 것이다.

심지어 국가 차원에서의 조사와 지도 작성처럼 지식의 추가가 분명한 행위도 오히려 무지를 조장할 수 있다. 특히 제임스 스콧이 '빈약한 단순화'라고 표현한 지도와 통계표를 현실로 받아들이면 때로는 비참한 결과를 초래할 수 있다. 지도와 통계는 현실을 단순화하거나 전체적인 시각에서 바라보게 함으로써, 다양하고 복잡한 현실에 무지하게 만든다.[78] 이러한 무지는 국지적 지식local knowledge과 반대되는 올림포스적 무지Olympian ignorance(그리스 신들이 올림포스산에 거주하며 인간 세상을 내려다보듯이, 전체적으로 바라볼 때 부분적인 것은 알 수 없는 무지-옮긴이)로 표현할 수 있다. 올림포스적 무지는 영국 정부의 땅콩 프로젝트(앞서 10장에서 언급) 실패로 이어졌고, 그보다 재앙의 규모가 더 컸던 마오쩌둥의 대약진 운동(12장에서 논의 예정)을 초래하기도 했다.

극단적인 사례는 일반적인 문제를 더 분명하게 드러낸다. 식민주의 역사에서는 조직의 무지가 유독 두드러지게 드러났다. 이는 식민지 지배자와 피지배자가 서로 다른 문화권의 사람이고, 서로 다른 언어를 사용하고, 서로 다른 충성심을 지녔기 때문이다. 예를 들면 다음과 같다. 프랑스령 서아프리카의 프랑스 관리는 현지 통역사와 현지 부족장이 잘못된 정보를 자신에게 전달하고 있다는 것을 눈치챘지만 실제 상황을 파악할 방법이 없었다. 그는 자신이 '철의 고리', 즉 무지의 단단한 고리에 꿰어 빠져나오지 못했다고 상사에게 토로했다. 한마디로 프랑스 관리와 현지 주민의 상호 무지가 시스템의 원활한 운영에 커다란 장애물로 작용했다.[79] 제국주의 시각의 또 다른 맹점은 인도의 대영제국 사례를 보면 명확해진다.

영국의 인도 통치

대영제국도 비슷한 문제에 직면해 있었다. 1854년부터 1859년까지 홍콩 총독을 지낸 존 보링 경Sir John Bowring은 '우리는 무지로 통치하고 그들은 맹목적으로 복종한다'며 식민지 지배자와 피지배자 모두를 가혹하게 평가했다.[80] 인도는 1757년부터 1858년까지 사실상 동인도회사라는 기업에 의해 통치되었으며, 이 회사는 1600년에 설립된 이후 이미 인도에서 무역을 하고 있었다.[81] 이윤 추구에 몰두했던 영국 정부의 인도 지배는 인도인들이 1차 독립 전쟁이라고 부른 1857년의 세포이 항쟁으로 막을 내렸다. 뒤에서 살펴보겠지만, 해당 전쟁에서 무지는 중요한 역할을 했다.

인도에 주재하는 영국인의 무지가 중요한 역할을 한 사례는 이전에도 있었다. 1772년 초대 총독으로 임명된 워렌 헤이스팅스Warren Hastings는 벵골어, 우르두어, (전통 행정 언어인) 페르시아어를 알고 있었지만, 그의 관리들은 그가 현지 언어와 관습에 무지하다고 불평했다. 런던에 있는 동인도회사 관리들은 아는 게 더 없었다. 헤이스팅스의 부패 혐의를 둘러싸고 1785년 런던에서 진행된 재판에서는 '속국에 대한 영국인의 완전한 무지'를 드러내는 진술이 나왔다.[82]

이후 19세기 초 정보 혁명이 일어나자, 동인도회사는 무굴 제국의 정보 시스템을 도입했다. 그럼에도 영국 역사학자 크리스토퍼 베일리Christopher Bayly가 지적한 것처럼, 새로운 정부 기관에는 현지 지식에 들어맞지 않는 무지의 영역이 남아 있었다.[83]

무지는 회사에서 임명한 총독 존 로렌스John Lawrence가 직원들과 함께 매년 가장 더운 5개월간 캘커타를 떠나 히말라야의 심라 마을로 가서 머무는 바람에 더욱 증폭되었다. 이 마을은 염소가 다니는 길과 별반 다르지 않은 좁은 도로로 바깥세상과 연결되어 있었다.[84] 식민지 정부는 마치 엘 에스코리알 궁전에 칩거한 펠리페 2세처럼 그곳에 고립되어 있었다. 통신 문제도 펠리페 2세의 상황과 다르지 않았다. 선박이 영국에서 사람과 편지를 싣고 (케이프를 경유해) 인도에 도착하기까지 3개월이 걸렸다. 인도 내 교통·통신의 경우 철도 건설은 1857년에야 겨우 시작되었고, 회사가 사용할 수 있는 최초의 전신도 1851년에야 개통되었다.

이 같은 제도적·기술적 문제보다 더 심각한 것은 인도 문화에 대한 영국인의 무지와 공감 부족이었다. 새로운 통치자들은 인도에 대해 모르는 것이 많았다. 영국인들은 이전의 정복 국가들과 달리 여성들 사이에 떠도는 지식과 정보, 소문에 대해 알아보기를 스스로 거부했다. 결국 인도 인구의 절반은 그들에게 알려지지 않은 채 남아 있을 수밖에 없었다.[85] 이러한 무지는 크게 세 가지의 심각한 오해를 낳았다. 바로 자민다르(인도에서 공식적으로는 토지 소유자 일반, 일반적으로는 대지주를 가리키는 말-옮긴이)에 대한 오해, 카스트 제도에 대한 오해, 그리고 1857년의 악명 높은 '반란(세포이 항쟁)'으로 이어진 사건들에 대한 오해이다.

인도 무굴 제국에서 자민다르는 토지의 소유주가 아닌 징수 관리에 불과해 따로 수입을 얻을 수 없었다. 하지만 영국인들은 이들을 영국의 귀족이나 상류층에 맞먹는 독립적인 지주로 인식했다. 그리고 실제로 동인도회사가 이 같은 오해를 현실로 바꿨다. 1793년 영구 정착지 정책에 따라 자민다르는 지주가 되고 일부는 라자(인도어로 왕을 뜻한다-옮긴이)라는 칭호를 받았는데, 일각에서는 이들이 귀족 계급으로 승격된 것이라고 이야기한다. 영국인들이 정신 나간 상태에서 인도의 사회 구조를 바꾸어 놓았다고 할 수 있다.[86]

오해는 오늘날 카스트(영국보다 먼저 인도에 도착한 포르투갈인이 처음 사용한 용어)로 알려진 인도 사회 계층 시스템의 역사에서도 중요한 역할을 했다. 미국 역사학자 니콜라스 더크스Nicholas Dirks가 말한 것처럼 오늘날 우리가 알고 있는 카스트는 사실 고대 인도로부터 변함없이 전해 내려온 제도가 아닌, 인도와 서구 식민 통치가 결합해 생긴 산물이다.[87] 영국인들이 카스트를 이해하고자 하는 과정에서 카스트 제도가 재정의된 것이다. 새로운 통치자는 이번에도 힘을 이용해 오해를 새로운 현실로 바꿨다.

1857년 세포이 항쟁은 무지와 오해가 어떤 비극을 초래할 수 있는지 잘 보여준다. 반란의 징후를 읽어 내지 못하고 다가올 일에 대비하지 못한 지성의 실패였다고 할 수 있기 때문이다. 1857년은 원주민 정보원으로부터 정보를 수집하는 전통 시스템에서 통계 형식의 사회 조사처럼 새로운 유럽식 모델로 전환되는 과도기였다는 사실 역시 실패에 기여했다고 할 수 있다.[88]

반란은 인도 문화, 더 정확하게는 인도의 다양한 문화를 이해하지 못한 결과로 일어났다고 볼 수 있다. 젊고 무지한 군 장교들은 인도 부사관들과의 소통에 갈수록 어려움을 겪었고[89] 그에 따른 정보 부족은 또다시 소문을 부추겼다. 반란은 세포이(동인도회사가 영국인 장교 아래에 둔 인도인 용병)의 반란에서 시작되었다. 새로 지급된 총탄의 탄약통(당시 머스킷 소총의 총탄에서 종이에 기름을 먹여 만든 탄피 부분-옮긴이)에 소고기와 돼지고기에서 추출한 기름을 먹였다는 소문이 퍼지면서 힌두교도와 이슬람교 모두가 반감을 가진 것이다. 코로나 시대인 오늘날에도 일부 백신이 돼지의 젤라틴을 재료로 만들었다는 허위 소문이 이슬람교도 사이에 확산되기도 했다.

결국 당국이 대응에 나섰지만, 때는 이미 너무 늦고 말았다.[90] 특정 지역에서 반란이 일어나자 다른 지역에서도 반란이 뒤따른 데다 정권에 다른 불만을 품은 군인과 민간인들이 합세했기 때문이다.

어떤 정권도 떠도는 소문에 책임질 수는 없지만, 반란이 시작되기 전 한 영국 장교는 탄약통에 사용된 기름이 특정 계층을 불쾌하게 하거나 그들의 관습을 자극할 만한 성질이 아니라는 것을 증명해야 한다고 경고했고, 어느 군수품 감찰관은 심기를 불편하게 할 만한 지방이 사용되지 않았다는 사실을 사전에 입증할 조치가 전혀 취해지지 않았음을 인정했다.[91] '공식 부주의'가 '명백한 무지'와 같다고 할 수는 없지만, 인도 군인들의 문화를 존중하지 않은 영국 장교들의 무관심이 드러난 것이라 할 수 있다. 인도 관습에 대한 그들의 태도는 오늘날의 제도적 인종차별까지는 아니더라도 그들의 편견을 드러냈다.

런던의 동인도회사에서 일한 존 스튜어트 밀은 1857년 세포이 항쟁을 회고하며 인도에 대해 만연했던 영국인의 무지를 지적했다. 그리고 영국 정치인이나 영국 대중을 이끌어 온 이들이 인도인의 경험과 인도 총독부의 상황에 대해 지금껏 보여준 수준보다 훨씬 심오하

게 연구할 것을 권고했다.[92]

이 항쟁으로 영국 정부는 동인도회사로부터 인도 통치를 넘겨받았다. 영국 정부는 런던에 인도청을 설립하고 인도 담당 국무장관과 인도 총독을 임명했다. 전신, 증기선, 철도가 생겨 양국 간 소통도 더욱 빨라졌다.[93] 하지만 그렇다고 영국령 인도에 대한 공식적 무지가 막을 내린 것은 아니었다. 여전히 지휘 체계는 길고 복잡했다. 인도에서 지휘계통은 총독에서 시작해 지방 총리와 비서관, 국장, 부국장, 차장, 지방 치안판사로 이어졌는데, 이들은 모두 영국인으로 인도 공무청에 소속되어 있어 공무원으로 불렸다. 공무원 한 명이 다스려야 하는 인도인이 평균 30만 명이었기 때문에 아무리 성실하고 오래 근무한 지방 치안판사라도 자신의 관할 지역에 대해 잘 알 수 없었다.[94]

동인도회사 집권 당시와 마찬가지로 인도 총독부는 영국인으로 구성된 상위 계층과 인도인으로 구성된 하위 계층으로 나뉘었다(일부는 계층 상승이 허용되어 1905년에는 상위 계층의 5퍼센트가 벵골인이었다). 최하층 서민에게서 나온 정보는 상부로 올라가는 길고 복잡한 과정에서 손실되거나 걸러졌을 게 분명하다.

영국의 통치 체제는 1947년까지 지속되다가 이슬람교 지도자 무함마드 알리 진나Muhammad Ali Jinnah의 요청에 따라 인도가 공식 힌두교 국가인 인도와 공식 이슬람교 국가인 파키스탄으로 분할되면서 피비린내 나는 종말을 맞이했다. 인도의 두 주였던 펀자브와 벵골 모두 인도와 파키스탄으로 분할되었다(파키스탄은 펀자브의 서파키스탄과 벵골의 동파키스탄으로 이루어져 있었지만, 동파키스탄은 1971년에 독립해 방글라데시가 되었다-옮긴이). 카라치(현재 파키스탄에 위치-옮긴이) 출신으로 펀자브에 대해서라면 네빌 체임벌린 영국 총리가 체코슬로바키아에 무지했던 데 못지않았던 진나는 그곳에서 시크교와 이슬람교가 권력을 공유하는 것에 반대했다. 분할 이전 델리의 한 경찰서장은 "펀자브에 분단선이 그어지면 서쪽의 모든 시크교도와 동쪽의 모든 이슬람교도는 ○○가 잘릴 것"이라고 말했다.[95] 결과적으로 자리를 잘못 잡은 시크교도와 이슬람교도 1,000만~1,200만 명가량은 이주를 택했고, 그 과정에서 상당수(적게는 수십만 명, 많게는 100만~200만 명)가 사망했다. 인도에 주둔한 영국군이 사전에 위험을 예측하고 충분한 준비를 거쳐 사람들의 이주를 철저히 감독했다면, 분할로 그렇게 많은 사상자가 발생하는 일은 일어나지 않았을 것이다.

일이 이렇게 성급하게 진행된 것은 경험은 부족한데 자신감만 넘쳐 기꺼이 위험을 감수하는 성향의 지휘관으로 알려진 마지막 총독 루이스 마운트배튼 경Lord Louis Mountbatten의 책임이었다. 그는 현지 경험도 없으면서 현지 조언을 따르지도 않았다. 벵골 주지사는 클레멘트 애틀리Clement Attlee 총리에게 영국군 철수 날짜를 정확하게 발표하면 충격적 규모의 학살이 일어날 수 있다고 조언했다. 이에 애틀리는 어림잡아 1948년으로만 잡아 놓았지만, 마운트배튼의 설득으로 원래 계획보다 10개월이 빠른 1947년 8월 15일을 받아들였다.

1947년 3월에 부임한 새 총독 마운트배튼은 5월이 되자 '이 모든 분할 계획은 미친 짓'이라는 글을 남겼다. 그럼에도 그는 지나치게 서두르고 있다는 (인도 초대 총리로 내정된) 자와할랄 네루Jawaharlal Nehru의 조언을 무시하고 계획을 무리하게 계속 밀어붙였다. 결국 우려했던 대학살이 실제로 일어났다.[96]

인도와 파키스탄 사이 새로운 국경선을 그은 사람은 인도에 가본 적도 없는 변호사 시릴 래드클리프Cyril Radcliffe였다. 그는 인도 정치에 완벽하게 무지하고, 지브롤터(스페인 이베리아반도 서남쪽 끝에 있는 영국의 해외 영토-옮긴이) 동쪽으로는 가본 적도 없었다.[97] 분할은 영국이 인도의 상황에 대해 무지했거나 의도적으로 무시했음을 보여주는 최후의 비극적 사례였다. 이 장의 앞부분에서 논의한 몇 가지 사례를 일반화하면 제국적 무지나 식민지적 무지는 무지의 중요한 한 형태라고 할 수 있다. 지배자와 피지배자가 속한 문화권이 다른 경우 무지로 인한 실수는 언제나 발생하기 마련이다.

식민주의가 신식민주의로 대체된 후에도 이 같은 종류의 실수는 계속되었다. 최근의 사례로 2003년 미국의 이라크 침공을 들 수 있다. 당시 미국은 사담 후세인이 대량살상무기를 보유하고 있는지 알지도 못하면서 무작정 침공을 강행했다. 전쟁에서는 빠르게 승리했지만 보통 승리에 뒤따르기 마련인 평화는 잃어버렸고, 이라크 국민에게 약속했던 자유 대신 혼란과 폭력만을 남겨 주었다. 그리고 사찰단은 악명 높았던 무기를 결국 찾아내지 못했다. 당시 전쟁을 지지했던 이들조차 1991년 1차 걸프전 이후 사담 후세인의 대량살상무기가 파괴되었다고 주장한 이라크 정부 측 말이 사실이었을 수 있다고 인정했다.[98]

영국의 토니 블레어 총리는 침공을 지지한 것이 옳은 결정이었다고 계속 주장했지만, 미국 측에서도 후회하는 기색을 일부 찾아볼 수 있었다. 당시 국무부 장관이었던 콜린 파월Colin Powell은 시간이 흐른 뒤 "무기고가 없다는 사실을 알았다면 과연 전쟁을 지지했을지 모르겠다"고 언급했다. 이라크 조사단 수장이던 데이비드 케이David Kay는 더 노골적으로 "우리는 모두 틀렸다"고 선언했다. 이스라엘의 군 역사가 마틴 반 크레벨드Martin van Creveld는 이라크 침공을 "기원전 9년 아우구스투스 황제가 독일에 군대를 파견했다가 패배한 이래 가장

어리석은 전쟁"으로 묘사했다.[99]

전직 외교관의 회고록으로 미국에서 고전으로 손꼽히는《헨리 애덤스의 교육The Education of Henry Adams》은 무지한 정치인들에게 일침을 날린다. 책에는 '남부 분리주의자들은 세상에 대해 엄청나게 무지했다', '1870년경 미국 정부는 무지를 자부심으로 삼았다', 그리고 1903년 러시아가 일본에 갑작스레 패배하기 직전에는 애덤스 자신도 '가장 정보에 밝다고 자신한 정치인만큼이나 무지하다고 느꼈다'는 등의 발언이 등장한다.[100] 그는 1918년에 사망했는데, 만약 그가 한 세기가 지나 미국으로 돌아온다면 트럼프 대통령에 대해 과연 뭐라고 말할까?

12장
놀라움과 재앙

최고의 계획은 인간이 세웠든 생쥐가 세웠든 결국 엉뚱한 길로 빠질 수 있다.

로버트 번스Robert Burns(스코틀랜드 시인)

놀라움 중에는 좋은 것도 있고 나쁜 것도 있음을 우리는 모두 잘 안다. 앞서 살펴본 바와 같이 놀라움은 과학적 발견에 중요한 역할을 하지만, 수많은 재난의 피해자들 역시 놀라움을 느낀다. 나쁜 놀라움의 가능성을 줄이기 위해 할 수 있는 일은 무엇인가? 앞서 우리는 전쟁, 정치, 비즈니스 분야의 의사결정권자들이 수세기 동안 불확실한 상황, 특히 '알려진 미지'에 어떻게 대응해 왔는지 논의했다. 반면 이 장에서는 '알 수 없는 미지', 즉 잘 짜이지 않은 계획은 물론 번스가 말하는 '인간과 생쥐의 최고 계획'(스코틀랜드 시인 로버트 번스의 시 〈생쥐에게〉에 나오는 시구-옮긴이)을 방해하는 미래에 대한 무지를 알아본다.

사실 알려진 미지와 알려지지 않은 미지 사이의 간극은 너무 크다. 따라서 비교적 알려지지 않은 것들의 관점에서 생각하는 게 좀 더 생산적이다. 예를 들어 우리는 화재, 홍수, 지진, 기근, 전염병이 미래에 반드시 일어나게 되어 있다는 것을 알지만, 언제 일어날지는 아무도 모른다. 캘리포니아 주민들은 1906년 샌프란시스코에 지진이 발생한 뒤 또 언제 대재앙이 닥칠지 노심초사하고 있다.

재난에 대해 그나마 알려진 건 시기보다는 지리 관련 지식이다. 다른 지역에 비해 유독 취약한 곳들이 존재하는 것이다. 가령 방글라데시 일부 지역은 홍수가 나기 쉽고, 캘리포니아나 일본은 지진을 발생시키는 단층선 근처에 위치해 있다. 그래서 제방을 쌓고, 비상식량을 비축하고, 소방대를 조직하는 등 재난 대응에 철저히 준비한다. 가장 불확실하고 치명적인 위험, 즉 인류의 생존이나 잠재력에 치명적 위협을 가하는 실존적 위험에 대한 대비도 가능하다. 그럼에도 대비가 너무 적고 너무 늦게too little too late 이루어지다 보니 'TLTL'이라는 약어까지 생겨났다.

이는 당장 해결이 필요한 다른 사안들 때문인 측면도 있지만, 이 세상에서 일어나는 일에 무지하거나 관심이 적어서 그런 측면도 있다. 실존적 위험에 관한 최근 연구에서 사람들에게 경고했듯이 우리는 결함을 지닌 결정권자들이 놀라울 정도로 불완전한 정보를 가지고 전 인류의 미래를 위협하는 기술을 지휘하는 세상을 살아가고 있다.[1]

여기서는 미래에 대한 불가피한 무지가 아닌(14장에서 논의 예정), 비난받아 마땅한 무지와 준비 부족에 대해 이야기하고자 한다. 예를 들어 1941년 히틀러가 소련을 침공하라는 명령을 내렸을 때 준비할 시간이 없었던 독일군은 제대로 된 방한복도 없이 러시아의 혹독한 겨울과 맞서야 했다. 러시아인들도 놀라기는 마찬가지였다. 1986년 체르노빌 원전 폭발 조사위원회 위원장이었던 발레리 레가소프Valery Legasov는 발전소의 준비 부족을 독일의 침공에 맞선 준비 부족에 빗대어 '심지어 더 나쁜 버전으로 재현된 1941년'이라고 말했다.[2]

화재, 홍수, 허리케인과 지진

역사적으로 위험 징후를 무시하다가 자연재해를 입은 사례는 너무도 많다. 목조 주택이 많았던 근대 초기 유럽에서는 화재 진압을 위한 시설이 부족해 도시 전체나 대부분이 불에 타 버리는 일이 빈번했다. 스칸디나비아의 경우 스톡홀름은 1625년과 1759년, 코펜하겐은 1728년과 1795년, 크리스티아니아(현재의 오슬로)는 1624년, 베르겐과 웁살라는 모두 1702년에 불탔다.

이보다 더 큰 화재는 1666년 자정 무렵, 빵집에서 우연히 시작된 불이 목조 건물 주택가로 급속히 퍼진 런던 대화재였다. 일부 런던 시민들은 당시 소수 종교로 박해받던 가톨릭 신자들이 일부러 불을 질렀다고 주장했다. 이는 정보가 부족할 때 소문이 어떤 역할을 할 수 있는지 잘 보여준다. 그뿐 아니라 아무도 예상하지 못한 재앙이 일어났을 때 실제 개인이나 집단에 어떻게든 책임을 물어야 하는 집단 편집증, 이른바 '희생양 증후군'도 잘 보여준다.

경험에서 교훈을 얻은 런던 시민들이 벽돌로 도시를 재건하고 1681년 보험 회사까지 들어서자 다른 여러 지역도 이내 그 뒤를 따랐다.[3] 도시의 초기 거주자들이 화재 위험에 무지했다고는 할 수 없다. 다만 이 시기에 이르러 위험에 대한 경각심이 높아지면서 재난의 피해 규모를 줄이기 위한 조치가 속속 도입된 것뿐이다.

홍수의 경우 피해 규모가 컸던 일부 사례는 역시 위험 징후를 무시하고 제대로 대비하지 않은 탓에 일어났다. 이들 경우는 단순 무지로 치부할 수 없었다. 취약 지대 파악, 배수, 제방 등 오늘날 홍수 관리로 불리는 방법이 오래전부터 알려져 왔기 때문이다. 1927년 미국 10개 주가 물에 잠기고 60만여 명이 집을 잃은 미시시피 대홍수를 예로 들어 보

자. 기록적 강우량을 예측하기는 불가능했지만, 1928년 통과된 미시시피 홍수 통제법에서도 암묵적으로 인정하고 있듯이 효율적이고 장기적인 방식으로 얼마든지 대비할 수 있었고, 또 대비했어야 했다.[4]

미시시피 홍수로 가장 큰 피해를 입은 것은 빈곤층, 그중에서도 흑인이었다. 미국 역사에서 몇 손가락 안에 꼽히는 대규모 재난으로서 2005년 허리케인 카트리나에 이어 발생한 뉴올리언스 홍수 때도 마찬가지였다. 1927년과 마찬가지로 이 재난은 홍수 방지 시스템의 공학적 결함뿐 아니라 이른바 의도하지 않은 집단의 무지까지 드러냈다. '카트리나 효과'라는 말이 등장한 것도 이때였다.[5]

이 재난 연구에서 정부 구호 노력, 특히 연방재난관리청FEMA의 대응 실패가 드러났다.[6] 관리청은 집을 잃은 사람들에게 임시 거처로 이동식 주택과 텐트를 제공했지만, 호텔에 수용하는 것은 꺼렸다. 의료 시스템은 재난에 대비하지 못했다. 허리케인이 매년 뉴올리언스를 강타한 탓에 대비 부실 문제가 늘 비난의 도마 위에 올랐다. 아프리카계 미국인이 대부분인 빈곤층은 가진 게 적고 홍수에 더 취약한 저지대에 살았기 때문에, 가장 큰 피해를 입었다. 경찰은 일부 사람들이 떠나는 것을 막았으며, 남아 있는 사람들 중 상당수는 구호를 받지 못했다. 때때로 먼 도시로 피난을 떠난 사람들은 떠날 때만큼이나 돌아오는 것이 어려웠다. 당국은 고통에 대한 무관심뿐만 아니라 제도적 인종차별에 대해서도 비난을 받아 왔다. 조지 W. 부시 대통령은 재난이 발생했을 때 휴가 중이었고 현장을 조기에 방문하지 않았으며, 무능한 연방재난관리청 국장(얼마 지나지 않아 사임)에 대해 '대단한 일을 했다'며 치켜세웠는데, 이는 너무 적고 늦은 대응의 한 사례에 불과했다.

허리케인 카트리나는 이른바 무지의 사회적 분배를 드러냈다. 도시 취약 지대에 사는 빈곤층은 홍수가 위험하다는 것을 잘 알았다. 하지만 안전하고 비싼 지역에 거주하는 공무원들은 그렇지 않았다. 그들은 자신의 안전뿐 아니라 다른 사람들의 안전까지 위협해 가며 현장 지식을 무시했다.[7] 이 주제는 역사 전반은 아니더라도 재난의 역사에서 끊임없이 반복된다. 지역 상황을 아는 사람은 행동할 힘이 없고, 힘을 가진 사람은 필요한 지식이 없다.

지진은 발생 시기와 강도를 예측할 수 없다는 점에서 가장 끔찍한 자연재해다. 유럽에서는 1755년 리스본 지진이 도시를 파괴하고 1~3만 명의 사망자를 내 가장 악명을 떨쳤지만, 2008년 쓰촨성(약 9만 명 사망), 1923년 도쿄(약 14만 명 사망), 1138년 알레포(현대적 계산이 맞다면 20만 명 이상 사망)를 파괴한 지진과 비교하면 가벼운 해프닝에 지나지 않았다.

리스본 대지진은 새로 창간된 신문과 잡지를 통해 정보가 유통되면서 재앙의 원인에 대한 논쟁을 촉발했다. '재앙catastrophe'이라는 단어는 18세기 중반에 탄생한 신조어로, 더 정확하게는 본래 연극 관련 기술 용어로 쓰이던 게 '재난'과 동의어로 거듭난 사례라 하겠다. 리스본 대지진에 대한 한 반응으로, 철학자 임마누엘 칸트는 지진의 원인에 관한 글(1756)에서 지구 깊은 곳에 대한 인간의 무지를 강조했다.

18세기에 일부 학자들은 '재앙의 발명'이라는 말을 썼다.[8] 이 생생한 표현은 요한계시록의 네 기사(신약성서 요한계시록에 나오는, 세계를 멸망시킬 네 명의 기사-옮긴이)와 세상에 임박한 종말이라는 전통 개념을 충분히 반영하지 못한다.[9] 하지만 이 표현과 함께 재난은 불가피하다는 개념에서 지식과 행동 의지가 결합하면 재난도 피할 수 있다는 믿음으로 중요한 변화가 일어났다.

기근

기근은 날씨에 따라 수확량이 다를 수 있다는 점에서 자연재해로 꼽힌다. 하지만 일반적으로 공공 창고를 건설해 식량 공급에 대한 위험을 관리하지 못하거나 다른 곳에서 식량을 수입해 위기에 신속하게 대응하지 못하는 등 당국의 잘못으로 발생한다는 점에서 인적 재난이다. 벵골에서는 1770년 기근으로 200만 명 이상이 사망했는데, 1943년부터 1944년까지 또다시 기근이 닥쳐 약 300만 명이 사망했다. 1845년부터 1846년까지의 아일랜드 대기근으로는 100만 명이 사망하고 100만 명 이상이 이민을 떠났으며, 1983년 발생한 에티오피아 기근으로는 100만 명이 넘는 사람이 사망했다. 1932년부터 1933년까지 우크라이나에서 발생한 기근으로는 300만 명 이상이 사망했지만, 이는 공적 무지가 아니라 스탈린의 수확물 몰수 명령에 따른 결과였다.

벵골과 아일랜드의 기근은 11장에서 논의한 식민주의 시대의 무지를 보여주는 또 다른 사례다. 1770년 벵골은 영국 동인도회사의 지배를 받았다. 기근이 발생하자 일부 회사 관리들은 쌀 사재기나 수출을 막고 굶주린 사람들에게 식량을 나눠주려고 노력했다. 그럼에도 기근 구제 조치가 불충분해 이를 인지한 신임 총독 워렌 헤이스팅스는 공공 곡물 창고 건설을 지시했다.[10]

벵골이 대영제국의 일부였던 1943년, 이곳에서 두 번째 기근이 발생했다. 당시에는 벵골주 정부가 기근이 발생했다는 사실 자체를 부인했기 때문에 공식 대응이 단순히 부적절한 수준을 넘어섰다. 캘커타(현재의 콜카타)를 중심으로 이루어진 식량 배급은 양도 너무 적었던 데다 시기도 너무 늦었다. 벵골주 정부에는 행정적 혼란이 있었다. 기근 당시 총독으로 부임한 웨이벨 경은 윈스턴 처칠에게 편지를 보내 '폐하의 정부가 인도의 중요한 문제를 방치하고 있을 뿐 아니라 적대감과 경멸로 대하고 있다'고 불평했다.[11] 자와할랄 네루도 그에 동의하면서 영국의 대응(또는 부재)을 무관심, 무능, 안일함의 사례로 꼽았다.[12]

당시 기근을 경험한 기자 출신 저술가 칼리 차란 고시Kali Charan Ghosh는 큰 재앙을 피할 수 있었던 조치들이 간과되거나 완전히 무시되었으며, 고위 관리들이 무지를 가장한 채 책임을 회피하려 했다고 지적했다.[13] 어린 시절 기근을 목격한 경제학자 아마르티아 센Amartya Sen은 이 재난이 정부가 기근을 예측하고 그 출현을 인식하는 데 명백히 실패했음을 드러냈다고 평가했다. 요컨대 영국은 기근의 가능성을 무시했고, 기근이 닥쳤을 때에도 기근에 대해 알고 싶어 하지 않았다.[14]

제국의 무지를 보여주는 또 다른 사례인 1845년 아일랜드 대기근은 인구 대다수가 의존하고 있던 감자 작황의 실패와 영국 정부의 부실 대응으로 더욱 악화되었다. 취해진 조치는 또다시 너무 미미하고 너무 늦었다. 벵골에서 근무했던 공무원 찰스 트리벨리언Charles Trevelyan은 아일랜드에서 기근 구호 업무를 담당하고 있었다. 그는 정부의 무대책(자유방임)을 믿었고, 실제로 〈에든버러 리뷰〉(1848)에 기고한 '아일랜드의 위기'라는 글에서 기근이 전적으로 현명하고 자비로운 섭리의 직접적 타격이라면서 아일랜드의 유휴 농민을 죽음이나 이민으로 제거하기 위한 수단이라고 설명했다.[15] 보수당 총리 로버트 필Robert Peel은 아일랜드에 옥수수를 보냈지만 도착하는 데 너무 오래 걸렸고, 아일랜드의 제분소가 옥수수 분쇄 시설을 갖추지 못해 배분이 더 지연되었다. 또한 필은 곡물 가격을 높게 유지하는 관세(옥수수법)를 폐지하려 했지만, 지주들의 정당인 자신의 당이 반대해 실패했다.[16]

식민주의 시대의 또 다른 사례는 영국령 아프리카에서 나왔다. 이 지역에서는 식민지 관리들이 자신들이 통치하는 사람들의 상황에 대해 무지하고 무감각했다. 때로는 행정 당국의 본질적 무지가 식민지 방치로 드러나기도 했다. 1908년 나이지리아 북부에서 발생한 기근의 경우, 라고스 행정 당국은 연례 보고서를 읽기 전까지 기근에 대해 전혀 알지 못했다.[17]

1959년부터 1962년까지 발생한 중국 대기근에 비하면 다른 기근은 아무것도 아니다. 신뢰할 만한 수치가 부족하고 추정치는 매우 다양하지만, 약 3,000만 명이 기근으로 사망했다고 추정된다. 스탈린이 통치하던 소련에서와 마찬가지로 대기근은 지도자가 추진한 정책의 직접적인 결과이자 자신의 천재성과 무오류성을 확신하는 한 개인의 무지와 오만으로 인한 결과였다.[18] 네덜란드 역사학자 프랑크 디쾨터 Frank Dikötter는 《마오쩌둥의 대기근Mao's Great Famine》에서 '무지'라는 단어를 거의 사용하지 않지만, 마오쩌둥 통치 기간에 이 단어 사용이 적절해 보이는 여러 상황을 묘사하고 있다.

1956년 마오쩌둥은 곡물, 면화, 석탄, 철강 생산량을 비현실적으로 늘릴 것을 촉구했다. 1957년 야심 찬 치수 사업에는 황허강의 댐이 포함되었는데, 전문가의 조언을 무시한 채 강제 노동으로 서둘러 건설된 댐은 결과적으로 목적에 맞지 않았다(황허강 중류에 싼먼샤三門峽 댐을 건설했으나, 상류에서 흘러온 토사가 댐 안에 쌓여 제 기능을 하지 못하고 오히려 홍수와 농경지 유실 등의 부작용을 낳았다-옮긴이).[19]

또한 마오쩌둥은 마오주의 혁명 이론에서처럼 프롤레타리아가 아닌 농민들이 뒤뜰의 작은 용광로에서 강철을 만들어 급속한 산업화를 이룸으로써 서구를 따라잡으려고 한 '대약진'을 공식적으로 시작했다. 그러나 농민들은 제철 교육을 받지 못했고, 제철 공정에도 무지했다. 그 결과 그들이 생산한 철괴는 대부분 쓸모가 없었다.[20]

더욱 심각한 문제는 대약진 운동에 참여하기 위해 많은 농민이 파종과 수확을 중단해 농업에 심각한 결과가 초래됐다는 사실이다. 1,600만 명이 넘는 농민이 공업 부문으로 옮겨져 도시로 이주했다. 동시에 정부는 소규모 개별 농장을 대규모 집단 농장으로 대체하도록 명령했다. 이 정책은 심각한 식량 부족과 기근을 초래했다.

마오쩌둥은 곡물 생산량을 늘리라고 명령하고 진행 상황을 점검하기 위해 시골을 방문했지만, 그가 방문한 현장은 철저히 연출된 것이었다. 이는 11장에서 이야기한 포템킨 마을과 비슷한 사례로, 마오쩌둥의 방문 경로를 따라 보여주기 식으로 좋은 벼가 옮겨 심어졌다. 즉, 중국 전체가 하나의 연극 무대였고, 모든 인민은 마오쩌둥을 위한 거대 규모의 연극배우들이었다.[21] 1958년에 이미 재앙의 경고등이 켜졌지만, 마오쩌둥 정권은 이를 무시했다. 권력자들은 지식이 부족했거나 알고 싶어 하지 않았고, 지식을 가진 사람들은 권력이 없었다. 실수와 절도는 은폐되었고, 독재정권에서 종종 그랬듯이 생산 통계는 목표를 달성했거나 초과 달성한 것처럼 조작되었다.[22] 요컨대 중국의 대기근은 농업 사회에서 공업 생산의 급격한 증가라는 비현실적인 목표를 추진함으로써 빚어진 결과였다.

팬데믹

무지가 초래한 결과의 생생한 사례는 질병의 역사에서 많이 찾아볼 수 있다. 지난 반세기 동안 인류는 네 가지 주요 신종 질병의 공격을 받았다. 1976년의 에볼라, 1981년의 에이즈, 2002년의 사스, 그리고 2020년의 코로나바이러스다. 현재가 끊임없이 변화하면 과거를 새로운 관점으로 바라보기 마련이다. 따라서 역사가들이 과거 발생한 주요 질병 연구로 돌아가는 것은 당연하다. 이러한 주요 질병이나 팬데믹에는 1348년부터 1349년까지 아시아와 유럽에서 발생한 페스트, 1520년대 중남미에서 발생한 천연두, 17세기 페스트의 재유행(1630년 이탈리아 북부, 1665년 런던), 19세기 유럽의 콜레라(1854년 런던, 1892년 함부르크), 1918년 전 세계로 확산된 스페인 독감 등이 있다. 이 팬데믹은 환자와 의사 모두를 놀라게 했다. 의사들은 질병의 원인과 전염 방식, 전염 예방, 환자 치료에 모두 무지했다.

페스트

1348년부터 1349년까지 티베트고원에서 시작된 페스트가 빠르게 퍼져 나가면서 유럽에서만 약 5천만 명이 사망한 것은 충격적인 사건이었다.[23] 사람들은 이 치명적인 병의 발생 원인에 대한 설명과 치료법, 최소한의 예방책을 간절히 원했다. 전염이 눈에 보이지 않았기 때문에 두려움은 배가되었다. 발병 원인의 주요 이론 중 하나는 사람들의 죄를 벌하기 위해 신이 내린 재앙이라는 것이었다. 또 다른 믿음은 유대인들이 우물에 독을 타서 페스트를 일으켰다는 것인데, 이는 희생양 증후군의 극단적인 사례다. 많은 의사는 페스트가 오염된 공기에 의해 전염된다고 믿었다. 이러한 믿음은 무지의 소산이라며 오랫동안 역사가들에 의해 거부되었지만, 오늘날 코로나바이러스 사태를 맞아 전염병학자들은 오염된 공기를 다시 언급했다.

또한 페스트는 후각기관을 통해 인체에 침투한다고 믿었기 때문에 의사들은 마스크를 착용했고, 여유가 있는 사람들은 포만더pomander(향신료를 공 모양으로 빚어 만든 일종의 향수. 흔히 오렌지에 정향을 박아 만든다-옮긴이)를 코에 대어 자신을 방어하려 했으나 나중에야 벼룩과 그 숙주인 검은쥐가 질병 확산의 원인이라는 사실이 밝혀졌다(페스트균에 감염된 쥐 등의 피를 빨아 감염된 벼룩이 다시 사람을 물어 감염시킨다-옮긴이).

당시 유럽인들은 신앙으로 전염병에 대응했다. 사람들은 하나님의 분노를 달래기 위해 행진을 벌였으며, 때로는 회개를 증명하기 위해 자신의 몸에 채찍질을 하기도 했다. 그러나 혼잡한 교회나 거리 행진은 신체 접촉을 통해 전염병이 퍼질 가능성을 높였다. 두 번째 대응은 유대인을 공격하는 것이었다. 1348년 프랑스 툴롱, 1349년 스페인 바르셀로나, 독일 에르푸르트, 스위스 바젤에서 유대인 학살이 일어났다.[24]

유럽인들이 흑사병(피부가 검게 변하며 죽기 때문에 붙여진 이름-옮긴이)으로 알려진 1348년의 페스트 전염병을 잊기까지는 오랜 시간이 걸렸다. 이전보다 규모는 작아졌지만, 페스트는 자주 재발했기 때문에 기억은 정기적으로 되살아났다. 1630년 밀라노에서는 도시 인구의 절반인 6만여 명이 사망했다. 런던 시민들은 사망자가 7만 명이 넘었던 1665~1666년을 페스트의 해로 기억한다. 마지막 대유행은 1720년 프랑스 마르세유에서 일어나 5만 명이 사망했다.[25]

17세기에는 유럽 도시들, 특히 이탈리아에서 페스트 퇴치를 위한 조직적인 대응이 이루어졌다. 최초의 봉쇄 형태인 검역은 적어도 14세기까지 거슬러 올라가는데, 감염된 지역의 항구에서 베네치아에 도착한 배의 승객은 40일 동안 하선할 수 없었다. 17세기에 이르러서는 여러 가지 대책이 마련되었다. 페스트가 퍼지고 있다는 소식이 전해지면 국경이 폐쇄되고, 보건소가 설치되고 보건증이 발급되며, 감염된 옷과 가구가 불태워졌다. 일부 의사들은 행진과 공개 집회에 참여하는 사람들에게 위험을 경고했다. 피사대학교의 스테파노 디 카스트로Stefano di Castro 교수는 가난한 사람들이 고의적으로 무지해 감염된 사람과 거리를 두지 않으려 했다고 주장했다.[26]

지금도 비슷한 상황에서 그런 것처럼 소문은 계속 퍼져 나갔다. 1630년 밀라노에서는 운토리untori(기름 바르는 사람들이란 뜻-옮긴이)로 알려진 사람들이 도시 벽에 독성 물질을 칠해 페스트를 고의로 퍼뜨렸다는 주장이 제기되었다. 일부 사람들은 이 범죄로 체포되어 재판을 받았다. 피렌체의 한 작가는 '밀라노의 페스트는 독을 가진 사악한 사람들에 의해 발생했다. 교회의 성수대에 있는 성수에 독을 탔기 때문'이라고 기록했다.[27] 피렌체와 다른 지역의 설교자들은 전염병을 공동체의 죄에 대한 벌로 제시했고, 행진 또한 계속되었다.[28]

이런 식의 생각과 행동을 피렌체 사람들이 마지막으로 벌인 것은 아니었다. 1849년 브라질 리우데자네이루에서 황열병이 유행했을 때 신문에서는 이를 '하나님의 심판'으로 묘사했고, 종교단체들은 행진하며 전염병의 전통 수호자인 성 로크와 성 세바스티아누스에게 도움을 호소했다.[29]

천연두

유럽에서 풍토병이던 천연두는 신대륙에서 유행병으로 바뀌었다. 스페인 정복자들이 도착한 직후인 1520년대부터 천연두는 발진티푸스, 홍역과 함께 멕시코와 페루 인구의 대부분을 죽음으로 몰아넣었다. 멕시코의 경우 1518년 인구가 900만 명 내지 2,500만 명으로 추정됐지만 1603년 100만 명으로 대폭 감소했다. 페루 인구 역시 프란시스코 피사로와 그의 부하들이 도착한 1528년에는 500만 명 내지 900만 명이었으나 한 세기 후 60만 명으로 줄었다. 구대륙에서 신대륙으로 천연두를 옮긴 스페인 사람들은 면역력이 있어 모두 살아남았다. 유입되자마자 빠르게 퍼진 천연두는 정복자와 피정복자 모두에게 충격이었으며, 전혀 예상치 못한 사건이었다.[30]

역사가들은 신대륙의 원주민들이 스페인 정복자들과는 달리 면역력을 키우지 못했기 때문에 천연두에 취약했다고 설명한다. 그러나 16세기에는 면역이라는 개념이 없었기 때문에 어떤 사람은 병에 걸리고 또 다른 사람은 병에 걸리지 않는 이유를 알 수 없었다.[31]

신대륙 정복자들은 나중에 천연두에 대해 많은 것을 알게 되었다. 심지어 이 질병을 대량살상무기로 사용하기도 했다. 1763년 영국군 장교 제프리 애머스트 경Lord Jeffery Amherst은 천연두에 오염된 담요를 보내 폰티악의 반란(반란의 지도자인 오타와족 추장의 이름인 폰티악을 딴 것)을 진압하려고 했다. 애머스트는 한 부하에게 '불만을 품은 인디언 부족에게 천연두를 보낼 방법이 없는가?'라는 편지를 썼다. 그는 나중에 '이 저주할 종족을 멸종시키기 위해' 천연두에 오염된 담요를 보내는 계략을 승인했다. 오늘날 그는 세균전의 선구자라는 악명 높은 평판을 얻고 있다.[32]

중국과 중동에서 오래전부터 알려진 천연두 예방 접종은 18세기 유럽에서 채택되기 전까지 격렬한 논쟁의 대상이 되었다. 오스만 제국 이스탄불 주재 영국 대사의 부인이었던 메리 워틀리 몬태규Mary

Wortley Montagu는 천연두 예방 접종을 지지한 대표적인 인물 중 한 명이었다. 메리는 이미 천연두에 걸렸다 회복되었지만, 이스탄불에 거주하는 동안 천연두 예방 접종을 알게 된 뒤 영국에 도입하기 위해 캠페인을 벌였다. 그녀의 캠페인은 백신 접종을 원치 않는 사람들의 강력한 반대에 부딪혔다.[33]

소의 천연두 바이러스를 이용한 안전한 백신 접종 기술인 우두법牛痘法은 19세기에 전 세계로 빠르게 퍼졌지만, 일부 지역에서는 저항 운동에 부딪히기도 했다. 이러한 저항은 1904년 리우데자네이루에서도 발생했다.[34] 당시 천연두가 창궐하자 시장은 페스트와 황열병을 없애기 위한 위생 캠페인의 일환으로 빈민가(코르티수스) 철거를 명령했다. 많은 빈민이 집에서 쫓겨나고 보건 조사관들이 사생활을 침해하는 데 분개했다. 게다가 다양한 사회 계층의 사람들이 예방 접종을 의무화하는 새로운 법에 반대했다. 리우데자네이루에서는 돌과 병을 던지는 군중과 이들을 향해 권총을 쏘는 기마 경찰 간의 전투가 벌어졌다.

'백신 봉기'로 알려진 이 사건이 단순히 의학적 무지에서 비롯되었다고 보는 것은 지나치게 단순한 해석이다. 그것은 폭동이 자주 발생했던 도시에서 시민의 삶에 간섭하는 당국에 보인 분노의 반응이기도 했다. 이 폭동은 포르투갈어로 '케브라-케브라quebra-quebra(깨부수기)'로 불리며 오늘날까지 계속되고 있다. 폭동의 이유를 묻는 기자의 질문에 한 흑인 시민은 "정부가 국민의 목을 밟을 수 없다는 것을 보여주기 위해서"라고 답했다. 이는 2020년 흑인의 생명도 소중하다Black Lives Matter 캠페인을 떠올리게 한다.[35]

어쨌든 단순히 백신이 폭동의 빌미가 된 것은 아니었다. 리우데자네이루에서 서로 다른 두 문화가 충돌한 것은 상황을 더욱 복잡하게 만들었다. 하나는 과학적인 현대 의학 문화이고 다른 하나는 해방된 노예들의 아프리카 전통문화로서, 각 문화는 고유한 진단법과 치료법을 가지고 있었다.[36]

2020년 코로나바이러스의 경우와 마찬가지로 백신에 대한 무지가 한몫한 것도 사실이다. 많은 빈민은 문맹이었고, 그들은 소문을 통해 정보를 얻었으며, 그중 일부는 백신이 질병이나 독극물이라고 주장했다. 이 봉기의 관찰자인 호무알두 테이세이라Romualdo Teixeira 박사는 저항자들의 무지를 강조했고, 시인이자 기자인 올라부 빌락Olavo Bilac은 이 사건을 무지한 사람들에 대한 교활한 자들의 착취로 묘사했다.[37]

콜레라

19세기에는 유럽 의사들 사이에 또 다른 논쟁이 벌어졌다. 이번에는 전염에 관한 것이었다. 1822년 바르셀로나에서 발생한 황열병은 프랑스 의사 니콜라 세르뱅Nicholas Chervin이 기존 생각과는 달리 사람 간 접촉으로 전염되지 않는다는 것을 보여주기 위한 실험에 이용되었다.[38] 콜레라는 인도에서 풍토병으로 자리 잡은 뒤 중동, 중국, 일본, 유럽으로 퍼져 나가면서 무지를 부각시켰다. 1830년의 프로이센과 1848년의 러시아 등 일부 지역에서는 콜레라가 전염병 수준에 이르렀다. 이 위기로 인해 콜레라 전염과 콜레라 퇴치를 위한 최선의 방법을 둘러싼 논쟁이 확산되었다.

영국에서는 1832년에 콜레라가 대규모로 발생했다. 당시에도 이 전염병은 하나님이 사람들의 죄를 벌하기 위해 보냈다는 견해가 지배척이었고, 이는 감리교 부흥 운동을 부추겼다. 전염설과 미아스마miasma설(나쁜 공기 때문에 질병이 퍼진다는 주장-옮긴이) 지지자들 사이에 논쟁이 계속되었고, 전염병에 대처하는 최선의 방법에 대한 의견도 분분했다. 감염된 사람이나 지역을 격리할 것인지(2020년과 마찬가지로 경제계의 반대에 부딪혔다), 의류와 가구를 태워 소독할 것인지 논의가 이어졌다. 영국 정부는 인기도 없고 과학적 근거도 찾을 수 없는 두 대책 사이에서 같은 처지의 다른 정부와 마찬가지로 두 가지를 조금씩 시행했지만 어느 쪽도 잘했다는 평가는 받지 못했다.[39]

다양한 집단이 서로 다른 방식으로 전염병에 대응했다. 중산층은 노동 계층을 비난했는데, 불결하고 가난하며 술에 취해 있다는 고정관념 때문이었다. 노동 계층 또는 일부 사람들은 전염병이 발생했다는 주장이 거짓이라며 부인했다.[40] 맨체스터에서는 보건위원회가 취한 규제에 반대하는 폭동이 일어났다. 여기에는 지휘의 실패, 정보의 실패, 지식의 실패 같은 무지가 한몫을 했다. 콜레라의 본질과 원인에 대한 조사는 의학 연구 공동체의 부재와 고출력 현미경의 부재로 인해 효과적으로 이루어지지 못했다.[41]

1853년부터 1856년까지 벌어진 크림 전쟁 당시 영국군의 콜레라 환자를 간호하며 명성을 얻은 플로렌스 나이팅게일Florence Nightingale은 손 씻기에 대한 확고한 신념을 가지고 있었다. 그녀는 비위생적인 환경에 대한 보고서로 1848년 공중보건법 통과를 이끌어 낸 개혁가 에드윈 채드윅Edwin Chadwick 같은 선구자였다. 이러한 사례는 당시 위생에 대한 일반적인 무지를 상기시켜 준다. 중산층 사람들은 위생의 중요성을 점점 인식하면서 노동 계층이 위생에 무지하다고 여겼다. 미국의 중산층은 이러한 무지를 남유럽과 동유럽에서 온 이민자들과

연관시켰고, 위생 교육은 미국화 캠페인의 일부가 되었다.[42]

한편으로 나이팅게일은 전통을 따랐다. 그녀는 질병 확산 문제에서 미아스마설을 굳게 믿었다.[43] 1854년 런던에서 콜레라가 유행할 때 외과의사 존 스노John Snow는 탐정처럼 단서를 잡고 추적해 리버풀 스트리트 역 근처의 펌프에서 인분으로 오염된 물을 통해 콜레라가 퍼졌다고 주장했다. 이 질병이 사람들의 위에서 시작된 점에 주목해 이러한 결론을 내린 그는 염소로 물을 정화할 것을 제안했다.[44]

프랑스에서는 루이 파스퇴르Louis Pasteur가 새로운 현미경을 사용해 일부 질병이 박테리아, 미생물, 세균 등으로 알려진 미생물에 의해 전염된다고 주장했다. 1883년 이집트에 파견되어 콜레라 전염병을 조사했던 독일의 로베르트 코흐Robert Koch 박사도 파스퇴르의 세균설을 지지했다. 1892년 함부르크에서 콜레라가 대규모로 발생하자 코흐는 콜레라를 막기 위해 그곳으로 갔다. 그는 함부르크의 경우 강물이 곧장 수돗물로 공급되어 피해를 입은 반면, 이웃 도시 알토나의 경우 정수된 물이 공급되어 콜레라가 퍼지지 않은 사실을 알아냈다. 코흐의 조사는 스노가 동네 펌프 수준에서 발견한 콜레라 감염 경로를 대규모로 입증하는 것이었다. 이를 계기로 세균설이 대중에게 받아들여지면서 수많은 사람이 목숨을 건지게 되었다.[45]

20세기와 21세기

의학 지식은 과학과 함께 발전하지만, 코로나바이러스가 대중에게 인식시켰듯이 새로운 질병이 발생하면 모두가 무지에 빠진다. 인플루엔자는 그전에도 활개를 쳤지만 1918~1919년에는 새로운 변종이

유행했다. 이 변종 인플루엔자에 의한 스페인 독감은 제1차 세계대전과 그 결과로 인해 전례 없이 대규모로 확산되었다. 새로운 인플루엔자 변종은 프랑스 북부에서 미군과 북아프리카 군대(북서아프리카인, 알제리인 중심의 프랑스 식민지 군대-옮긴이)가 여러 유럽 국가 군대와 만나면서 만들어졌다. 게다가 사람들은 전쟁 기간 영양실조에 걸려 인플루엔자에 의한 독감에 평상시보다 취약했다.[46]

한 세기가 지난 지금, 세계화와 대륙 간 여행의 증가로 인해 전염병이 전 세계적으로 빠르게 확산될 가능성이 더욱 커졌다. 지난 반세기 동안 앞서 언급한 네 가지 신종 질병이 등장하면서 의사와 전염병학자들이 초기의 무지를 지식으로 바꾸고, 새로운 지식을 생명을 구하는 실천으로 바꾸기 위해 도전한 것은 결코 우연이 아니다.

현재 전 세계적으로 퍼질 위험성이 높은 전염병은 세 가지인데, 그중 첫 번째는 에볼라다. 이 전염병은 1976년에 아프리카의 남수단과 자이르(현재의 콩고민주공화국)에서 발생함으로써 그 실체가 알려졌다. 백신 개발은 2019년이 되어서야 성공적으로 마무리되었다.

두 번째 전염병인 에이즈(후천성 면역결핍증)도 아프리카에서 발생해 침팬지에서 인간으로 옮겨졌고, 콩고 킨샤사에서 카리브해의 아이티로, 아이티에서 미국으로 퍼져 나갔다. 에이즈의 병원체인 HIV(인체면역결핍 바이러스)는 1980년대 초에 여러 연구 그룹에 의해 발견되었다. 이에 대한 반응으로 나타나는 희생양 증후군의 사례는 여전히 존재한다. 1983년 소련은 미국 정부가 이 바이러스를 생물학 무기로 만들었다고 주장했다. 중국도 미국이 생물학 무기를 위해 코로나바이러스를 만들었다고 주장한 바 있다.

세 번째 전염병은 사스(급성호흡기증후군)로, 사스의 병원체는 중국 남부에서 홍콩, 토론토를 비롯한 다른 지역으로 확산되었다. 사스 확산은 무지가 일조했는데, 홍콩의 일부 시민들은 정부가 질병에 대한 정보를 충분하고 신속하게 제공하지 않았다고 비판했다.

코로나바이러스는 박테리아 관점에서 볼 때 사스의 성공적인 변종이다. 이 질병 또한 중국에서 시작되었고, 중국 정부는 위험에 대해 대중에게 충분하고 신속하게 알리지 않았다는 비난에 직면했다.

음모론도 다시 번성하고 있다. 미국 공화당 상원의원 릭 스콧Rick Scott은 중국 정부가 의도적으로 바이러스 확산을 허용하고 백신 개발을 방해하려 했다고 주장했다. 또 다른 공화당 상원의원 톰 코튼Tom Cotton은 이 바이러스를 중국의 생물학 무기라고 불렀다. 반면 중국 언론은 바이러스에 대한 책임을 미군에게 돌렸다.[47] 미국을 비롯한 세계 여러 곳에서 1904년 리우데자네이루에서와 마찬가지로 백신 반대 운동이 일어났다.

무지는 편견으로 인해 강화되기도 한다. 바이러스와 세균뿐 아니라 곤충, 새, 동물이 전염병을 전파한다는 사실을 의사들이 인식하기까지는 오랜 시간이 걸렸다. 그들은 페스트의 경우 벼룩과 쥐, 발진티푸스의 경우 파리와 이, 1918년 인플루엔자의 경우 새, 에이즈의 경우 원숭이, 사스의 경우 박쥐의 중요성을 무시했다. 특히 계층적인 사회에서는 동물이나 인간보다 열등하다고 여겨지던 벼룩과 이 같은 곤충이 수백만 명의 사람을 죽일 수 있다는 것은 상상하기 어려웠다. 그렇다면 인간의 오만이 재앙을 초래한 것이 분명하다.

13장

비밀과 거짓말

음모의 도구인 비밀주의는 결코 정부의 시스템이 되어선 안 된다.

제러미 벤담Jeremy Bentham(영국 법학자, 철학자)

무지의 사회사에 주어진 주요 과제는 미국 정치학자 해럴드 라스웰Harold Lasswell의 공식을 변형해 5장에서 설명했다. 그것은 '누가, 언제, 어디서, 무엇에 무지한가, 그리고 그에 따른 어떤 결과에 무지한가'를 발견하는 것이다. 이 장에서는 최근의 다른 무지 연구와 마찬가지로 특정 지식을 가진 개인이나 집단이 적, 경쟁자, 일반 대중 등에게 지식을 숨기려는 방식에 대해 이야기하겠다.[1] 이들은 목표 대상이 무지한 상태를 허용하고, 유지하고, 촉진하고, 이용하거나 심지어 요구하기도 한다. 따라서 우리는 묻지 않을 수 없다. 누가 누구에게 어떤 이유로 무엇을 모르게 하려고 하는가? 누가 이런 일을 할 수 있는 권한(기회와 자원)을 가지고 있으며, 그 행동으로 어떤 결과가 초래되는가?

이에 사용되는 방법은 마이크 리Mike Leigh의 영화 제목을 빌려 '비밀과 거짓말'로 요약할 수 있다. 이는 부정, 허위 정보, 가짜 뉴스, 은폐(또는 침묵이라는 은유로 바꾸어 표현할 수 있다)로 확장되기도 한다. 이 용어가 가리키는 관행은 용어 자체의 발생보다 오래됐으며, 실제로 일반적으로 생각하는 것보다 '훨씬 더' 오래되었다. 이 장에서는 그것을 입증해 볼 것이다. 지금 우리가 가짜 뉴스라고 부르는 것은 19세기에는 허위 보도로 불렸으며, 루머의 형태를 띠는 경우가 많았다. 미하일 고르바초프Mikhail Gorbachev의 글라스노스트(소련의 개혁 정책 중 하나로, 러시아어로 개방성 또는 투명성을 의미한다-옮긴이) 이후 영어로 '투명성transparency'으로 알려진 것은 19세기에는 '공공성publicity'으로 설명되었다. 이 용어는 정치 및 법률 이론에 관한 제레미 벤담의 저서에서 '모든 공공 기관의 문은 … 호기심 많은 사람들에게 활짝 열려 있어야 한다'고 주장한 데서 유래했다. 러시아어로 허위 정보를 뜻하는 '데진포르마치야дезинформация'는 사실상 거짓말이라는 전통적인 용어를 완곡하게 표현한 말이다.

이 장에서 다루는 이야기는 본질적으로 투명성과 불투명성, 폐쇄성과 공개성, 비밀 유출과 비밀 차단 간의 반복되는 갈등에 대한 설명이며, 이러한 극단적인 상태 사이의 회색지대도 포함한다. 절대적인 투명성이나 절대적인 불투명성은 불가능하며 심지어 바람직하지도 않다. 정부, 교회, 기업, 기타 기관은 당연히 비밀을 안전하게 지키려고 노력한다. 이를 위해 검열, 암호화, 공식적인 부인 등 다양한 수단을 사용한다.

정부와 기업은 반대로 다른 사람의 비밀을 알아내기를 원해 스파이, 암호 해독자를 비롯해 최근에는 해커를 고용하기도 한다. 탐사보도 기자는 내부 고발자의 도움을 받아 은폐된 사실을 밝혀내거나 비밀을 폭로하는 일을 전문으로 한다. 은폐와 폭로 게임에서 공격자가 승리할 때도 있고 방어자가 승리할 때도 있지만, 비밀이 유지되는 한 어느 쪽이 더 많이 승리한다고 말할 수는 없다.

이 글에서는 특히 정부와 기업의 일반적인 비밀 유지와 고위층을 당혹스럽게 하는 특정 사건에 대한 뉴스를 은폐하려는 특별한 시도를 구분해 보려고 한다.

국가의 비밀

정부는 오래전부터 국가의 비밀(로마 역사가 타키투스의 표현을 빌리자면, 아르카나 임페리arcana imperii)의 중요성을 인식해 왔다. 근대 초기 유럽에서는 타키투스의 논평(특히 황제 티베리우스에 대한 그의 언급)과 국가 이성에 관한 논문에서 종종 기만이 논의되었다. 마키아벨리는 《군주론》 15장에서 기만에 대해 설명하면서 통치자는 실제로 그렇지 않을지언정 자비롭고, 신뢰할 수 있고, 인도적이며, 정직하고, 신앙심 깊은 사람으로 보일 필요가 있다고 했다. 따라서 신하들은 군주 앞에서 자신의 생각과 감정을 숨기는 것이 좋다고 조언했다. 권력자에게 진실을 말하는 것은 위험했고, 자신의 의견을 숨기는 것은 신중함과 연관되었다.

기만은 다음 세 고전을 통해 개인에게도 권장되었다. 프란시스 베이컨Francis Bacon의 에세이 〈가장과 은폐에 대하여Of Simulation and Dissimulation〉(1597), 나폴리인 비서관이자 은폐는 정중한 행동의 필수 요소라고 주장한 토르콰토 아체토Torquato Accetto가 쓴 《명예로운 은폐Della dissimulazione onesta》(1641), 스페인 예수회 발타사르 그라시안Baltasar Gracián의 《실천적 예언과 신중함의 기술Oráculo manual y arte de prudencia》(1647)이 그것이다.

베이컨은 은폐의 정도를 세 단계로 구분했는데 첫째는 비밀 유지이며, 둘째는 부정적 의미의 은폐로 사람이 자신을 감추기 위해 그렇지 않다는 신호나 논거를 내보이는 것이며, 셋째는 긍정적 의미의 은폐로 사람이 적극적이고 명확하게 자신이 아닌 것처럼 꾸며내고 가장하는 것이다. 그는 오늘날 비용 편익 분석이라고 할 수 있는 방식을 통해 세 단계의 장단점을 평가하며, 최종적으로 가장 좋은 선택은 '명성과 의견에서는 개방성, 습관에서는 비밀성, 적절한 시점에 은폐 사용, 그리고 다른 대안이 없을 때는 가장하는 능력'이라고 결론지었다.[2]

그라시안은 자신의 책에서 인생을 은폐와 탐지 사이의 끊임없는 투쟁으로 묘사한다. 신중한 사람은 '자신의 패를 보여주는 플레이어는 게임에서 질 위험이 있기 때문에' 은폐를 선택한다. 반면에 주의 깊은 관찰자는 어떤 징후를 해독해 실제로 무슨 일이 벌어지고 있는지 알아낼 수 있다. 그라시안은 자신의 책을 일반 생활의 지침서로 제시했지만, 실제로는 번역되어 궁정 생활의 지침서로 유통되었기 때문이다.[3] 이런 사실에서 사회역사학자는 뭔가 배울 점이 있을 것이다.

계몽주의 시대에는 은폐가 논쟁의 대상이 되었다. 프로이센의 프리드리히 대왕은 마키아벨리를 비판한 책《반 마키아벨리론》(1740)을 출간했는데, 이 책에서 그는 통치자가 기만에 의존할 수 있다는 생각을 거부했다. 그러나 훗날 그는 생각을 바꾸어 민중을 '기만의 수고를 들이는 자들에게 이끌리는 어리석은 무리'로 묘사했다.[4]

《반 마키아벨리》가 출간되고 40년 뒤, 철학자 장 달랑베르Jean d'Alembert는 프리드리히 대왕에게 베를린 아카데미의 논문 경연 주제로 '대중을 속이는 것이 유익할 수 있는가'라는 질문을 선택할 것을 제안했다. 이 제안은 1780년에 받아들여졌으며, 주제에는 '대중을 잘못으로 이끄는 것'뿐 아니라 그들을 '잘못 속에 유지하는 것'이 포함되었다. 오늘날의 개념에 비추어 본다면 이 주제는 '무지의 생산'에 해당한다. 경연에는 42편의 논문이 제출되었다.[5] 오늘날 유사한 대회를 연다면 논문은 아마 정부와 대기업의 행위에 초점을 맞출 것이다. 이와는 달리 1780년 논문 경연 참가자들은 주로 종교에서의 '사기꾼'에 초점을 맞추었다.

검열

비밀이 문서로 기록될 때는 그 메시지가 암호화될 수 있다. 암호와 암호문은 오랜 역사를 가지고 있는데, 16세기에 프랑스의 앙리 3세와 앙리 4세를 위해 일했던 프랑수아 비에트François Viète 같은 수학자의 도움으로 점점 더 정교해졌다.[6]

정부가 비밀을 보호하기 위해 쓰는 또 다른 중요한 방법은 검열로, 선동적이거나 적에게 유용한 정보를 공개한다고 여겨지는 문서의 출판을 금지하고 책과 신문에서 민감한 구절을 삭제하는 것이었다. 근대 초기 유럽에서 출판물은 종교적 검열과 정치적 검열이라는 이중 검열을 받았다. 가톨릭 검열은 금서 목록의 형태로 이루어졌는데, 이는 신도들이 읽어서는 안 될 책들의 제목이 인쇄된 목록이었다. 금서 목록은 가장 잘 알려진 사례이자 가장 널리 시행되고 오래 지속된 사례다(16세기 초부터 20세기 중반까지). 개신교의 검열도 마찬가지로 엄격했지만, 분권화되고 교파별로 분산되어 있었기 때문에 그 효과는 덜했다.

세속적 검열은 종교적 검열보다 늦게 발전했으며, 각 나라마다 엄격성에 차이가 있었다. 1662년 제정된 영국의 출판 허가법에 따르면 법률 서적은 대법관의 검열을 받아야 했고, 특히 위험하다고 여겨졌던 역사 서적은 국무장관의 검열을 받아야 했다.[7] 계몽주의 시대의 프랑스 검열 제도와 이를 피하는 방법은 잘 알려져 있다. 18세기 전반기에만 적어도 천 권의 책이 금서로 지정되었는데, 금서들은 다른 곳보다 검열이 덜 엄격했던 이웃 스위스나 네덜란드 공화국에서 프랑스로 밀반입되었다.[8]

교회의 검열은 19세기는 물론 20세기까지 계속되었다. 금서 목록의 마지막 판은 1948년에 출판되었는데, 목록에는 여전히 볼테르 책이 포함되어 있었다. 필자가 다니던 예수회 학교의 한 선생님은 이러한 금지 조치가 얼마나 시대착오적인 것인지 우리에게 설명해 주었다.

19세기에는 종교 외의 분야에서도 검열이 이루어졌는데 검열관들의 관심은 책에서 신문, 정치 풍자 만화, 연극으로 옮겨 갔다. 나폴레옹 3세 시대 프랑스에서는 유명한 풍자화가 오노레 도미에Honoré Daumier가 지속적으로 검열에 시달렸다.[9] 러시아에서는 마지막 차르 통치 시기에 안톤 체호프Anton Chekhov가 자신의 소설과 연극으로 비슷한 문제를 겪었다.

가장 엄격한 검열 제도 중 하나는 1819년 오스트리아와 프로이센을 포함한 10개의 독일 연방국에 적용된 것으로, 카를스바트 결의의 일환으로 제정된 출판법이었다. 이로 인해 시인이자 언론인인 하인리히 하이네Heinrich Heine의 작품들은 1830년대에 금지되었고, 카를 마르크스는 자신이 기고하던 〈라인신문〉이 폐간된 뒤 1843년 파리로 망명할 수밖에 없었다.[10]

롬바르디아의 오스트리아 정권은 볼테르와 루소뿐만 아니라 마키아벨리의 작품도 금지했다. 합스부르크 제국의 검열은 1848년 이후

완화되었지만, 작가들은 문제를 피하기 위해 스스로 검열하는 법을 배웠다. 프로이트가 내면의 무의식적 검열이라는 개념을 제시하게 된 것은 적어도 신문 독자로서 자신이 경험한 이 체제의 기억 때문이었을 것이다. 또 다른 엄격한 검열 제도는 러시아, 특히 1825~1855년 차르 니콜라스 1세 치하에서 시행되었다. 언론인 알렉산드르 헤르첸Alexander Herzen은 경찰의 감시를 피하기 위해 1847년 러시아를 떠났다. 그는 런던에서 검열을 걱정하지 않고 의견을 표현할 수 있는 자유 러시아 출판사를 설립해 〈종〉이라는 잡지를 창간했다.

독재 치하에 남아 있으면서도 정치 체제를 비판하고자 했던 작가들은 이솝 우화처럼 동물이 인간을 상징하는 우화 기법을 사용했다. 작품 속 먼 장소나 과거는 종종 가까운 현실을 위장하는 데 사용되었다. 19세기 중반 체코 언론인 카렐 하블리체크Karel Havlíček는 오스트리아가 체코의 독립을 거부한 것을 비판하기 위해 영국이 아일랜드 독립을 거부하는 이야기를 썼다.[11]

중국에서는 문화대혁명 시기에 우한이 대본을 쓴 경극 〈해서파관海瑞罷官〉이 큰 논란을 불러일으켰다.[12] 이 작품은 명나라 시대의 덕망 있는 관리가 황제에 의해 해임되는 이야기를 다루고 있다(해서파관은 '해서가 관직에서 파면당하다'라는 뜻으로, 명나라 세종의 무능과 부패를 상소했다가 파직당하고 고문과 옥고를 치른 호부주사 해서의 역사적 사건을 경극으로 만든 것이다-옮긴이). 1970년대와 1980년대에 리샤르트 카푸시친스키Ryszard Kapuściński가 쓴 에티오피아 황제와 이란 샤의 몰락에 대한 책들은 폴란드 공산주의 체제의 권위주의를 간접적으로 비판하는 작품으로, 그의 동포들이 읽었다.

대중의 지식과 대중의 무지

일반 시민들이 자신들의 정부가 하는 일에 얼마나 무지했는지 정확히 측정하는 것은 비밀주의 정권에서 불가능하지만, 어느 정도 언급은 가능하다. 예를 들어 소련에서는 스탈린에서 고르바초프에 이르는 기간(1922~1991)에 관영 신문 〈프라우다Pravda(진실)〉와 〈이즈베스티야Izvestia(뉴스)〉는 막후에서 벌어지는 일들에 대중이 무지하게 하는 역할을 했다. 사람들 사이에 입에서 입으로 전해지던 정치 유머는 권위주의 체제를 비판하는 한 방법인데, 스탈린 시절에 유행한 한 농담에 따르면 '프라우다에는 진실이 없고, 이즈베스티야에는 뉴스가 없었다'.

대부분의 국가에서 소문과 구두 소통은 당연히 신문보다 신뢰도가 낮은 것으로 간주되지만, 소련에서는 오랫동안 그 반대였다.[13] 또한 소련의 지도는 정부가 존재하지 않기를 바라거나(교회 등) 대중에게 숨기고자 하는 것(강제수용소 등)들을 누락했기 때문에 신뢰할 수 없었다. 연구가 집중적으로 이루어지던 새로운 과학 도시 나우코그라드도 지도에서 누락되었는데, 이 중 일부는 시베리아에 위치해 있었으며 강제 수용소 죄수들에 의해 건설됐다.[14] 핵물리학자이자 반체제 인사인 안드레이 사하로프Andrei Sakharov가 1968년 소련 내부에서 쓴 글에 따르면, 소련은 여행이나 정보 교환의 자유 없이 외부 세계와 단절된 채 시민들에게 실질적인 정보를 제공하지 않는 폐쇄적인 사회였다.[15] 사하로프와 같은 반체제 인사들이 할 수 있는 저항은 해외에서 출판한 책이나 비밀리에 직접 손으로 만든 출판물인 사미즈다트samizdat(러시아어 '스스로'와 '출판'의 합성어-옮긴이)를 통해 정보를 유포하는 것이 전부였다.

대중에게 비밀을 감추는 것은 국가만의 전유물이 아니었다. 중세와 마찬가지로 근대 초기 유럽에서도 각 직업에는 고유의 '기술 비밀'이 존재했다. 실제로 '비밀'을 뜻하는 단어 '미스터리'는 기술이나 직업을 의미하는 프랑스어 메티에métier와 관련이 있다.[16] 특정 수공업 길드의 견습생들은 마치 비밀 결사에 입문하듯이 그들의 직업적 비밀을 전수받았으며, 실제로 프리메이슨은 석공 길드에서 시작된 비밀 결사다. 17세기에 런던 왕립학회가 장인들의 지식에 대한 조사를 계획했지만 그들은 외부인에게 자신의 기술 비밀을 드러내는 것을 꺼렸다.[17] 18세기에 칼을 만드는 장인의 아들이던 드니 디드로Denis Diderot는 유명한《백과전서Encyclopédie》를 출간하면서 기술 정보를 공개했는데, 이번에도 역시 명백한 경제적 이유로 길드의 반발에 부딪혔다. 10장에서 살펴본 것처럼 비즈니스에서의 비밀은 오랜 역사를 가지고 있다.

비밀과 거짓말은 정치와 산업뿐만 아니라 과학과 학문의 세계에서도 찾아볼 수 있다. 많은 근대 초기 학자는 오컬트 지식, 특히 연금술, 마법, 유대인의 비밀스러운 전통인 카발라에 관심을 가졌는데, 발견한 것을 혼자 알고 있거나 소수의 사람에게만 전수했다. 자연철학자들은 자연의 비밀로 알려진 것을 조사했고, 그들 중 일부는 자신이 알고 있는 것을 비밀의 책에 담아 처음에는 소수를 위해, 나중에는 더 많은 대중을 위해 인쇄물로 출간했다.[18]

학계에서 동료의 연구물을 표절하는 것이 흔하지는 않지만 아주 드물지도 않다. 17세기 이후 과학적 발견의 우선권을 둘러싸고 발견자들은 경쟁자에게 비밀이 도용되는 것을 막기 위해 자신의 주장을 암호화된 형태로 기록하기도 했다. 예를 들어 1655년 네덜란드의 자연

철학자 크리스티안 하위헌스Christiaan Huygens는 토성의 고리를 발견했다는 사실을 암호문의 형태로 발표했다(토성의 고리를 최초로 발견한 사람은 갈릴레오다. 하위헌스는 토성의 위성 타이탄을 최초로 발견했고, 이와 함께 토성의 고리 구조를 관찰해 설명했다. 타이탄 발견과 토성의 고리 구조 설명에는 암호문인 애니그램이 사용되었다-옮긴이).[19] 앞서 살펴본 로절린드 프랭클린의 사례에서 알 수 있듯이, 특히 여성 학자의 도움을 받은 남성 학자들이 도움을 인정하지 않는 것은 과학사에서 반복되는 주제다.

은폐

정부는 비밀의 노출을 방지하는 것뿐만 아니라 노출된 정보에 대해 불신을 조장하는 것도 오랫동안 중요하게 생각해 왔다. 은폐는 오래된 관행이다. 한 예로 1541년 롬바르디아의 총독 마르케세 델 바스토Marchese del Vasto의 명령으로 두 명의 프랑스 외교관이 암살되었다. 만약 바스토의 명령이 공개되었다면 프랑스와 롬바르디아가 포함된 신성 로마 제국 사이에 전쟁이 일어났을 것이다. 황제인 카를 5세는 "폐하께서는 이 사건은 인정하지 않으시는 것이 좋을 듯합니다"라는 전쟁을 피할 목적의 조언을 받았다. 바스토는 칭찬받을 만했지만, 위험을 피하기 위해 비밀이 지켜져야 했다. 카를 5세는 이에 은폐하는 데 동의했다.[20]

은폐를 알아차리는 것도 오래전부터 있어 온 일이다. 우리가 이미 보았듯이 남해 버블은 로버트 월폴에 의해 은폐되었으며, 그의 행동은 언론인 리처드 스틸Richard Steele에 의해 '가림막'으로 묘사되었다.[21] 은폐와 폭로의 또 다른 악명 높은 사례는 1683년 루이 14세가 그의 정부의 아이들을 돌보던 전직 가정교사 맹트농Maintenon 후작 부인과 두 번째로 결혼을 한 사건이다. 왕이 사회적 지위가 낮은 사람과 결혼한 사실이 알려지면 그의 국내외 평판이 크게 훼손될 수 있었기 때문에, 프랑스 국민뿐만 아니라 외국 궁정에도 이 사실이 알려지지 않도록 하는 시도가 이루어졌다.

그럼에도 불구하고 왕의 구체적 사생활은 그가 죽기 전 대중에게 알려졌다. 루이 14세의 비밀 결혼이 국내는 물론 영국 등 왕의 정적들에게도 잘 알려져 있었다는 사실은 18세기 초에 루이 14세가 맹트농 후작 부인에게 벌인 희극적인 구애, 소동, 놀라운 결혼식을 묘사한 《프랑스 왕의 결혼》이 출판된 것을 보면 알 수 있다. 정보 유출의 책임자가 누구인지 밝혀내는 것은 흥미로운 일이 될 것이다.[22]

정부가 대중을 무지하게 만드는 가장 극적인 사례는 대형 재난을 은폐하는 것이다. 1943년 벵골 대기근 당시 정부는 '기근'이라는 용어 사용을 금지했고, 작가 치타프로사드 바타차리야Chittaprosad Bhattacharya의 저서 《배고픈 벵골》(1943)은 금서로 지정되어 폐기되었다.[23] 또 다른 악명 높은 사례는 1932~1933년 우크라이나에서 발생한 대기근인 홀로도모르Holodomor 사건으로, 당시와 이후 소련 정부의 입장은 기근이 발생했다는 사실을 부인하는 것이었다.[24]

아이러니하게도 미하일 고르바초프의 글라스노스트 시대에도 소련 정부는 체르노빌 참사에 부정으로 대응했다. 발전소 책임자인 아나톨리 댜틀로프Anatoly Dyatlov는 처음에 원자로 노심이 폭발했다는 사실을 부인했다. 사고에 대한 첫 뉴스는 스웨덴에서 나왔는데, 원자력 발전소의 과학자들이 방사능 수치가 놀라운 속도로 상승하고 있다는 사실을 발견했다는 것이다. 소련 정부는 처음에는 사고 발생 사실을 부인한 후 경미한 사고라고 주장했다. 이후 조사위원회가 꾸려졌는데, 조사위원장 발레리 레가소프Valery Legasov는 사고의 은폐를 비판하는 테이프를 남기고 조사 결과를 발표하기 하루 전날 자살했다. 고르바초프가 참사에 대해 얼마나 알고 있었는지, 언제 알았는지는 알기 어렵다. 그는 나중에 체르노빌이 소련 붕괴의 진짜 원인일 수 있다고 주장했다. 발전소 건설 과정의 과실과 초기 비상사태에 대한 KGB의 비밀 보고서가 밝혀진 것은 소련 붕괴 이후였다.[25]

카틴 숲 학살

한 가지 거짓말을 하려면 그것을 뒷받침하는 다른 거짓말이 필요한 경우가 많은데, 이는 공산주의 폴란드의 악명 높은 은폐 사건으로 잘 알 수 있다. 제2차 세계대전 초기인 1940년 4월과 5월, 2만 명이 넘는 폴란드 장교들이 러시아 비밀경찰의 총에 맞아 사망한 뒤 소련의 카틴 숲에 묻혔다. 공산주의 폴란드는 이 주제에 대한 논의를 금기로 치부했고 학살의 책임을 공식적으로 독일에 돌렸다. 그런데 이 주장을 그럴듯하게 만들기 위해서는 학살이 독일이 러시아를 침공한 1941년 이후에 일어난 것으로 날짜를 조작해야 했다. 1946년 카틴에 독일인들에게 책임이 있다는 내용을 담은 기념비가 세워졌으나 폴란드인들, 특히 학살로 가족을 잃은 사람들은 속지 않았다. 피해자들이 집으로 보내는 편지가 더 이상 오지 않은 날짜를 그들은 잘 알고 있었기 때문이다.

그럼에도 거짓은 계속되었다. 1981년 바르샤바 공동묘지에 카틴이라는 단어와 1940년이라는 날짜가 새겨진 비공식 기념비가 세워졌으나, 기념비는 비밀경찰에 의해 즉시 철거되었다.[26] 이후 1985년 바르샤바에 공식 기념비가 세워졌는데 여전히 학살 날짜는 1941년으로 되어 있었고, 독일인의 책임이 명시되어 있었다.

마침내 사실이 밝혀진 것은 1989년 이후였다. 폴란드와 러시아는 독일에 대한 언급 없이 카틴에 있는 기념비에 새 비문을 새기는 데 합의했다. 1993년 보리스 옐친Boris Yeltsin은 바르샤바에 있는 기념비 앞에 무릎을 꿇고 "가능하다면 용서해 주십시오"라고 말했다. 학살과 은폐 시도에 대한 이야기는 2007년 개봉한 폴란드 감독 안제이 바이다Andrzej Wajda의 감동적인 영화 〈카틴〉을 통해 전해졌다. 이 사건의 주요 사실은 생존자와 현지 목격자들의 진술, 그리고 집단 무덤에서 발굴된 시신의 주머니에서 발견된 편지의 날짜를 토대로 밝혀졌다.[27]

침묵의 만리장성

1949년 중국에 공산 정권이 수립된 이후, 침묵의 만리장성이 세워졌다고 할 수 있을 정도로 수많은 부끄러운 사건이 은폐되어 왔다. 소련에서와 마찬가지로 재난은 국가 뉴스에서 제외되었다. 최근 우한에서 발생한 코로나바이러스가 그 예다. 홍콩의 미생물학자인 윈궉융袁國勇 교수는 BBC의 〈파노라마〉 프로그램과의 인터뷰에서 우한 현지에서 은폐가 이루어지고 있다는 의혹을 제기하며 "정보를 즉시 전달해야 할 현지 관리들이 이를 신속하게 처리하지 않고 있다"고 말했다.[28]

은폐의 초기 사례로는 12장에서 논의한 1958~1962년의 대기근, 1966~1976년의 문화대혁명, 1989년 6월 4일 천안문 광장에서 발생한 학생 시위와 폭력 진압으로 약 2,600명이 사망한 천안문 사태가 있다. 세 사건은 모두 언급이 불가능해졌으며, 실제로 역사 교과서에서 누락되었다. 정부는 공식적으로 '1989년 6월 4일 사건'이라는 완곡한 표현으로 알려진 천안문 사태에 대해 언급하는 것을 규제해 6월 4일에는 인터넷에서 '오늘' 또는 '그해' 등 민감한 단어를 사용하는 게 금지되었다. 천안문 사태로 사망한 소년의 어머니가 1991년 6월 4일에 홍콩 신문과 인터뷰하자 그녀는 계속하면 음악가인 남편의 해외여행이 금지될 수 있다는 경고를 받았다. 홍콩에서는 2012년에 '6.4 기념관'이 개관했지만, 4년 후 문을 닫았다.[29] 개인적으로 중국 정부의 태도를 표현한 것 중 가장 인상 깊었던 것은 한 그림이었다. 현재 오스트레일리아에 거주하는 중국 만화가 바듀차오巴丟草가 2014년에 〈붉은 천 조각〉이라는 제목의 그림으로 은폐를 묘사했는데, 그림에는 붉은 천 아래에 탱크가 보인다.[30]

물론 이 세 사건을 경험한 세대는 잊을 수 없겠지만, 후세대는 무슨 일이 일어났는지 모르고 자랐다. 예를 들어 광장에서 탱크에 맞서는 한 청년의 사진은 서양에는 잘 알려져 있지만, 중국에서는 그렇지 않다. 2016년에 한 기자가 시위에 주도적으로 참여한 중국 4개 대학의 학생들에게 '탱크맨' 사진을 보여줬더니 100명 중 15명만이 사진을 제대로 식별할 수 있었다고 한다.[31]

1989년 천안문 사태를 성인일 때 목격하고 이제 노인이 된 사람들은 개인적인 견해와 상관없이 일반적으로 무지를 가장한 정권에 동조하고 있다. 그들은 알면 안 된다는 것을 알고 있으며, 자신의 지식을 지우려고 노력한다.[32] 프로이트식으로 표현한다면, 공식적인 억압은 비공식적인 진실 억제에 의해 강화된다. 2013년 소설가 옌롄커閻連科는 〈뉴욕타임스〉에 중국 지식인의 상황에 대해 이렇게 논평했다. '보도록 허용된 것은 보고, 보지 말아야 할 것은 외면하면 권력, 명예, 돈을 얻을 수 있다. … 우리의 기억상실증은 국가가 후원하는 스포츠다.'[33] 기자 루이자 림Louisa Lim이 일반 중국인들에게 '그 사건'에 대해 질문하자 다음과 같은 대답이 돌아왔다. "이건 상당히 민감한 문제입니다. 지금은 얘기하지 맙시다. 과거에 연연하지 말고 현재를 삽시다." "나는 그것에 대해 아무 생각이 없습니다. 그저 좋은 삶을 살고 돈을 벌고 싶을 뿐입니다. 끊임없이 뒤돌아본다 한들 무슨 소용이 있겠습니까?"[34]

첩보 행위

비밀을 발견하거나 폭로하려는 시도는 비밀만큼이나 오래됐으며 16세기부터 21세기 초까지 여러 단계를 거쳤다. 정부는 자신의 비밀을 지키는 동시에 적, 경쟁자, 동맹국, 심지어 자국민의 비밀을 캐내기 위해 최선을 다해 왔으며, 이 정보를 다시 비밀 보고서에 묻어 두기도 했다. 근대 초기 유럽 정부에서는 정보원과 스파이를 고용했는데 당시 스파이 활동은 상인이나 외교관이 여가 시간에 할 수 있을 정도여서 전문직은 아니었다. 첩보원이 가진 직업은 그 자신을 위장해 주는 역할을 했다.[35]

19세기 초부터 스파이 활동의 전문화와 특수화가 진행돼 비밀경찰과 비밀 정보기관(군사, 민간, 국내외 문제 취급)이 등장했다. 예를 들어 러시아에서는 1826년에 데카브리스트(12월당원)로 알려진 군 장교들의 실패한 반란에 대응해 악명 높은 '제3부'가 설립되었다. 10년 후, 제3부는 1,600명 이상의 사람들을 감시하고 연극을 검열했다. 제3부에 이어 공안질서수호국(오흐라나Okhrana, 1881)이 알렉산드르 2세 암살에 대한 대응으로 설립되었다. 볼셰비키 혁명 이후 1917년에는 반혁명과 사보타주를 주사하기 위해 체카(비상위원회)가 설립됐고 이는 GPU/OGPU(1922), NKVD(1934), KGB(1954), FSB(1995)로 이어졌다.

이들 경찰은 특별한 제복을 입은 데다 그 존재가 모두에게 알려져 있는 만큼 '비밀경찰'이라고 부르는 것이 이상하게 느껴질 수 있다. 그러나 익명의 제보에 근거한 체포, 비밀 재판, 때로는 카틴 학살과 같은 대규모 비밀 처형 등 이들의 작전은 대부분 은밀하게 이루어졌고, 지금도 이어지고 있다. 평범한 러시아인들은 스탈린의 NKVD를 16세기 차르 이반 뇌제(이반 4세)를 섬기던 사병대인 '오프리치니나Oprichnina'에 비유하곤 했다. 이들은 재판 없이 혹은 아무런 이유 없이 사람들을 죽였다. 세르게이 예이젠시테인Sergei Eisenstein의 영화 〈이반 뇌제〉 1편(1944)이 스탈린을 암시하고 있었기 때문에 2편이 개봉되지 못하다가 1958년이 되어서야 탈스탈린화 운동의 일환으로 공개되었다.[36]

전문화와 특수화는 제1차 세계대전 동안과 그 직후에 가속화되었다. 레닌의 체카와 영국의 MI5는 이때부터 시작되었고, 미국에서는 1917년에 간첩법이 통과되었다.[37] 이러한 추세는 제2차 세계대전과 냉전 기간에도 이어져 CIA(1947년 창설)와 KGB(1954년 창설)의 성장을 부채질했고 9.11 테러 이후에도 최소한 미국에서는 계속되었다. 최근의 정치 기밀과 거짓말의 역사가 이전 시기와 다른 점은 무엇보다 대중에게 공개되지 않는 정보 증가 등으로 인한 운영 규모의 변화다.[39] 2014~2015년 상트페테르부르크 인터넷 조사국에서 일했던 한 직원은 이 기관을 '거짓말 생산 시스템을 산업 조립 라인으로 바꾼 일종의 공장'으로 묘사했다.[40]

비밀 기관의 규모와 그 예산은 점점 더 커지고 있다. 전성기에는 KGB의 직원 수가 거의 50만 명에 달했고, 2021년 기준 미국의 정보 기관(CIA 및 기타 15개 기관)은 약 10만 명의 직원을 고용했으며 연간 예산은 약 500억 달러(CIA의 비중은 약 150억 달러)에 달했다. 이들 기관이 자신의 활동을 위장하면서 타인의 비밀에 침투하는 방법은 점점 더 정교해지고 있다. 기관 침투, 메시지 해독, 도청 등으로 정보를 획득하던 전통적인 방법은 이제 드론과 컴퓨터 해킹으로 보완되고 있다. 새로운 공격 수단이 등장할 때마다 새로운 방어 수단이 대응하기 때문에 기술은 끊임없이 변화한다.[41]

전통적인 방어 수단은 기밀에 대한 비밀 유지로, 예를 들어 MI5 국장의 익명성이 오랫동안 유지된 것을 들 수 있다. 그러나 이 정책은 스코틀랜드 작가 컴턴 맥켄지Compton Mackenzie에 의해 조롱받았다. 그는 기밀유지법에 의해 자신의 회고록을 낼 수 없었던 전직 MI6 요원이었는데, 한 익살극을 통해 '비밀 정보국의 수장이 알려지면 우리가 어떻게 적에 맞서 싸울 수 있겠습니까?'라며 익명성을 언급했다.[42]

비밀 폭로

국가의 비밀을 밝히려는 시도는 경쟁 국가들뿐 아니라 개인과 반체제 그룹의 오랜 관심사였지만 막후에서 벌어지는 일들에 대한 관심은 16세기 후반에 이르러서야 커지기 시작했다. 1550년에서 1650년까지의 기간은 가톨릭교도, 루터교도, 칼뱅주의자들 간의 종교 전쟁 시대로 처음에는 프랑스와 네덜란드(현재의 벨기에 포함)에서, 이후에는 30년 전쟁(1618~1648)의 무대가 된 중부 유럽에서 일어났다. 이 전쟁들은 일반적으로 종교적 이유로 행해진 것으로 대중에게 알려졌으나, 사실 종교는 프랑스를 지배하려는 스페인 왕 펠리페 2세의 정치적 목적을 숨기기 위한 '가면'에 불과했다.

17세기에 시인, 극작가, 역사가, 철학자들은 모두 겉모습과 실체 사이의 괴리와 이를 인식한 사람들의 환멸에 특별한 관심을 보였다. 그들은 책과 인쇄물이 비밀의 가면을 벗기고 베일을 들추며, 그 비밀들이 숨겨져 있던 상자나 캐비닛을 열어 준다고 주장했다. 이러한 방식으로 밝혀진 비밀 중에는 예수회, 프리메이슨, 궁정(17세기 스페인, 18세기 프랑스)의 비밀이 포함되어 있었다.[43]

근대 초기 역사 서술의 걸작 중 하나는 베네치아 수도사 파올로 사르피Paolo Sarpi가 1619년에 출간한《트리엔트 공의회의 역사》다. 주교와 신학자들로 구성된 공의회는 교황의 권한 축소를 포함한 가톨릭 교회의 개혁을 논의하기 위해 소집되었다. 그러나 역대 교황들은 로마에서 정기적으로 자신의 지시에 따를 의장을 내려보냄으로써 공의회의 논의를 조작할 수 있었다.

사르피는 무대 뒤에서 벌어지고 있는 일들을 폭로해 이탈리아 사람들이 현재 디에트롤로지아dietrologia라고 부르는, 겉모습 뒤에 숨어 있는 것을 연구하는 학문의 선구자가 되었다. 이런 이유로 시인 존 밀턴John Milton은 그를 '트리엔트 공의회의 위대한 진실 폭로자'라고 불렀고, 현재 옥스퍼드 보들리안 도서관에 있는 사르피의 초상화는 그를 '트리엔트 공의회의 해부자'로 묘사하고 있다.[44]

사르피는 교황, 스페인 왕, 예수회가 베네치아의 독립을 위협하는 음모를 꾸미고 있다고 믿었다. 지금은 그가 세 세력의 결속력을 과장했다는 것이 밝혀졌지만, 명분의 세계와 음모가 숨겨진 비밀스러운 세계 사이의 간극에 대한 그의 통찰력은 강력하고 날카로웠다. 후대의 내부 고발자들과 마찬가지로 사르피는 자신의 흔적을 감추기 위해 1619년 피에트로 소아베 폴라노Pietro Soave Polano라는 가명으로 원고를 밀반출해 개신교를 믿던 런던에서 출판하려고 했다. 그의 비밀스러운 역사에는 또 다른 비밀스러운 역사가 있었던 것이다.[45]

또 다른 역사적 걸작은 찰스 1세의 전 고문이었던 에드워드 하이드Edward Hyde(클라렌든 경)에 의해 쓰였다. 클라렌든 경이 '반란'이라고 불렀던 영국 내전은 그의 자서전에 나온 한 구절로 요약할 수 있다. "종교는 의회의 가장 불경한 계획을 감추기 위한 외투로 사용되었다."[46] 이와 유사하게 생시몽Saint-Simon 공작은 회고록에서 연극 용어 'scène(장면)'과 'les derrières(막후)'를 사용해 루이 14세 궁정을 이야기한다.[47]

클라렌든 경의 《반란의 역사》가 출간된 1702~1704년 무렵에는 '비밀 역사'라는 용어가 유럽에서 흔히 사용되었다. 이 용어는 겉으로 드러난 모습 뒤에서 실제로 일어나는 일을 묘사한다는, 새로운 역사 서술 장르를 설명하기 위해 만들어졌다. 이 장르의 글들은 익명 또는 가명으로 17세기 후반부터 18세기 초까지 수십 권이 출간되었다. 가십을 즐기던 저자들은 자신이 궁정에서의 음모나 교황 선출을 위한 회합의 내부자이자 목격자라고 주장했다. 내용으로는 프리메이슨의 비밀 역사와 남해 버블 사건의 비밀 역사도 있다. 때로는 역사 주인공에게 가명을 붙여 독자들이 그의 정체를 추정해 보도록 하기도 했다. 예를 들어 메리 맨리Mary Manley의 《자라 여왕의 비밀 역사Secret History of Queen Zarah》(1705)에서는 앤 여왕의 총애를 받은 인물인 말버러 공작 부인 사라의 정체를 쉽게 추측할 수 있는 식이다(그녀의 남해 버블에 대한 통찰력 있는 분석은 앞서 10장에서 언급했다).

다수의 정부가 공식 역사가를 고용하던 시절, 비밀 역사가들은 공식적인 기록을 들쑤시기 위해 노력했다. 저자들은 대개 악의적이었고, 거짓말을 일삼았으며, 신뢰할 수 없는 정보를 많이 전달했으나 비공식적이고 불편한 진실도 다수 공개했다. 따라서 이들 '사설 탐정'이 '공공 영역'의 발전에 큰 기여를 했다고도 할 수 있다.[48]

밀고자에서 내부 고발자로

19세기 후반부터는 비밀 역사가들의 역할을 탐사 언론인들이 맡았다. 영국의 경우 W. T. 스테드W. T. Stead가 1885년 〈펄 몰 가제트Pall Mall Gazette〉에서 '현대 바빌론의 처녀 공물'이라는 제목의 일련의 기사들을 통해 아동 매춘 실태를 폭로했다.[49] 예상대로 그는 언론의 쓰레기 수집가로 비난받았다. 미국에서 동일한 취급을 받은 이는 링컨 스티펜스Lincoln Steffens로, 그는 시정 부패를 폭로하는 기사 '미니애폴리스의 수치', '세인트루이스의 파렴치', '필라델피아: 부패와 만족' 등을 자신이 편집하는 잡지인 〈맥클루어스McClure's〉에 게재했다.[50] 또 다른 언론의 쓰레기 수집가는 아이다 타벨Ida Tarbell로, 그녀 역시 〈맥클루어스〉에서 활동했다. 그녀는 존 D. 록펠러John D. Rockefeller의 무자비한 수법을 폭로하는 기사를 썼으며, 이 기사들은 1904년 출간된 그녀의 저서《스탠다드 오일 회사의 역사》에 수록되었다.[51]

신문은 기자가 직접 발견하거나 관료와 해커 등 다른 소스에서 얻은 비밀 자료를 대중에게 알리는 데 여전히 중요한 역할을 계속해 오고 있다. 기자는 뭔가 수상한 일이 벌어지고 있음을 대중에게 경고하는 고발자들 중에도 특히 눈에 띄는 존재다.

9장에서 살펴본 것처럼 1969년 세이모어 허시는 미군이 미라이 인근에서 베트남 민간인을 학살한 사건에 대한 기사를 썼다. 1971년 〈뉴욕타임스〉는 미국 정부가 1945년부터 1967년까지 베트남전쟁에 정치·군사적으로 개입한 역사를 담은 비밀문서인 '펜타곤 페이퍼'를 발표했는데, 이 문서는 랜드RAND연구소에서 일하던 대니얼 엘스버그Daniel Ellsberg가 유출한 것이었다. 1972년 〈워싱턴포스트〉의 기자였던 밥 우드워드Bob Woodward와 칼 번스타인Carl Bernstein은 워터게이트 스캔들, 즉 민주당 전국위원회 본부 침입 사건에 대한 미국 정부의 개입과 가짜 언론 유출, 가짜 편지를 이용한 은폐 시도를 폭로하는 데 도움을 주었다. 이 사실이 폭로되면서 리처드 닉슨 대통령은 사임해야 했다.[52]

21세기에는 인터넷의 발달로 정보 유출의 양과 확산 속도가 이전에는 상상도 못했던 수준에 이르렀다. 예를 들어 엘스버그는 그가 공개한 7천 페이지에 달하는 문서를 일일이 복사해야 했으나, 케이블게이트로 알려진 사건에서 오스트레일리아의 활동가이자 해커인 줄리언 어산지Julian Assange는 손쉽게 25만 건의 문서를 다운로드했다.[53]

2010년, 미국 외교 기밀 문서의 일부는 물론 아프가니스탄과 이라크 전쟁에 대한 폭로가 〈뉴욕타임스〉, 〈가디언〉, 〈슈피겔〉, 〈엘 파이스〉, 〈르 몽드〉 등 다섯 개의 신문에 게재되었다. 이 문서들은 특히 러시아 내 푸틴 정부와 범죄 조직 간의 연관성에 대한 풍부한 증거를 제공했다. 기밀 정보들은 2006년 어산지가 아이슬란드에 설립한 웹사이트 위키리크스를 통해 제공되었다. 이 폭로로 그는 유명해졌지만 동시에 위험에 빠지기도 해서 거처를 수시로 옮기는가 하면 이따금

여자로 변장까지 해야 하는 처지가 되었다.[54]

비밀의 세계와 저널리즘의 세계를 오가며 경력을 쌓아 온 어산지는 2010년 한 해 동안 멈추지 않았다. 1년 후에는 관타나모 수용소에 수감된 수감자들에 관한 779개의 비밀문서를 공개했다. 2012년에는 스파이 혐의로 미국으로 인도될 수 있는 상황에서 런던 주재 에콰도르 대사관에 정치적 망명을 허락받았다. 누구를 위한 스파이라는 것일까? 바로 '대중을 위한 스파이'라는 이례적 경우였다. 그는 투명성을 지지하고 대중의 신뢰가 무지에 기반한 경우에만 정부에 대한 신뢰를 약화시켰다. 어산지는 망명 상태에서 비밀문서(그중 일부는 CIA 파일)를 계속 공개하다가 2019년 에콰도르 대사관의 허가가 떨어지면서 영국 경찰에 체포되었다. 그러나 위키리크스는 여전히 활동을 이어 가고 있다.

영국 역사학자 티머시 가튼 애시Timothy Garton Ash는 2010년에 공개된 문서를 '비밀의 연회', '역사학자의 꿈', '외교관의 악몽'이라고 묘사하며 이러한 유출이 제기한 일반적인 문제들에 대해 균형 잡힌 논평을 제시했다. 세상이 어떻게 돌아가고 있으며 우리의 이름으로 무엇이 행해지고 있는지 이해하는 데 공공의 이익이 있다는 논지였다. 그러나 한편으로 외교 정책의 비밀스러운 수행에도 공공의 이익이 있다고 지적했는데 언론이 감시하는 상황에서는 협상과 타협이 불가능하기 때문이다. 즉, 두 가지 공공의 이익이 충돌한다. 애시는 또한 〈가디언〉, 〈뉴욕타임스〉 같은 책임 있는 언론 매체들은 '공개하는 내용이 누구에게도 위험을 초래하지 않도록 노력해 왔다'며 위키리크스도 같은 책임을 져야 한다고 언급했다.[55]

2013년 미국 정부는 또 다른 폭로로 인해 곤욕을 치렀다. 미국 기자

글렌 그린월드Glenn Greenwald가 〈워싱턴포스트〉와 〈가디언〉에 발표한 기사에서 국가안보국NSA의 전 세계 감시 비밀 프로그램에 대해 다루었기 때문이다. 리우데자네이루에 거주하는 그린월드는 2020년 브라질의 부패 수사인 '세차 작전(라바 자토)'에서 수석 검사로 활동했던 세르지우 모루Sérgio Moro의 공정성에 의문을 제기하는 기사를 게재한 이후 사이버 범죄 혐의로 기소되었다. 2022년에 브라질 연방대법원은 모루가 편파적이었다는 주장을 확인했다.

은폐하려는 시도와 폭로하려는 시도 간의 오랜 싸움은 21세기에 새로운 형태로 나타났다. 가짜 뉴스가 온라인에 퍼지면서 탐사 저널리즘이 그 뒤를 따랐는데, 이는 2014년에 웹사이트 벨링캣Bellingcat을 구축한 엘리엇 히긴스Eliot Higgins의 경력에서 잘 드러난다. 히긴스와 그의 팀은 온라인에서 조사를 진행하고, 결과도 온라인에 올렸다. 그들은 2014년 말레이시아 항공기 추락 사고, 2018년 세르게이 스크리팔Sergei Skripal 암살 미수 사건, 2020년 알렉세이 나발니Alexei Navalny 독살 미수 사건의 배후를 밝혀내면서 유명해졌다.[56] 이들의 방법은 오늘날 비밀이 밝혀지는 두 가지 주요 방식인 유출과 해킹에 대한 대안을 제시한다.

유출과 스파이

유출은 대중이 이전에 지닌 무지를 드러내며, 가려진 비밀의 베일을 벗겨낸다.[57] 유출의 사회사를 쓰려면 누가 어떤 목적으로, 어떤 미디어를 통해, 어떤 내용을 누구에게 유출했는지, 어떤 결과를 초래했는지 질문해야 한다.

과거에 비해 기밀 유출이 더 많은 주목을 받고 있지만, 기밀 정보를 유출하는 행위 자체는 새로운 것이 아니다. 예를 들어 귀족들의 전유물로 여겨졌던 정치에서는 17세기 베네치아 대사들의 보고서와 같은 민감한 문서의 사본이 판매용으로 제공되어 영국 옥스퍼드에서 오스트리아 빈에 이르는 유럽 각지의 도서관에 비치되기도 했다. 한편 아이러니하게도 정부는 때때로 유출을 스스로 실행하기도 했다. 처음에는 대중을 혼란스럽게 하지 않기 위해 비밀로 유지하던 것을, 비밀리에 일해야 하는 협상가들의 행동에 영향을 미치기 위해 공개한 것이다.[58]

유출자는 경제, 도덕, 정치 등 다양한 명분에 따라 행동한다. 1878년 영국 외무부의 직원이자 기자였던 찰스 마빈Charles Marvin은 러시아와의 비밀 조약 초안을 신문 〈글로브〉에 판매한 이유가 돈에 대한 욕망 때문이었다고 인정했다.[59] 한편 지난 반세기 동안 특히 영국과 미국의 공무 집행자들은 아프가니스탄과 이라크에서 행해진 무고한 민간인 공격과 포로 고문, 동맹국의 전화 도청 등의 행위에 큰 충격을 받은 나머지 해고되거나 수감될 위험도 감수한 채 공식 비밀을 폭로해 왔다. 그들은 대중이 그러한 일이 일어났다는 사실을 몰라서는 안 된다고 믿었다.

이들 내부 고발자 중 한 명은 언론 접촉 대신 다른 방식을 택했다. 영국 국방부 공무원이었던 클라이브 폰팅Clive Ponting은 포클랜드 전쟁(아르헨티나에서는 말비나스 전쟁) 중 아르헨티나 순양함 헤네랄 벨그라노 호 침몰 사건에 대한 비밀 보고서를 작성해 달라는 요청을 받았다. 그는 순양함이 당시 영국이 설정한 배타적 구역 밖에서 포클랜드섬을 향해 항해하던 중 공격받았다는 사실을 발견했다. 그런데 국방부 장관과 마가릿 대처Margaret Thatcher 총리는 벨그라노 호가 배타적 구역에 접근하던 중 공격당했다는 식으로 의회에 거짓말한 것으로 밝혀졌다. 이에 큰 충격을 받은 폰팅은 1984년 자신이 발견한 증거를 국회의원 탐 달리엘Tam Dalyell에게 보냈지만, 당시 정부가 진상 조사를 가로막고 있었다. 그는 1985년 공무원직을 사임하고 공무상비밀보호법 위반 혐의로 기소된 재판에서 무죄 판결을 받은 후 이 사건에 관한 책을 출간했다.[60]

한편 또 다른 영국 공무원인 사라 티스달Sarah Tisdall은 그렇게 운이 좋지 않았다. 그녀는 1983년 미국 크루즈 미사일 도착과 관련된 문서를 〈가디언〉에 유출한 혐의로 수감되었다. 1971년부터 2013년까지 언론에 정보를 유출한 다른 내부 고발자들로는 펜타곤 페이퍼를 〈뉴욕타임스〉에 유출한 대니얼 엘스버그Daniel Ellsberg, FBI의 고위 관리로 딥 스로트Deep Throat라는 가명을 사용해 워터게이트 사건에 대한 정보를 기자 밥 우드워드Bob Woodward에게 전달한 마크 펠트Mark Felt, 2003년 〈옵서버〉에 정보를 유출한 영국 첼트넘의 정부 통신 본부GCHQ 번역가 캐서린 건Katharine Gun, 2010년에 줄리언 어산지에게 자료를 제공한 미국 육군 정보 분석가로서 이라크에서 복무했던 일병 브래들리 매닝Bradley Manning(지금은 첼시 매닝), 그리고 에드워드 스노든이 있다.

스노든은 CIA와 국가안보국NSA의 전직 직원으로, 인터넷에서 메시지를 감시하는 일을 담당했다. 그는 대규모 비밀 감시 체제에 갈수록 불편함을 느꼈는데 그의 임무가 미국 헌법에 위배되는 것이었기 때문이다. 스노든은 NSA의 감시 프로그램에 대한 자료를 기자 글렌 그린월드에게 유출했다. 미국 정부는 그를 미첩보법 위반 혐의로 기소했고, 스노든은 정치적 망명을 시도했으나 그가 비행기를 타고 날아가고 있을 때 미국 정부가 그의 여권을 취소했다. 그는 2014년 개봉한 다큐멘터리 영화 〈시티즌포〉의 실제 주인공이 되었으며, 2019년에 자서전을 출간해 자신이 해킹을 배운 과정과 왜 내부고발을 결심했는지, 그리고 어쩌다 자신이 선택하지 않은 나라(푸틴의 러시아)에서 망명 생활을 하게 됐는지 설명했다.[61]

해커

인터넷의 등장은 스파이, 내부 고발자의 역사에 새로운 지평을 열었다. 더 이상 종이에 쓰거나, 타이핑하거나, 인쇄한 문서를 훔치거나, 사진을 찍기 위해 사무실에 침입할 필요가 없어졌기 때문이다. 이제 집에 있는 비밀 파일을 해킹해 온라인으로 전송만 하면 모든 게 끝이었다.

정부는 이 신기술을 최대한 활용했다. 예를 들어 CIA는 TV에 설치하는 위핑엔젤Weeping Angel과 컴퓨터에 설치하는 팬데믹과 같은 일련의 해킹 툴을 개발했다. 내부 고발자들도 마찬가지다. 자신을 핵티비스트hacktivist라고 소개한 매닝은 이라크 주둔 부대의 보안이 허술한 틈을 타 사무실에서 듣고 있던 레이디 가가의 CD에 기밀 자료를 복사했다.

부정

부정은 너무 불안하거나 위협적이거나 예외적이어서 완전히 흡수하거나 공개적으로 인정하기 어려운 정보에 직면한 개인과 기관의 방어 기제다.[62] 공적 부정은 허위 정보의 한 형태이며 사적 부정이나 침묵한 채 인정하지 않는 것은 '고의적 무지'의 한 형태, 즉 '알지 않으려는 것을 아는 것'이다.

정부 차원에서의 부정은 오랜 역사를 가지고 있다. 16세기 황제 카를 5세는 1527년 로마에 대한 공격을 승인한 적이 없다고 부인하는 거짓말을 했고, 교황이 감금되고 로마가 약탈당하자 처음에 거짓말을 했다는 사실을 다시 부인하면서 또다시 거짓말을 했다.[63]

20세기 들어 부정은 더 빈번해지거나 적어도 더 잘 알려지게 되었다. 제1차 세계대전 중 독일군이 저지른 잔학 행위들은 종종 가해자들에 의해 부인되었고, 훨씬 나중에야 대중에게 공개되었다.[64] 1915년 오스만 정부가 아르메니아인 100만 명 이상을 학살한 사건은 현재 아르메니아인 대량 학살로 알려져 있지만, 튀르키예에서는 여전히 공식 부인된다. 이 같은 맥락에서 튀르키예 정부는 대량 학살이라는 단어가 공개적으로 사용되는 것을 막으려 하고 있다.[65]

미국에서는 대통령을 필두로 모든 정부 관리가 불편한 정보를 공식 부정하는 경우가 많다.[66] 7장에서 살펴본 것처럼 1950년대부터 1980년대까지 소수의 미국 과학자들은 산업계와 정부를 상대로 여러 불편한 사실에 대한 의문을 제기했다. 산성비의 존재, 오존층의 구멍, 지구 온난화 등이 해당 이슈들이다.[67]

이 같은 종류의 공식 부인은 알게 되면 위험하거나, 당혹스러울 수 있는 사실을 알고 싶어 하지 않거나, 알기를 원하지 않는 현상의 일부다. 여기에는 침묵의 음모, 모두가 알고 있는 것에 대한 집단적 무시가 포함된다.[68]

제2차 세계대전 당시 독일의 마우트하우젠 같은 강제수용소 인근의 민간인은 수용소에 대해 알고 싶어 하지 않았다. 괜히 그에 관한 이야기를 했다 게슈타포의 방문을 받을 수 있었기 때문이다. 실제로 나치 친위대는 민간인들에게 수감자들과 그들을 실어 나르는 기차를 외면하라고 노골적으로 경고했다. 수용소 지휘관은 호기심 많은 구경꾼들에 대해 불평했고, 한 여성은 채석장에서 일하던 포로들에 총격이 가해진 사건을 두고 경찰에 항의하기도 했지만 대다수는 피할 수 없는 인식과 신중한 무시 사이에서 균형 잡는 법을 배웠다.[69]

역사가 월터 라쿼Walter Laqueur의 연구를 통해 글리비체, 비톰, 카토비체의 폴란드 주민들이 자신의 집 인근에서 무슨 일이 일어났는지 전혀 알지 못했다는 것은 믿을 수 없는 얘기라는 사실이 드러났다. 시체 타는 악취는 말할 것도 없고, 용광로에서 나오는 불길을 몇 마일 밖에서도 볼 수 있었기 때문이다. 1970년대에 인터뷰에 응한 수용소 인근 마을의 한 주민은 "우리는 모두 그 사실을 알고 있었다"고 말했다. 게다가 수용소 경비원, 철도 노동자, 공무원 등 수많은 사람이 그 일에 관여했기 때문에 비밀이 유지될 수도 없었다.[70]

라쿼는 '독일의 경험은 비밀이 한번 소규모 그룹을 넘어 퍼져나가면 전체주의 정권에서도 지켜질 수 없다는 사실을 보여준다'고 결론짓는다. 그는 1942년 말까지 독일에서 강제 추방된 수백만 명의 사람들이 더 이상 목숨을 유지하고 있지 않은 사실을 말했다. 무지를 유지하는 임무는 사실을 알고 싶어 하지 않는 사람들에게도 너무 큰 과제였다. 즉, 죽음의 수용소는 공개된 비밀, 혹은 현재 일부 학자들의 표현대로 '공공연한 비밀public secret'이 되었던 것이다. 이는 애매한 상황을 묘사하는 데 유용한 역설적 표현이다.[71] 어쨌든 수많은 시도에도 불구하고 홀로코스트 부정은 여전히 계속되고 있다.

부정의 비즈니스

회피와 마찬가지로 부정은 비즈니스에서 너무나 빈번하게 일어난다. 예를 들어 석유 산업의 리더들이 기후 변화에 대해 알고 싶어 하지 않는 것은 당연한 일이다. 엑슨(이후 엑슨 모빌)은 기후 변화에 대한 연구를 지원했지만 1978년 과학자 제임스 블랙James Black이 화석 연료 사용이 지구 온난화의 주요 요인이라는 불편한 결론을 내렸다. 당시 회사는 그의 연구 결과에 의문을 제기했지만, 이런 대응은 시간이 지날수록 설득력을 잃는 중이다. 지난 수십 년간 여론의 분위기 역시 확연히 바뀌었는데도 루퍼트 머독Rupert Murdoch은 최근 오스트레일리아에서 발생한 산불이 방화범의 소행이라고 주장한다. 머독이 소유한 신문사인 〈디 오스트레일리안〉 역시 지구 온난화 부정을 지지하며, 그의 TV 채널인 〈스카이 뉴스〉와 〈폭스 뉴스〉도 마찬가지다.[72]

가해 기업들은 산업 오염과 그 치명적 결과를 부인하고 은폐해 왔다.[73] 남부 캘리포니아의 식수를 오염시켜 암을 유발한 퍼시픽 가스 앤 일렉트릭을 상대로 소송을 제기한 미국 변호사에 관한 이야기는 영화 〈에린 브로코비치〉(2000)를 통해 널리 알려졌다.

과학자들의 결론을 받아들이지 않는 대기업의 사례로는 1950년 초, 흡연이 폐암을 유발한다는 증거에 직면했던 담배 업계가 대표적이다.[74] 담배 회사의 반응 중 하나는 노골적인 부정으로, 그들은 홍보 회사를 고용해 1968년 잡지 〈트루〉에 '담배와 암의 연관성은 엉터리'라는 제목의 기사를 게재했다.[75] 한편으로는 좀 더 미묘하게 반응했는데, 연구 결과가 결정적이지 않다며 의심을 불러일으킨 것이다. 1969년 어느 담배 회사 마케팅 부사장은 악명 높은 메모를 통해 '의심은 우리의 상품'이라고 했다.[76]

담배 회사들은 흡연과 암의 연관성에 대한 대중의 관심을 돌리기 위해서도 고군분투했다. 가령 질병의 원인 전반에 대한 연구를 수행하기 위해 담배 산업 연구 위원회가 설립되었다. 이 연구는 흡연과 암의 연관성에 대한 관심을 분산시키기 위한 것이었다. 담배업계는 특히 연구자가 불편한 진실에 너무 가까이 다가가는 것 같을 때면 전통적 검열 방법인 연구 억제를 활용하기도 했다.[77]

이는 때때로 '무지의 제조'로 묘사되기도 했다. 소비자들이 담배 회사에 보낸 편지를 연구한 결과, 많은 사람이 담배에 대해 상당히 무지한 것으로 나타났다. 어떤 사람은 '흡연이 건강에 나쁘다는 생각은 내게는 말도 안 되는 소리'라고 썼다.[78] 하지만 담배 산업의 목표는 지식의 부재가 아니라 담배 판매를 뒷받침할 특정 지식 혹은 믿음과 느낌을 은근히 퍼뜨리는 것이었다.[79] 따라서 이 경우에는 '무지의 유지'라고 말하는 것이 더 정확할 수 있다. 아니면 '잘못된 정보misinformation'의 생산 혹은 (그 과정이 의도적이었기 때문에) 러시아인들이 처음으로 지칭한 '디스인포메이션disinformation', 즉 '고의적으로 만들어진 허위 정보'일 수 있다.[80]

고의적 허위 정보

1968년 러시아 침공 이후 체코 비밀정보국에서 탈출한 라디슬라프 비트만Ladislav Bittman은 허위 정보를 가리켜 "영어로는 '더러운 속임수'라고 부르는 활동에 대한 우아한 표현"이라고 정의한 적이 있다.[81] 다른 곳에서는 이를 '기만 게임'이라고 표현하며, '적을 속이기 위해 반만 진실이거나 완전히 거짓된 정보를 퍼뜨리는 행위'로 공식 정의되기도 했다.[82] 이러한 관행은 '정치전', '심리전' 또는 '적극적 조치'로도 알려져 있는데, 이는 소련에서 만들어진 완곡한 표현인 '특별 프로젝트(정권 비판자 암살 포함)' 등과 함께 고의적 허위 정보(디스인포메이션)의 일종이다. 푸틴이 우크라이나 침공을 특수 작전으로 묘사한 것은 KGB의 전통을 따른 것이다. 고의적 허위 정보는 무지를 유지시킬 뿐 아니라, 성공을 위해 무지에 의존하기도 한다.

이 시점에서 사회역사학자는 고의적 허위 정보가 정확히 누구에게 잘못된 정보를 제공하고 있는지, 즉 외국 스파이인지, 외국 정부인지 아니면 국내외 일반 대중인지 질문할 필요가 있다. 냉전 시대에는 고의적 허위 정보가 비밀주의와 결합되어 일반 시민이 철의 장막 양쪽에서 무슨 일이 일어나고 있는지 알 수 없게 만들었다. 고의적 허위 정보의 목적에는 적의 평판을 훼손하는 것도 포함되었는데, 서독에서 발생한 반유대주의 사건을 동독 정보기관인 슈타지가 기획한 것으로 드러난 게 그 예다. 라디슬라프 비트만은 소련 문서보관소에서 체코슬로바키아로 보내진 나치 비밀문서를 보헤미아의 호수에 숨긴 후 1965년 이를 찾으려던 '넵튠 작전'에 참여했다고 고백했다. 이 작전의 목적은 전쟁이 끝난 지 20년이 지난 후 전 세계에 나치의 전쟁 범죄를 상기시켜 서독의 신뢰성을 떨어뜨리는 것이었다.[83]

냉전 시기 공산권 정보기관의 또 다른 주요 목표는 나토에 참여하는 여러 국가와 서독의 두 보수 정당인 기독민주당과 기독사회당 등 적을 분열시키는 것이었다. 고의적 허위 정보 제공자의 일반적인 목표는 적에게 의심과 혼란을 심어 주는 것이다. 오데사 출신으로 러시아를 위해 일하다 영국으로 전향한 비밀 요원 시드니 라일리Sidney Reilly(원래 이름은 로젠블룸)의 경우처럼 고의적 허위 정보가 납치 대신에 사용되기도 했다. 이언 플레밍Ian Fleming의 '제임스 본드'에 영감을 준 것으로 알려진 라일리는 1917년 이후 러시아로 다시 초대받았다. 그는 상대가 반볼셰비키주의자라고 믿고 초대를 수락했으나, 러시아에 도착한 후 그는 체포되어 처형당했다.[84]

볼셰비키가 이 수법을 처음 사용한 것은 아니다. 기원은 적어도 17세기까지 거슬러 올라간다. 페란테 팔라비치노Ferrante Pallavicino는 교황청을 풍자하는 작품으로 악명을 떨친 작가였는데, 그는 파리의 리슐리외 추기경 밑에서 일하라는 가짜 초청장을 받고 안전한 피난처인 베네치아를 떠나 1642년 프랑스로 향했다. 결국 그는 당시 교황청의 영토였던 아비뇽을 지나던 중 체포되어 처형당했다.[85]

고의적 허위 정보 유포자들은 다양한 목적만큼이나 다양한 방법을 사용했다. 전통적인 방법 중 하나는 거짓 소문을 퍼뜨리는 것이다. 1979년 메카의 그랜드 모스크가 과격 무슬림에 의해 점거되었을 때 KGB는 미국 정부가 비밀리에 압수수색에 관여했다는 소식과 함께, 이슬라마바드 주재 미국 대사관 공격의 배후에 파키스탄 정부가 있다는 소문을 퍼뜨렸다.[86] 두 번째 방법은 코민테른이 설립한 세계평화위원회(1950)와 같은 전선 조직 뒤에서 활동하면서 인쇄 선전물을 제작하는 것이다. 그 반대편에 있는 '문화 자유를 위한 의회'는 같은 해에 설립되어 CIA의 지원을 받아 영국의 월간지 〈인카운터〉와 기타 여러 잡지를 지원했다.[87]

세 번째 방법은 적대국의 선거에 개입하는 것으로, 2016년부터 화두가 되고 있는 주제다. 1952년까지 거슬러 올라가면 CIA는 독일민주공화국(동독)의 선거에 개입했다.[88] 1980년에는 동독의 비밀 기관인 슈타지가 서독 선거에 개입해 기독민주당과 기독사회당의 분열을 조장했다. 2016년 러시아가 힐러리 클린턴 선거운동에 개입했을 때 새롭게 추가된 것은 선거운동본부장의 이메일을 해킹하는 등의 기술뿐이었다.[89]

위조

고의적 허위 정보를 만드는 가장 중요한 방법 중 하나는 위조다. 허위 정보를 위해 위조를 사용한 악명 높은 사례로는 '지노비예프 편지'가 있으며, 이는 선거 개입의 초기 사례이기도 하다.

그리고리 지노비예프Grigory Zinoviev는 공산주의 인터내셔널, 즉 코민테른의 수장이었다. 1924년 총선을 나흘 앞두고 영국 공산당에 그의 이름으로 도착한 편지가 영국 보수당 신문인 〈데일리 메일〉에 실렸다. 노동당 수상 램지 맥도널드Ramsay MacDonald는 이 편지가 진품이 아니라고 의심했고, 트로츠키는 '위조라고 소리 높여 외치는 문서'라고 불렀다. 어쨌든 이 편지는 선거에서 노동당 정부가 패배하는 데 기여했다. 허위 정보 제공자의 신원은 알려지지 않았지만 볼셰비키가 아니었을 가능성이 높다. 유력한 용의자인 이반 포크로프스키Ivan Pokrovsky는 반볼셰비키였으며, 편지의 유포는 영국 비밀정보국 직원들의 소행으로 보인다.[90]

냉전 시기에는 양측 모두 위조 문서를 사용했다. 예를 들어 CIA는 독일민주공화국에 위장 조직을 설립해 점성술 잡지를 비롯한 다양한 동독 위조 출판물을 제작했다. CIA는 서방에 비밀 자료를 전달한 소련 정보국 대령 올레그 펜코프스키Oleg Penkovsky의 저서로 알려진 《펜코프스키 문서》를 1966년에 출판하도록 주선했다. 하지만 사실 이 문

서는 영어로 대필된 반쯤 가짜였으며, 저자와의 녹음된 대화를 일부 활용한 것이었다.[91]

1957년 동독의 당 기관지 〈노이에스 도이칠란트Neues Deutschland〉에는 넬슨 록펠러Nelson Rockefeller가 아이젠하워 대통령에게 보냈다고 알려진 편지가 게재되었다. 이 편지에는 미국이 세계를 지배하기 위한 계획이 담겨 있었다. 이 소식은 라디오 모스크바를 통해 전 세계로 퍼져 나갔다. 영국과 소련의 이중 첩보원 킴 필비Kim Philby는 1963년 정체가 발각된 후 소련으로 추방되었는데, 그곳에서 위조한 영국 문서가 자연스러운 영어로 작성되었는지 감수하는 일을 맡았다. 1970년경 KGB는 미국을 곤혹에 빠트리기 위해 미 육군 야전교범을 위조하고 그 부록을 발행했다. 이를 통해 해외에 있는 CIA 요원들의 이름을 공개하는가 하면 미국의 동맹국들이 위험에 처해 있다는 사실을 알리기 위해 테러 공격 같은 '특별 조치'를 취할 것을 권했다. 또한 1985년 KGB는 미국이 생물학 무기 실험의 일환으로 에이즈를 만들어 냈다는 설을 퍼뜨리기 시작했다.[92]

위조 문서를 작성하려면 기술뿐만 아니라 문서에 언급된 사건과 인물에 대한 상당한 지식이 필요하다. 사소한 실수도 문서의 신뢰성을 훼손할 수 있기 때문이다. 체코 비밀정보국에서 탈출한 라디슬라프 비트만은 체코슬로바키아 정보부가 레오폴드빌 주재 미국 대사가 모이즈 촘베Moïse Tshombe에게 보내는 편지를 위조한 사건을 이야기했다. 이 편지의 목적은 미국이 1964년 7월 촘베를 다시 콩고로 데려오려는 음모를 조작하는 것이었다. 다만 비트만은 뒤늦게 편지에서 두 가지 중대한 오류를 발견했다고 했다. 하나는 촘베의 직함을 '수상'이 아닌 '대통령'이라고 표기한 것, 다른 하나는 편지 날짜가 촘베가 취임하기 며칠 전이었다는 점이다.[93] 이처럼 사소해 보이는 세부 사항에 대한 무지가 큰 결과를 초래할 수 있다.

탈진실

지난 몇 년 동안 우리가 '탈脫진실 시대'에 살고 있다는 생각이 확산되었다. 대중은 침묵에 의해 무지해지는 것이 아니라 신문, TV, 그리고 인터넷에서 유통되는 거짓말, 즉 '허위 정보'의 과잉에 의해 무지해진다는 것이다. 영국 언론인 피터 오보른Peter Oborne은 토니 블레어와 피터 맨델슨Peter Mandelson 등의 사례를 들며 영국 정치에서 '진실과 거짓을 구분할 수 없게 되었다'고 주장했고,[94] 언론인 매튜 디앤코나Matthew d'Ancona는 《탈진실》이라는 제목의 책을 출간했다. 최근 인기를 끌고 있는 또 다른 용어는 트럼프 전 대통령의 트윗으로 유명해진 '가짜 뉴스'다. 트럼프는 이 용어를 자신이 만들었다고 주장했으며, 자신이 러시아의 지원을 받아 선거에서 승리했다는 주장이 가짜 뉴스의 한 예라고 말했다.[95]

비슷하지만 다소 덜 급진적인 주장은 우리가 정치인들과 그들의 조언자들이 '사실을 조작하는 시대'를 살아가고 있다는 것이다. 그들은 없는 사실을 창조하는 것이 아니라, 이미 존재하는 사실을 조작한다. 2012년에 방영된 프랑스 TV 시리즈 〈그림자 남자들Les Hommes de l'ombre〉은 이런 종류의 라이벌 인물 두 명을 중심으로 전개되었다. 이 시리즈는 2016년 영국 TV에서 방영되었을 때는 〈스핀spin〉(이는 완곡한 번역으로 뉴스를 '회전'시킨다는 것이 '왜곡'이라는 용어보다 부드럽게 들리기 때문이었다)이라는 제목으로 번역되었다.[96]

우리가 새로운 시대에 살고 있다는 주장은 매우 흥미롭지만 제시된 사례는 확실히 우려스러운 것이 사실이다. 문제는 이 주장을 펼치는 언론인들이 로버트 월폴의 영국과 토니 블레어의 영국, 스탈린의 러시아와 푸틴의 러시아를 제대로 검토하지 않은 채 정치인들이 진실을 말했다고 가정한다는 점이다. 마키아벨리가 《군주론》에서 통치자에게 적과 백성을 모두 속이도록 조언한 지 500년이 넘었다. 마키아벨리는 이로 인해 후세 사람들에게 나쁜 평판을 얻었지만 그는 당대의 군주들, 예를 들어 카를 5세가 행동으로 옮긴 것을 말로 표현했을 뿐이다.

새로운 개념을 표현하는 단어조차 사람들이 생각하는 것보다 오래된 경우가 많다. 탈진실 시대에 관한 책은 2004년에 출판되었지만, 이 단어는 그보다 12년 전인 1992년에 만들어진 것으로 보인다. '스핀 닥터spin doctors'(주로 정치인이나 공인들의 이미지를 관리하고 대중의 인식을 조작하기 위해 고용된 커뮤니케이션 전문가-옮긴이)라는 문구는 1940년대 〈뉴욕 타임스〉에서 사용되었다.[97] 가짜 뉴스와 크게 다르지 않은 프랑스어 '포스 누벨fausses nouvelles'은 영어의 '페이크 뉴스fake news'와 같은 전통적인 표현이다. 또 하나의 전통적인 용어는 '카나르canard'(허위 보도 또는 유언비어를 뜻한다-옮긴이)로, 이는 프랑스 소설가 발자크Balzac가 당시 파리의 언론계를 생생하게 묘사하면서 사용했다. 노련한 기자가 신참 기자에게 '사실처럼 보이지만 실제로는 독자들에게 뉴스를 팔기 위해 만들어낸 허구를 우리는 카나르라고 부른다'고 설명한다.[98]

이보다 훨씬 오래된 개념은 '거짓말lie'이다. 영국의 언론인 제레미 팩스맨Jeremy Paxman은 수많은 정치인을 인터뷰했는데 그때마다 '이 거짓말쟁이가 왜 나에게 거짓말을 하는 걸까'라고 자문하곤 했다고

한다. 이 문구는 초기 언론인인 미국인 루이스 헤렌Louis Heren의 표현이기도 하다.[99]

탈진실 시대라는 주장보다 더 온건한 주장은 2019년에 발표된 두 명의 과학 철학자 케일린 오코너Cailin O'Connor와 제임스 오웬 웨더럴James Owen Weatherall의 연구에서 나왔다. 저자들은 "거짓말은 새로운 것이 아니지만 라디오, TV, 인터넷 등 정보를 유포하는 새로운 기술이 급증하고 우리를 오도하려는 사람들의 기술이 갈수록 정교해져 지난 세기 동안 허위 또는 오해를 일으키는 정보의 고의적 확산이 폭발적으로 증가했다"고 말했다.[100] 미디어는 디스인포메이션, 즉 고의적인 허위 정보뿐만 아니라 무지 또는 부주의의 결과인 오보도 퍼뜨린다.

대통령의 거짓말

2004년에 발표된 한 연구는 '오늘날 미국 정치에서 설득력 있게 거짓말을 할 수 있는 능력은 고위 공직을 맡기 위한 거의 필수적인 자격으로 간주되고 있다'고 주장했다. 이 주장이 과장되게 들린다면 1962년 국방부 차관보가 '정부는 스스로를 구하기 위해 거짓말을 할 권리'가 있다고 주장한 것과, 조지 W. 부시 시대에 법무부가 '거짓 정보를 제공할 권리'를 주장했다는 사실을 기억할 필요가 있다.[101]

1945년 이후 대부분의 미국 대통령은 중요한 사안에 대해 국민에게 거짓말을 해왔다. 프랭클린 D. 루스벨트는 얄타 회담에서 스탈린에게 폴란드와 극동 지역을 양보한 사실을 숨겼고, 해리 트루먼은 루스벨트의 비밀을 유지했다. 존 F. 케네디는 쿠바 미사일 위기 당시 니키타 흐루쇼프에게 쿠바에서 소련 미사일을 철수하는 대가로 튀르키예에서 미국 미사일을 철수하기로 한 것을 숨겼으며, 린든 존슨은 베트남이 실제보다 더 공격적이라는 인상을 주려는 의도와 미국을 평화적인 나라로 보이게 하려는 의도의 보고서를 통해 베트남 전쟁 시작에 대해 거짓말을 했다. 조지 W. 부시는 사담 후세인의 대량살상무기 보유에 대해 거짓말을 했으며, 트럼프가 재임 기간 동안 한 거짓말은 여기에 다 열거하기 힘들 정도로 많다.[102]

이러한 거짓말은 종종 예상치 못한 부정적인 결과를 초래했다. 가령 '얄타 회담에 대한 민주당의 부정직함으로 인해 매카시즘이 상당한 힘을 얻었다'는 말은 스탈린이 협정을 위반하지 않았는데도 마치 협정을 위반한 것처럼 보이게 만들었다. 또한 존 F. 케네디와 로버트 F. 케네디가 흐루쇼프에게 양보한 것을 부인한 것은 더 많은 거짓말을 낳았고, 이는 공식적인 투명성을 떨어뜨려 결과적으로 미국 정부의 행동에 대한 불신을 키웠다. 이러한 불신과 함께 베트남 전쟁에 대한 공개 토론을 꺼리는 존슨의 태도는 국내외에서 미국의 평판에 악영향을 미쳤다.[103]

현재 가짜 뉴스의 확산은 우려스러운 일이지만 진실에 대한 전망이 완전히 어둡지만은 않다. 은폐가 폭로로 이어지듯, 미디어에 떠도는 거짓말은 팩트 체크 기관의 웹사이트를 통해 정기적으로 폭로되고 있다. 이들 기관 중 상당수는 미국과 영국에서 활발히 활동한다. 스놉스닷컴(1994), 미국 학술 기관인 필라델피아의 아넨버그 커뮤니케이션 스쿨이 소유한 팩트체크(2003), 플로리다의 포인터 미디어 연구소가 소유하고 매년 '올해의 거짓말'을 폭로하는 것으로 유명한 폴리티팩트(2007), 사업가 마이클 사무엘Michael Samuel이 영국에서 만든 풀

팩트(2009), 엘리엇 히긴스의 벨링캣(2014), 언론인 데이브 반 잔트Dave Van Zandt가 만든 미디어 바이어스/팩트 체크(2015)가 대표적이다.

영어권 외에도 독일의 팍텐파인더Faktenfinder(2017), 이탈리아의 파겔라 폴리티카Pagella Politica(2013), 브라질의 아우스 파투스Aos Fatos(2015), 브라질 대통령 발표 뉴스에서 차가운 사실과 뜨거운 공기(거짓말)의 비율을 측정하는 일종의 온도계인 볼소노메트루Bolsonômetro도 있다.[104]

14장
불확실한 미래

삶은 불확실성의 바다를 항해하는 것이다.

에드가 모랭Edgar Morin(프랑스 사회학자)

불확실성은 미래에 대한 무지로 설명할 수 있다. 비즈니스, 정치, 전쟁의 사례에서 보았듯이 중요한 결정들은 미래에 발생할 것으로 예상되는 일에 근거해 내려졌다. 문제는 실제로 일어나는 일이 예상과 크게 다르다는 것이다. 실제로 이러한 결과는 의도한 것과 정반대의 역효과를 낳을 수 있다.[1] 의약품 부작용은 역효과의 단적인 예다.

정치에서는 개혁이 정권의 보존이 아닌 붕괴로 이어지기도 한다. 이러한 개혁은 국민에게 변화가 가능하다는 인식을 심어주어 더 많은 변화를 갈망하게 만든다. 유명한 사례로 1789년 프랑스 혁명 직전에 일어난 사건을 들 수 있는데, 이를 두고 정치 이론가 알렉시 드 토크빌Alexis de Tocqueville은 '나쁜 정부에게 위험한 시기는 대개 개혁을 시작한 때'라고 했다.[2]

또 다른 유명한 사례는 1905년 이후 러시아에서 볼 수 있다. 표트르 스톨리핀Pyotr Stolypin이 새로운 총리로 취임하면서 농민들이 토지를 매입할 수 있도록 대출이 허용되었고, 노동조합이 합법화되었다. 이러한 개혁에는 러시아 차르 체제를 붕괴시킨 1917년 사회주의 혁명이 뒤따랐다. 1991년에는 체제 유지를 위한 고르바초프의 개혁이 사회주의 몰락과 소련의 해체로 귀결되었다.

미래를 예측하려는 시도가 수천 년에 걸쳐 이루어져 왔다. 희생 동물의 내장 상태로 보는 점, 거북 뼈에 불을 가해 뼈의 갈라진 상태로 보는 갑골점, 별의 움직임이나 위치로 보는 점성술 등이 바로 그것이다.[3] 르네상스 시대 이탈리아에서는 점성술을 진지하게 받아들이는 사람이 많았지만, 일부에서는 이를 거부하기도 했다. 미래는 종종 운명의 영역으로 여겨졌는데, 필연적으로 상승과 하강을 반복하는 수레바퀴로 상상되거나, 흘러내린 머리카락이 기회를 상징하는 여신의 형태로 의인화되기도 했다.

숙련된 선원들은 바람을 운명으로 여겼고 돛을 올리거나 내림으로써 그 운명에 스스로 적응할 수도 있었다. 이러한 이유로 상업에 종사한 피렌체의 루첼라이Rucellai 가문은 돛을 휘장으로 택했다. 마키아벨리는《군주론》25장에서 운명이 우리 행동의 절반을 지배하지만 나머지 절반은 자유롭다고 하면서 자유와 결정론의 타협에 동의했다.[4]

이러한 행위들은 17세기에 수학자들이 확률을 계산하게 되면서 '우연을 길들인' 덕분에 '포르투나(로마 신화에 나오는 운명의 여신-옮긴이)는 죽었다'고 할 정도로 쓸모없어졌고, 이후 살펴볼 것처럼 보험의 관행도 변하게 되었다.[5] 하지만 포르투나는 위험 사회와 급진적 불확실성의 시대에 이르러 다시 나타나게 된다.[6]

위험 분석가들은 비즈니스, 국제 관계 또는 기술 분야에서 알려진 미지의 영역을 연구한다. 위험은 내일 비가 올 확률이 80퍼센트라는 일기예보처럼 확률로 측정 가능하다고 여겨진다. 리스크 관리는 〈저널 오브 리스크 리서치〉 같은 정기 간행물이 있을 정도로 하나의 전문 분야가 되었으며, 리스크 관리의 본질은 우리가 통제할 수 있는 영역을 극대화하는 데 있다.[7] 예를 들어 투자자들은 포트폴리오를 다양화하며, 많은 사람은 생명 보험과 주택 보험에 가입한다.

오랜 역사를 가진 보험 산업은 선박 난파 보험으로 시작해 화재 보험, 조기 사망 보험 등으로 발전했다. 해상 보험은 난파에 의한 화물 손실이 흔한 위험이었던 중세 말기 지중해 지역에서 시작되었다. 근대 초기 네덜란드, 프랑스, 영국에서는 노예가 법적 재산이었기 때문에 해상 보험에는 선박에 탑승한 노예의 생명도 포함되었다.[8] 영국에서는 1771년 해상 보험업자들이 로이즈 협회(보험 중개자와 보험 인수자들이 모인 시장으로, 당사자끼리 보험 계약을 체결하는 시스템을 갖추고 있었다-옮긴이)를 설립했다.

1666년의 런던 대화재에 대한 기억이 여전히 생생했던 1680년에 의사이자 투기적 건축업자였던 니콜라스 바본Nicholas Barbon은 화재 보험사를 설립했다. 그는 1676년에 설립되어 세계 최초의 보험사로 알려진 함부르크 화재 보험사를 참고했을 것이다. 19세기 중반까지 영국의 화재 보험 시장은 세 개의 대형 회사가 지배하고 있었다. 바로 선Sun, 로열 익스체인지Royal Exchange, 피닉스Phoenix다.[9]

노예를 제외한 개인을 위한 생명 보험은 확률 수학의 발달과 함께 발전했다. 네덜란드 공화국 지배층의 주요 인물인 얀 데 비트Jan de Witt와 요하네스 후데Johannes Hudde는 수학을 적용해 사망률 표를 만듦으로써 생명 연금 판매 계획을 세웠다.[10] 네덜란드와 영국 정부 모두 이러한 방식으로 자금을 조달했는데, 1789년 이전의 영국 정부는 연금

비용을 구매자의 연령에 따라 정하지 않은 것으로 보인다. 18세기 보험사들은 통계에 무지했는데, 경험이 중요할 뿐 계산은 중요하지 않다는 식이었다. 따라서 보험은 목숨을 건 도박에 가까웠다.[11] 네덜란드와 영국의 많은 연금 가입자는 예상되는 결과에 대한 지식이 부족했다. 이러한 투자자 무지의 사례는 규모는 작지만 앞서 설명한 남해 버블 사건과 유사하다.

특정 개인이 30년 후에도 생존할지는 누구도 알 수 없지만, 많은 사람에게 같은 질문을 던진다면 생존자 비율을 계산해 수익을 낼 수 있는 가격을 책정할 수 있다. 이 과정을 '우연 길들이기taming of chance'라고 한다.[12] 《추측의 기술》(1713)이라는 책을 쓴 자크 베르누이Jacques Bernoulli 같은 수학자 덕분에 생명 보험은 18세기 영국과 19세기 미국에서 성공적인 산업으로 자리 잡게 되었다. 점성가가 개인의 운세를 파악했다면, 보험계리사는 이제 더 신뢰할 수 있는 일반적인 경향을 분석했다.[13]

무지로 말미암아 근본적으로 한계가 있는 위험 측정에는 의구심이 커지고 있다.[14] 위험 측정에 대한 확신의 시대는 불확실성의 시대로 대체되고 있다. 불확실성, 특히 '근본적 불확실성radical uncertainty'(알려져 있지 않은 잠재적인 결과에 대한 불확실성-옮긴이)과 관련해 분석가들은 계산할 수 없는 미지의 영역에 관심을 기울이고 있다. 불확실성 과학 교수라고 불리는 나심 탈레브Nassim Taleb는 《블랙 스완》에서 '우리의 세계는 극단적이고, 알 수 없으며, 일어날 가능성이 매우 적은 것들에 의해 지배된다'고 주장한다. 이 장에서 논의하는 경제학자 존 케이John Kay와 머빈 킹Mervyn King도 비슷한 주장을 펼쳤다.[15]

'위험 사회'란 개념은 독일의 사회학자 울리히 벡Ulrich Beck이

1986년에 출간한 《위험 사회Risk Society》에서 처음 소개되었다. 벡은 20세기 후반부터 나타난 새로운 형태의 근대성과 사회성을 발견했다고 주장했다. 그는 제1 근대성의 시대에는 산업화가 문제를 해결했지만, 제2 근대성의 시대에는 오히려 산업화가 문제라고 지적했다.

가령 환경에 대한 위협은 산업화의 부산물 또는 부작용으로, 이는 근대화 자체가 유발하고 도입한 위험이자 불안이다(체르노빌 원전 사고가 일어난 해에 벡의 책이 나온 것은 의미심장하다).[16] 벡은 지금까지 과학과 법률 기관이 확립해온 위험의 계산이 무너졌다고 결론지었다. 이러한 이유로 그의 책 제목으로 Risk Society(예측·통제·관리할 수 있는 위험 요소를 지닌 사회-옮긴이)보다 Danger Society(예측·통제·관리가 어려운 위험 요소를 지닌 사회-옮긴이)가 정확했을 것이라는 의견이 제시되었다.[17]

벡의 책보다 4년 먼저 출간된 《리스크와 문화Risk and Culture》는 인류학적 관점에서 위험을 다룬다. 이 책에서는 위험에 대한 인식은 사회적 과정이며, 각 유형의 사회는 특정 삶의 방식에 맞춰 선택된 특정 위험에 관심을 쏟는다는 다른 관점을 제시했다.[18]

마찬가지로 역사가의 관점에서 보면 모든 사회는 '위험 사회'로 보이지만, 각 시대마다 고유한 위험들이 있다. 벡이 언급하지 않은 산업화 이전 시대에는 전염병, 기근, 전쟁뿐만 아니라 길거리와 술집에서 칼에 찔리거나 주술의 희생자가 될 수 있는 일상적인 위험도 도사리고 있었다. 이러한 위험 중 일부는 피할 수 없는 불확실성에 따른 결과였지만, 다른 위험은 개인이나 집단의 결정에서 비롯된 것이었다. 바다 여행자들은 배를 타기 전에 유언장을 작성해야 했고, 지방 정부는 기근 가능성에 대비해 얼마나 많은 곡물을 저장할지 결정해야 했다.[19] 중세 시대에는 이러한 위험 중 일부가 이미 전 세계적으로 퍼져 있었다. 13세기에 몽골은 유럽과 아시아를 황폐하게 만들었고, 한 세기 후 흑사병으로 알려진 페스트도 마찬가지였다.

이러한 한계에도 불구하고 탈레브와 다른 사람들이 지적한 것처럼, 예측이 가능한 위험에서 예측할 수 없는 불확실성의 사회로 전환한 것에 대한 벡의 지적은 더 많은 생각을 하게 한다. 벡은《위험에 처한 세계World at Risk》(1997)와 후속 개정판에서 생각을 수정하고 발전시켰다. 9.11 테러 이후 그는 테러리즘과 금융을 주요 위협으로 규정하고, 국경을 초월한 위험의 세계화를 더욱 강조했다.

벡은 보험업계가 직면한 문제로, 사회에 발생하는 새로운 위협이 예측 불가능하다는 점을 강조했다. '적절한 민간 보험private insurance이 제도적으로 보호받지 못하는 것은 제2 근대에서 통제 불가능한 위험 사회로의 전환을 단적으로 보여주는 예'라고 했다.[20] 벡은 재앙을 예방하는 조치가 가능하다는 점을 인정하면서도, 재앙에 대한 예방 조치가 예방하려는 재앙보다 더 큰 재앙을 초래할 수 있다고 주장했다(벡은 2003년 미국의 이라크 침공 이전에 책을 썼지만, 대량살상무기 제거라는 명분의 이라크 침공은 그의 주장을 더욱 설득력 있게 한다). 벡의 결론은 '무지가 세계 위험을 지배한다'는 것이었다.[21]

이 지점에서 예측 위험과 미래학 영역인 예측 불가능한 위험을 구분하는 것이 유용할 수 있다. 이 두 가지 미래에 대한 접근 방식이 차례로 논의될 것이다.

예보

미국에서는 수확량, 날씨, 경제 동향에 대한 예측이 1860년대부터 일상적으로 이루어져 왔는데, 1907년 금융 공황으로 예측의 문화가 자리 잡게 되었다. 기상학자 헨리 H. 클레이튼Henry H. Clayton은 날씨뿐만 아니라 경기 순환을 정기적으로 예측해 제공했다. 프랑스에서는 해왕성 발견에 큰 역할을 한 천문학자 위르뱅 르 베리에Urbain Le Verrier가 일기예보 체계를 발전시켰다.[22]

정부, 특히 사회주의 정부의 미래 계획은 19세기와 20세기에 걸쳐 점점 더 보편화되었다. 여기에는 경제 계획, 도시 계획, 국방 계획 등이 포함되었다.[23] 소련에서는 1920년대 후반부터 사회주의 체제가 종식될 때까지 경제 5개년 계획이 정기적으로 수립되었다. 1946년 프랑스 정부는 다방면에서 장 모네Jean Monnet(전 프랑스 기획위원회 위원장-옮긴이)의 자문을 받아 전후 프랑스 재건을 위한 기획위원회를 설립했다. 인도, 파키스탄, 미얀마, 캄보디아 등의 정부에서도 기획부를 찾아볼 수 있다.

국방과 관련해 얘기하자면, 노르웨이 정부에는 국방 정책 및 장기 계획 부서가 있다. 미국에서는 1948년 군을 위해 설립된 싱크탱크인 연구개발연구소RAND Corporation와 미국 정보 커뮤니티 내의 조직인 국방고등연구계획국IARPA이 군사 분야의 예측에 자금을 지원하고 있다. 정보 분석가인 토머스 핑거Thomas Fingar가 말했듯이 불확실성을 피할 수는 없지만, 연구에 자금을 투입해 문제를 예측하고, 기회를 파악하며, 실수를 피함으로써 불확실성을 줄일 수 있다.[24]

물론 과거의 트렌드를 바탕으로 미래의 가능성을 추정하는 것은 가능하다. 이때의 추정은 우리가 항상 하는 행동을 체계적으로 표현한 것으로서, 내일도 해가 뜰 것이라는 가정이나 지하철이 출퇴근 시간에 혼잡할 것이라는 예상을 바탕으로 구체적인 계획을 세우는 것과 같다. 인구통계학자, 경제학자, 공무원들은 수 세기 동안 자기 국가에서의 트렌드를 분석하거나, 1952년 독일의 한 분석가가 주장한 것처럼 '미래가 이미 와 있는' 미국 같은 국가에 주목해 왔다.[25]

그러나 우리는 역사를 통해 트렌드가 항상 지속되는 것은 아니라는 사실을 배웠다. 나심 탈레브가 '블랙 스완'이라고 이름 붙인 대공황이나 베를린 장벽 붕괴와 같이 극단적인 충격을 주는 사건이 가끔 발생한다.[26] 스튜어트 파이어스타인Stuart Firestein이 말했듯이 예측에서 가장 예측하기 어려운 것 중 하나는 예측이 얼마나 자주 틀리는가이다.[27] 실제로 우리가 확신할 수 있는 것은 확신할 수 없다는 것뿐이므로, 우리는 예상치 못한 것을 예상하는 방법을 배워야 한다. 프랑스 사회학자 에드가 모랭Edgar Morin은 2020년 인터뷰에서 "삶은 불확실성의 바다를 항해하는 것"이라고 말했다.[28]

미래에 대한 연구는 계획을 세우기 위해 필요하지만, 다가올 일이 불확실한 만큼 불가능한 일이라고도 할 수 있다. 미래에 대한 계획을 세우고 무슨 일이 있더라도 그것을 고수하는 것은 오만하고 위험한 일이지만, 철학자 닉 보스트롬Nick Bostrom이 말한 '실존적 재앙', 즉 현재뿐만 아니라 미래에도 영향을 미쳐 인류의 장기적 잠재력을 파괴하는 큰 재앙 등 가능한 재앙에 대비하지 않는 것도 마찬가지로 오만하고 위험하다.[29] 다행히도 불확실성의 정도는 구분할 수 있다. 가까운 미래에 관심을 두는 의사결정권자는 먼 미래 사건에 관심을 두는 미래학자보다 정확한 예측을 할 가능성이 더 크다. 예측은 정치와 경제 두 가지 분야에서 흔히 이루어져 왔고, 그에 대한 논란도 많았다.

정치적 위험

정치학에서는 중요한 논쟁이 계속되고 있다. 학자들은 크게 둘로 나뉜다. 정치는 상황이 반복되어 예측이 가능한 과학이라고 믿는 쪽과 모든 사건이 독특해 예측할 수 없다고 주장하는 쪽이다.[30] 1960년대에 발표되었지만 오늘날에도 여전히 읽을 가치가 있는 두 가지 중요한 연구가 이러한 논쟁의 중간 입장에 자리한다. 첫 번째 연구는 국제관계학 교수인 토머스 셸링Thomas Schelling이 게임 이론을 활용해 갈등에서 추구할 수 있는 최선의 전략을 발견한 것이다. 셸링은 갈등이 다른 플레이어에 대한 정보가 완벽하지 않은 게임, 즉 부분적으로 무지한 상황과 비슷하다고 주장했다.[31]

두 번째 연구는 역사학자 사울 프리들랜더Saul Friedländer의 연구로 그는 '예측이 행동의 필수 전제 조건'이며, 예측은 어렵기도 하지만 가능하다고 주장했다. 예측이 어려운 이유는 한 국가의 의사 결정자가 상대방 국가가 가진 목표에 대해 무지하기 때문이다. 예측이 가능한 이유는 개인이든 소규모 집단이든 선택된 목표에 의해 의사 결정자의 자유가 제한되기 때문이다. 이 자유는 한 걸음씩 나아갈 때마다 축소된다.[32]

프리들랜더는 상상의 중요성에 대해서도 언급했다. 대부분의 관찰자는 자신이 관찰하는 행위자에게 열려 있는 다양한 가능성을 나열할 수 있다. 그는 쿠바 미사일 위기 당시 케네디와 흐루쇼프가 서로의 의도를 읽으려 했던 시도를 설명하면서, 관찰 대상인 행위자의 눈으로 상황을 바라보며 의사 결정자의 개인적인 스타일, 즉 그의 특정 행동 패턴을 인식할 필요가 있다고 강조한다. 이런 분석의 실패가 이라크에 사담 후세인의 대량살상무기가 존재할 가능성을 추정했던 미국

정보기관의 기본적인 결함 중 하나였다는 주장이 있다.[33]

개인적 스타일을 파악하려면 프리들랜더가 '직관'이라고 부르는 것이 필요하다.[34] 직관은 프리들랜더의 논문이 나온 지 반세기 후에 출판된 심리학자 필립 테틀록Philip Tetlock의 저서에서도 강조되었다.[35] 테틀록은 성공적인 예측자들을 식별하고 그들의 방법을 분석하기 위해 '좋은 판단 프로젝트'를 주도했다. 그는 토너먼트를 조직하고 이에 참여할 지원자들을 모집했다. 이 프로젝트에서는 총 2만 명이 넘는 지원자들이 2014년 12월 1일 이전에 외국군이 시리아에서 작전을 수행할지, 2014년 9월 15일 북극해의 얼음이 1년 전 같은 날보다 줄어들지 등 수백 가지의 미래 사건을 예측했다. 이 프로젝트에서 다루는 미래는 프리들랜더의 것보다 제한적으로, 예측 기간은 최대 5년을 넘지 않고 일반적으로 1년 정도 후의 미래였다.

테틀록은 이 토너먼트로 '슈퍼 예측가'라고 불리는 소수의 아마추어들, 즉 전문가들보다 더 정확한 예측을 지속적으로 내놓는 사람들을 찾아낼 수 있었다. 이들은 받은 질문을 조사하는 데 많은 시간을 쏟았고, 마감 시간까지 정기적으로 자신의 추정치를 업데이트했다. 슈퍼 예측가들은 확률적 사고와 직관력, 즉 표면적으로는 잊어버렸지만 필요할 때 사용할 수 있는 지식을 기반으로 한 패턴 인식에서도 뛰어난 능력을 발휘했다.

경제

정치와 마찬가지로 경제학에서도 예측 가능성과 한계에 대한 논쟁이 오랫동안 있어 왔다. 최근 뛰어난 경제학자인 존 케이와 머빈 킹은 젊은 시절에 수학적 모델을 통해 문제에 접근하는 방법을 배웠다고 고백했다. 이러한 방식으로 해당 문제에 최적의 해법을 구해 행동을 예측할 수 있다는 것이었다. 그러나 이들은 실제 경험을 통해 이 방식에 의문을 가지게 되었는데, 이는 기업, 정부, 가계 모두 불확실한 미래에 직면해 있고, 앞으로 어떤 일이 일어날지 모른다는 사실을 알고 있었기 때문이다.[36] 따라서 케이와 킹은 경제생활에서 수학적 모델 대신 불확실성에 초점을 맞출 것을 주장했다.

마찬가지로 한 세기 전 미국의 경제학자 프랭크 나이트Frank Knight는 측정이 가능한 리스크와 측정이 불가능한 불확실성을 구분했다. 나이트는 경제 행위자들의 '실질적 전지전능'을 가정하는 것을 비판하고, 예상치 못한 상황의 요소를 강조했다.[37] 몇 년 후 존 메이너드 케인스John Maynard Keynes는 독특한 방식으로 같은 지적을 했는데, 그는 "유럽에서 전쟁이 일어날 가능성은 불확실하며, 20년 후의 구리 가격과 이자율, 새로운 발명품의 구식화 등도 마찬가지다. 이러한 문제들에 예측 가능한 확률을 도출할 과학적 근거가 전혀 없다. 우리는 그저 모를 뿐이다"라고 했다.[38] 또한 그는 "우리의 미래를 뒤덮고 있는 불확실성과 무지의 어두운 힘을 물리쳐야 한다"고 했다. 불확실성과 무지와 의도하지 않은 결과에 대한 비슷한 강조는 요제프 슘페터Joseph Schumpeter에서 프리드리히 폰 하이에크Friedrich von Hayek에 이르는 일부 오스트리아 경제학자들의 책에서도 찾아볼 수 있다. 이들은 신고전파 경제학자들이 변화를 무시하는가 하면 경제 행위자들이 완벽한 지식을 가지고 행동한다고 가정한 것을 비판했는데, 이는 완전경쟁(수많은 수요자와 공급자가 완전한 정보를 가지고 똑같은 품질의 상품을 주어진 가격으로 자유롭게 사고파는 이상적인 상태-옮긴이)만큼이나 비현실적인 전제이

기 때문이다.[39]

영국 경제학자 조지 섀클George Shackle 또한 불확실성 연구에 기여했다. 리스크 분석가인 나심 탈레브는 섀클을 저평가된 위대한 사상가로 보았으며, "섀클의 연구가 언급되는 건 드물어서 나는 런던의 중고 서점에서 그의 책들을 구입해야 했다"라고 했다.[40] 섀클은 저서에서 '모름unknowledge'을 강조하고, 이를 어떻게 다뤄야 할지 논의했다.

미래학

예측가는 보통 향후 1~2년(또는 5년까지)을 연구하지만 미래학자는 20년이나 30년, 또는 그 이상의 장기적인 미래에 관심을 둔다. 미래학은 무엇보다 강력한 상상력이 필요하기 때문에 소설가들이 이 분야에 참여하는 것은 놀라운 일이 아니다. 그중에는 프랑스의 쥘 베른Jules Verne과 영국의 허버트 조지 웰스H. G. Wells가 있는데, 1933년에 출간된 웰스의 소설 《미래의 모습The Shape of Things to Come》은 2106년까지의 사건을 그린다.[41]

몇몇 소설가들은 성공적인 예측을 한 바 있다. 쥘 베른은 달 착륙과 잠수함을 상상했고, 생물학을 전공한 허버트 조지 웰스는 유전 공학을 상상했다. 제1차 세계대전이 발발하기 몇 년 전 웰스는 탱크(그는 육상 철갑선이라고 불렀다)의 사용과 공중전을 예측했다. 최근에는 스탠리 큐브릭Stanley Kubrick 감독과 영화 〈2001: 스페이스 오디세이〉(1968)의 시나리오를 함께 쓴 것으로 잘 알려진 아서 찰스 클라크Arthur C. Clarke가 같은 이름의 SF 소설(1968)에서 온라인 뱅킹과 온라인 쇼핑을 모두 예측했다.

웰스는 1901년 〈포나이틀리 리뷰Fortnightly Review〉에 연재한 것들을 포함해 논픽션도 썼다. 이 논픽션은 《기계적 과학적 진보가 인간의 삶과 사고에 미칠 영향에 대한 예측》이라는 책으로 출간되었다. 그의 책은 초기 미래학에 공헌했는데, '미래학'이라는 용어(독일어로 Futurologie)는 1943년에 변호사 오시프 플레히트하임Ossip Flechtheim이 만들었다. 또 다른 공헌자는 허버트 후버 대통령이 설치한 사회동향 연구위원회의 위원이었던 미국 사회학자 윌리엄 오그번William Ogburn이다. 1931년 오그번은 〈뉴욕타임스〉로부터 2011년을 예측해 달라는 요청을 받아, 정부가 사람들의 삶에 더 큰 영향을 미칠 것이며 여성의 삶이 남성의 삶에 더 가까워질 것이라고 내다봤다.

장기 예측은 1950년대 후반부터 더욱 보편화되었다. 이는 공상과학 소설처럼 대중이 대안적인 미래 시나리오를 상상하는 데 도움을 주었다.[42] 이 분야가 발전하는 데는 세 명의 프랑스인이 중요한 공헌을 했다. 철학과 경영에 관심이 많았던 가스통 베르제Gaston Berger는 후향적retrospective에 상반되는 전향적prospective이라는 개념 용어를 만들어 냈으며, 1957년에 이 분야를 연구하기 위한 연구소를 설립했다. 정치철학자 베르트랑 드 주브넬Bertrand de Jouvenel은 '예측이 가능한 미래'라는 개념을 하나의 단어로 깔끔하게 정리한 '퓌튀리블Futuribles'이라는 제목의 논문집을 출간했다. 경제학자 장 푸라스티에Jean Fourastié는 과거 수세기에 걸친 연구를 바탕으로 미래 트렌드를 예측했다.[43]

1960년대에 이르러 미래학은 국제적인 학문 분야로 발전했다. 미국 RAND에서 일하던 허먼 칸Herman Kahn은 1967년에 '향후 33년간의 예측을 위한 틀'이라는 부제를 단 책 《2000년The Year 2000》을 출간했다.[44] 이 무렵은 학술 잡지 〈퓨처스Futures〉(1968)가 창간되고, 세계 미래학회(1966), 로마클럽(1968), 코펜하겐 미래연구소(1969)가 창립된 시기이기도 하다.

이 시점부터는 미래 연구에 관여하는 네 개의 주요 그룹을 구분하는 것이 유용하다. 첫 번째 그룹은 정부와 관련 있으며, 특히 정보 커뮤니티와 연관되어 있다. 1970년대 초반에 스웨덴 정부는 미래연구 사무국을 설립해 자금을 지원했다. 1990년대에는 미국 정보 커뮤니티가 향후 20년간의 글로벌 트렌드 연구를 시작했다. 2025년에 대한 연구는 2004년에 시작되어 2008년에 책으로 나왔다.[45]

두 번째 그룹은 특히 미래 기술과 그 기술의 사용에 따른 사회적 결과에 관심을 기울였다. 이 그룹에는 탈산업 사회의 부상과 컴퓨터가 일상생활에 미칠 영향을 예측한 사회학자 다니엘 벨Daniel Bell이 포함되었다.[46] 또한 미래를 상상하고 구체화하는 것을 좋아하는 다수의 발명가도 이 그룹에 속했다. 전기 공학자 데니스 가보르Dennis Gabor는 '미래는 예측할 수 없지만 발명할 수 있다'고 주장했다. 두 번째 그룹에서 가장 주목할 만한 인물은 단연 '버키'로 알려진 수학자 버크민스터 풀러Buckminster Fuller다. 풀러는 대량 생산 주택과 육상, 해상, 공중을 자유롭게 이동할 수 있는 자동차, 온실부터 도시까지 다양한 크기의 공간에 세울 수 있는 측지 돔geodesic dome을 설계한 인물이다.[47] 가볍지만 튼튼한 이 돔은 오늘날 도시 주민들이 기후 변화에 대처할 수 있는 수단으로 다시 주목받고 있다.

세 번째 그룹은 비즈니스 분야에서 비롯되었으며, 기업 전략에 중점을 두고 있다. 이 그룹에는 '미래를 예측하는 가장 좋은 방법은 미래를 창조하는 것'이라고 말한 경영 컨설턴트 피터 드러커Peter Drucker, 글로벌 비즈니스 네트워크의 설립자 피터 슈워츠Peter Schwartz, 지니어스웍스의 설립자 피터 피스크Peter Fisk 등이 포함된다.

두 번째와 세 번째 그룹에 비해 덜 낙관적인 네 번째 그룹은 경제 성장의 한계와 환경의 미래에 대해 우려하고 있다. 이 그룹에는 도넬라 메도우스Donella Meadows, 데니스 메도우스Dennis Meadows, 요르겐 랜더스Jørgen Randers 같은 로마클럽 회원들이 포함된다. 노르웨이 출신의 시스템 분석가인 랜더스가 2052년에 대한 글로벌 예측을 발표한 것은 2013년이었다.

가장 최근에 미래학에 합류한 이들은 철학 분야의 학자로, 닉 보스트롬Nick Bostrom과 토비 오드Toby Ord다. 이들은 2005년에 설립된 옥스퍼드대학교의 미래인류연구소에서 '실존적 위험', 즉 인류가 멸종하거나 인류의 잠재력이 급격히 감소할 위험에 대해 연구하고 있다. 보스트롬과 오드는 투기적인 미래학을 신중한 예측으로 전환하려는 분석가들이다. 미래학자들이 중기, 즉 향후 수십 년 또는 최대 100년에 초점을 맞추면서 단기 예측과 장기 미래학 간의 격차가 줄어들고 있는 것으로 보인다.

예를 들어 오드는 지구에 충돌할 운석이나 슈퍼 화산 분출과 같은 자연적 위험을 논의하지만, 다섯 가지 주요 위협에 초점을 맞추고 있다. 핵무기, 기후 변화, 환경 파괴, 팬데믹(자연 발생적이든 인위적이든), 그리고 오드가 설명한 비정렬 인공지능unaligned artificial intelligence이 바로 그것이다. 비정렬 인공지능이란 현재는 인류의 하인 역할을 하지만, 인간의 의도에 맞지 않게 작동해 인간에게 해를 끼칠 수 있는 인공지능을 말한다. 인공지능, 즉 AI 시스템을 구축하는 회사 딥마인드의 설립자 셰인 레그Shane Legg는 이를 금세기 최고의 위험이라고 언급한 바 있다.[48]

이러한 미래 연구에 사용되는 방법은 연구에 참여하는 그룹만큼이나 다양하다.[49] 베르트랑 드 주브넬은 같은 이름의 책에서 '추측의 기술The art of conjecture'을 다루었고, 허먼 칸은 2000년에 대한 자신의 설명을 '추측'으로 묘사했다. 과거에는 최근의 과거 경향을 통해 미래의 경향을 추측하는 통계 분석이 추측의 기반이 되었다. 그러나 1970년대 이후부터는 컴퓨터 시뮬레이션이 점점 더 많이 사용되고 있다. 예를 들어 로마클럽은 컴퓨터 공학자 제이 포레스터Jay Forrester의 '세계 2' 모델을 업데이트해 인구, 산업, 환경 간의 미래 상호작용 효과를 계산하고, '세계 3'이라는 컴퓨터 모델을 사용해 경제 성장의 한계를 추측했다. 인류는 여전히 불확실성의 바다를 항해하고 있지만, 적어도 환경에 관한 한 이제 아스트롤라베(천체의 위치, 시각, 경위도 등을 관측하기 위한 도구-옮긴이)에 필적할 도구를 갖추고 있다.

환경에 대한 위협은 어느 정도 확률로 예측할 수 있지만, 인간의 행동으로 인해 발생하는 위협은 예측할 수 없다. 20년 전에 글을 쓴 러시아 반체제 인사 안드레이 아말리크Andrei Amalrik와 달리 소련을 연구하는 학자들은 대체로 1990년에 일어난 소련의 해체를 예측하지 못했다. 아말리크는 문화적 저항, 소극적(수동적) 불만, 소련 내 비러시아 민족의 민족주의적 성향의 대두를 통해 소련 체제의 위기를 예측한 바 있다. 그는 소련의 미래를 예측하면서 중국과의 전쟁을 포함한 다양한 시나리오를 제시했으며, 당시 소련의 상황이 1905년과 1917년 혁명을 초래한 조건들과 유사하다고 언급했다.[50]

미래학자 허먼 칸은 1970년의 저술에서 일본 경제가 성장할 것이라고 내다보았고, 2000년까지 일본 경제가 미국을 따라잡거나 능가할 것이라고 주장했다. 그는 중국의 부상 가능성은 예측하지 못했다.[51] 경제학자들은 대체로 1929년 대공황을 예측하지 못했다. 또한 그들은 2008년의 끔찍한 금융 위기를 예측하지 못했으며, 이 사실은 당시 영국 여왕 엘리자베스 2세가 언급한 바 있다.

현재의 트렌드를 바탕으로 미래를 예측하는 데는 한 가지 문제가 있다. 이는 주식시장의 주가처럼, 혹은 나심 탈레브가 예로 들었듯이 잘 길러진 칠면조들이 여느 때처럼 주인이 주는 먹이를 기대하다가 추수감사절 직전에 도살당하는 경우와 같이 때로 예측할 수 없는 급격한 반전이 일어난다는 것이다.[52] 수십 년이 지난 뒤 미래학자들의 예측을 보면 이 같은 실패가 눈에 띈다. 위험에 대해 글을 쓰는 것 자체가 위험한 일이다. 이러한 위험은 과거를 연구함으로써 어느 정도 줄일 수 있다는 것이 다음 장의 핵심 주장이다.

15장
과거에 대한 무지

어리석은 사람들은 경험에서 배운다고 말하지만,

나는 다른 이의 경험을 통해 이익을 얻겠다.

비스마르크Bismarck(독일 제국 총리)

이 장에서는 과거에 대한 무지를 세 집단의 관점에서 살펴볼 것이다. 첫째는 역사가들로, 이들은 자신이 원하는 만큼 과거에 대해 알지 못하며 심지어 자신이 생각하는 것보다 더 적게 알고 있는 경우도 많다. 둘째는 일반 대중으로, 이들의 무지는 최근 몇몇 설문조사의 대상이 되었던 유권자들의 무지와 비슷하다. 셋째로는 가장 중요한 집단인 결정권자들로, 이들은 전임자들에게 배우지 못해 같은 실수를 되풀이한다. 과거를 무시함으로써 똑같은 실수를 반복하게 되는 것이다.

역사적 회의주의

오스트리아 빈의 지식인들처럼 예리하고 재치 있는 표현에 능했던 에른스트 곰브리치Ernst Gombrich는 학생들에게 "역사는 구멍이 가득한 스위스 치즈와 같다"고 말하곤 했다.[1] 과거의 지도에는 공백이 많다. 이에 대한 세계 여러 지역의 역사 자료는 아예 없지는 않지만, 지금껏 전해지는 것으로는 부족하다. 이 문제에 대한 인식은 고대 그리스 철학자 섹스투스 엠피리쿠스(2장에서 설명)의 재발견과 함께 16~18세기 유럽에서 역사 회의론 또는 피론주의 운동의 기초가 되었는데, 이는 전반적인 과거와 고대 역사에 대한 무지를 밝히려는 운동이었다.

1528년 스페인의 유명한 설교자이자 도덕주의자인 안토니오 데 게바라Antonio de Guevara는 황제 마르쿠스 아우렐리우스의 전기를 반 허구로 출판했다. 역사적 사실을 조작했다는 비판을 받자 게바라는 역사에 관한 한 "어떤 역사가가 다른 역사가들보다 더 진실을 말한다고 확신할 수 없다"고 주장하며 자신을 변호했다.[2] 16세기 후반에 필립 시드니 경Sir Philip Sidney은《시를 위한 변론》을 통해 시를 비판하는 사람들에 맞서 역사를 비판하며 "역사가들은 늙은 쥐가 갉아 먹은 기록들을 짊어지고 다니면서, 그 대다수는 신뢰할 수 없는 소문을 바탕으로 자신을 정당화한다"며 조롱했다.[3]

17세기 중반은 역사 지식의 가능성, 한계, 토대가 특히 프랑스를 중심으로 활발히 논의되던 시기였다. 르네 데카르트René Descartes는 자신의 저서《방법서설》(1637)에서 역사가들의 저작이 쓸모없거나 심지어 위험하다고 주장했다. 그는 역사가들의 저작물을 당시 유행하던 기사도 소설에 비유했다. 역사가들이 겉보기에 사소한 사건들을 생략하고, 독자들로 하여금 기사도 소설의 팔라딘(샤를마뉴 대제를 섬기는 12명의 기사-옮긴이)처럼 기행에 빠지도록 부추기며, 실행할 수 없는 계획을 세우게 만든다고 보았기 때문이다.[4]

역사의 불확실성 문제는 철학자 프랑수아 라 모트 르 베이예François La Mothe Le Vayer의 논쟁적인 연구서인《역사에 존재하는 확실성이 적음에 대하여》(1668)에서 더 자세히 논의되었다. 이 주제에 대한 논쟁은 한 세대 후 회의주의자 피에르 베일Pierre Bayle 시대에 더욱 활발해졌지만, 볼테르가 《역사적 피론주의》(1768)라는 저서를 발표하면서 18세기까지 이어졌다.[5] 당시 피론주의자(회의론자)들이 크게 주장한 것은 두 가지였다. 첫째는 편향bias에 대한 주장이었고, 둘째는 증거 부족에 대한 주장이었다.

역사가들이 여전히 편향이라고 부르는 개념(bias는 과거 론볼 공 한쪽이 무게가 더 나가게 만듦으로써, 그 공의 무게가 한쪽으로 치우쳐 있거나 휘어져 굴러가는 상태를 뜻하는 말이었다)은 관점의 문제로 되돌아가게 한다. 이는 1920년대의 사회학자 칼 만하임Karl Mannheim과 1980년대 페미니스트들이 논의한 것처럼, 적어도 17세기까지 거슬러 올라간다. 라 모트르 베이예는 만약 우리가 카르타고의 관점에서 기록된 자료만 가지고 있었다면 오늘날 우리의 포에니 전쟁에 대한 인식이 어떻게 달라졌을지 물었다. 베르킨게토릭스(갈리아 아르베르니족의 부족장-옮긴이)가 아닌 카이사르가 자신의 회고록을 썼다면, 카이사르의 갈리아 전쟁은 우리에게 어떻게 보였을까?[6]

베이예는 역사가의 작업을 요리사에 비유해 '역사는 부엌의 음식처럼 취급된다. … 모든 국가, 종교, 종파가 동일한 날것의 사실을 취하고 … 자기 입맛에 따라 양념한다'고 말했다. 따라서 (베이예의 주장에 따르면) 그가 역사서를 읽은 것은 과거에 무슨 일이 일어났는지 알아보기 위해서가 아니라 각 국가와 집단에서 말하는 것을 알아내기 위해서였다. 그가 특정 역사가에게 관심을 가졌던 것은 바로 편견prejudice 때문이었다.[7]

볼테르는 《역사적 피론주의》에서 편향의 문제를 논의하지만, 새로운 주장을 하는 것이 아니라 한 세기가 넘는 기간의 논쟁을 요약한다. 그는 카이사르의 회고록이 포에니 전쟁에 대한 후대의 견해에 미친 영향을 설명하면서 라 모트의 예를 들기도 했다. 그는 '공정하게 판단하기 위해서는 한니발 가문 기록에 접근할 수 있어야 한다'고 썼다. 이는 볼테르다운 표현으로, 그는 가야바와 본디오 빌라도의 회고록도 볼 수 있기를 바란다고 덧붙였다(가야바는 유대인 대제사장으로, 예수를 체포해 로마 제국의 유대 지방 총독 본디오 빌라도에게 넘겨 사형을 요구했고, 본디오 빌라도는 예수를 십자가형에 처하도록 명령했다고 신약성서에 기록되어 있다-옮긴이).[8]

회의론자들의 두 번째 주장은 과거에 일어난 많은 사건에 대한 증거가 부족하다는 점, 이전에 신뢰할 만하다고 여겨졌던 일부 자료들이 신뢰할 수 없으며 심지어 위조되었을 수도 있다는 점이었다. 프랑스의 예수회 신부인 장 아르두앵Jean Hardouin은 대부분의 고전 문헌이 위조된 것이라고 주장하기도 했다. 아르두앵은 문헌이 위조되었다는 음모론을 믿었기 때문에 오늘날이라면 망상증 진단을 받을 수도 있을 것이다. 그의 경우는 이미 많은 문서에 제기된 의심에 자신의 의심을 더한, 극단적인 예라고 할 수 있다.[9]

아르두앵의 사례는 이러한 주장이 누적되면 어떤 영향을 미칠 수 있는지 생생하게 보여준다. 17세기 후반에 책 제목에 '비판적'이라는 형용사가 유행처럼 사용된 것은 결코 놀라운 일이 아니다. 많은 사람이 일반적 진실로 받아들였던 역사적 사실들, 예를 들면 고대 로마를 건국한 로물루스를 비롯해 특정 성인들의 삶, 파라몽에 의한 고대 프랑스 왕국 수립 등이 그때부터 허구와 신화로 치부되기 시작했다.

새로운 역사 비판의 중요한 예는 위그노(16~17세기 프랑스의 칼뱅파 신교도-옮긴이) 학자 루이 드 보포르Louis de Beaufort의 〈로마 역사 첫 다섯 세기의 불확실성에 관한 논고〉(1738)다. 우리는 스위스 치즈에 구멍이 많이 난 것 같은 사료의 결함과, 먼 과거 역사와 관련해 남아 있는 사료의 신뢰성(이 경우 역사가 리비우스가 그리스도 탄생 시기에 실제로 일어났는지 확실하지 않은 약 700년 전 일어난 사건들에 대해 글을 쓴 것이 해당)을 결합한 문제로 돌아갔다.[10] 역사가들은 자신들이 주장했던 것보다 앞선 세기에 대해 아는 것이 적고, 사료의 신뢰성이 생각했던 것보다 떨어지며, 그들의 주장에는 아무리 해도 수학에서 볼 수 있는 확실성이 부족하다는 사실을 인정해야 했다.[11]

과거에 대한 무지는 마치 역사가 반복된 것처럼 포스트모던 시대에 다시 한 번 강조되었다. 이때 역사적 의식의 두 번째 위기가 나타났는데, 흥미롭게도 다시 한 번 세 명의 프랑스 철학자가 중요한 역할을 맡았다.

데카르트, 라 모트, 베이유 세 사람은 미셸 푸코Michel Foucault, 자크 데리다Jacques Derrida, 장 프랑수아 리오타르Jean-François Lyotard 세 사람으로 대체되었다. 과거 카이사르의 존재에 대한 의심은 홀로코스트의 실재에 대한 의심으로 대체되었고, 때로는 과거 전체가 문화적 '구성물'로 간주되기도 했다. 이러한 유사성을 전혀 인식하지 못한 채 1990년대의 논쟁 참가자들은 1690년대의 그들 선배들과 같은 주장을 되풀이했다.[12]

선택적 무지

장기적으로 볼 때 근본적인 의심보다 더 중요한 것은 1장에서 언급한 '선택적 무지'의 발견, 특히 역사가 대부분 엘리트에 의해, 엘리트를 위해, 엘리트에 관한 내용으로 쓰였다는 사실을 깨닫는 것이다. 로마 역사는 원로원 의원들이 원로원 의원들을 위해 썼고, 중국 역사는 관료들이 관료들을 위해 썼으며, 중세 유럽의 역사는 (한때) 수도사들이 수도사들을 위해 썼다. 다른 부류 사람들의 역사는 대개 암묵적으로, 때로는 명시적으로 알 가치가 없다고 간주되었고, 역사의 존엄성(20세기 초까지도 사용되던 고전적 표현)을 모독하는 것으로 여겨져 배제되었다.

1820년대에 러시아의 대문호 알렉산드르 푸시킨Alexander Pushkin이 예멜리안 푸가초프Yemelyan Pugachev가 이끈 농민 반란의 역사를 연구할 때, 차르 니콜라이 1세는 푸시킨에게 "푸가초프 같은 자에게는 역사가 없다"고 말했다. 또한 1950년대에 한 영국 역사가가 프랑스 혁명의 일부를 이루는 민중 운동에 관한 논문을 썼을 때, 논문 심사관인 루이스 나미어Lewis Namier는 그에게 "왜 이런 도적들에 신경을 쓰는가?"라고 물었다.[13]

20세기의 역사 연구는 선택의 여러 사례를 보여준다. 세기 초에는 정치적 사건, 즉 지도자들의 관점에서 바라본 역사에 초점이 맞춰졌다. 이러한 유형의 역사는 경제사를 연구하는 학자들에 의해 피상적이라는 이유로 거부되었으며, 이들은 사건이나 개인보다는 사회 구조와 경향에 중점을 두었다. 이후 세대에서는 사회 역사가들이 경제사를 단순화된 것으로 보고 비판했다. 1960년대에 에드워드 톰슨Edward Thompson과 에릭 홉스봄Eric Hobsbawm이 '아래로부터의 역사'를 주제로 쓴 책들은(톰슨의 《영국 노동계급의 형성The Making of the English Working Class》, 홉스봄의 《원초적 반란자들Primitive Rebels》-옮긴이) 지도자들보다는 피지배층인 일반 대중의 삶과 고통뿐만 아니라 그들의 관점에도 중점을 두었다. 아래로부터의 역사는 노동계급 남성들로 시작되었지만, 거기에는 곧 여성의 역사도 포함되게 되었다.[14]

앞 장에서 살펴본 것처럼 새로운 지식은 과거의 무지를 더욱 확실히 깨닫도록 해주었다. 노동 계급, 농민, 여성에 대한 무지뿐 아니라 최근에는 환경에 대한 무지로까지 인식이 확장되었다.

대중의 무지

정치에 대한 무지와 마찬가지로 역사에 대한 무지도 조사의 대상이 되어 왔다. 2015년 영국의 한 설문조사에서 영국인 4명 중 3명은 워털루 전투를 거의 알지 못하거나 전혀 모른다는 결과가 나왔다. 젊은 사람들은 워털루를 아바의 노래로 생각하고, 나이 든 사람들은 기차역으로 알고 있었다. 워털루 전투를 승리로 이끈 주역은 웰링턴 공작이 아닌 프랜시스 드레이크Francis Drake(16세기 영국의 탐험가-옮긴이)나 윈스턴 처칠이라고 답하는 사람이 많았고, 프랑스가 이겼다고 생각하는 사람도 상당수였다.[15]

미국에서는 1977년과 2000년에 실시된 갤럽 설문조사에서 많은 청소년이 '세계사 지식이 감소했다'고 응답했으며, 히틀러와 독일, 나폴레옹과 프랑스, 처칠과 영국을 연관 지을 수 있는 응답자는 더 적은 것으로 나타났다. 2000년에 실시된 미국 역사에 관한 설문조사에서는 응답자의 42퍼센트만이 1492년이 콜럼버스가 아메리카 대륙을 발견한 해라는 것을 알았고, 56퍼센트는 미국 독립 연도를 몰랐다.[16]

상황이 악화되고 있지만 이 문제는 새로운 것이 아니다. 1996년 갤럽 조사에 따르면 런던의 세인트 폴 대성당을 설계한 사람이 크리스토퍼 렌Christopher Wren이라는 사실을 아는 영국인은 16~24세의 25퍼센트 미만이었고, 마그나 카르타Magna Carta(1215년 영국 귀족들이 국왕 존

에게 강요해 왕권 제한과 제후 권리를 명시한 문서로, 대헌장이라고도 한다-옮긴이)
에 서명한 영국 왕이 누구인지 아는 사람은 10퍼센트에 불과했다.

1930년에 처음 출간되어 지금은 고전이 된《1066년과 그 밖의 모든 것1066 and All That》은 '기억할 수 있는 모든 역사', 즉 과거에 대한 잘못된 상식을 바로잡는 유쾌한 설명을 담고 있다. 공동 저자인 월터 셀러는 오랫동안 학교에서 역사를 가르친 경험을 바탕으로 이 책을 썼다.

학생들이 과거에 대해 무지하다면 이는 수업에 결석했거나 그 시간에 졸고 있었기 때문만은 아니다. 학생들의 교과서가 문제일 수도 있다. 미국 학교에서 사용되는 12종의 역사 교과서를 분석한 내용은《1066년과 그 밖의 모든 것》을 떠올리게 하지만,《선생님이 가르쳐 준 거짓말Lies My Teacher Told Me》이란 책이 더 잘 어울린다. 사실 이 교과서들의 저자들이 저지른 잘못은 거짓말이 아니라 부정확함, 그리고 중요한 사실의 누락이다. 그들은 '1492년 이전에 다른 대륙 사람들이 아메리카 대륙을 여러 번 탐험했다'는 것을 빠뜨렸고, 콜럼버스가 신대륙을 탐험한 첫 번째 사람이 아니라는 사실을 언급하지 않았다. 또 다른 예로 교과서는 노예제도의 끔찍함과 노예제도가 미국 흑인에게 미친 영향을 드러내고 있지만, 노예제도가 미국 백인이나 남부에 미친 영향에 대해서는 거의 침묵하고 있다.[17]

유권자의 역사에 대한 무지는 집단 기억상실이라 할 수 있으며, 때때로 중요한 결과를 초래한다. 이 글을 쓰는 시점인 2021년의 스페인을 예로 들어 보겠다. 독재자 프랑코 사망 후 좌파의 분열로 처참히 패배한 스페인 내전에 대한 기억은 민주주의로의 복귀를 부채질했다. 당시 패배한 기억으로 1970년대에 여러 정당이 협력하게 된 것이다. 그러나 지금은 내전을 기억하는 사람이 거의 없기 때문에, 스페인의 민주주의는 점점 더 후퇴하고 있는 것으로 보인다.

의사결정권자들의 무지

역사학자들은 종종 친구, 친척, 학생들로부터 '역사가 무슨 쓸모가 있느냐'는 질문을 받는다. 이 질문은 '역사에 무지하면 어떤 위험한 일이 일어날까'로 바꾸어 생각하면 답하기가 쉬워진다.

역사 지식이 있는 투자자는 역사에 무지한 사람보다 주식시장에서 손실을 피할 확률이 더 높다. 주가 상승과 폭락은 종종 같은 원인으로 반복되는데, 그중 가장 큰 원인은 무분별한 신용 대출과 시장을 조작하려는 부도덕한 인물들의 약속이다. 1990년대 닷컴 주식에 투자한 사람들은 10장에 나오는 1720년 영국의 남해 버블과 1929년 뉴욕 주식 시장 대폭락을 초래한 버블에 대해 읽어 보았다면 좋았을 것이다.

미국의 저명한 경제학자 존 케네스 갤브레이스John Kenneth Galbraith는 "금융 환상이나 광기에 대한 방어책으로는 기억이 법보다 훨씬 낫다"고 주장하며 대공황을 연구했다. 그의 '면역 기억immunizing memory'이라는 표현은 그 자체로 기억에 남는다. 또한 갤브레이스는 재난을 경험한 사람이 모두 죽은 뒤에는 역사가 기억의 역할을 할 수 있다고 주장했다.[18]

역사는 반복되지 않지만, 어떤 유형의 상황이 재발함에 따라 과거와 유사한 미래 시나리오가 쓰일 가능성이 있다. 그 예로 정치가나 장군들이 과거 경험을 무시하고 결정을 내려 불행한 결과를 초래한 경우가 여럿 있다. 1770년과 1943년의 벵골 대기근을 보라. 인도의 저술가 칼리 차란 고시Kali Charan Ghosh는 두 재앙에 대한 공식적인 대응

을 다룬 책에서 '모든 횡령과 위탁의 죄악이 하나하나 반복되었다'고 지적했다.[19]

9장에서 살펴본 것처럼 무지의 결과는 전쟁에서 가장 잘 드러난다. 지휘관들은 종종 과거와 달라진 현재 상황을 무시하고 전쟁을 치르려 한다는 비판을 받는다. 그러나 일부 지휘관은 그와 반대로 과거의 교훈을 무시해 실수를 저지르기도 한다.

1812년 나폴레옹의 첫 번째 러시아 침공과 1941년 히틀러의 두 번째 러시아(당시 소련) 침공을 예로 들어 보겠다. 물론 두 침공에는 큰 차이가 있다. 나폴레옹은 일선에서 군대를 직접 지휘한 반면, 히틀러는 후방에서 지휘했다. 나폴레옹의 군대는 긴 행렬의 병참 부대와 함께 걷거나 말을 타고 이동했지만, 히틀러의 독일 침략군 중 일부는 탱크를 타고 빠르게 이동했다(물론 말은 여전히 필요했다).

두 번째 침공에 참여한 일부 군인들은 자신들이 겪은 문제와 1812년 프랑스군이 겪었던 문제가 서로 비슷하다는 것을 너무나 잘 알고 있었다. 히틀러는 자신의 장군들이 모스크바로 진격하는 것을 허락하지 않았는데, 이는 나폴레옹의 발자취를 미신적으로 피했기 때문이다. 침략군의 일부 장교들, 특히 중부집단군 사령관 귄터 폰 클루게Günther von Kluge는 1812년에 나폴레옹과 함께 러시아로 원정을 떠났던 아르망 드 콜랭쿠르Armand de Caulaincourt 장군의 회고록을 읽었다. '우리의 상황이 1812년의 나폴레옹과 절망적인 유사점을 가지고 있다'고 본 것은 기갑군단의 에리히 회프너Erich Hoepner 장군만이 아니었다.[20]

프랑스군과 독일군의 파멸은 모두 방어군의 힘보다는 지리와 날씨라는 두 가지 요인에 따른 것이었다. 우선 지리적으로는 침략군이 마치 삼켜진 것처럼 흩어질 수밖에 없는 광활한 땅을 들 수 있다. 콜랭쿠르의 회고록을 읽은 한 독일군 장교는 '러시아라는 광대한 공간에 대한 나쁜 예감'을 기록했다. 또 다른 장교는 '러시아의 광활함이 우리를 삼켜버린다'고 했다. 러시아 대초원을 두고 '침공군을 익사시킬 수 있는 바다'라고 한 장교도 있었다.[21] 프로이센의 장군 카를 폰 클라우제비츠는 '1812년 러시아 원정은 … 그런 규모의 국가는 정복할 수 없다는 것을 보여주었다'고 기록했다.[22]

두 번째 요인은 날씨였다. 프랑스군과 독일군 모두에게 가장 큰 위협이 된 것은 러시아인들이 '동장군'이라고 부르는 혹독한 추위였다. 나폴레옹은 퇴각하기 전에 이미 절반 이상의 병력을 잃었는데, 날씨가 그의 어려움을 가중한 것이 분명하다.[23] 프랑스군은 러시아를 침공할 당시 70만 명에 가까운 병력을 보유하고 있었다. 이때는 여름이라 군대는 더위에 시달렸다. 그러나 나폴레옹이 마침내 모스크바에서 퇴각 명령을 내렸을 때는 10월 20일이었다. 황제는 보통 12월이 되어야 심각한 추위가 닥치는 줄 알고 있었기 때문에 철수에 필요한 시간이 충분하다고 생각했다. 그는 그 지역의 기후를 잘 모르는 많은 사람이 그렇듯이 기온이 얼마나 갑작스럽고 혹독하게 변할 수 있는지, 그리고 바람, 물, 지형과 같은 요소가 결합해 자연이 얼마나 강력한 적이 될 수 있는지 깨닫지 못했다.[24] 참고로 러시아에서 외교관으로 일했던 콜랭쿠르는 나폴레옹의 침공을 말리며 그곳에서 겨울을 나는 것이 위험하다고 경고하기도 했다.

이것은 단순히 순수한 무지의 문제가 아니다. 나폴레옹은 러시아의 겨울이 춥고, 따뜻한 옷이 필요하다는 것을 알고 있었다. 이는 적용된 무지, 즉 적절한 명령을 내려 알고 있는 지식을 특정 상황에 적용하지 못한 사례다. 지식을 의사 결정에 활용하지 못한 것은 오만함, 특히 프랑스군이 승리를 빠른 시일 내에 거두어 가을이 오기 전에 러시아에서 안전하게 철수할 수 있을 것이라는 지나치게 낙관적인 추정 때문이었다.

콜랭쿠르의 경고는 결국 옳았다. 1812년 11월 6일이 되자 기온이 급격히 떨어지고 폭설이 내렸다. 이때 병사가 10만 명으로 줄어든 프랑스군은 보급품이 부족했다. 모스크바에서 자신들이 먹을 식량이나 말들에게 먹일 사료를 충분히 가져올 수 없었고, 당시 군대는 겨울에 전투를 벌이지 않았기 때문에 겨울 군복 같은 것도 없었다.[25] 28년 후 카불에서 철수한 영국군과 마찬가지로 병사들은 손에 동상을 입어 총을 쏠 수 없었고, 발에 동상을 입어 행군할 수 없었다. 11월 말 프랑스군은 결국 70만 명에서 2만 5천 명으로 줄어들었고, 나머지는 죽거나 부상당하거나 포로가 되었다.[26]

1941년, 역사는 반복되기 시작했다. 히틀러는 6월에 약 300만 명의 병력을 동원해 러시아를 침공했다. 제1차 세계대전 당시 아르한겔스크 작전(1918년 연합군이 러시아 반볼셰비키 세력을 지원하기 위해 북러시아 아르한겔스크에서 작전을 펼쳤으나 극한의 기후, 불리한 정세 등으로 인해 철수하고 끝났다-옮긴이)에 대해 완전히 무지했던 독일군 지휘관들은 설원의 추위 속에서 전쟁을 벌여야 하는 것에 놀랐다.[27] 히틀러는 나폴레옹 군대가 겪은 일을 알았지만, 그런 위험은 무시했다. 더 많은 병력과 탱크와 비행기를 보유한 만큼 나폴레옹이 실패한 곳에서 자신은 성공할 것이라고 확신했다. 그러나 그 또한 실패했다.

러시아군은 반격에 나섰고 마침내 독일군을 물리쳤다. 러시아의 겨울은 그들의 방어에 큰 도움이 되었고, 침략군은 또다시 장갑과 양말을 포함해 제대로 된 겨울 의복이 부족했다. 히틀러도 나폴레옹과 마찬가지로 추위가 닥치기 전에 러시아를 패배시킬 것이라고 예상했다. 그러나 준비 부족으로 많은 독일군이 얼어 죽었고, 다른 병사들은 동상에 걸리거나 셔츠 안에 신문을 넣고 군복 안에 민간인 옷을 입어 겨우 목숨을 건졌다.[28] 또한 침략군은 계획자들이 병참을 소홀히 한 탓에 충분한 차량, 예비 부품, 휘발유가 부족했다. 이를 두고 요제프 괴벨스Joseph Goebbels는 "보급 문제는 의심할 여지 없이 동부전선에서 결정적인 문제였다. 우리는 동부전선에서 전투가 시작되기 전에 이를 인식하지 못했다"고 인정했다.[29]

러시아인들도 무지와 날씨로 고통 받았다. 독일의 침공은 저항할 준비가 되어 않은 그들에게는 기습이었다. 그러나 프로이센-프랑스 전쟁과 마찬가지로 상대적 무지가 결정적일 수 있다.

독일군이 침공했을 때 자국 땅에서 싸웠던 러시아인들은 독일인들보다 덜 무지했다. 그들은 1939년 핀란드를 침공했다가 패배한 뒤 교훈을 얻었다. 당시 스탈린은 군사 고문들의 조언을 무시하고 충분한 준비 없이 침공을 서둘렀는데,[30] 그 후 벌어진 겨울 전쟁에서 러시아인들과 달리 눈 속에서 싸울 수 있게 훈련받은 소규모의 핀란드 군대는 소련의 한 사단을 거의 전멸시켰다. 러시아인들은 이로 인해 교훈을 얻었고, 1942년에 스키를 탄 소련 부대원들이 독일 제6군을 포위하는 데 중요한 역할을 했다.

아프가니스탄 침공

미국의 베트남 전쟁 참전을 이해하기 어려운 이유는, 당시 미국 군부와 민간 의사 결정권자들이 그 지역에서 막 끝난 제1차 인도차이나 전쟁(프랑스-베트남 전쟁)의 교훈을 전혀 인식하고 있지 않은 데서 비롯된다. 1946년부터 1954년까지 벌어진 인도차이나 전쟁에서 식민 강국인 프랑스는 베트민군Viet Minh에게 패배했다. 이 전쟁에서도 지역 외부에서 온 정규군은 지역 내부의 게릴라 부대의 저항에 부딪혔다. 게릴라 부대는 프랑스군의 보급선을 공격하고 빠지는 전술을 구사하면서 결정적인 전투를 치를 만큼 강해졌다. 베트민군은 베트남 북서부의 디엔비엔푸에서 프랑스군을 포위하고 포격해 항복을 받아냈다.[31]

미국군은 프랑스의 경험에서 교훈을 얻지 못했다. 어떻게 디엔비엔푸의 교훈을 그렇게 무시할 수 있었을까?[32] 이 질문의 대답 중 하나는 미국인들이 프랑스의 경험에서 배우기는커녕 프랑스에는 전쟁 도구가 충분하지 않고 미국에 더 많다고 생각했다는 것이다.[33] 히틀러 또한 말을 가진 군대가 실패한 곳에서 탱크를 가진 군대가 성공할 수 있다는 신념으로 러시아 침공 명령을 내렸다. 과거로부터 배우기를 거부하자 곧 패배가 재연되었다.

과거의 교훈을 무시한 또 다른 대표적인 예는 아프가니스탄 침공, 더 정확히 말하면 1839년 영국, 1979년 소련, 2001년 미국에 의한 세 번의 침공이다. 세 번 모두 같은 실수가 반복되었다.[34]

영국의 실패는 동장군 때문이었다. 소련의 실패는 '그들의 결정은 무지에 방해를 받았다'고 평가된다. 이미 1921년에 한 러시아 장군은 아프가니스탄이 산세가 험하고 자부심이 강하며 자유를 사랑하기 때문에 함락하기 어렵고, 점령을 유지하기는 더 어렵다고 지적한 바 있다.[35] 1980년 영국 외무부는 자국을 방문한 소련 장관에게 영국의 아프가니스탄 전쟁 경험을 설명했다. 소련 장관은 이번에는 다를 것이라는 반응이었다.[36] 그러나 그렇지 않았다.

무자헤딘 게릴라는 소련군을 매복 공격하고 무기를 탈취했다. 또한 그들은 해외, 특히 미국과 이집트로부터 무기를 지원받았다. 그들은 '느리게 이동하는 소련 부대의 경로가 내려다보이는 높은 곳에 진을 치고 … 첫 번째와 마지막 차량을 지뢰나 로켓으로 파괴한 다음, 나머지를 체계적으로 파괴하는 전술'을 구사했다. 소련군은 (영국군이 그랬던 것처럼) 고지를 점령하거나 새로운 기술을 활용하고 헬리콥터로 병력을 지키는 방법을 배우기까지 많은 시간과 막대한 손실을 입었다. 요컨대 소련 지휘관들은 험한 지형을 가로질러 이동하고, 경무장으로 기동성이 뛰어나며, 강한 동기를 가진 소규모 부대에 어떻게 대처해야 할지 계획을 세우지 못했다.[37]

2001년은 미국이 실수할 차례였다. 11년 후 스코틀랜드의 역사학자 윌리엄 달림플William Dalrymple은 영국-아프가니스탄 전쟁 역사를 다룬《왕의 귀환Return of a King》을 출간했는데, 그는 이 책에서 1839년 영국의 아프간 침공과 2001년 미국의 침공 사이의 유사점을 제시했다. 책이 출간되고 얼마 지나지 않아 달림플은 미국 국가안보국, CIA, 국방부를 대상으로 한 아프가니스탄의 역사 브리핑에 초대되었다.[38] 이것으로 미국이 교훈을 얻은 것처럼 보였지만, 2021년 아프가니스탄에서 서둘러 비참하게 철수한 것으로 그렇지 않았음을 엿볼 수 있다.

물론 과거와 현재를 지나치게 비교하거나 잘못된 유사성을 선택하는 것은 위험할 수 있다. 예를 들어 1950년대에는 그 시대가 1930년대와 유사하다는 점이 미국과 영국의 정책에 영향을 미쳤다. 1950년 트루먼 대통령은 북한이 남한을 침공하자 강경한 반응을 보였는데, 이는 한국에서 공산주의가 히틀러, 무솔리니, 일본이 한 것처럼 행동하고 있다고 보았기 때문이다.[39] 1956년 이집트의 가말 압델 나세르Gamal Abdel Nasser 대통령이 수에즈 운하 폐쇄를 명령했을 때(영국과 프랑스가 소유하고 있던 수에즈 운하를 국유화했다-옮긴이), 앤서니 이든Anthony Eden 영국 총리는 나세르 대통령을 새로운 히틀러로 간주했다. 그는 1938년 히틀러의 체코슬로바키아 점령에 대한 영국의 협상 실패와 이집트와의 협상을 동일시하며 무력으로 대응하기로 결정했다. 그 결과 영국의 운하 지역 침공은 실패로 돌아갔고, 현재 '수에즈 대실패Suez fiasco'로 알려진 작전은 중단되었다.

마찬가지로 존슨 대통령과 그의 측근인 헨리 캐봇 로지Henry Cabot Lodge 남베트남 대사는 1965년 베트남의 위기를 1938년 뮌헨 위기(1938년 뮌헨에서 열린 독일 · 이탈리아 · 영국 · 프랑스 정상 회담에서 전쟁을 피하기 위해 독일이 체코슬로바키아의 수데텐 지방을 합병하도록 승인한 조약-옮긴이)의 재연으로 간주하고, 침략자를 '달래는' 실수를 하지 않기로 결심했다. 대통령과의 회의에서 로지는 "뮌헨에서 우리가 보인 안일함과 비슷하지 않습니까?"라며 폭발했다.[40] 존슨도 "역사에 대해 내가 아는 바에 따르면, 내가 베트남에서 철수할 경우 … 제2차 세계대전에서 체임벌린이 했던 일(1938년 뮌헨 회담에서 영국 체임벌린 총리가 히틀러의 수데텐 합병을 받아들인 일-옮긴이)을 내가 하게 되는 것"이라고 했다.[41]

유사성은 위험할 수 있다. 이는 과거 사례와 다른 현재 상황을 혼동할 수 있기 때문이다.[42] 이러한 위험을 피하기 위해서는 비유사성을 신중하게 검토하는 것이 좋다. 그러나 유사성을 도출하지 않으려는 태도 또한 위험하다. 철학자 조지 산타야나George Santayana의 유명한 격언 "과거를 기억하지 못하는 사람은 과거를 되풀이할 운명에 처한다"는 말이 이를 잘 설명한다.

새로운 지식과 새로운 무지

모든 새로운 지식은 그 자체로 새로운 무지를 창조할 여지를 갖는다.

C. S. 루이스C. S. Lewis(영국 소설가)

지금까지 살펴본 바와 같이 18세기와 19세기, 그리고 그 이후에도 지배적이었던 필연적 진보의 관점에서 역사를 해석하는 승리주의 또는 휘그주의는 지식에 의한 무지의 패배라는 단순한 이야기를 제시했다. 이와는 대조적으로 이 책은 수세기에 걸쳐 새로운 지식의 부상은 필연적으로 새로운 무지의 부상을 수반했다고 주장한다. 인류는 집단으로 볼 때 그 어느 때보다 더 많은 것을 알고 있지만, 개인으로 본다면 이전 세대보다 더 많이 알지 못한다.

새로운 지식을 위한 공간을 마련하기 위해 오래된 지식은 버려졌다. 온라인이 아닌 두꺼운 인쇄물 형태의 백과사전을 참고하던 시절, 백과사전을 업데이트하려면 페이지에 새로운 발견을 위한 공간을 확보하기 위해 오래된 정보를 버려야 했다. 예를 들어 자동차에 대한 지식은 말의 특징에 대한 지식을 대체했으며, 한때 신사라면 필수적인 것으로 여겨졌던 문장학 지식은 이제 영국 문장학회 회원과 같은 소수의 애호가들에게만 국한되어 있다.

르네상스 시대부터 20세기 초까지 유럽에서는 상류층과 중산층 남성은 고대 그리스와 로마의 역사, 철학, 언어, 문학에 대해 잘 알고 있어야 한다고 생각했으며, 영국 국회의원을 비롯한 신사들은 하원의 연설이나 〈타임〉지 지면에 등장하는 고전의 예시를 알아볼 수 있을 것으로 기대되었다. 이 같은 기대는 학교와 대학에서 고전이 중요한 과목이었고 남성 엘리트만 고등 교육을 받았던 시기에는 합리적이었다.

오늘날 고전을 위한 커리큘럼이 작은 틈새시장에 불과한 상황에서 보리스 존슨Boris Johnson(전 영국 총리-옮긴이)의 라틴어 사용은 (취향에 따라 매력적이거나 짜증나는) 기이함과 함께 그가 전통적인 엘리트 학교에서 교육받았다는 사실을 드러내 주었다. 또한 아리스토텔레스와 플라톤, 호메로스와 베르길리우스, 카이사르와 키케로와 같은 이름이 익숙하다고 해도 더 이상 많은 사람이 그들의 작품 중 일부를 번역본으로라도 읽었다고 볼 수 없는 시대가 되었다.

과거에는 현지 고전에 대한 지식이 널리 퍼져 있었다. 이탈리아에서는 16세기부터 단테와 아리오스토의 시가 상류층에만 읽히지 않았으며 프랑스에서는 라신과 발자크가, 스페인에서는 세르반테스, 독일에서는 괴테, 영국에서는 셰익스피어와 밀턴, 스콧, 디킨스의 작품이 이런 종류의 고전이 되었다.

오늘날 이들 고전은 독자들의 관심을 끌기 위해 라틴 아메리카의 호르헤 루이스 보르헤스Jorge Luis Borges와 가르시아 마르케스García Márquez의 시와 소설, 중국의 《홍루몽》, 일본의 《겐지 이야기》 등 다른 문화권의 작품과 경쟁해야 한다. 음식과 마찬가지로 전 세계 다양한 문화는 더 친숙해진 반면 고유 문화는 덜 친숙해졌다. 언어의 경우도 상황이 비슷하다. 유럽 대부분의 지역에서 프랑스어와 독일어에 대한 지식은 감소한 반면 영어, 중국어, 스페인어에 대한 지식은 증가했다.

종교개혁 시대 유럽에서는 성직자(가톨릭, 루터파, 칼뱅파)뿐만 아니라 평범한 사람들 사이에서도 신학에 대한 논쟁은 흔한 일이었다. 어릴 때부터 교리문답을 외우는 습관을 들여 적어도 마을 설교자의 '성찬聖餐' 또는 '화체설化體說' 같은 신학적 개념에 대한 언급이 구약과 신약에 대한 언급처럼 쉽게 이해되었다. 19세기 후반 토머스 하디Thomas Hardy의 소설에서는 성경을 인용한 내용이 가득했으나, 이 지식은 이제 더 이상 당연한 것으로 받아들여질 수 없다. 최근 조사에 따르면 미국, 영국, 기타 지역의 기독교인들은 이전 세대에 비해 신학을 잘 알지 못하는 것으로 나타났다. 대신 아시아를 여행했거나 학교에서 다양한 종교를 배웠기 때문에 조상들보다 힌두교와 불교를 더 많이 알고 있다.

지리의 경우 영국, 미국, 그리고 다른 지역에서 1960년대에 학교를 다녔던 세대는 주요 국가의 위치와 수도 이름 정도는 알았지만, 지리학 교육이 자신들의 국가와 관련 있는 범위로 한정되면서 상황이 달라졌다. 1980년대 후반과 1990년대 초반에 근무했던 한 지리 교사는 "우리 지리 과목 책장에서 옛 교과서는 치워졌다"고 회고했다.[1]

자연사 분야에는 이렇게 극적인 사례가 존재하지는 않지만, 한 진취적인 언론인은 옥스퍼드 주니어 사전의 새 판에서 젊은 세대의 관심사 변화에 맞춰 '미나리아재비, 꼬리모양꽃차례, 칠엽수 열매'와 같은 단어들이 빠지고 '브로드밴드', '채팅방', '셀러브리티'가 추가되었다고 지적했다.[2]

과학의 경우 과학 지식의 대중화가 활발히 일어난 황금기였던

19세기에는 물리 화학 실험이 많은 청중을 대상으로 이루어졌고, 진화론에 대한 논쟁이 벌어졌으며, 아마추어 지질학자와 식물학자가 남성뿐 아니라 여성 사이에도 넘쳐났다. 그러나 영국의 화학자이자 소설가인 C. P. 스노C. P. Snow가 1959년 케임브리지에서 행한 유명한 강연에서 지적했듯이, 자연과학과 인문학은 '두 개의 문화'가 되어 서로 점점 더 멀어져 인문학 교육을 잘 받은 사람도 열역학 제2법칙에 대해 무지할 정도가 되었다.[3] 오늘날에는 세분화가 가속화되는 시대를 맞아 문화가 '두 개'에 불과하다는 발상은 분명한 판단 착오로 자리 잡았다.

역사의 경우 고대 그리스와 로마에 대한 지식은 자신이 속한 국가의 과거 지식으로 대체되었고, 이는 다시 글로벌 역사(지구사) 지식으로 대체되고 있다. 지평이 다시 넓어지는 한편, 가까운 곳에 대한 지식은 감소한다는 의미다. 위에서 본 역사, 즉 지도자의 역사에서 아래에서 본 역사, 즉 평범한 사람들의 역사로의 전환은 과거에 대한 우리의 지식과 이해를 크게 증가시켰지만 그 대가도 만만치 않았다. 젊은 역사학도들은 과거의 의사 결정자에 대해 거의 알지 못한다. 원로 역사학자인 존 엘리엇John Elliott은 "마르틴 루터보다 마르탱 게르의 이름이 더 알려지려 하는 것은 뭔가 잘못되었다"고 말했다.[4] 마르틴 루터에 대한 지식이 한동안 감소하고 있었다는 것은 1911년판 브리태니커 백과사전에 실린 그의 항목과 63년 후의 새 브리태니커 백과사전에 실린 항목을 비교해 보면 알 수 있다. 1911년에는 루터에게 14개의 칼럼이 할당되었지만 1974년에는 단 한 개의 칼럼만 할당되었다.

인간의 짧은 삶, 수면의 필요성, 예술이나 스포츠가 새로운 형태로 관심 경쟁Competition for Attention을 벌이는 점 등을 고려할 때 현 세대가 이전 세대보다 더 많이 알 수 없다는 점은 분명하다. 예를 들어 앨프리드 테니슨Alfred Tennyson(19세기 영국 시인-옮긴이)보다는 중국 두보의 시를, 튜더 왕가의 역사보다는 아프리카의 역사를 더 잘 알고 있을 뿐이다. 우리는 또한 경제학자 프리드리히 폰 하이에크가 '과학자와 학자들의 연구 덕분에 집단 지성이 증가할수록 한 사람이 흡수할 수 있는 지식의 몫은 줄어든다'고 한 역설에 직면해 있다.[5]

더욱 실용적인 측면에서 우리는 정부가 설문조사, 지도, 통계표 등으로 국민에게 제공한 지식이 지역 현실과 맞지 않아 오히려 올바른 인식을 방해할 수 있다는 것을 알았다.

요컨대 우리는 지식과 무지를 단수형이 아닌 복수형으로 생각해야 하며, 일반 지식이나 통념이 장소와 시대에 따라 다르다는 점에 주목해야 한다. 미리엄 솔로몬Miriam Solomon이 말했듯이 '새로운 지식은 새로운 무지를 가능케 한다.'[6] C. S. 루이스의 말을 빌린다면 "모든 새로운 학습으로 그에 따른 새로운 무지를 위한 공간이 만들어질 것이다."[7] 우리는 어느 개인, 문화, 시대의 무지를 언급하기 전에 항상 두 번 생각해야 한다. 왜냐하면 알아야 할 것이 너무 많아졌기 때문이다. 이 점은 오래전부터 불만이었지만, 현 시대에 점점 그럴 필요를 느낀다.[8]

마크 트웨인의 말을 빌리자면 '우리는 모두 무지하다. 다만 무지의 대상이 다를 뿐이다.' 문제는 권력을 가진 자들은 필요한 지식을 갖고 있지 않으며, 지식을 가진 자들은 권력을 갖고 있지 않다는 점이다.

무지 용어 사전

용어	설명
능동적 무지	알고 싶어 하지 않음
불가지론(不可知論)	무지의 한 이론으로, 사물의 본질은 인간이 인식 불가능하다는 철학적 관점
아그노톨로지(agnotology)	특정 주제에 대한 무지나 의심이 어떻게 생성되는지 연구하는 학문
비대칭적 무지	그룹 A가 그룹 B에 대해 알고 있는 것이, 그룹 B가 그룹 A에 대해 알고 있는 것보다 적을 때 발생
비난받지 않는 무지	피할 수 없는 무지
비난받을 만한 무지	책임 있는 무지
의식적 무지	모른다는 것을 아는 상태
창조적 무지	혁신을 돕는 무지
책임 있는 무지	비난받을 만한 무지
깊은 무지	합리적인 답변이 없는 질문에 관한 무지
의도적 무지	자발적 또는 고의적 무지
아는 무지(docta ignorantia)	공부나 명상을 통해 습득한 무지
진정한 무지	지식의 부재로, 순수하고 단순한 무지
집단적 무지	조직적 무지

무시	지식에 대한 의식적 또는 무의식적 저항 형태로, 자발적 또는 고의적 무지
문맹	전문가들이 대중의 일부에게 부여하는 무지
전가된 무지	다른 사람들의 무지
부주의한 무지	무의식적 무지
불가사의한 무지	알 수 없는 무지
통찰력 있는 무지	지식의 격차에 대한 인식
흥미로운 무지	알고 싶지는 않은 형태의 무지
극복할 수 없는 무지	비난받지 않는 무지 또는 비자발적 무지
알려진 무지	알고 있지만 모른다고 인식하는 것
학습된 무지	아는 무지(docta ignorantia)와 유사한 의미
현장 무지	현장 지식의 반대되는 의미
거시적 무지	집단적 무지
무지의 제조	다른 사람들을 무지하게 만드는 것. 무지의 생산과 유사
메타 무지	자신이 모른다는 사실을 모르는 것
도덕적 무지	옳고 그름에 대한 잘못된 판단
불인지, 비지식	아직 알려지지 않았거나 지식의 완전한 부재를 의미하는 모호한 개념
불투명한 무지	알려지지 않은 미지의 것들
조직적 무지	조직 내 지식의 불균형 분포로 인한 효과
명백한 무지	지식의 부재. 진정한 무지 또는 단순한 무지와 유사
실용적 무지	무엇을 하는 방법을 모르는 것
기본적 무지	무지에 대한 무지. 메타 무지와 유사
무지의 생산	다른 사람을 무지하게 유지하는 것. 무지의 제조 참조
합리적 무지	비용이 이익을 초과할 때 학습을 자제하는 것
상대적 무지	경쟁자나 적과 비교해 상대적인 무지

단호한 무지	알고 싶지 않은 것
허용된 무지	일부 정보를 중요하지 않다고 집단적으로 묵살하는 것
선택적 무지	알아서 무시하는 것
단순한 무지	지식의 부재. 진정한 무지 또는 명백한 무지 참조
특정된 무지	관련이 없다고 간주되는 것을 무시하는 것
전략적 무지	다른 사람을 고의적으로 무지하게 만드는 것
대칭적 무지	두 당사자가 똑같이 무지한 상태
예상치 못한 무지	예측하지 못해 놀란 상태
불가피한 무지	비난받지 않는 무지 또는 극복할 수 없는 무지 참조
불확실성	지식과 무지 사이의 모호한 상태
무의식적 무지	자신이 모른다는 사실을 모르는 것
불가지성(不可知性)	무언가를 아는 것이 불가능한 것
알려지지 않은 지식	무의식적인 지식
알려지지 않은 무지	자신이 모른다는 사실을 모르는 것
유용한 무지	긍정적인 기능을 가진 무지, 선한 무지 참조
극복 가능한 무지	비난받을 만한 무지 또는 책임 있는 무지와 유사한 의미
선한 무지	유용한 무지
자발적 무지	의도적으로 무지를 택한 것으로, 고의적 무지와 유사
백인의 무지	흑인에 대한 무지 또는 잘못된 믿음
고의적 무지	자발적 무지와 유사

*이 목록은 무지에 대한 모든 용어가 담긴 완전한 목록은 아니다.

주

들어가며-무지라는 미지의 영역에 대하여

1 책을 집필 중인 현재 시점 기준으로 〈가디언〉 보도에 따르면 데이비드 퍼트넘은 영국 상원에서 물러나면서 브렉시트 협상 당시 의원들이 아일랜드 국경 문제에 대해 '돼지처럼 무지했다'고 비판했다. www.theguardiancom.politics.

2 Françoise Waquet, *Parler comme un livre: L'oralité et le savoir* (XVIe–XXe siècle) (Paris, 2003); *Les enfants de Socrate: Filiation intellectuelle et transmission du savoir*, XVIIe–XXIe siècle (Paris, 2008); *L'ordre materiel du savoir: Comment les savants travaillent*, XVIe–XXIe siècle (Paris, 2015); *Une histoire émotionelle du savoir*, XVIIe–XXIe siècle (Paris, 2019).

1부 사회의 무지

1장 무지란 무엇인가?

1 Gustave Flaubert to Louise Colet, 16 January 1852, in his *Correspondance*, ed. Bernard Masson (Paris, 1975), 156.

2 Lord Clarendon, *A Compleat Collection of Tracts* (London, 1747), 237.

3 George Washington, *Circular to the States*, June 1783. On the history of the phrase, Lucie Varga, *Das Schlagwort der 'Finsteren Mittelalter'* (Baden, 1932); Theodore Mommsen, 'Petrarch's conception of the "Dark Ages"', *Speculum* 17 (1942), 226–42.

4 William E. Shepard, 'The Age of Ignorance', in *Encyclopaedia of the Qur'an*, vol. 1 (Leiden, 2001), 37–40.

5 William Beveridge, *Social Insurance and Allied Services* (London,

1942), http://www.bl.uk/onlinegallery/takingliberties/staritems/712beveridgereportpic.html.

6 Charles Simic, 'Age of Ignorance', *New York Review of Books* (20 March 2012), https://www.nybooks.com/daily/2012/03/20/age-of-ignorance; 'Robert Proctor', in Janet Kourany and Martin Carrier (eds), *Science and the Production of Ignorance* (Cambridge MA, 2020), 53.

7 Martin Mulsow, *Prekäres Wissen: Eine andere Ideengeschichte der Frühen Neuzeit* (Berlin, 2012). Cf. Renate Dürr (ed.), *Threatened Knowledge: Practices of Knowing and Ignoring from the Middle Ages to the Twentieth Century* (London, 2021).

8 Rhodri Marsden, 'Filter Failure: Too Much Information?', *Independent*, 31 May 2011. The term 'filter failure' was coined by Clay Shirky, a professor of media studies at New York University. Cf. Shaheed Nick Mohammed, *The (Dis)Information Age: The Persistence of Ignorance* (New York, 2012), 2.

9 Hans Blumenberg, 'Curiosity is Enrolled in the Catalogue of Vices', in *The Legitimacy of the Modern Age* (1966: English trans. Cambridge MA, 1983), 309–23; Neil Kenny, *The Uses of Curiosity in Early Modern France and Germany* (Oxford, 2004), 99, and (criticizing Blumenberg), 165–7.

10 Eliza Butler, *The Fortunes of Faust* (Cambridge, 1952).

11 Franco Venturi, 'Was ist Aufklärung? Sapere Aude!', *Rivista storica italiana* 71 (1959), 119–28.

12 Henry Thoreau, 'Walking' (1851), faculty.washington.edu/timbillo/Readings and documents/Wilderness, visited 27 October 2020.

13 Alain Corbin, *Terra Incognita: A History of Ignorance in the Eighteenth and Nineteenth Centuries* (2020: English trans. Cambridge, 2021), 4.

14 Quoted in Sandrine Bergès, 'Olympe de Gouges versus Rousseau', *Journal of the American Philosophical Association* (2018), 433–51, at 444.

15 José González García, *The Eyes of Justice: Blindness and Farsightedness, Vision and Blindness in the Aesthetics of the Law* (Frankfurt, 2016).

16 John Rawls, *A Theory of Justice* (Cambridge MA, 1971).

17 Wilbert Moore and Melvin Tumin, 'Some Social Functions of Ignorance', *American Sociological Review* 14 (1949), 787–96; Heinrich Popitz, *Über die Präventivwirkung des Nichtwissens* (Tübingen, 1968); Roy Dilley,

'Reflections on Knowledge Practices and the Problem of Ignorance', *Journal of the Royal Anthropological Institute* 16 (2010), 176–92; Peter Wehling (ed.), *Vom Nutzen des Nichtwissens* (Bielefeld, 2011); Nick Bostrom, 'Information Hazards: A Typology of Potential Harms from Knowledge', *Review of Contemporary Philosophy* 10 (2011), 44–79.

18 Susan Matt and Luke Fernandez (2021), 'Ignorance is Power, as well as Joy', in Dürr (ed.), *Threatened Knowledge*, 212–31, at 212.

19 Anthony Tjan, 'The Power of Ignorance', *Harvard Business Review*, 9 August 2010, hbr.org/2010/08/the-power-of-ignorance.html. Cf. Ursula Schneider, *Das Management der Ignoranz: Nichtwissen als Erfolgsfaktor* (Wiesbaden, 2006), and Piero Formica, *The Role of Creative Ignorance* (New York, 2014).

20 *New Yorker*, 10 February 1945. Ford quoted in Formica, *Creative Ignorance*, 10.

21 James Ferrier, *Institutes of Metaphysic* (Edinburgh, 1854), 405.

22 Halcyon Backhouse, (ed.), *The Cloud of Unknowing* (London, 2009).

23 Matthias Gross, '"Objective Culture" and the Development of Nonknowledge: Georg Simmel and the Reverse Side of Knowing', *Cultural Sociology* 6 (2012), 422–37, at 433.

24 Michael J. Smithson, 'Social Theories of Ignorance', in Robert N. Proctor and Londa Schiebinger (eds), *Agnotology: The Making and Unmaking of Ignorance* (Stanford CA, 2008), 209–29, at 209–12.

25 News briefing, US Department of Defense, 12 February 2002, replying to a question about the lack of evidence for weapons of mass destruction in Iraq, https://en.wikipedia.org/wiki/There_are_known_knowns.

26 Slavoj Žižek, 'What Rumsfeld Doesn't Know That He Knows About Abu Ghraib', *In These Times*, 21 May 2004. My thanks to Lukas Verburgt for this reference.

27 Sigmund Freud, *Introductory Lectures on Psychoanalysis* (1916–17: English trans. London, 1922), 100.

28 Jacques Lacan, *My Teaching* (London, 2008).

29 Charles Mills, 'White Ignorance', in Shannon Sullivan and Nancy Tuana (eds), *Race and Epistemologies of Ignorance* (Albany NY, 2007), 13–28, at 33.

30 'Traces of Terrorism', *New York Times,* 17 May 2002, www.nytimes.com, 17 May 2002, visited 26 July 2021.

31 Andrew Abbott, 'Varieties of Ignorance', *American Sociologist* 41 (2010), 174–89; Nikolaj Nottelmann, 'The Varieties of Ignorance', in Rik Peels and Martijn Blaauw (eds), *The Epistemic Dimensions of Ignorance* (Cambridge, 2016), 33–56.

32 Gilbert Ryle, 'Knowing How and Knowing That', *Proceedings of the Aristotelian Society* 46, 1–16.

33 Linsey McGoey, *The Unknowers: How Strategic Ignorance Rules the World* (London, 2019), 326.

34 Gayatri Chakravorty Spivak, *Critique of Postcolonial Reason* (Cambridge MA, 1999).

35 Jane Austen, *Northanger Abbey* (London, 1817), chap. 2.

36 Paul Hoyningen-Huene, 'Strong Incommensurability and Deeply Opaque Ignorance', in Kourany and Carrier (eds), *Science,* 219–41, at 222.

37 Lucien Febvre, *Le problème de l'incroyance au XVIe siècle* (Paris, 1942), 385–8.

38 Thomas Kuhn, *The Structure of Scientific Revolutions* (Chicago IL, 1962); Menachem Fisch and Yitzhak Benbaji, *The View from Within: Normativity and the Limits of Self-Criticism* (Notre Dame IN, 2011).

39 The classic discussion of this topic is in Robin Horton, 'African Traditional Thought and Western Science', *Africa* 37 (1967), 50–71.

40 Peter Burke, 'Alternative Modes of Thought', *Common Knowledge* (2022), 41–60.

41 William Beer, 'Resolute Ignorance: Social Science and Affirmative Action', *Society* 24 (1987), 63–9.

42 Michel-Rolph Trouillot, *Silencing the Past: Power and the Production of History* (Boston MA, 1995).

43 Letter to Étienne Falconet in 1768, quoted in Peter Gay, *The Enlightenment: An Interpretation, vol. 2, The Science of Freedom* (New York, 1969), 520.

44 Lytton Strachey, *Eminent Victorians* (London, 1918), preface.

45 Roxanne L. Euben, *Journeys to the Other Shore* (Princeton NJ, 2006), 136.

46 Mary Louise Pratt, *Imperial Eyes: Travel Writing and Transculturation*

(London, 1992), 159–60; Indira Ghose, *Women Travellers in Colonial India: The Power of the Female Gaze* (Delhi, 1998).

47 Robert Halsband (ed.), *The Complete Letters of Lady Mary Wortley Montagu*, 3 vols (Oxford, 1965–7), vol. 1, 315.

48 Grace Browne, 'Doctors Were Sure They Had Covid 19. The Reality Was Worse', *Wired*, 23 April 2021, www.wired.co.uk.

49 Robert K. Merton, 'Three Fragments from a Sociologist's Notebooks: Establishing the Phenomenon, Specified Ignorance, and Strategic Research Materials', *Annual Review of Sociology* 13 (1987), 1–28. Cf. Peter Burke, 'Paradigms Lost: from Göttingen to Berlin', *Common Knowledge* 14 (2008), 244–57.

50 Karl Popper, *Logik der Forschung* (1934: English adaptation, *The Logic of Scientific Discovery* (London, 1959)).

51 David Gilmour, *Curzon* (London, 1994), 481.

52 Matt Seybold, 'The Apocryphal Twain', https://marktwainstudies.com/category/the-apocryphal-twain. Accessed 12 May 2022.

53 Proctor and Schiebinger, *Agnotology*.

54 William Scott, 'Ignorance and Revolution', in Joan H. Pittock and Andrew Wear (eds), *Interpretation and Cultural History* (London, 1991), 235–68, at 241.

55 On stupidity, Carlo Cipolla, *The Laws of Stupidity* (1976: English trans. London, 2019); Barbara Tuchman, *The March of Folly: From Troy to Vietnam* (London, 1984).

56 On conceptual history, Melvin Richter, *The History of Political and Social Concepts* (Oxford, 1995), 27–51.

57 Gaston Bachelard, *The Formation of the Scientific Mind: A Contribution to a Psychoanalysis of Objective Knowledge* (1938: English trans. Manchester 2002). Cf. Burke, 'Paradigms Lost'.

58 John Barnes, 'Structural Amnesia' (1947: repr. in *Models and Interpretations*, Cambridge 1990, 226–8); Jack Goody and Ian Watt, 'The Consequences of Literacy' (1963: repr. in Goody (ed.), *Literacy in Traditional Societies*, Cambridge, 1968), 27–68 at 32–3; David W. DeLong, *Lost Knowledge: Confronting the Threat of an Aging Workforce* (Oxford, 2004).

59 Robert Merton, *The Sociology of Science* (Chicago IL, 1973), 402–3, cited by Malhar Kumar, 'A Review of the Types of Scientific Misconduct in Biomedical Research', *Journal of Academic Ethics* 6 (2008), 211–28, at 214.

60 Stanley Cohen, *States of Denial: Knowing About Atrocities and Suffering* (Cambridge, 2001).

61 이러한 경향에도 불구하고 예외는 있다. Erik Zürcher, *Dialoog der misverstanden* (Leiden, 1962); Wenchao Li, *Die christliche China-Mission im 17. Jht: Verständnis, Unverständnis, Misverständnis* (Stuttgart, 2000); Martin Espenhorst (ed.), *Unwissen und Misverständnisse im vormodernen Friedensprozess* (Göttingen, 2013).

62 Marshall Sahlins, *Islands of History* (Chicago IL, 1985). This interpretation was challenged by another anthropologist, Gananath Obeyesekere in *The Apotheosis of Captain Cook* (Princeton NJ, 1992).

2장 무지에 관한 철학자들의 견해

1 《논어》 (English trans. James R. Ware, New York, 1955), Book 2, chap. 17. 오늘날 학자들은《논어》가 점차적으로 세월에 걸쳐 확장된 집단적인 생산물이라고 믿고 있다. Michael Nylan, *The Five 'Confucian' Classics* (New Haven CT, 2001).

2 Laozi, *Daodejing*, chap. 71, trans. Ernest R. Hughes. My thanks to Cao Yiqiang for clarifying this passage. On 'empty words', Geoffrey Lloyd and Nathan Sivin, *The Way and the Word: Science and Medicine in Early China and Greece* (New Haven CT, 2002), 204, 209. See also Alan Chan, 'Laozi', *Stanford Encyclopedia of Philosophy* (Stanford CA, 2018), https://plato.stanford.edu/archives/win2018/entries/laozi.

3 Chuang Tzu, *Basic Writings*, trans. Burton Watson (New York, 1964), 40.

4 Socrates is quoted in Plato, *Apology*, 21d, 23a.

5 Diogenes Laertius, *Lives of Eminent Philosophers* (English trans., 2 vols, Cambridge MA, 1925), vol.1, 163. Cf. W. K. C. Guthrie, 'The Ignorance of Socrates', *History of Greek Philosophy* (Cambridge, 1969), vol. 3, 442–9; Gregory Vlastos, 'Socrates' Disavowal of Knowledge', *Philosophical Quarterly* 35 (1985), 1–31; Gareth Matthews, *Socratic Perplexity and the Nature of Philosophy* (Oxford, 1999); and Hugh Benson, *Socratic Wisdom*

(New York, 2000).

6 Jacques Brunschwig, 'Pyrrhon' and 'Scepticisme', in Brunschwig and Geoffrey Lloyd (eds), *Le savoir grec* (Paris, 1996), 801–6, 1001–20; Brunschwig, 'The Beginnings of Hellenistic Epistemology', in Keimpe Algra et al. (eds), *The Cambridge History of Hellenistic Philosophy* (Cambridge, 1999), 229–59, at 229, 241, 246; Luca Castagnoli, 'Early Pyrrhonism', in James Warren and Frisbee Sheffield (eds), *The Routledge Companion to Ancient Philosophy* (London, 2014), 496–510.

7 Sextus Empiricus, *Outlines of Pyrrhonism* (English trans. New York, 1933), 27–9.

8 Michael Frede, 'The Skeptic's Beliefs' (1979), repr. in his *Essays in Ancient Philosophy* (Oxford, 1987), 179–200, at 186; Katja Vogt, 'Ancient Skepticism', in Edward N. Zalta (ed.), *Stanford Encyclopedia of Philosophy* (Stanford CA, 2018), plato.stanford.edu/entries/skepticism-ancient.

9 Nicolette Zeeman, Kantik Ghosh and Dallas Denery II, 'The Varieties of Uncertainty', in Denery, Ghosh and Zeeman (eds), *Uncertain Knowledge: Scepticism, Relativism and Doubt in the Middle Ages* (Turnhout, 2014), 1–12, at 9.

10 Richard Popkin, *The History of Scepticism: From Savonarola to Bayle* (1964: 3rd edn, New York, 2003), 1–16, 50. On the contrast between ancient and early modern scepticism, Myles Burnyeat in Richard Popkin and Charles Schmitt (eds), *Skepticism from the Renaissance to the Enlightenment* (Wiesbaden, 1987), 13–14.

11 Popkin, *History of Scepticism*, 44–57 (Montaigne) and 57–61 (Charron).

12 Michael Moriarty, 'Montaigne and Descartes', in Philippe Desan (ed.), *The Oxford Handbook of Montaigne* (Oxford, 2016). I owe the phrase 'methodological ignorance' to Lukas Verburgt.

13 Elisabeth Labrousse, *Pierre Bayle*, 2 vols (The Hague, 1963–4).

14 Peter Burke, 'The Age of the Baroque' (1998: English original in Burke, *Identity, Culture and Communications in the Early Modern World* (Brighton, 2018)), 119–48, at 120.

15 Ferrier, *Institutes of Metaphysic*; Jenny Keefe, 'James Ferrier and the Theory of Ignorance', *The Monist* 90 (2007), 297–309.

16 Thomas Carlyle, Sartor Resartus (1831). Cf. Ruth apRoberts, 'Carlyle and the History of Ignorance', *Carlyle Studies Annual* 18, 73–81.

17 On Marx and Freud, Sandra Harding, 'Two Influential Theories of Ignorance and Philosophy's Interests in Ignoring Them', *Hypatia* 21 (2006), 20–36.

18 Steve Fuller, *Social Epistemology* (Bloomington IN, 1988, 2nd edn 2002), xxix. Cf. Miranda Fricker and Jennifer Hornsby (eds), *The Routledge Handbook of Social Epistemology* (London, 2000).

19 Shannon Sullivan and Nancy Tuana, 'Introduction', in Sullivan and Tuana, *Race and Epistemologies of Ignorance*, 1.

3장 집단의 무지

1 Joanne Roberts, 'Organizational Ignorance', in Matthias Gross and Linsey McGoey (eds), *Routledge International Handbook of Ignorance Studies* (London, 2015), 361–9; Tore Bakken and Erik-Lawrence Wiik, 'Ignorance and Organization Studies', *Organization Studies* 39 (2018), 1109–20. Cf. 'Systemic ignorance', in Moore and Tumin, 'Social Functions', 789.

2 DeLong, *Lost Knowledge*.

3 Michel Crozier, *The Bureaucratic Phenomenon* (1963: English trans. London, 1964), 190, 42, 51.

4 Serhii Plokhy, *Chernobyl: History of a Tragedy* (London, 2018), 20, 34, 43, 54.

5 Silvio Funtowicz and Jerome Ravetz, *Uncertainty and Quality in Science for Policy* (Dordrecht, 1990), 1.

6 James C. Scott, *Seeing Like a State: How Certain Schemes to Improve the Human Condition Have Failed* (New Haven CT, 1998). Cf. Roy Dilley and Thomas G. Kirsch (eds), *Regimes of Ignorance: Anthropological Perspectives on the Production and Reproduction of Non-Knowledge* (Oxford, 2015).

7 Sei Shōnagon, *Pillow Book* (English trans. London, 1960), 66; Ivan Morris, *The World of the Shining Prince: Court Life in Ancient Japan* (Oxford, 1964), 85; Mark Bailey, 'The Peasants and the Great Revolt', in Sian Echard and Stephen Rigby (eds), *Historians on John Gower* (Cambridge, 2019), chap. 4; on La Bruyère, Carlo Ginzburg, *Occhiacci di Legno: Nove Riflessioni sulla*

Distanza (Milan, 1998), 26.

8 Andrew McKinnon, 'Reading "Opium of the People"', *Critical Sociology 31* (2005), 15–38, at 17. The text by Marx is *Zur Kritik der Hegelschen Rechtsphilosophie* (1844).

9 Antonio Gramsci, *Selections from the Prison Notebooks*, ed. Quintin Hoare and Geoffrey Nowell Smith (London, 1971), 58.

10 Michel Foucault, *Power/Knowledge: Selected Interviews and Other Writings* (Brighton, 1980), 8.

11 Shirley Ardener, 'Introduction' to Ardener (ed.), *Perceiving Women* (London, 1975), vii–xxiii, at 12. Cf. Shirley Ardener, 'Ardener's Muted Groups: The Genesis of an Idea and its Praxis', *Women and Language* 28 (2005), 50–54, and Gayatri Spivak, *Can the Subaltern Speak?* (Basingstoke, 1988).

12 Charles W. Mills, *The Racial Contract* (Ithaca NY, 1997), 97; Mills, 'White Ignorance', 11–38, at 17; Eric Malewski and Nathalia Jaramillo (eds), *Epistemologies of Ignorance in Education* (Charlotte NC, 2011).

13 On female credibility, Lorraine Code, *What Can She Know? Feminist Theory and the Construction of Knowledge* (Ithaca NY, 1991), 222–64.

14 Jean Donnison, *Midwives and Medical Men: A History of Inter-Professional Rivalries and Women's Rights* (London, 1977), 21–41; Londa Schiebinger, *The Mind Has No Sex? Women in the Origins of Modern Science* (Cambridge MA, 1989), 108. Cf. Ruth Ginzberg, 'Uncovering Gynocentric Science', *Hypatia* 2 (1987), 89–105, at 95, 102.

15 François Fénelon, *L'éducation des filles* (1687: new edn, Paris 1885), chaps 1–2.

16 On the deletion, Andrew Bennett, *Ignorance: Literature and Agnoiology* (Manchester, 2009), 203, note 14.

17 Virginia Woolf, *Three Guineas* (1938), quoted in William Whyte, 'The Intellectual Aristocracy Revisited', *Journal of Victorian Culture* 10 (2005), 15–45, at 20.

18 Christine de Pizan, *The Book of the City of Ladies* (1405: English trans. New York, 1998), 70–83.

19 Anna Maria van Schurman, *De ingenii muliebris ad doctrinam et meliores*

litteras aptitudine (1638), English trans. *The Learned Maid* (London, 1659).

20 François Poullain de la Barre, *L'égalité des deux sexes* (1671: bilingual edn, *The Equality of the Two Sexes,* Lampeter, 1989), 6–7, 29–30, 84.

21 Gabrielle Suchon, *Traité de la Morale* (Paris, 1693), vol. 3, 11–12; selections ed. and trans. Domna Stanton and Rebecca Wilkins as *A Woman Who Defends All the Persons of Her Sex* (Chicago IL, 2010), 73, 133. Cf. Michèle Le Doeuff, *The Sex of Knowing* (1998: English trans. New York, 2003), 36, 40.

22 Cavendish is quoted in Schiebinger, *The Mind Has No Sex?*, 48; Mary Astell, 'A serious proposal to the ladies' (1694–7: new edn, London 1997), 1, 25–6; Astell, *Reflections Upon Marriage* (1700: repr. in her *Political Writings*, ed. Patricia Springborg, Cambridge 1996), 28.

23 Maria Lúcia Pallares-Burke, 'Globalizing the Enlightenment in Brazil', *Cultural History* 9 (2020), 195–216.

24 'Sophia', *Woman Not Inferior to Man* (London, 1739), 45; Mary Wollstonecraft, *A Vindication of the Rights of Woman* (London, 1792), chaps 4 and 13, section six.

25 Le Doeuf, *Sex of Knowing*, 104.

26 Quoted in Joan Kelly, 'Early Feminist Theory and the "Querelle des Femmes"', *Signs* 8 (1982), 4–28, at 18, 20, 25.

27 이 문제는 다음의 연구들을 포함한 여러 연구들의 초점이 되고 있다. Jill Tietjen, *Engineering Women: Re-visioning Women's Scientific Achievement and Impact* (Cham, 2017); Springer series, 'Women in Engineering and Science'.

28 일반적인 논의는 다음을 참조하라. Evelyn Fox-Keller, *Reflections on Gender and Science* (New Haven CT, 1985); Schiebinger, *The Mind Has No Sex?*

29 Ruth Sime, *Lise Meitner: A Life in Physics* (Berkeley CA, 1996); Hugh Torrens, 'Anning, Mary', *Oxford Dictionary of National Biography* 2 (Oxford, 2004), 240–41.

30 James Watson, *The Double Helix: A Personal Account of the Discovery of DNA* (1968: 2nd edn, London 1997). Cf. Howard Markel, *The Secret of Life: Rosalind Franklin, James Watson, Francis Crick and the Discovery of DNA's*

Double Helix (New York, 2021), 313, 315, 333, 387, and on 'conspiracy', 200, 335, 360, 385.

31 Contrast John Chadwick, *The Decipherment of Linear B* (Cambridge, 1958) with Margalit Fox, *The Riddle of the Labyrinth: The Quest to Crack an Ancient Code* (London, 2013).

32 Ruth Hagengruber and Sarah Hutton (eds), *Women Philosophers from the Renaissance to the Enlightenment* (London, 2021).

33 Linda Nochlin, 'Why Have There Been No Great Women Artists?', *ArtNews,* January 1971, 22–39, 67–71; Rozsika Parker and Griselda Pollock, *Old Mistresses: Women, Art and Ideology* (London, 1981).

34 Ann Oakley, *The Sociology of Housework* (1974: new edn Bristol, 2018), 1–26; Renate Bridenthal and Claudia Koonz (eds), *Becoming Visible: Women in European History* (Boston MA, 1977).

35 Donna Haraway, 'Situated Knowledges: The Science Question in Feminism', *Feminist Studies* 14 (1988), 575–99. In the 1920s, Karl Mannheim had discussed the relativity of standpoints without reference to gender: *Essays on the Sociology of Knowledge* (English trans. London, 1952), 103–4 and passim.

36 Alison Jagger, 'Love and Knowledge: Emotion in Feminist Epistemology', in Ann Garry and Marilyn Pearsall (eds), *Women, Knowledge and Reality* (New York, 1996), 166–90, at 175–7, 185; Mary Belenky et al., *Women's Ways of Knowing* (1986: 2nd edn New York, 1997), 11, 95, 6. For a critique, see Code, *What Can She Know?* 251–62.

37 Lorraine Code, 'Taking Subjectivity into Account', in Linda Alcoff and Elizabeth Potter (eds), *Feminist Epistemologies* (London, 1993), 15–48, at 32.

38 Evelyn Fox-Keller, 'Gender and Science' (1978: repr. in Fox-Keller, *Reflections on Gender and Science*), 75–94. Cf. Alison Wylie, 'Feminism in Philosophy of Science', in Miranda Fricker and Jennifer Hornsby (eds), *The Cambridge Companion to Feminism in Philosophy* (Cambridge, 2000), 166–84.

1 Fox-Keller, *Reflections on Gender and Science.*

2 Nancy Levit and Robert Verchick, *Feminist Legal Theory* (2006: 2nd edn New York, 2016); Ann Scales, *Legal Feminism* (New York, 2006).

3 Carole Pateman, *Participation and Democratic Theory* (Cambridge, 1970); Pateman, *The Disorder of Women* (Cambridge, 1989), 1, 121 and passim.

4 Gillian Rose, *Feminism and Geography* (Minneapolis MI, 1993); Joni Seager and Lise Nelson (eds), *Companion to Feminist Geography* (Oxford, 2004).

5 Esther Boserup, *Woman's Role in Economic Development* (London, 1970), 5.

6 Oakley, *Sociology of Housework*; Dorothy Smith, 'Women's Perspective as a Radical Critique of Sociology', *Sociological Inquiry* 44 (1974), 7–13.

7 Margaret Mead, *Coming of Age in Samoa: A Psychological Study of Primitive Youth for Western Civilisation* (New York, 1928); Ruth Landes, *City of Women* (New York, 1947). 미드는 다음의 저서에서 강하게 비판받았다. Derek Freeman, *Margaret Mead and Samoa: The Making and Unmaking of an Anthropological Myth* (Cambridge MA, 1983). 이 논쟁은 여전히 지속되고 있다.

8 Richard Fardon, *Mary Douglas: An Intellectual Biography* (London, 1999), 243.

9 Marilyn Strathern, 'Culture in a Netbag: The Manufacture of a Subdiscipline in Anthropology', *Man* 16 (1981), 665–88; Henrietta Moore, *Feminism and Anthropology* (Cambridge, 1988).

10 Joan Gero and Margaret Conkey (eds), *Engendering Archaeology: Women and Prehistory* (Oxford, 1991).

11 Marija Gimbutas, *The Civilization of the Goddess* (San Francisco CA, 1991), 222, 324.

12 Leszek Gardeła, *Women and Weapons in the Viking World: Amazons of the North* (Oxford, 2021).

13 Gero and Conkey (eds), *Engendering Archaeology*, 163–223.

14 Bennett, *Ignorance*, 2.

15 Paulo Freire, *Pedagogy of the Oppressed* (1968: English trans. Harmondsworth, 1970), 45–6; José de Souza Martins, 'Paulo Freire,

Educador', *Eu & Fim de Semana* 22, no. 1084, 1 October 2021.

16 Peter K. Austin and Julia Sallabank (eds), *The Cambridge Handbook of Endangered Languages* (Cambridge, 2011).

17 Mark Plotkin, 'How We Know What We Do Not Know', in Kurt Almqvist and Matthias Hessérus (eds), *Knowledge and Information* (Stockholm, 2021), 25–31, at 25.

18 Heinz Post, 'Correspondence, Invariance and Heuristics', *Studies in History and Philosophy of Science* 2 (1971), 213–55, at 229. The reference is to Kuhn, *Structure*.

19 Peter Galison, 'Removing Knowledge', *Critical Inquiry* 31 (2004), 229–43.

20 Julius Lukasiewicz, *The Ignorance Explosion* (Ottawa, 1994), the amplification of an article of the same title in *Leonardo* 7 (1974), 159–63.

21 Quoted in Erwin Panofsky, 'The First Page of Vasari's Libro' (1930: English trans. in *Meaning in the Visual Arts* (Garden City NY, 1955)), 169–235.

22 Joseph Addison, *The Spectator*, no. 1 (London, 1711); Ziauddin Sardar, 'The Smog of Ignorance', *Futures* 120 (2020), www.sciencedirect.com, visited 26 July 2021.

23 Quoted in Varga, *Schlagwort*, 125.

24 Astell, 'A serious proposal', 21.

25 Report of the Trustees, quoted in G. Ward Hubbs, '"Dissipating the Clouds of Ignorance": The First University of Alabama Library, 1831–1865', *Libraries & Culture* 27 (1992), 20–35, at 24.

26 Edward Gibbon, *Decline and Fall of the Roman Empire* (1776–89), vol. 6, chap. 66.

27 Quoted in Varga, *Schlagwort*, 119.

28 George Eliot, *The Mill on the Floss* (1860: Harmondsworth, 1979), 427, 185.

29 George Eliot, *Daniel Deronda* (London, 1876), chap. 21. Cf. Linda K. Robertson, 'Ignorance and Power: George Eliot's Attack on Professional Incompetence', *The George Eliot Review* 16 (1985), https://digitalcommons.unl.edu/ger/24.

30 Bennett, *Ignorance*, 106.

31 Cf. J. Hillis Miller, 'Conscious Perjury: Declarations of Ignorance in the

Golden Bowl', in *Literature as Conduct: Speech Acts in Henry James* (New York, 2005), 228–90.

32 Michael Smithson, 'Ignorance and Science', *Knowledge: Creation, Diffusion, Utilization* 15 (1993), 133–56, at 133. 그는 이미 이 주제에 대한 책을 출간했다. *Ignorance and Uncertainty: Emerging Paradigms* (New York, 1989).

33 Théodore Ivainer and Roger Lenglet, *Les ignorances des savants* (Paris, 1996), 6.

34 Gross, 'Objective Culture'. Cf. Moore and Tumin, 'Social Functions', 789–95.

35 Friedrich von Hayek, 'Coping with Ignorance', *Imprimis* 7 (1978), https://imprimis.hillsdale.edu/coping-with-ignorance-july-1978.

36 Andrew Martin, *The Knowledge of Ignorance from Genesis to Jules Verne* (Cambridge, 1985); Philip Weinstein, *Unknowing: The Work of Modernist Fiction* (Ithaca NY, 2005); Bennett, *Ignorance*, especially chap. 6 on 'Joseph Conrad's Blindness'.

37 C. S. Lewis, 'New Learning and New Ignorance', *English Literature in the Sixteenth Century, Excluding Drama* (Oxford, 1954), 1–65; Bennett, Ignorance, 1; Steven Connor, *The Madness of Knowledge: On Wisdom, Ignorance and Fantasies of Knowing* (London, 2019).

38 Ivainer and Lenglet, *Ignorances*, 5; Mills, Racial Contract, 97.

39 Murray Last, 'The Importance of Knowing About Not-Knowing' (1981: repr. in S. Feierman and J. Janzen (eds), *The Social Basis of Health and Healing in Africa* (Berkeley CA, 1992)), 393–406; Ronald Duncan and Miranda Weston-Smith, *The Encyclopaedia of Medical Ignorance* (Oxford, 1984); Lewis Thomas, 'Medicine as a Very Old Profession', in James B. Wyngaarden and L. H. Smith (eds), *Cecil Textbook of Medicine* (Philadelphia PA, 1985), 9–11.

40 Marlys Witte, Ann Kerwin et al., 'A Curriculum on Medical Ignorance', *Medical Education* 23 (1989), 24–9.

41 Roberta Bivins, *Alternative Medicine? A History* (Oxford, 2007), 52, 56, 75, 78, 135.

42 In a special issue of the journal *Knowledge*, vol. 15, with contributions from Ann Kerwin, Jerome R. Ravetz, Michael J. Smithson and S. Holly

Stocking.

43 Matthias Gross, *Ignorance and Surprise: Science, Society and Ecological Design* (Cambridge MA, 2010); Gross, *Experimentelles Nichtwissen: Umweltinnovationen und die Grenzen sozial-ökologischer Resilienz* (Bielfeld, 2014); Ana Regina Rêgo and Marialva Barbosa, *A Construção Intencional da Ignorância: O Mercado das Informações Falsas* (Rio, 2020); José de Souza Martins, *Sociologia do desconhecimento: ensaios sobre a incerteza do instante* (São Paulo, 2021).

44 Gross and McGoey, *Routledge Handbook of Ignorance Studies*.

45 'Vaguen' (Chris Gibbs and T. J. Dawe), *The Power of Ignorance: 14 Steps to Using Your Ignorance* (London, 2006); David H. Swendsen, *The Power of Ignorance: The Ignorance Trap* (self-published, 2019); Dave Trott, *The Power of Ignorance: How Creative Solutions Emerge When We Admit What We Don't Know* (London, 2021).

5장 무지의 역사

1 Antoine Thomas, *Essay on the Characters, Manners and Genius of Women in Different Ages. Enlarged from the French of M. Thomas by Mr Russell* (London, 1773); Christoph Meiners, *History of the Female Sex: Comprising a View of the Habits, Manners and Influence of Women Among All Nations from the Earliest Ages to the Present Time* (London, 1808).

2 Daniel Woolf, 'A Feminine Past? Gender, Genre and Historical Knowledge in England, 1500–1800', *American Historical Review* 102 (1997), 645–79; Natalie Z. Davis, 'Gender and Genre: Women as Historical Writers 1400–1820', in Patricia Labalme (ed.), *Beyond Their Sex: Learned Women of the European Past* (New York, 1980), 153–75; Bonnie Smith, *The Gender of History: Men, Women and Historical Practice* (Cambridge, 1998).

3 Mary R. Beard, *Woman as Force in History: A Study in Traditions and Realities* (New York, 1946), 1, 273.

4 Smith, *Gender of History*, 207.

5 Natalie Z. Davis, 'Women's History in Transition', *Feminist Studies* 3 (1975), 83–103; Davis, 'City Women and Religious Change', in *Society and Culture in Early Modern France* (London, 1975), 65–95. Cf. Joan

Scott, 'Women's History', in Peter Burke (ed.), *New Perspectives on Historical Writing* (Cambridge, 1991), 42–66.

6 Natalie Z. Davis, *The Return of Martin Guerre* (Cambridge MA, 1983).

7 General studies include Heide Wunder, *He is the Sun, She is the Moon: Women in Early Modern Germany* (1992: English trans. Cambridge MA, 1998); Merry Wiesner-Hanks, *Women and Gender in Early Modern Europe* (1993: 4th edn Cambridge, 2019); Olwen Hufton, *The Prospect Before Her: A History of Women in Western Europe, 1500–1800* (London, 1995).

8 Marshall Sahlins, *Historical Metaphors and Mythical Realities* (Ann Arbor MI, 1981).

9 Davis, 'Women's History', 90.

10 Peter Galison and Robert Proctor, 'Agnotology in Action', in Kourany and Carrier (eds), *Science*, 27–54, at 27–8; Proctor and Schiebinger, *Agnotology*. 최근의 연구는 다음을 참조하라. Lukas Verburgt, 'The History of Knowledge and the Future History of Ignorance', *Know* 4 (2020), 1–24.

11 일반 역사가 중 예외적 사례는 다음을 참조하라. Scott, 'Ignorance and Perceptions of Social Reality in Revolutionary Marseilles', in Pittock and Andrew (eds), *Interpretation and Cultural History*, 235–68.

12 Robert DeMaria Jr, *Johnson's Dictionary* (Oxford, 1986), 77.

13 François La Mothe Le Vayer, *Du peu de certitude qu'il y a dans l'histoire* (Paris, 1668).

14 Varga, *Schlagwort*, 119, 123.

15 Bernard de Fontenelle, *De l'origine des fables* (1724: ed. Jean-Raoul Carré, Paris, 1932), 11–12, 37.

16 Nicolas de Condorcet, *Esquisse d'un tableau historique des progrès de l'esprit humain* (1794–5: ed. Oliver H. Prior, Paris 1933).

17 이러한 내용은 다음의 책에 포함되었으며, 그 해석은 비판받았다. Herbert Butterfield, *The Whig Interpretation of History* (London, 1931).

18 Martin Kintzinger, '*Ignorantia diplomatica*. Konstrukiv Nichtwissen in der Zeit des Hundertjähriges Krieges', in Espenhorst, *Unwissen und Missverständnisse*, 13–40; Cornel Zwierlein, *Imperial Unknowns: The French and the British in the Mediterranean, 1650–1750* (Cambridge, 2016), and Zwierlein (ed.), *The Dark Side of Knowledge: Histories of Ignorance, 1400*

to 1800 (Leiden, 2016); Corbin, *Terra Incognita*.

19 Elliot W. Eisner, *The Educational Imagination* (New York, 1979), 83–92, at 83.

20 그 예는 다음의 책에서 찾을 수 있다. Peter Burke, *A Social History of Knowledge*, vol. 2: *From the Enyclopédie to Wikipedia* (Cambridge, 2012), 149–50.

21 Scott Frickel, 'Absences: Methodological Note about Nothing, in Particular', *Social Epistemology* 28 (2014), 86–95; Jenny Croissant, 'Agnotology: Ignorance and Absence or Towards a History of Things that Aren't There', ibid., 4–25.

22 Francesco Petrarca, 'De sui ipsius et multorum ignorantia' (1368: in Opera, Basel, 1554), 1123–68, English trans. 'On His Own Ignorance and That of Many Others', in Ernst Cassirer, Paul O. Kristeller and John H. Randall Jr (eds), *The Renaissance Philosophy of Man* (Chicago IL, 1948), 47–133.

23 Gómara's *Historia General de las Indias y Nuevo Mundo*, quoted in José Antonio Maravall, *Antiguos y modernos* (Madrid, 1966), 446.

24 Marc Bloch, *Caractères originaux de l'histoire rurale française* (Oslo, 1931).

25 Febvre, *Problème de l'incroyance*, part 2, book 2, chap. 2.

26 Arthur Conan Doyle, 'The Silver Blaze', in *Memoirs of Sherlock Holmes* (London, 1892); Werner Sombart, *Warum gibt es in den Vereinigten Staaten keine Sozialismus?* (Tübingen, 1906).

27 Zwierlein, *Imperial Unknowns*, 189–91.

28 Edward Janak, 'What Do You Mean It's Not There? Doing Null History', *American Archivist* 83 (2020), 57–76.

29 Burke, *Knowledge*, vol. 2, 139–59.

30 C. S. Lewis, *English Literature in the Sixteenth Century, excluding Drama* (Oxford, 1954), 31.

31 Harold Lasswell, 'The Structure and Function of Communication in Society', in Lyman Bryson (ed.), *The Communication of Ideas* (New York, 1948), 37–51.

32 Zwierlein, *Imperial Unknowns*, 2, 118, etc.

33 Quoted in David Vincent, *The Culture of Secrecy: Britain, 1832–1998* (Oxford, 1998), 160–61.

34 Michel Foucault, *The History of Sexuality*, vol. 1 (1976: English trans. London, 1978), 3, 123, 127. In contrast, Peter Gay, in *The Education of the Senses* (New York, 1984), 468. 푸코의 주장은 사실을 반영하지 못했다며 일축되었다.

35 Madeleine Alcover, 'The Indecency of Knowledge', *Rice University Studies* 64 (1978), 25–40; Bathsua Makyn, *An Essay to Revive the Antient Education of Gentlewomen* (London, 1673); Jerome Nadelhaft, 'The Englishwoman's Sexual Civil War', *Journal of the History of Ideas* 43 (1982), 555–79. Cf. Le Doeuf, *Sex of Knowing*.

36 Peter Burke, 'Cultural History as Polyphonic History', *Arbor* 186 (2010), DOI: 10.3989/arbor.2010.743n1212.

6장 종교의 무지

1 Justin McBrayer, 'Ignorance and the Religious Life', in Peels and Blaauw, *Epistemic Dimensions*, 144–59, at 149.

2 Silvia Berti, 'Scepticism and the *Traité des trois imposteurs*', in Richard Popkin and Arjo Vanderjagt (eds), *Scepticism and Irreligion in the Seventeenth and Eighteenth Centuries* (Leiden, 1993), 216–29.

3 Denys Hay, *The Church in Italy in the Fifteenth Century* (Cambridge, 1977), 49.

4 Eamon Duffy, *The Stripping of the Altars: Traditional Religion in England, 1400–1580* (New Haven CT, 1992), 53.

5 Quoted in Jean Delumeau, *Le Catholicisme entre Luther et Voltaire* (Paris, 1971), 270.

6 Christopher Hill, 'Puritans and the "Dark Corners of the Land"', *Transactions of the Royal Historical Society 13* (1963), 77–102, at 80.

7 On ignorant priests, Hay, *The Church*, 49–57; on pastors, Gerald Strauss, 'Success and Failure in the German Reformation', *Past & Present* 67 (1975), 30–63, at 51, 55.

8 Bernard Heyberger, *Les chrétiens du proche-orient au temps de la réforme catholique* (Rome, 1994), 140.

9 Quoted in Larry Wolff, *Inventing Eastern Europe: The Map of Civilization on the Mind of the Enlightenment* (Stanford CA, 1994), 175, 177.

10 Quoted in Keith Thomas, *Religion and the Decline of Magic* (London, 1971), 164.

11 Hill, 'Puritans', 82.

12 Strauss, 'Success and Failure', 43.

13 Hilding Pleijel, *Husandakt, husaga, husförhör* (Stockholm, 1965). My thanks to Dr Kajsa Weber for this reference.

14 Gigliola Fragnito, *Proibito capire: la Chiesa e il volgare nella prima età moderna* (Bologna, 2005).

15 Peter Burke, 'The Bishop's Questions and the People's Religion' (1979: repr. in *Historical Anthropology of Early Modern Italy* (Cambridge, 1987)), 40–47.

16 Leonard P. Harvey, *Muslims in Spain*, 1500 to 1614 (Chicago IL, 2005), 25.

17 David M. Gitlitz, *Secrecy and Deceit: The Religion of the Crypto-Jews* (1996: 2nd edn Albuquerque NM, 2002), 135.

18 Gitlitz, *Secrecy*, 87–8, 100, 117.

19 Quoted in Thomas, *Religion and the Decline of Magic*, 164–6.

20 Rudyerd quoted in Hill, 'Puritans', 96.

21 Adriano Prosperi, 'Otras Indias', in Paola Zambelli (ed.), *Scienze, credenze occulte, livelli di cultura* (Florence, 1982), 205–34, at 208.

22 Will Sweetman, 'Heathenism, Idolatry and Rational Monotheism among the Hindus', in Andreas Gross et al. (eds), *Halle and the Beginning of Protestant Christianity in India* (Halle, 2006), 1249–72.

23 Heyberger, *Les chrétiens du proche-orient*, 140.

24 Hildegarde Fast, '"In at One Ear and Out at the Other": African Response to the Wesleyan Message in Xhosaland, 1825–1835', *Journal of Religion in Africa* 23 (1993), 147–74, at 150.

25 Scipione Paolucci, *Missioni de'Padri della Compagnia de Giesù nel Regno di Napoli* (Naples, 1651), 29; Antoine Boschet, *Le Parfait Missionaire, ou la vie du r. p. Julien Maunoir* (Paris, 1697), 96; Louis Abelly, *La vie de St Vincent de Paul*, vol. 2 (Paris, 1664), 76.

26 Fast, 'In at One Ear'.

27 Adrian Hastings, *The Church in Africa*, 1450–1950 (Oxford, 1994), 258.

28 Luke A. Veronis, 'The Danger of Arrogance and Ignorance in Missions: A

Case Study from Albania', https://missions.hchc.edu/articles/articles/the-danger-of-arrogance-and-ignorance-in-missions-a-case-study-from-albania. Accessed 28 June 2022.

29 Quoted in David Maxwell, *Religious Entanglement and the Making of the Luba Katanga in Belgian Congo* (forthcoming, 2022).

30 James Clifford, *Person and Myth: Maurice Leenhardt in the Melanesian World* (Berkeley CA, 1982).

31 https://www.reuters.com/article/us-britain-bible-idINTRE56A30S20090711. Accessed 28 June 2022.

32 https://www.pewforum.org/2010/09/28/u-s-religious-knowledge-survey-who. Accessed 13 May 2022.

33 Zwierlein, *Imperial Unknowns*, 118–24, 134.

34 Nicholas Rescher, *Ignorance: On the Wider Implications of Deficient Knowledge* (Pittsburgh PA, 2009), 14.

35 Tamotsu Shibutani, *Improvised News: A Sociological Study of Rumour* (Indianapolis IN, 1966). Cf. Gordon Allport and Leo Postman, *The Psychology of Rumor* (New York, 1947).

36 Andrew McGowan, 'Eating People: Accusations of Cannibalism against Christians in the Second Century', *Journal of Early Christian Studies* 2 (1994), 413–42.

37 Norman Daniel, *Islam and the West: The Making of an Image* (Edinburgh, 1958), 217; Michael Camille, *The Gothic Idol: Ideology and Image-Making in Medieval Art* (Cambridge, 1989), 165–75.

38 James Parkes, *The Conflict of the Church and the Synagogue* (London, 1934); Joshua Trachtenberg, *The Devil and the Jews: The Medieval Conception of the Jew and its Relation to Modern Antisemitism* (New Haven CT, 1943), 97–155; Miri Rubin, *Gentile Tales: The Narrative Assault on Late Medieval Jews* (New Haven CT, 1999); Ronald P. Hsia, *The Myth of Ritual Murder: Jews and Magic in Reformation Germany* (New Haven CT, 1988).

39 Trachtenberg, *The Devil and the Jews*, 174.

40 Nicholas of Cusa, *On Learned Ignorance* (1440: English trans. Minneapolis MN, 1981), book 1, chap. 25.

41 Heiko Oberman, *The Roots of Anti-Semitism in the Age of Renaissance and*

Reformation (1981: English trans. Philadelphia PA, 1984), 25, 30, 40.

42 Christopher Probst, *Demonizing the Jews: Luther and the Protestant Church in Nazi Germany* (Bloomington IN, 2012), 39–45.

43 Pierre de l'Ancre, *L'incredulité et mescréance du sortilege* (Paris, 1622), quoted in Hugh Trevor-Roper, *The European Witch-Craze of the Sixteenth and Seventeenth Centuries* (Harmondsworth, 1969), 36.

44 Norman Cohn, *Warrant for Genocide: The Myth of the Jewish World Conspiracy and the Protocols of the Elders of Zion* (London, 1967).

45 Richard M. Hunt, 'Myths, Guilt, and Shame in Pre-Nazi Germany', *Virginia Quarterly Review* 34 (1958), 355–371

46 Probst, *Demonizing the Jews*, 137.

47 Daniel, *Islam and the West*, 309–13; Richard W. Southern, *Western Views of Islam in the Middle Ages* (Cambridge MA, 1962), 14, 25, 28, 32; Camille, *The Gothic Idol*, 129–64, at 129, 142.

48 Pim Valkenberg, 'Learned Ignorance and Faithful Interpretation of the Qur'an in Nicholas of Cusa', in James L. Heft, Reuven Firestone and Omid Safi (eds), *Learned Ignorance: Intellectual Humility among Jews, Christians and Muslims* (Oxford, 2011), 34–52, at 39, 45.

49 Marco Polo, *The Travels*, ed. Robin Latham (Harmondsworth, 1958), 57, 134.

50 Robert Irwin, *For Lust of Knowing: The Orientalists and Their Enemies* (London, 2006), 82–108.

51 Glenn J. Ames (ed.), *Em Nome de Deus: The Journal of the First Voyage of Vasco da Gama to India, 1497–1499* (Boston, 2009), 66n, 72, 75–6. Cf. Sanjay Subrahmanyam, *The Career and Legend of Vasco da Gama* (Cambridge, 1997), 132–3.

52 Donald Lach, *Asia in the Making of Europe*, 2 vols (Chicago IL, 1965), 439, 449.

53 Partha Mitter, *Much Maligned Monsters: A History of European Reactions to Indian Art* (1977: 3rd edn Oxford, 2013), 15, 17, 22, 25; Inga Clendinnen, *Ambivalent Conquests: Maya and Spaniard in Yucatan, 1517–1570* (1987: 2nd edn Cambridge, 2003), 45–56; Diego de Landa, *Relación de las Cosas de Yucatan* (Paris, 1928), chap. 18.

54 Peter Marshall (ed.), *The British Discovery of Hinduism in the Eighteenth Century* (Cambridge, 1970), 48, 50, 107, 145.

55 Lynn Hunt, Margaret Jacob and Wijnand Mijnhardt, *The Book that Changed Europe: Picart and Bernard's Religious Ceremonies of the World* (Cambridge MA, 2010); Hunt, Jacob and Mijnhardt (eds), *Bernard Picart and the First Global Vision of Religion* (Los Angeles CA, 2010).

56 Robert Pomplun, Joan-Pau Rubiès and Ines G. Županov, 'Early Catholic Orientalism and the Missionary Discovery of Asian Religions', *Journal of Early Modern History* 24 (2020), 463–70.

57 Luciano Petech (ed.), *I missionari italiani nel Tibet e nel Nepal*, part 6 (Rome: Istituto Poligrafico dello Stato, 1955), 115ff; Philip C. Almond, *The British Discovery of Buddhism* (Cambridge, 1988), 7.

58 Melville J. Herskovits, 'African Gods and Catholic Saints in New World Negro Belief', *American Anthropologist* 39 (1937), 635–43; Paul C. Johnson, *Secrets, Gossip and Gods: The Transformation of Brazilian Candomblé* (Oxford, 2002), 71.

59 Harvey, Muslims, 61–2. Cf. Antonio Domínguez Ortiz, *Historia de los Moriscos: Vida y Tragedia de una Minoría* (Madrid, 1978).

60 Brian Pullan, 'The Marranos of Iberia and the Converts of Italy', in *The Jews of Europe and the Inquisition of Venice, 1550–1670* (Oxford, 1983), 201–312, at 223. Cf. Perez Zagorin, 'The Marranos and Crypto-Judaism', in *Ways of Lying: Dissimulation, Persecution and Conformity in Early Modern Europe* (Cambridge MA, 1990), 38–62; Gilitz, *Secrecy*.

61 Delio Cantimori, *Eretici italiani del Cinquecento* (Florence, 1939); Carlo Ginzburg, *Il Nicodemismo: simulazione e dissimulazione religiosa nell'Europa del '500* (Turin, 1970); Zagorin, *Ways of Lying*, 83–152.

62 Mauro Bonazzi, *The Sophists* (Cambridge, 2020), 113.

63 Sextus Empiricus, *Outlines of Pyrrhonism*, 329.

64 Friedrich Nietzsche, *Genealogie der Moral* (1887), section 25; Marcel Proust, *Le Côté de Guermantes* (Paris, 1920).

65 T. H. Huxley, 'Agnosticism and Christianity' (1899).

66 Bernard Lightman, *The Origins of Agnosticism: Victorian Unbelief and the Limits of Knowledge* (Baltimore MD, 1987).

67 Denys Turner, *The Darkness of God: Negativity in Christian Mysticism* (Cambridge, 1995); William Franke, 'Learned Ignorance', in Gross and McGoey (eds), *Routledge Handbook of Ignorance Studies*, 26–35; Jonathan Jacobs, 'The Ineffable, Inconceivable and Incomprehensible God', in Jonathan Kvanvig (ed.), *Oxford Studies in Philosophy of Religion* 6 (Oxford, 2015), 158–76.

68 Moses Maimonides, *Guide for the Perplexed* (English trans. New York, 1956), 81.

69 Nicholas of Cusa, *On Learned Ignorance*, book 1, chap. 26; Peter Casarella (ed.), *Cusanus: The Legacy of Learned Ignorance* (Washington DC, 2006); Blaise Pascal, *Pensées* (1670: English trans. London, 1958), numbers 194, 242; Lucien Goldmann, *The Hidden God: A Study of Tragic Vision in Pascal's Pensées and the Tragedies of Racine* (1959: English trans. London, 1964); Volker Leppin, 'Deus Absconditus und Deus Revelatus', *Berliner Theologischer Zeitschrift* 22 (2005), 55–69.

70 Peter Gay, *Deism: An Anthology* (Princeton NJ, 1968).

71 Alexander Pope, *Essay on Man* (1732–4), Epistle II, lines 1–2.

72 https://www.rt.com/uk/231811-uk-atheism-report-decline and https://www.cnn.com/2019/04/13/us/no-religion-largest-group-first-time-usa-trnd, both visited 18 November 2020.

73 'Evangelical Ignorance', 15 March 2018, brucegerencser.net.

74 Peter Stanford, 'Christianity, Arrogance and Ignorance', *Guardian*, 3 July 2010, https://www.theguardian.com.

75 'What Americans Know About Religion', www.pewforum.org/2019. Accessed 13 May 2022.

76 'A Review of Survey Research on Muslims in Britain', https://www.ipsos.com/en-uk/review-survey-research-muslims-britain-0. Accessed 13 May 2022.

77 Reported in *The Economist*, 3–9 July 2021, 54.

7장 과학의 무지

1 Peter Wehling, 'Why Science Does Not Know: A Brief History of (the Notion of) Scientific Ignorance in the 20th and Early 21st Century',

Journal of the History of Knowledge 2 (2021), https://doi.org/10.5334/jhk.40; Proctor and Schiebinger, *Agnotology.*

2 Jerome R. Ravetz, 'The Sin of Science: Ignorance of Ignorance', *Knowledge* 15 (1993), 157–65.

3 이 내용에 대해선 다음을 참조하라. https://todayinsci.com/N/Newton_Isaac/NewtonIsaac-PlayingOnTheSeashore.htm. Accessed 13 May 2022.

4 Isaac Newton, *Four Letters to Dr Bentley* (London, 1756), 20 (Newton's second letter to Bentley, written in 1693).

5 Quoted in Leonard Huxley, *Life and Letters of Thomas Huxley* (London, 1900), 261.

6 Quoted in Stuart Firestein, *Ignorance: How it Drives Science* (New York, 2012).

7 Ferdinand Vidoni, *Ignorabimus! Emil Du Bois-Reymond und die Debatte über die Grenzen wissenschaftlicher Erkenntnis im 19 Jahrhundert* (Frankfurt, 1991).

8 www.nobelprize.org/prizes/physics/2004/gross/speech. Accessed 13 May 2022.

9 Firestein, *Ignorance,* 5, 44.

10 Voltaire, *Lettres philosophiques* (Paris, 1734), chap. 12.

11 James Ussher, *Annals of the World* (London, 1658), 1.

12 Brent Dalrymple, *The Age of the Earth* (Stanford CA, 1994); James Powell, *Mysteries of Terra Firma: The Age and Evolution of the World* (New York, 2001).

13 Yuval Noah Harari, *Sapiens: A Brief History of Humankind* (2011: English trans. London, 2014), 275–306, at 279.

14 Herbert Spencer, *First Principles of a New System of Philosophy* (London, 1862), 17. Blaise Pascal had employed this metaphor two hundred years earlier.

15 Quoted in Firestein, *Ignorance,* 7, 4.

16 Firestein, *Ignorance,* 44.

17 Quoted in Steven Shapin, *The Scientific Life: A Moral History of a Late Modern Vocation* (Chicago IL, 2008), 135, 142. Cf. Firestein, *Ignorance*; Verburgt, 'History of Knowledge', 1–24; Wehling, 'Why Science Does

Not Know'.

18 Francis Crick, *What Mad Pursuit: A Personal View of Scientific Discovery* (1988: new edn London, 1989), 35, 141–2.

19 Quoted in Firestein, *Ignorance*, 136, 44.

20 Janet Kourany and Martin Carrier, 'Introducing the Issues', in Kourany and Carrier (eds), *Science*, 3–25, at 14.

21 Quoted in Formica, *Creative Ignorance*, 13.

22 Hans-Jörg Rheinberger, *Toward a History of Epistemic Things* (Stanford CA, 1997); Hans-Jörg Rheinberger, 'Man weiss nicht genau, was man nicht weiss. Über die Kunst, das Unbekannte zu erforschen', *Neue Zürcher Zeitung*, 5 May 2007. https://www.nzz.ch/articleELG88-ld.409885.

23 Gross, *Ignorance and Surprise*, 1.

24 Ian Taylor, 'A bluffer's guide to the new fundamental law of nature', *Science Focus*, 8 April 2021, www.sciencefocus.com/news/a-bluffers-guide; 'Mapping the Local Cosmic Web: Dark matter map reveals hidden bridges between galaxies', 25 May 2021, phys.org.

25 Richard Southern, *The Making of the Middle Ages* (London, 1953), 210.

26 Dimitri Gutas, *Greek Thought, Arabic Culture: The Graeco-Arabic translation movement in Baghdad and early Abbasid Society* (London, 1998); Charles Burnett, *Arabic into Latin in the Middle Ages: The Translators and Their Intellectual and Social Context* (London, 2009).

27 Mulsow, *Prekäres Wissen*.

28 Guy Deutscher, *Through the Language Glass: Why the World Looks Different in Other Languages* (London, 2010), 79, 83, 85.

29 William Bateson, *Mendel's Principles of Heredity* (Cambridge, 1913).

30 Bernard Barber, 'Resistance by Scientists to Scientific Discovery', *Science* 134 (1961), 596–602, at 598.

31 On 'anomalies', Kuhn, *Structure*, 52–65.

32 Max Planck, *Scientific Autobiography* (1945: English trans. London, 1948), 33–4.

33 Andrew D. White, *A History of the Warfare of Science with Theology in Christendom* (New York, 1896).

34 Edward Grant, 'In Defense of the Earth's Centrality and Immobility:

Scholastic Reaction to Copernicanism in the Seventeenth Century', *Transactions of the American Philosophical Society* 74 (1984), 1–69, at 4; Christopher Graney, *Setting Aside All Authority: Giovanni Battista Riccioli and the Science Against Copernicus in the Age of Galileo* (Notre Dame IN, 2015), 63.

35 Rivka Feldhay, *Galileo and the Church: Political Inquisition or Critical Dialogue?* (Cambridge, 1995).

36 Ludovico Geymonat, *Galileo* (Turin, 1957), chap. 4. Cf. Ernan McMullin, 'Galileo's Theological Venture', in McMullin (ed.), *The Church and Galileo* (Notre Dame IN, 2005), 88–116.

37 Quoted in Edward Lurie, *Louis Agassiz: A Life in Science* (Chicago IL, 1960), 151.

38 Peter Bowler, *The Eclipse of Darwinism: Anti-Darwinian Evolution Theories in the Decades around 1900* (Baltimore MD, 1983); James R. Moore, *The Post-Darwinian Controversies* (Cambridge, 1979).

39 Freeman Henry, 'Anti-Darwinism in France: Science and the Myth of Nation', *Nineteenth-Century French Studies* 27 (1999), 290–304.

40 Quoted in Moore, *Post-Darwinian Controversies*, 1.

41 Naomi Oreskes, *The Rejection of Continental Drift: Theory and Method in American Earth Science* (New York, 1999), 316. Cf. John Stewart, *Drifting Continents and Colliding Paradigms: Perspectives on the Geoscience Revolution* (Bloomington IN, 1990), 17–19, 22–44.

42 Quoted in Powell, *Mysteries of Terra Firma*, 77.

43 Quoted in Oreskes, *Rejection of Continental Drift*, 277.

44 Naomi Oreskes and Erik M. Conway, *Merchants of Doubt: How a Handful of Scientists Obscured the Truth on Issues from Tobacco Smoke to Global Warming* (New York, 2010).

45 Scott Frickel et al., 'Undone Science', *Science, Technology and Human Values* 35 (2010), 444–73; David Hess, *Undone Science: Social Movements, Mobilized Publics, and Industrial Transitions* (Cambridge MA, 2016).

46 Roy Porter, *Quacks: Fakers and Charlatans in English Medicine* (Stroud, 2000); David Wootton, *Bad Medicine: Doctors Doing Harm Since Hippocrates* (Oxford, 2006).

47 Ben Goldacre, *Bad Pharma: How Drug Companies Mislead Doctors and Harm Patients* (London, 2012), 311, 242.

48 William Eamon, *Science and the Secrets of Nature: Books of Secrets in Medieval and Early Modern Culture* (Princeton NJ, 1994).

49 Charles Webster, *Paracelsus: Medicine, Magic and Mission at the End of Time* (New Haven CT, 2008).

50 Quoted in F. N. L. Poynter, 'Nicholas Culpeper and His Books', *Journal of the History of Medicine and Allied Sciences* 17 (1962), 152–67, at 157.

51 Culpeper quoted in Benjamin Woolley, *The Herbalist: Nicholas Culpeper and the Fight for Medical Freedom* (London, 2004), 297. On him, Patrick Curry, 'Culpeper, Nicholas', *Oxford Dictionary of National Biography* 14, 602–5.

52 Lisbet Koerner, in Nicholas Jardine, James Secord and Emma Spary (eds), *Cultures of Natural History* (Cambridge, 1996), 145.

53 Simon Schaffer, 'Natural Philosophy and Public Spectacle in the Eighteenth Century', *History of Science* 21 (1983), 1–43.

54 Aileen Fyfe and Bernard Lightman (eds), *Science in the Marketplace: 19th-century Sites and Experiences* (Chicago IL, 2007).

55 Edward Larson, *Summer for the Gods: The Scopes Trial and America's Continuing Debate over Science and Religion* (New York, 1997).

56 Larson, Summer, 281; cf. Larson, *The Creation-Evolution Debate* (Athens GA, 2007), 23–6.

57 Glenn Branch, 'Understanding Gallup's Latest Poll on Evolution', *Skeptical Inquirer* 41 (2017), 5–6.

58 C. P. Snow, *The Two Cultures* (Cambridge, 1959).

59 'Survey Reveals Public Ignorance of Science', 14 July 1989, https://www.newscientist.com.

60 Melissa Leach, Ian Scoones and Brian Wynne (eds), *Science and Citizens: Globalization and the Challenge of Engagement* (London, 2005).

61 Alan Irwin, *Citizen Science* (London, 1995).

62 Firestein, *Ignorance*, 171.

1 John Morgan, 'The Making of Geographical Ignorance?' *Geography* 102.1 (2017), 18–25, at 18–20.

2 John R. Short, *Cartographic Encounters: Indigenous Peoples and the Exploration of the New World* (London, 2009).

3 'Governor Bourke's Proclamation, 26 August 1835 – Wikisource, the free online library'.

4 Corbin, *Terra Incognita*.

5 On Ptolemy, Pierre-Ange Salvadori, *Le Nord de la Renaissance: La carte, l'humanisme suédois et la genèse de l'Arctique* (Paris, 2021), 29.

6 Danilo Dolci, *Inchiesta a Palermo* (1956: new edn Palermo, 2013).

7 Wolff, *Inventing Eastern Europe*, 174.

8 Janet Abu-Lughod, *Before European Hegemony: The World System*, ad 1250–1350 (New York, 1989).

9 W. G. L. Randles, 'Classical Models of World Geography and Their Transformation Following the Discovery of America', and James Romm, 'New World and "Novos Orbes": Seneca in the Renaissance Debate over Ancient Knowledge of the Americas', in Wolfgang Haase and Meyer Reinhold (eds), *The Classical Tradition and the Americas*, vol. 1 (Berlin, 1994), 6–76 and 77–116.

10 Edmundo O'Gorman, *The Invention of America* (1958: English trans. Bloomington IN, 1961); Eviatar Zerubavel, *Terra Cognita: The Mental Discovery of America* (New Brunswick NJ, 1992).

11 Paolo Chiesa, 'Marckalada: The First Mention of America in the Mediterranean Area (c.1340)', *Terrae Incognitae* 53.2 (2021), 88–106.

12 Jean-Jacques Rousseau, *Discours sur Inégalité* (1755: Paris 2004 edn, 110 (my translation)).

13 Shibutani, *Improvised News*.

14 John B. Friedman, *The Monstrous Races in Medieval Art and Thought* (Cambridge MA, 1981).

15 Robert Silverberg, *The Realm of Prester John* (1996: 2nd edn London, 2001), 26, 38.

16 Silverberg, *Prester John*, 40–73.

17 Silverberg, *Prester John*, 163–92.

18 Ames, *Em Nome de Deus*, 51.

19 Kathleen March and Kristina Passman, 'The Amazon Myth and Latin America', in Haase and Reinhold, *Classical Tradition*, 286–338, at 300–307.

20 Dora Polk, *The Island of California: A History of the Myth* (Spokane WA, 1991), 105–20, 301. The romance was 'The Exploits of Esplandián' (*Las Sergas de Esplandián*), by Garci Rodríguez de Montalvo.

21 Robert Silverberg, *The Golden Dream: Seekers of El Dorado* (Athens OH, 1985), 4–5; cf. Jean-Pierre Sánchez, 'El Dorado and the Myth of the Golden Fleece', in Haase and Reinhold, *Classical Tradition*, 339–78; John Hemming, *The Search for El Dorado* (London, 2001).

22 Lach, *Asia in the Making of Europe*.

23 Andrea Tilatti, 'Odorico da Pordenone', *DBI* 79.

24 Marco Polo, *Il Milione*, ed. Luigi Benedetto (Milan, 1932: English trans., *Travels*).

25 John Larner, *Marco Polo and the Discovery of the World* (New Haven CT, 1999), 131.

26 Marco Polo, *Travels*, 218.

27 Timothy Brook, *Great State: China and the World* (2019: new edn London, 2021), 46–7.

28 Larner, *Marco Polo*, 97, 108.

29 Stephen Greenblatt, *Marvelous Possessions: The Wonder of the New World* (Oxford, 1991), 26–51; Iain M. Higgins, *Writing East: The 'Travels' of Sir John Mandeville* (Philadelphia PA, 1997), 6, 156–78; Carlo Ginzburg, *The Cheese and the Worms: The Cosmos of a Sixteenth-Century Miller* (1976: English trans. London, 1980), section 12.

30 Larner, *Marco Polo*, 151–70, at 155.

31 Brook, *Great State*, 148.

32 Lach, *Asia in the Making of Europe*, 731–821.

33 Nicholas Trigault (ed.), *De christiana expeditione apud Sinas* (Augsburg, 1615).

34 Kenneth Ch'en, 'Matteo Ricci's Contribution to, and Influence on

Geographical Knowledge in China', *Journal of the American Oriental Society* 59 (1939), 325–59; Cordell Yee, 'The Introduction of European Cartography', in J. Brian Harley and David Woodward (eds), *The History of Cartography*, vol. 2, book 2, *Cartography in the Traditional East and Southeast Asian Societies* (Chicago IL, 1994), 170–202, at 176.

35 Edwin Van Kley, 'Europe's Discovery of China and the Writing of World History', *American Historical Review* 76 (1971), 358–85.

36 Philippe Couplet et al., *Confucius Sinarum Philosophus* (Paris, 1687).

37 Virgile Pinot, *La Chine et la formation de l'esprit philosophique en France* (Paris, 1932).

38 Hugh Honour, *Chinoiserie* (London, 1961).

39 Felix Greene, *A Curtain of Ignorance* (London, 1965), xiii. Cf. Greene, *Awakened China: The Country Americans Don't Know* (New York, 1961). 그의 중국 공산주의 정권에 대한 동정심이 당시 미국 언론의 비판적인 보도를 상쇄했다.

40 Brook, Great State, 226. Cf. Brook, 'Europaeology? On the Difficulty of Assembling a Knowledge of Europe in China', in Antoni Ücerler (ed.), *Christianity and Cultures: Japan and China in Comparison, 1543–1644* (Rome, 2009), 269–93.

41 John Henderson, 'Chinese Cosmographical Thought', in Harley and Woodward (eds), *History of Cartography*, 203–27. On Europe, Grant, 'In Defense of the Earth's Centrality and Immobility', 1–69, at 22.

42 Ch'en, 'Matteo Ricci's Contribution', 325–59, at 326, 329–32, 341.

43 James Cahill, *The Compelling Image: Nature and Style in Seventeenth-Century Chinese Painting* (Cambridge MA, 1982). Cf. Michael Sullivan, *The Meeting of Eastern and Western Art* (Berkeley CA, 1989).

44 Eugenio Menegon, *Un Solo Cielo: Giulio Aleni SJ (1582–1649): Geografia, arte, scienza, religion dall'Europa alla Cina* (Brescia, 1994), 38–9, 42–3.

45 Nathan Sivin, 'Copernicus in China', *Studia Copernicana* 6 (1973), 63–122; Roman Malek, *Western Learning and Christianity in China: The Contribution and Impact of Johann Adam Schall von Bell SJ (1592–1666)* (Sankt Agustin, 1998); Florence Hsia, *Sojourners in a Strange Land: Jesuits and Their Scientific Missions in Late Imperial China* (Chicago IL, 2009).

46 Marta Hanson, 'Jesuits and Medicine in the Kangxi Court', *Pacific Rim Report* 43 (2007), 1–10, at 5, 7.

47 Mario Cams, 'Not Just a Jesuit Atlas of China: Qing Imperial Cartography and its European Connections', *Imago Mundi* 69 (2017), 188–201.

48 이 제안을 해준 조셉 맥더모트에게 감사를 표한다.

49 *Lettres edifiantes* vol. 24, 334, 375, quoted in Jürgen Osterhammel, *Unfabling the East: The Enlightenment's Encounter with Asia* (1998: English trans. Princeton NJ, 2018), 85.

50 Ricci, quoted in Ch'en, 'Matteo Ricci's Contribution', 343.

51 Brook, 'Europaeology?', 285; Roger Hart, *Imagined Civilizations: China, the West and Their First Encounter* (Baltimore MD, 2013), 19, 188–91.

52 Ren Dayuan, 'Wang Zheng', in Malek, *Western Learning*, vol. 1, 359–68; on Mei Wending, Benjamin Elman, *On Their Own Terms: Science in China, 1550–1900* (Cambridge MA, 2005), 154–5.

53 Brook, 'Europaeology?', 270.

54 Ch'en, 'Matteo Ricci's Contribution', 348. Cf. George Wong, 'China's Opposition to Western Science during Late Ming and Early Ch'ing', *Isis* 54 (1963), 29–49.

55 Brook, 'Europaeology?', 291; Brook, *Great State*, 263.

56 Discussed in Shang Wei, 'The Literati Era and its Demise (1723–1840)', in Kang-I Sun Chang and Stephen Owen (eds), *The Cambridge History of Chinese Literature*, vol. 2 (Cambridge, 2010), 245–342, at 292, 294. Thanks to Joe McDermott for this reference.

57 Henderson, 'Chinese Cosmographical Thought', 209, 223, 225.

58 John Frodsham (ed.), *The First Chinese Embassy to the West* (Oxford, 1974), xvii, xxii, 148.

59 James Polachek, *The Inner Opium War* (Cambridge MA, 1992).

60 Jane Leonard, *Wei Yuan and China's Discovery of the Maritime World* (Cambridge MA, 1984), 101.

61 Frodsham, *First Chinese Embassy*, 97.

62 Elman, *On Their Own Terms*, xxvii, 320.

63 Adrian Bennett, *John Fryer: The Introduction of Western Science and Technology into Nineteenth-Century China* (Cambridge MA, 1967).

64 Benjamin Schwartz, *In Search of Wealth and Power: Yen Fu and the West* (Cambridge MA, 1964); Douglas Howland, *Translating the West* (Honolulu, 2001).

65 Michael Cooper (ed.), *The Southern Barbarians: The First Europeans in Japan* (Tokyo, 1971); Derek Massarella, *A World Elsewhere: Europe's Encounter with Japan in the Sixteenth and Seventeenth Centuries* (New Haven CT, 1990).

66 Charles Boxer, *Jan Compagnie in Japan* (The Hague, 1936); Grant K. Goodman, *Japan and the Dutch, 1600–1853* (1967: revised edn Richmond, 2000); Beatrice Bodart-Bailey and Derek Massarella (eds), *The Furthest Goal: Engelbert Kaempfer's Encounter with Tokugawa Japan* (Folkestone, 1996).

67 Donald Keene, *The Japanese Discovery of Europe 1720–1830* (1952: revised edn Stanford CA, 1969).

68 William G. Beasley, *Japan Encounters the Barbarian: Japanese Travellers in America and Europe* (New Haven CT, 1995).

69 The description originated in William Griffis, *Corea: The Hermit Nation* (New York, 1882).

70 Hendrick Hamel, *Journaal* (1668: ed. Henny Savenije, Rotterdam, 2003).

71 Rodney Needham, 'Psalmanazar, Confidence-Man', in *Exemplars* (Berkeley CA, 1985), 75–116; Richard M. Swiderski, *The False Formosan* (San Francisco CA, 1991); Michael Keevak, *The Pretended Asian* (Detroit MI, 2004). On his confession, Percy Adams, *Travelers and Travel Liars, 1660–1800* (Berkeley CA, 1962), 93.

72 Richard Burton, *Personal Narrative of a Pilgrimage to al-Madinah and Mecca* (London, 1856); Christiaan Snouck Hurgronje, *Het Mekkaansche Feest* (Leiden, 1880).

73 Petech, *I missionari*, 115ff.

74 Peter Hopkirk, *Trespassers on the Roof of the World* (London, 1983), 23; *Oxford Dictionary of National Biography*, 'Montgomerie, Thomas'.

75 Frank Kryza, *The Race for Timbuktu* (New York, 2007).

76 Peter Hopkirk, *Foreign Devils on the Silk Road: The Search for the Lost Cities and Treasures of Chinese Central Asia* (London, 1980), 32–43.

77 Wilfrid Thesiger, *Arabian Sands* (London, 1959).

78 Vicente de Salvador, *Historia do Brasil* (1627: new edn São Paulo, 1918).

79 Leo Africanus, *Descrizione dell'Africa* (Venice, 1550); Oumelbanine Zhiri, *L'Afrique au miroir de l'Europe, Fortunes de Jean Léon l'Africain à la Renaissance* (Geneva, 1991); Natalie Davis, *Trickster Travels: A Sixteenth-Century Muslim Between Worlds* (New York, 2007).

80 Miles Bredin, *The Pale Abyssinian: A Life of James Bruce, African Explorer and Adventurer* (London, 2000), 72. Cf. *Oxford Dictionary of National Biography*, 'Bruce, James, of Kinnaird'.

81 James Bruce, *Travels to Discover the Source of the Nile*, 5 vols (Edinburgh, 1790).

82 Bredin, *The Pale Abyssinian*, 163.

83 Bredin, *The Pale Abyssinian*, 25.

84 Bredin, *The Pale Abyssinian*, 161.

85 아프리카 내륙지역 발견 촉진협회 회보 편집자의 서술 참조. Roxanne Wheeler, 'Limited Visions of Africa', in James Duncan and Derek Gregory (eds), *Writes of Passage: Reading Travel Writing* (London, 1999), 14–48, at 16.

86 Henry Stanley, *Through the Dark Continent* (London, 1878), 2.

87 Kryza, *Race for Timbuktu*.

88 Kenneth Lupton, *Mungo Park: The African Traveller* (Oxford, 1979); Christopher Fyfe, 'Park, Mungo', *Oxford Dictionary of National Biography*.

89 Stanley, *Dark Continent*, preface.

90 Quoted in Joe Anene, *The International Boundaries of Nigeria, 1885–1960* (London, 1970), 3.

91 J. Brian Harley, 'Silences and Secrecy' (1988: repr. *The New Nature of Maps: Essays in the History of Cartography*, Baltimore MD, 2001), 84–107.

92 Bailie W. Diffie, 'Foreigners in Portugal and the "Policy of Silence"', *Terrae Incognitae* 1 (1969), 23–34; David Buisseret (ed.), *Monarchs, Ministers and Maps: Emergence of Cartography as a Tool of Government in Early Modern Europe* (Chicago IL, 1992), 106.

93 'André João Antonil' (Giovanni Antonio Andreoni), *Cultura e opulência do Brasil* (1711: ed. Andrée Mansuy, Paris, 2019).

94 Rachel Zimmerman, 'The 'Cantino Planisphere', https://smarthistory.org/

cantino-planisphere. Accessed 13 May 2022.

95 Alison Sandman, 'Controlling Knowledge: Navigation, Cartography and Secrecy in the Early Modern Spanish Atlantic', in James Delbourgo and Nicholas Dew (eds), *Science and Empire in the Atlantic World* (London, 2008), 31–52, at 35; Maria L. Portuondo, *Secret Science: Spanish Cosmography and the New World* (Chicago IL, 2009).

96 Harley, 'Silences and Secrecy', 90.

97 Craig Clunas, *Fruitful Sites: Garden Culture in Ming Dynasty China* (London, 1996), 191.

98 Patrick van Mil (ed.), De VOC in de kaart gekeken (The Hague, 1988), 22.

99 Woodruff D. Smith, 'Amsterdam as an Information Exchange in the 17th Century', *Journal of Economic History* 44 (1984), 985–1005, at 994. Cf. Karel Davids, 'Public Knowledge and Common Secrets: Secrecy and its Limits in the Early-Modern Netherlands', *Early Science and Medicine* 10 (2005), 411–27, at 415.

100 Elspeth Jajdelska, 'Unknown Unknowns: Ignorance of the Indies among Late Seventeenth-century Scots', in Siegfried Huigen, Jan L. de Jong and Elmer Kolfin (eds), *The Dutch Trading Companies as Knowledge Networks* (Leiden, 2010), 393–413.

101 Matthew H. Edney, *Mapping an Empire: The Geographical Construction of British India, 1765–1843* (Chicago IL, 1997), 143.

102 Marie-Noelle Bourguet et al. (eds), *L'invention scientifique de la Méditerranée* (Paris, 1998), 108.

103 G. Lappo and Pavel Polian, 'Naoukograds, les villes interdites', in Christian Jacob (ed.), *Lieux de Savoir* (Paris, 2007), 1226–49; Sean Keach, 'Revealed: 11 Secret Google Maps locations you're not allowed to see', *The Sun*, 17 February 2021.

104 Adams, *Travelers and Travel Liars.*

105 Higgins, *Writing East*, 49, 161.

106 Marco Polo, *Travels*, 272–7.

107 Marco Polo, *Travels*, 244.

108 Eileen Power, *Medieval People* (1924: new edn 1937), 55, 65; Larner, *Marco Polo*, 59–60.

109 John W. Haeger, 'Marco Polo in China? Problems with Internal Evidence', *Bulletin of Sung and Yuan Studies* 14 (1978), 26, 28.

110 Luigi Benedetto (ed.), *Il Milione* (Florence, 1928), xx, xxii, xxv.

111 Adams, *Travelers and Travel Liars*.

112 Frances Wood, *Did Marco Polo Go to China?* (London, 2018), 148–50. Contrast Larner, *Marco Polo*, 58–62.

113 Haeger, 'Marco Polo', 22–9.

114 Quoted in Rebecca D. Catz, 'Introduction' to Fernão Mendes Pinto, *Travels* (Chicago IL, 1989), xv–xlvi, at xxvii.

115 Jonathan Spence, 'The Peregrination of Mendes Pinto', *Chinese Roundabout* (New Haven CT, 1990), 25–36, at 30.

116 Bredin, *The Pale Abyssinian*.

117 Cyril Kemp, *Notes on Van der Post's Venture to the Interior and The Lost World of the Kalahari* (London, 1980), 176, 443; Simon Cooke, *Travellers' Tales of Wonder: Chatwin, Naipaul, Sebald* (Edinburgh, 2013).

118 Toby Ord, *The Precipice: Existential Risk and the Future of Humanity* (London, 2021), 62, 92.

119 Jonathan Schell, *The Fate of the Earth* (London, 1982).

120 Rachel Carson, *Silent Spring* (1962: new edn London, 2000), 24, 29, 51, 64, 82. 최근의 상황은 다음을 참조하라. Julian Cribb, *Earth Detox: How and Why We Must Clean Up Our Planet* (Cambridge, 2021).

121 Bill McKibben, *The End of Nature* (1989: 2nd edn New York, 2006), 60.

122 Keith Thomas, *Man and the Natural World* (London, 1983), 15.

123 'Plastic in the Ocean', https://www.worldwildlife.org/magazine/issues/fall-2019/articles/plastic-in-the-ocean. Accessed 13 May 2022.

124 Elizabeth Kolbert, *The Sixth Extinction: An Unnatural History* (London, 2014).

2부 무지의 결과

1 https://www.diariocentrodeundocom.br.

9장 전쟁의 무지

1 Sun Tzu, *The Art of War* (English trans. London, 2002), 21–3.

2 John Presland, *Vae Victis: The Life of Ludwig von Benedek* (London, 1934), 232, 275; Oskar Regele, *Feldzeugmeister Benedek: Der Weg zu Königgratz* (Vienna, 1960).

3 Owen Connelly, *Blundering to Glory: Napoleon's Military Campaigns* (Lanham MD, 2006), 100, 107, 113.

4 Huw Davies, *Wellington's War* (New Haven CT, 2012).

5 Marc Bloch, 'Réflexions d'un historien sur les fausses nouvelles de la guerre', *Revue de Synthèse Historique* 33 (1921), 13–35.

6 Tolstoy, *War and Peace* (Voina i Mir; 1869), book 3, part 2, chap. 33.

7 Peter Snow, *To War with Wellington: From the Peninsula to Waterloo* (London, 2010), 59–60, 109, 161; Rory Muir, *Wellington* (New Haven CT, 2013), 46, 589.

8 Henri Troyat, *Tolstoy* (1965: English trans. London 1968), 105–26.

9 Lonsdale Hale, *The Fog of War* (London, 1896).

10 Erik A. Lund, *War for the Every Day: Generals, Knowledge and Warfare in Early Modern Europe, 1680–1740* (Westport CT, 1999), 15.

11 David Chandler, *The Campaigns of Napoleon* (1966: London, 1993), 411; Robert Goetz, *1805, Austerlitz: Napoleon and the Destruction of the Third Coalition* (2005: 2nd edn Barnsley, 2017), 283–4, 291.

12 Davies, *Wellington's War*, 231–4.

13 Cecil Woodham-Smith, *The Reason Why: Story of the Fatal Charge of the Light Brigade* (London, 1953); George R. Stewart, *Pickett's Charge* (Boston MA, 1959); Earl J. Hess, *Pickett's Charge* (Chapel Hill NC, 2001).

14 Gregory Daly, *Cannae* (London, 2002).

15 Basil Liddell Hart, *Scipio Africanus: Greater than Napoleon* (London, 1926); Howard Scullard, *Scipio Africanus* (London, 1970).

16 Maximilien Foy, quoted in Snow, *To War with Wellington*, 167; Torres Vedras, ibid., 79, 96.

17 Brian Lavery, *Nelson and the Nile* (1998: 2nd edn London, 2003), 170, 178.

18 자세한 내용은 다음을 참조하라. Thaddeus Holt, *The Deceivers: Allied Military Deception in the Second World War* (New York, 2004).

19 Antony Beevor, *Stalingrad* (London, 2018), 239–330, especially 226–7, 246.

20 Zola, *La Débâcle* (1892: Paris, 1967), 364.

21 Adam Roberts, in Howard's obituary, *Guardian*, 1 December 2019.

22 Michael Howard, *The Franco-Prussian War* (London, 1961), 70, 147, 206, 209.

23 Howard, *Franco-Prussian War*, 191, 198.

24 James M. Perry, *Arrogant Armies: Great Military Disasters and the Generals Behind Them* (New York, 1996).

25 On jezails, T. R. Moreman, *The Army in India and the Development of Frontier Warfare, 1849–1947* (Basingstoke, 1998), 13, 37.

26 John Kaye, *History of the First Afghan War* (London, 1860); Perry, *Arrogant Armies*, 109–40; John Waller, *Beyond the Khyber Pass: The Road to British Disaster in the First Afghan War* (New York, 1990); William Dalrymple, *Return of a King: The Battle for Afghanistan* (London, 2012).

27 Richard Burton, translator, *The Arabian Nights* (London, 1885), introduction.

28 Alfred Martin, *Mountain and Savage Warfare* (Allahabad, 1898); George Younghusband, *Indian Frontier Warfare* (London, 1898). Cf. Moreman, *Army in India*, 46–7, 75.

29 Euclides da Cunha, *Os Sertões* (1902: new edn, 2 vols, Porto, 1980); Robert M. Levine, *Vale of Tears: Revisiting the Canudos Massacre* (Berkeley CA, 1992); Adriana Michéle Campos Johnson, *Sentencing Canudos: Subalternity in the Backlands of Brazil* (Pittsburgh PA, 2010).

30 Da Cunha, *Os Sertões*, 57.

31 James Gibson, *The Perfect War: Technowar in Vietnam* (Boston MA, 1986), 12.

32 Harrison Salisbury (ed.), *Vietnam Reconsidered: Lessons from a War* (New York, 1984).

33 Gibson, *Perfect War*, 17.

34 Salisbury, *Vietnam Reconsidered*, 39.

35 Tuchman, *March of Folly*, 376.

36 Josiah Heyman, 'State Escalation of Force', in Heyman (ed.), *States and Illegal Practices* (Oxford, 1999), 285–314, at 288.

37 Salisbury, *Vietnam Reconsidered*, 55, 64.

38 Ronald H. Spector, *After Tet* (New York, 1993), 314.

39 Eric Alterman, *When Presidents Lie: A History of Official Deception and Its Consequences* (New York, 2004), 178; Gibson, *Perfect War*, 124–5, 462.

40 Robert McNamara and Brian VanDeMark, *In Retrospect: The Tragedy and Lessons of Vietnam* (New York, 1995), 322.

41 Quoted in James Blight and Janet Lang, *The Fog of War: Lessons from the Life of Robert McNamara* (Lanham MD, 2005).

42 Leonard Bushkoff, 'Tragic Ignorance in Vietnam', *Christian Science Monitor*, 30 November 1992; M. S. Shivakumar, 'Ignorance, Arrogance and Vietnam', *Economic and Political Weekly*, 16 December 1995. Cf. H. R. McMaster, *Dereliction of Duty: Lyndon Johnson, Robert McNamara, the Joint Chiefs of Staff and the Lies that Led to Vietnam* (New York, 1997).

43 Salisbury, *Vietnam Reconsidered*, 117, 149.

44 Salisbury, *Vietnam Reconsidered*, 161.

45 Kendrick Oliver, *The My Lai Massacre in American History and Memory* (2nd edn, Manchester, 2006), 4 (quoted from the ex-soldier Ronald Ridenhour), 41. Seymour Hersh, *My Lai: A Report on the Massacre and its Aftermath* (New York, 1970).

46 Oliver, *The My Lai Massacre*, 19, 49.

47 Salisbury, *Vietnam Reconsidered*, 43.

48 Carl von Clausewitz, *On War* (1832: English trans. Princeton NJ, 1976), book 2, chap. 2.

49 Vasily Grossman, *Stalingrad* (1952: English trans. London, 2019), 121; Grossman, *Life and Fate* (written 1959, published 1980: English trans. London, 2006), 49.

50 Beevor, *Stalingrad*, 345.

51 David Stahel, *Retreat From Moscow: A New History of Germany's Winter Campaign, 1941–1942* (New York, 2019), 294 and indeed passim. Cf. Jonathan Dimbleby, *Barbarossa: How Hitler Lost the War* (London, 2021).

10장 비즈니스의 무지

1 William Cronon, *Changes in the Land: Indians, Colonists and the Ecology of New England* (New York, 1983), 36.

2 Thomas R. Dunlap, *Nature and the English Diaspora* (Cambridge, 1999), 46.

3 Dunlap, *Nature*, 80 – 88, at 81.

4 Pietro Lanza, Principe di Trabia, *Memoria sulla decadenza dell'agricultura nella Sicilia: ed il modo di rimediarvi* (Naples, 1786).

5 R. J. Shafer, *The Economic Societies in the Spanish World, 1763–1821* (Syracuse NY, 1958).

6 Scott, *Seeing Like a State.*

7 J. S. Hogendorn and K. M. Scott, 'The East African Groundnut Scheme', *African Economic History* 10 (1981), 81 – 115; Richard Cavendish, 'Britain Abandons the Groundnut Scheme', *History Today* 51 (2001).

8 Wei Li and Dennis Tao Yang, 'The Great Leap Forward: Anatomy of a Central Planning Disaster', *Journal of Political Economy* 113 (2005), 840 – 77; Frank Dikötter, *Mao's Great Famine: The History of China's Most Devastating Catastrophe, 1958–62* (2010: 2nd edn London, 2017).

9 Donald Worster, 'Grassland Follies: Agricultural Capitalism on the Plains', in Worster, *Under Western Skies* (New York, 1992), 93 – 105.

10 Warren Dean, *With Broadax and Firebrand: The Destruction of the Brazilian Atlantic Forest* (Berkeley CA, 1995).

11 Bengt Holmström et al., 'Opacity and the Optimality of Debt for Liquidity Provision', https://www.researchgate.net/publication/268323724_Opacity_and_the_Optimality_of_Debt_for_Liquidity_Provision. Accessed 13 May 2022.

12 George A. Akerlof, 'The Market for "Lemons": Quality Uncertainty and the Market Mechanism', *Quarterly Journal of Economics* 84 (1970), 488 – 500.

13 John von Neumann and Oskar Morgenstern, *Theory of Games and Economic Behavior* (1944: new edn Princeton NJ, 2004).

14 Eric Maskin and Amartya Sen, *The Arrow Impossibility Theorem* (New York, 2014).

15 Cornel Zwierlein, 'Coexistence and Ignorance: what Europeans in the Levant did not Read (ca.1620 – 1750)', in Zwierlein, *The Dark Side*, 225 – 65; Julian Hoppit, *Risk and Failure in English Business 1700–1800* (Cambridge, 1987), 69.

16 Hoppit, *Risk and Failure*, 139, 177, 114–15.

17 Joel Mokyr, *The Gifts of Athena: Historical Origins of the Knowledge Economy* (Princeton NJ, 2003), 37n. Cf. David Hey, 'Huntsman, Benjamin', *Oxford Dictionary of National Biography*.

18 Svante Lindqvist, *Technology on Trial: The Introduction of Steam Power Technology into Sweden, 1715–36* (Uppsala, 1984); John R. Harris, *Industrial Espionage and Technology Transfer: Britain and France in the Eighteenth Century* (Aldershot, 1998).

19 Hedieh Nasheri, *Economic Espionage and Industrial Spying* (Cambridge, 2005).

20 Malcolm Balen, *A Very English Deceit* (London, 2002), 41.

21 Smith, 'Amsterdam as an Information Exchange', 1001–3.

22 Vance Packard, *The Hidden Persuaders* (London, 1957); Stefan Schwarzkopf and Rainer Gries (eds), *Ernest Dichter and Motivational Research* (New York, 2010).

23 John K. Galbraith, *The Great Crash* (1954: new edn London, 2009), 70.

24 Elizabeth W. Morrison and Frances J. Milliken, 'Organizational Silence', *The Academy of Management Review* 25 (2000), 706–25.

25 Gabriel Szulanski, *Sticky Knowledge: Barriers to Knowing in the Firm* (Thousand Oaks CA, 2003).

26 Morrison and Milliken, 'Organizational Silence', 708.

27 Miklós Haraszti, *A Worker in a Worker's State* (1975: English trans. Harmondsworth, 1977); Dikötter, *Mao's Great Famine*.

28 Clinton Jones, 'Data Quality and the Management Iceberg of Ignorance' (2017), www.jonesassociates.com/?p=808. The chairman is quoted in John S. Brown and Paul Duguid, 'Organizational Learning and Communities of Practice', in E. L. Lesser, M. A. Fontaine and J. A. Slusher (eds), *Knowledge and Communities* (Oxford, 1991), 123.

29 DeLong, Lost Knowledge, 13, 101–18. Cf. Arnold Kransdorff, *Corporate Amnesia: Keeping Know-how in the Company* (Oxford, 1998), especially 21–8.

30 1950년대 후반 프랑스 상황에 대한 크로지에의 논의는 3장에 간략히 언급되어 있다. 일본 기업의 대응은 다음을 참조하라. Ikujiro Nonaka and

Hirotaka Takeuchi, *The Knowledge Creating Company: How Japanese Companies Create the Dynamics of Innovation* (New York, 1995); Nancy M. Dixon, *Common Knowledge: How Companies Thrive by Sharing What They Know* (Boston MA, 2000).

31 Már Jónsson, 'The Expulsion of the Moriscos from Spain', *Journal of Global History* 2 (2007), 195–212; Warren C. Scoville, *The Persecution of Huguenots and French Economic Development, 1680–1720* (Berkeley CA, 1960).

32 Dorothy Davis, *A History of Shopping* (London, 1966); Sheila Robertson, *Shopping in History* (Hove, 1984); Evelyn Welch, *Shopping in the Renaissance* (New Haven CT, 2009).

33 Ernest S. Turner, *The Shocking History of Advertising* (London, 1952); Packard, *Hidden Persuaders*.

34 George A. Akerlof and Robert Shiller, *Phishing for Phools: The Economics of Manipulation and Deception* (Princeton NJ, 2015).

35 Goldacre, *Bad Pharma*, 278–82, 292–8.

36 www.accountingliteracy.org/about-us.html. Accessed 13 May 2022.

37 Annamaria Lusardi and Olivia S. Mitchell, 'Financial Literacy Around the World', *Journal of Pension Economics and Finance* 10 (2011), 497–508.

38 Jacob Soll, *The Reckoning: Financial Accountability and the Making and Breaking of Nations* (London, 2014).

39 Daniela Pianezzi and Muhammad Junaid Ashraf, 'Accounting for Ignorance', *Critical Perspectives on Accounting* (2020), repository.essex.ac.uk/26810.

40 Nils Steensgaard, 'The Dutch East India Company as an Institutional Innovation', in Maurice Aymard (ed.), *Dutch Capitalism and World Capitalism* (Cambridge, 1982), 447–50; Lodowijk Petram, *The World's First Stock Exchange* (New York, 2014).

41 Steve Fraser, *Every Man a Speculator: A History of Wall Street in American Life* (New York, 2005).

42 William Quinn and John D. Turner, *Boom and Bust: A Global History of Financial Bubbles* (Cambridge, 2020), index.

43 Robert J. Shiller, *Irrational Exuberance* (2000: 3rd edn Princeton NJ, 2015), 190, 195–6, 200–203.

44 Quinn and Turner, *Boom and Bust*, 8.

45 On Ponzi, Shiller, *Irrational Exuberance*, 117–18. 이 격언은 Better Business Bureau에서 대중에게 사기를 경고하기 위해 사용되었다. 'If something sounds too good to be true, it probably is' (5 June 2009), www.barrypopik.com.

46 Shiller, *Irrational Exuberance*, 127, 148, 204–5.

47 Jonathan Israel, 'The Amsterdam Stock Exchange and the English Revolution of 1688', *Tijdschrift voor Geschiedenis* 103 (1990), 412–40; Richard Dale, *Napoleon is Dead: Lord Cochrane and the Great Stock Exchange Scandal* (Stroud, 2006).

48 Charles P. Kindleberger and R. Z. Aliber, *Manias, Panics and Crashes* (Basingstoke, 2005).

49 Thomas Lux, 'Herd Behaviour, Bubbles and Crashes', *Economic Journal* 105 (1995), 881–96. Cf. Shiller, *Irrational Exuberance*, 200–203.

50 Shiller, *Irrational Exuberance*, 112–14.

51 Quoted in Julian Hoppit, 'Attitudes to Credit in Britain, 1680–1780', *Historical Journal* 33 (1990), 305–22, at 309.

52 John Carswell, *The South Sea Bubble* (1960: revised edn London, 1993); Balen, *Very English Deceit*; Julian Hoppit, 'The Myths of the South Sea Bubble', *Transactions of the Royal Historical Society* 12 (2002), 141–65; Richard Dale, *The First Crash* (Princeton NJ, 2004); Helen Paul, *The South Sea Bubble* (Abingdon, 2011); William Quinn and John D. Turner, '1720 and the Invention of the Bubble', in Quinn and Turner, *Boom and Bust*, 16–38; Stefano Condorelli and Daniel Menning (eds), *Boom, Bust and Beyond: New Perspectives on the 1720 Stock Market Bubble* (Berlin, 2019); Daniel Menning, *Politik, Ökonomie und Aktienspekulation: 'South Sea' und Co. 1720* (Berlin, 2020).

53 Carswell, *Bubble*, 89.

54 Dale, *First Crash*, 2, 82, 120.

55 Carswell, *Bubble*, 57n., 119.

56 Carswell, *Bubble*, 132; Balen, Very English Deceit, 119.

57 Dale, *First Crash*, 17, 93.

58 해당 용어는《스펙테이터》의 전 편집자 리처드 스틸과 조셉 애디슨에 의

해 처음 사용되었다. Carswell, *Bubble*, 175.

59 Archibald Hutchison in 1720, quoted in Dale, *First Crash*, 85, 98.

60 Balen, *Very English Deceit*, 97, 105, 116.

61 Adam Smith, *Wealth of Nations* (1776), ed. Roy Campbell and Andrew Skinner (2 vols, Oxford, 1976), vol.2, 745 – 6.

62 Quoted in Dale, *First Crash*, 101, from *The Secret History of the South Sea Scheme* (attributed to John Toland, London, 1726).

63 Galbraith, *Crash; Maury Klein, Rainbow's End* (New York, 2001); William Quinn and John D. Turner, 'The Roaring Twenties and the Wall Street Crash', in Quinn and Turner, *Boom and Bust*, 115 – 33.

64 Galbraith, *Crash*, 9.

65 Galbraith, *Crash*, 28, 32, 187.

66 Galbraith, *Crash*, 75 – 80, 100. 이와 대조적으로 당시에 쓰인 바나드의 글에서는 여성 투자자들이 티커 테이프를 보며 정보를 논의하는 모습이 묘사됐다. Eunice Barnard, 'Ladies of the Ticker', *North American Review* 227 (1929), 405 – 10, cited in Daniel Menning, 'Doubt All Before You Believe Anything: Stock Market Speculation in the Early Twentieth-Century United States', in Dürr, *Threatened Knowledge*, 74 – 93, at 74 – 5.

67 Galbraith, *Crash*, 121 – 2, 133 – 5, 148 – 9.

68 Galbraith, *Crash*, 51, 125.

69 Menning, 'Doubt All', 90.

70 Heyman, *States and Illegal Practices*.

71 Daniel Okrent, *Last Call: The Rise and Fall of Prohibition* (New York, 2010), 150 – 53, 165, 207 – 11, 215, 272 – 4.

72 Dikötter, *Mao's Great Famine*, 197 – 207.

73 Friedrich Schneider and Dominik H. Enste, *The Shadow Economy* (2nd edn Cambridge, 2013).

74 Misha Glenny, *McMafia* (London, 2008), 251, 385.

75 Paul Gootenberg, 'Talking Like a State: Drugs, Borders and the Language of Control', in Willem van Schendel and Itty Abraham (eds), *Illicit Flows and Criminal Things* (Bloomington IN, 2005), 101 – 27, at 109; Gootenberg (ed.), *Cocaine: Global Histories* (London, 1999); Gootenberg, *Andean Cocaine: The Making of a Global Drug* (Chapel Hill NC, 2008); Mark

Bowden, *Killing Pablo: The Hunt for the Richest, Most Powerful Criminal in History* (London, 2007).

76 Peter Reuter and Edwin M. Truman, *Chasing Dirty Money: The Fight Against Money Laundering* (Washington DC, 2004); Douglas Farah, 'Fixers, Super Fixers and Shadow Facilitators: How Networks Connect', in Michael Miklaucic and Jacqueline Brewer (eds), *Convergence: Illicit Networks and National Security in the Age of Globalization* (Washington DC, 2013), 75–95, the quotation at 77.

77 Ian Smillie, 'Criminality and the Global Diamond Trade', in Van Schendel and Abraham, *Illicit Flows*, 177–200, at 181.

78 Jason C. Sharman, *Havens in a Storm: The Struggle for Global Tax Regulation* (Ithaca NY, 2006); Nicholas Shaxson, *Treasure Islands: Uncovering the Damage of Offshore Banking and Tax Havens* (London, 2011).

79 Shaxson, *Treasure Islands*, 54; Sébastien Guex, 'The Origins of the Swiss Banking Secrecy Law', *Business History Review* 74 (2000), 237–66, at 241.

80 R. T. Naylor, *Hot Money* (London, 1987), 234–9.

81 Pino Arlacchi, *Mafia Business* (1983: English trans. Oxford, 1988); Diego Gambetta, *The Sicilian Mafia: The Business of Private Protection* (Cambridge MA, 1993); Yiu-kong Chu, *The Triads as Business* (London, 2000); Vadim Volkov, *Violent Entrepreneurs: The Use of Force in the Making of Russian Capitalism* (Ithaca NY, 2002), 43. Cf. Federico Varese, *The Russian Mafia: Private Protection in a New Market Economy* (Oxford, 2001).

82 Varese, *Russian Mafia*, 22–9, 55–9.

83 Alan Knight, *The Mexican Revolution*, 2 vols (Cambridge, 1986).

84 Peter Andreas, 'The Clandestine Political Economy of War and Peace in Bosnia', *International Studies Quarterly* 48 (2004), 29–51, at 31.

85 Douglas Farah and Stephen Braun, *Merchant of Death* (Hoboken NJ, 2007).

86 Kenneth I. Simalla and Maurice Amutari, 'Small Arms, Cattle Raiding and Borderlands', in Van Schendel and Abraham, *Illicit Flows*, 201–25, at 217.

87 Paul Grendler, *The Roman Inquisition and the Venetian Press, 1540–1605* (Princeton NJ, 1977).

88 Robert Darnton, *The Forbidden Best-Sellers of Pre-Revolutionary France* (New

York, 1996), 3, 7, 18–20.

89 Frances Yates, 'Paolo Sarpi's History of the Council of Trent', *Journal of the Warburg and Courtauld Institutes* 7 (1944), 123–44.

90 Adrian Johns, *Piracy: The Intellectual Property Wars from Gutenberg to Gates* (Chicago IL, 2009); Paul Kruse, 'Piracy and the Britannica', *Library Quarterly* 33 (1963), 318–38.

91 Glenny, *McMafia*, 382.

92 Roberto Saviano, *Gomorrah* (2006: English trans. New York, 2007).

93 Saviano, *Gomorrah*, 25–33. 이 책을 원작으로 한 영화에도 등장한다. *Gomorrah* (2008).

94 Saviano, *Gomorrah*, 7.

95 On La Salada, Matías Dewey, *Making It at Any Cost: Aspirations and Politics in a Counterfeit Clothing Marketplace* (Austin TX, 2020).

96 Dewey, *Making It*, 6.

97 Jane Schneider and Peter Schneider, 'Is Transparency Possible? The Political-Economic and Epistemological Implications of Cold War Conspiracies and Subterfuge in Italy', in Heyman (ed.), *States and Illegal Practices*, 169–98, at 169.

98 Pino Arlacchi, *Addio Cosa Nostra* (Milan, 1994), 159, quoted in Varese, *Russian Mafia*, 234–5.

99 Diego Gambetta, 'The Price of Distrust', in Gambetta (ed.), *Trust* (Oxford, 1988), 158–75.

11장 정치의 무지

1 Foucault, *Power/Knowledge*; Lorraine Code, 'The Power of Ignorance', in Sullivan and Tuana (eds), *Race and Epistemologies*, 213–30.

2 Hubert Dreyfus and Paul Rabinow (eds), *Michel Foucault: Beyond Structuralism and Hermeneutics* (Brighton, 1982), 187, from a personal communication to the authors.

3 Richelieu, *Testament Politique*, ed. Françoise Hildesheimer (Paris, 1995), 137; Daniel Roche, *France in the Enlightenment* (1993: English trans. Cambridge MA, 1998), 346.

4 Frederick the Great quoted in Gay, Science of Freedom, 521–2; Frederick

VI quoted in Robert J. Goldstein (ed.), *The War for the Public Mind: Political Censorship in Nineteenth-Century Europe* (Westport CT, 2000), 3.

5 Oldenburg to Samuel Hartlib (1659), in A. Rupert Hall and Marie Boas Hall (eds), *The Correspondence of Henry Oldenburg*, 13 vols (Madison WI, 1965–86).

6 Ryszard Kapuściński, *Shah of Shahs* (1982: English trans. London, 1986), 150.

7 Shibutani, *Improvised News*.

8 Quoted in Janam Mukherjee, *Hungry Bengal* (New York, 2016), 83.

9 Raymond A. Bauer and David B. Gleicher, 'Word-of-Mouth Communication in the Soviet Union', *Public Opinion Quarterly* 17 (1953), 297–310.

10 Stanley Cohen, *Folk Devils and Moral Panics: The Creation of Mods and Rockers* (London, 1972).

11 John Kenyon, *The Popish Plot* (London, 1972).

12 W. C. Abbott, 'The Origins of Titus Oates's Story', *English Historical Review* 25 (1910), 126–9, at 129; Allport and Postman, *Psychology of Rumour*; Shibutani, *Improvised News*.

13 https://journals.plos.org/plosone/article?id=10.1371/journal.pone.0233879, accessed 28 June 2022; https://www.bbc.co.uk/bitesize/articles/zgfgf82, accessed 28 June 2022.

14 On Venice, Paolo Preto, *I servizi secreti di Venezia* (Milan, 1994).

15 On the first meaning, Alison Bailey, 'Strategic Ignorance', in Sullivan and Tuana, *Race and Epistemologies*, 77–94. Cf. James C. Scott, *Domination and the Arts of Resistance* (New Haven CT, 2008). On the second, McGoey, *Unknowers*.

16 Jefferson to Charles Yancey (1816); Madison to William Barry (1822).

17 John Foster, *An Essay on the Evils of Popular Ignorance* (London, 1824), 214.

18 Hansard, July 1833, 143–6, 'National Education' (30 July 1833), http://hansard.millbanksystems.com. Cf. S. A. Beaver, 'Roebuck, John Arthur', *Oxford Dictionary of National Biography*.

19 Michael Cullen, 'The Chartists and Education', *New Zealand Journal of History* 10 (1976), 162–77, at 163, 170.

20 John Stuart Mill, *Representative Government* (1867: repr. *On Liberty, Utilitarianism and Other Essays*, Oxford, 2015), 239; Walter Bagehot, *The English Constitution* (1867: ed. Paul Smith, Cambridge 2001), 327.

21 정확히 말하자면, 그는 의회 연설에서 '우리의 미래 주인들이 글을 배워야 한다'고 선언했다. Jonathan Parry, 'Lowe, Robert', *Oxford Dictionary of National Biography*. 이 말은 시간이 지나며 더욱 강렬해졌다.

22 Oscar Wilde, *The Importance of Being Earnest* (1895). 이 구절을 상기시켜 준 길라드 추커만에게 감사를 전한다.

23 Dolci, *Inchiesta a Palermo*, 76.

24 'What Americans Know, 1989–2007', news release, Pew Research Center, 15 April 2007, https://www.pewresearch.org/wp-content/uploads/sites/4/legacy-pdf/319.pdf. Accessed 28 June 2022. On surveys at the time of the 2008 election, Ilya Somin, *Democracy and Political Ignorance* (2013: revised edn Stanford CA, 2016), 34–5. Somin (162). 조사의 부재로 인해 현재의 무지와 19~20세기 초의 무지 상태를 비교하는 것은 어렵다.

25 Anthony Downs, *An Economic Theory of Democracy* (New York, 1957).

26 Linda Martín Alcoff on the Epistemology of Ignorance and the 2016 Presidential Election (24 February 2017), https://philosophy.commons.gc.cuny.edu/linda-martin-alcoff.

27 Philip Kitcher, *Science in a Democratic Society* (Amherst NY, 2011).

28 Simon Kaye, 'On the Complex Relationship between Political Ignorance and Democracy' (5 April 2017), http://eprints.lse.ac.uk/72489.

29 Sophia Kaitatzi-Whitlock, 'The Political Economy of Political Ignorance', in Janet Wasko, Graham Murdock and Helena Sousa (eds), *The Handbook of Political Economy of Communications* (Oxford, 2011), 458–81.

30 Mario Sabino, 'FHC, Suplicy, O Preço do Paõzinho, o General Medici e Eu', *Crusoé*, 17 August 2018, https://crusoe.com.br.

31 Adam Nicolson, *When God Spoke English: The Making of the King James Bible* (London, 2011), 7.

32 Geoffrey Parker, *Emperor: A New Life of Charles V* (New Haven CT, 2019).

33 Parker, *Emperor*, 35, 136, 208, 265, 317.

34 Parker, *Emperor*, 58, 86, 195–6, 290.

35 Geoffrey Parker, *Philip II* (1978: 4th edn Chicago IL, 2002), especially

24–37.

36 Paul Dover, 'Philip II, Information Overload and the Early Modern Moment', in Tonio Andrade and William Reger (eds), *The Limits of Empire: European Imperial Formations in Early Modern World History* (Farnham, 2012).

37 Quoted in Albert W. Lovett, *Philip II and Mateo Vázquez de Leca* (Geneva, 1977), 66; Stafford Poole, *Juan de Ovando* (Norman OK, 2004), 162.

38 Soll, *The Reckoning*, ix, 87.

39 Isabel de Madariaga, *Russia in the Age of Catherine the Great* (London, 1981), 371; Simon Montefiore, *Prince of Princes: The Life of Potemkin* (London, 2001), 380–33.

40 Quoted in Ladislav Bittman, *The Deception Game* (Syracuse NY, 1972), 58.

41 Richard Cobb, 'The Informer and his Trade', in Cobb, *The Police and the People* (Oxford, 1970), 5–8.

42 Scott, *Seeing Like a State*, 2.

43 Sheldon Ungar, 'Ignorance as an Under-Identified Social Problem', *British Journal of Sociology* 59 (2008), 301–26, at 306.

44 Adam Tooze, *Statistics and the German State, 1900–1945: The Making of Modern Economic Knowledge* (Cambridge, 2001), 84.

45 Frank Cowell, *Cheating the Government: The Economics of Evasion* (Cambridge MA, 1990), 38.

46 Sir William Hayter (British ambassador to Moscow, 1953–7), quoted in Anna Aslanyan, *Dancing on Ropes: Translators and the Balance of History* (London, 2021), 13.

47 Lothar Gall, *Bismarck: The White Revolutionary*, vol. 1 (1851–71: English trans. London, 1986), 180.

48 Christopher Clark, *The Sleepwalkers: How Europe Went to War in 1914* (London, 2013), 200–1.

49 Margaret MacMillan, *Peacemakers: The Paris Conference of 1919 and its Attempt to End War* (London, 2001), 43, 48–9.

50 Bartlomiej Rusin, 'Lewis Namier, the Curzon Line and the Shaping of Poland's Eastern Frontier', *Studia z Dziejów Rosji i Europy Środkowy-Wschodniej* 48 (2013), 5–26, at 6, n. 3. 로이드 조지는 폴란드의 주장에 반

대했기 때문에, 이는 폴란드가 지어낸 이야기일 수도 있다.

51 Russell H. Fifield, *Woodrow Wilson and the Far East: The Diplomacy of the Shantung Question* (New York, 1952), 240–41.

52 James Headlam-Morley, quoted in D. W. Hayton, *Conservative Revolutionary: The Lives of Lewis Namier* (London, 2019), 108.

53 John W. Wheeler-Bennett, *Munich: Prologue to Tragedy* (London, 1948), 264, 157.

54 Constantin Dumba, quoted in Larry Wolff, *Woodrow Wilson and the Reimagining of Eastern Europe* (Stanford CA, 2020), 5.

55 John M. Cooper, *Woodrow Wilson* (New York, 2009), 182.

56 Quoted in MacMillan, *Peacemakers*, 41.

57 Wolff, *Woodrow Wilson*, 228, 231.

58 Cooper, *Woodrow Wilson*, 490. Cf. Harold Nicolson, *Peacemaking 1919* (London, 1933); David Fromkin, *A Peace to End All Peace* (1989).

59 Hugh and Christopher Seton-Watson, *The Making of a New Europe* (London, 1981), 343. 해당 세미나에는 역사학자 자라 스테이너도 참석했다. quoted in David Reynolds, 'Zara Steiner', *Biographical Memoirs of Fellows of the British Academy* XIX (London, 2021), 467–81, at 470. Cf. Nicolson, *Peacemaking*, 200, 203.

60 R. W. Seton-Watson, *Masaryk in England* (Cambridge, 1943), 67.

61 'Resign! Alexander Lukashenko heckled by factory workers in Minsk', *Guardian*, 17 August 2020.

62 'Trump touts hydrochloroquine as a cure for Covid-19', *Guardian*, 6 April 2020; 'Coronavirus: Trump says he's been taking hydrochloroquine for "a few weeks"', *The Independent*, 19 May 2020; 'Bolsanaro bets "miraculous cure" for COVID-19 can save Brazil – and his life', *Reuters Health News*, 8 July 2020.

63 Oreskes and Conway, *Merchants of Doubt*.

64 Joanne Roberts, 'Organizational Ignorance', in Gross and McGoey (eds), *Routledge Handbook of Ignorance Studies*, 361–9; Bakken and Wiik, 'Ignorance and Organization Studies', 1109–20.

65 Michael Zack, 'Managing Organizational Ignorance', *Knowledge Directions* 1 (1999), http://web.cba.neu.edu/~mzack/articles/orgig/orgig.htm.

Accessed 28 June 2022.

66 Continuity with the Middle Ages is emphasized in G. L. Harriss, 'A Revolution in Tudor History?', *Past & Present* 25 (1963), 8–39.

67 Geoffrey Elton, *The Tudor Revolution in Government* (Cambridge, 1953); Max Weber, *Soziologie*, ed. Johannes Winckelmann (Stuttgart, 1956), 151–4.

68 On Persson, Michael Roberts, *The Early Vasas: A History of Sweden, 1523–1611* (Cambridge, 1968), 224–5, 237–9, and Marko Hakanen and Ulla Koskinen, 'Secretaries as Agents in the Middle of Power Structures (1560–1680)', and 'The Gentle Art of Counselling Monarchs', in Petri Karonen and Marko Hakanen (eds), *Personal Agency at the Swedish Age of Greatness* (Helsinki, 2017), 5–94. On Cromwell, Diarmaid MacCulloch, *Thomas Cromwell* (London, 2018); on Richelieu, Orest Ranum, *Richelieu and the Councillors of State* (Oxford, 1968), especially 45–76.

69 Ranum, *Richelieu*, 63.

70 On Eraso, Carlos Javier de Carlos Morales, 'El Poder de los Secretarios Reales: Francisco de Eraso', in José Martínez Millán (ed.), *La corte de Felipe* II (Madrid, 1994), 107–48.

71 Gregorio Marañón, *Antonio Pérez* (Madrid, 1947); Lovett, *Philip II*.

72 Fernand Braudel, *The Mediterranean and the Mediterranean World in the Age of Philip II* (1949: English trans. 2 vols, London, 1972–3), part 2, chap. 1, section 1. Cf. Geoffrey Blainey, *The Tyranny of Distance: How Distance Shaped Australia's History* (Melbourne, 1966), and Parker, Emperor, 382, 653.

73 Parker, *Emperor*, 385.

74 Parker, *Philip II*, 25, 28. On Philip and his empire, Arndt Brendecke, *The Empirical Empire: Spanish Colonial Rule and the Politics of Knowledge* (2009: English trans. Berlin, 2016), especially chap. 1 on 'the blindness of the king', and Brendecke, 'Knowledge, Oblivion and Concealment in Early Modern Spain: The Ambiguous Agenda of the Archive of Simancas', in Liesbeth Corens, Kate Peters and Alexandra Walsham (eds), *Archives and Information in the Early Modern World* (Oxford, 2018), 131–49.

75 Simon Franklin and Katherine Bowers (eds), *Information and Empire:*

Mechanisms of Communication in Russia, 1600–1850 (Cambridge, 2017).

76 Scott, *Seeing Like a State*, 11; cf. Jacob Soll, *The Information Master: Jean-Baptiste Colbert's Secret State Intelligence System* (Ann Arbor MI, 2009); Michèle Virol, *Vauban* (Seyssel, 2003).

77 Oliver MacDonagh, 'The Nineteenth-Century Revolution in Government', *Historical Journal* 1 (1958), 52–67.

78 Scott, *Seeing Like a State*, 33, 77.

79 Emily Osborn, 'Circle of Iron: African Colonial Employees and the Interpretation of Colonial Rule in French West Africa', *Journal of African History* 44 (2003), 29–50.

80 Philip Bowring, *Free Trade's First Missionary: Sir John Bowring in Europe and Asia* (Hong Kong, 2014), 170,

81 William Dalrymple, *The Anarchy: The Relentless Rise of the East India Company* (London, 2019).

82 Dalrymple, *Anarchy*, 237, 313.

83 Christopher A. Bayly, *Empire and Information: Intelligence Gathering and Social Communication in India, 1780–1870* (Cambridge, 1996), 14.

84 Dalrymple, *Return of a King*, 130.

85 Bayly, *Empire and Information*, 178.

86 Ranajit Guha, *A Rule of Property for Bengal* (Paris, 1963).

87 Nicholas B. Dirks, *Castes of Mind: Colonialism and the Making of Modern India* (Princeton NJ, 2001).

88 Bayly, *Empire and Information*, 102, 212, 245–6.

89 Bayly, *Empire and Information*, 315–37, at 315–16.

90 Kim Wagner, *The Great Fear of 1857* (Oxford, 2010).

91 Wagner, *Great Fear*, 28, 30.

92 John Stuart Mill, *Representative Government*, conclusion, quoted in McGoey, *Unknowers*, 161.

93 Bayly, *Empire and Information*, 338.

94 Clive Dewey, *Anglo-Indian Attitudes: The Mind of the Indian Civil Service* (London, 1993), 3.

95 Penderel Moon, *Divide and Quit: An Eyewitness Account of the Partition of India* (1961: 2nd edn Delhi, 1998), 37, 88.

96 Alex von Tunzelmann, *Indian Summer: The Secret History of the End of an Empire* (New York, 2007), 3, 154, 185, 190, 199, 201.

97 Tunzelmann, *Indian Summer*, 232.

98 Anthony Tucker-Jones, *The Iraq War: Operation Iraqi Freedom, 2003–2011* (Barnsley, 2014), 137.

99 Quoted in Brian Whitaker, 'Nowhere to Run', *Guardian*, 29 November 2005. The correct date is 9 ce.

100 Henry Adams, *The Education of Henry Adams* (1907: new edn Cambridge MA, 1918), 100, 296, 462.

12장 놀라움과 재앙

1 Ord, *The Precipice*. Cf. Nick Bostrom 'Existential Risks', *Journal of Evolution and Technology* 9 (2002), https://nickbostrom.com/existential/risks.html; Bostrom, 'Existential Risk Prevention as Global Priority', *Global Policy* 4 (2013), 15-31.

2 Quoted in Plokhy, *Chernobyl*, 269.

3 Neil Hanson, *The Dreadful Judgement: The True Story of the Great Fire of London* (New York, 2001).

4 John M. Barry, *Rising Tide: The Great Mississippi Flood of 1927 and How It Changed Americans* (New York, 1997).

5 William M. Taylor (ed.), *The 'Katrina Effect': On the Nature of Catastrophe* (London, 2015).

6 Chester Hartman and Gregory Squires (eds), *There Is No Such Thing as a Natural Disaster: Race, Class, and Hurricane Katrina* (London, 2006), vii, 121-9, 194. Cf. Douglas Brinkley, *The Great Deluge: Hurricane Katrina, New Orleans and the Mississippi Gulf Coast* (New York, 2006).

7 Scott Frickel and M. Bess Vincent, 'Hurricane Katrina, Contamination, and the Unintended Organization of Ignorance', *Technology in Society* 29 (2007), 181-8.

8 Gregory Quenet, *Les tremblements de terre aux XVII et XVIIIe siècles: La naissance d'un risque* (Champvallon, 2005), 305-56; Michael O'Dea, 'Le mot "catastrophe"' and Anne Saada, 'Le désir d'informer: le tremblement de terre de Lisbonne', in Anne-Marie Mercier-Faivre and Chantal Thomas

(eds), *L'invention de la catastrophe au XVIIIe siècle: Du châtiment divin au désastre naturel* (Geneva, 2008), 35–48 and 209–30.

9 Cf. John Leslie, *The End of the World: The Science and Ethics of Human Extinction* (London, 1996).

10 David Arnold, *Famine: Social Crisis and Historical Change* (Oxford, 1988); Dalrymple, *Anarchy*, 219–26.

11 Quoted in Amartya Sen, *Poverty and Famines* (Oxford, 1981), 76.

12 Quoted in Arnold, *Famine*, 117.

13 Kali Charan Ghosh, *Famines in Bengal*, 1770–1943 (1944: 2nd edn Calcutta, 1987), preface, 122.

14 Sen, *Poverty and Famines*, 79. Paul Greenough, *Prosperity and Misery in Modern Bengal: The Bengal Famine of 1943–44* (New York, 1982); Mukherjee, *Hungry Bengal*.

15 Quoted in Robin Haines, *Charles Trevelyan and the Great Irish Famine* (Dublin, 2004), 401, which defends Trevelyan from the charge of 'a malignant relief policy' (xiii).

16 Cecil Woodham-Smith, *The Great Hunger: Ireland 1845–1849* (London, 1962); Mary Daly, *The Famine in Ireland* (Dundalk, 1986); Christine Kineally, *This Great Calamity: The Irish Famine, 1845–52* (Dublin, 1995); James S. Donnelly, *The Great Irish Potato Famine* (Stroud, 2002); Cormac Ó Gráda (ed.), *Ireland's Great Famine: Interdisciplinary Perspectives* (Dublin, 2006).

17 Arnold, Famine. Cf. Polly Hill, *Population, Prosperity and Poverty: Rural Kano in 1900 and 1970* (Cambridge, 1977).

18 Jasper Becker, *Hungry Ghosts: Mao's Secret Famine* (New York, 1996); Dikötter, *Mao's Great Famine*, 6. 후자의 책에 대한 비판과 저자의 답변으로는 다음을 참조하라. Felix Wemheuer, 'Sites of Horror: Mao's Great Famine', *The China Journal* 66 (2011), 155–64.

19 Dikötter, *Mao's Great Famine*, 8, 25–6.

20 Dikötter, *Mao's Great Famine*, 56–63.

21 Quotation from Mao's doctor, Li Zhisui, who accompanied him. Dikötter, *Mao's Great Famine*, 41, 67–72.

22 Dikötter, *Mao's Great Famine*, 29, 37, 62, 69, 130.

23 Monica Green, 'Taking "Pandemic" Seriously: Making the Black Death Global', in Green (ed.), *Pandemic Disease* (Kalamazoo MI, 2015), 27–61, at 37. Cf. Timothy Brook, 'The Plague', in Brook, *Great State*, 53–75.

24 Philip Ziegler, *The Black Death* (London, 1969); William H. McNeill, *Plagues and Peoples* (Garden City NY, 1976); Samuel K. Cohn Jr, 'The Black Death and the Burning of Jews', *Past & Present* 196 (2007), 3–36.

25 Carlo Cipolla, *Cristofano and the Plague* (London, 1973); Cipolla, Faith, *Reason and the Plague in Seventeenth-Century Tuscany* (New York, 1981); A. Lloyd Moote and Dorothy C. Moote, *The Great Plague: The Story of London's Most Deadly Year* (Baltimore MD, 2004); John Henderson, *Florence under Siege: Surviving Plague in an Early Modern City* (New Haven CT, 2019).

26 Carlo Cipolla, *Fighting the Plague in Seventeenth-Century Italy* (Madison WI, 1981); Stefano di Castro, cited by Henderson, *Florence under Siege*, 55.

27 Giuseppe Farinelli and Ermanno Paccagnini (eds), *Processo agli untori* (Milan, 1988); Giovanni Baldinucci, quoted in Henderson, *Florence under Siege*, 43.

28 Henderson, *Florence under Siege*, 149–82.

29 Sidney Chaloub, *Cidade Febril: Cortiços e Epidemias na Cidade Imperial* (São Paulo, 1996), 62–3.

30 Woodrow Borah and Sherburne Cook, *The Aboriginal Population of Central Mexico in 1548* (Berkeley CA, 1960); Rudolph Zambardino, 'Mexico's Population in the Sixteenth Century', *Journal of Interdisciplinary History* 11 (1980), 1–27; Noble David Cook, *Born to Die: Disease and New World Conquest, 1492–1650* (Cambridge, 1998).

31 Jonathan B. Tucker, *Scourge: The Once and Future Threat of Smallpox* (New York, 2001).

32 https://people.umass.edu/derrico/amherst/lord_jeff.html. Accessed 28 June 2022.

33 Jo Willett, 'Lady Mary Wortley Montagu and her Campaign against Smallpox', https://www.historic-uk.com/HistoryUK/HistoryofBritain/Lady-Mary-Wortley-Montagu-Campaign-Against-Smallpox/. Accessed 13 May 2022.

34 Nicolau Sevcenko, *A Revolta da Vacina* (São Paulo, 1983); José Murilo de

Carvalho, 'Cidadãos ativos: a Revolta da Vacina', in Murilo de Carvalho, *Os Bestializados* (São Paulo, 1987), 91–130; Chaloub, *Cidade Febril*; Teresa Meade, *'Civilizing' Rio: Reform and Resistance in a Brazilian City, 1889–1930* (Philadelphia PA, 1997); Jane Santucci, *Cidade Rebelde: As Revoltas Populares no Rio de Janeiro no Início do Século XX* (Rio, 2008).

35 Chaloub, *Cidade Febril*, 139.

36 Chaloub, *Cidade Febril*, 125.

37 Chaloub, *Cidade Febril*, 123–6.

38 Manfred Waserman and Virginia Mayfield, 'Nicholas Chervin's Yellow Fever Survey', *Journal of the History of Medicine and Allied Sciences 26* (1971), 40–51.

39 Robert J. Morris, *1832 Cholera: The Social Response to an Epidemic* (London, 1976), 30, 35.

40 Morris, *1832 Cholera*, 85, 96–100.

41 Morris, *1832 Cholera*, 74, 161, 192.

42 Suellen Hoy, *Chasing Dirt: The American Pursuit of Cleanliness* (New York, 1995), especially 88–9, 124–7.

43 Mark Bostridge, *Florence Nightingale* (London, 2008).

44 Morris, *1832 Cholera*; Stephanie J. Snow, 'Snow, Dr John', *Oxford Dictionary of National Biography*.

45 Richard Evans, *Death in Hamburg* (Oxford, 1987); Thomas Brock, *Robert Koch: A Life in Medicine and Bacteriology* (Washington, D.C., 1999). Cf. Frank M. Snowden, *Naples in the Time of Cholera, 1884–1911* (Cambridge, 1995).

46 Laura Spinney, *Pale Rider: The Spanish Flu of 1918 and How It Changed the World* (London, 2017).

47 'US Senator says China trying to sabotage vaccine development', *Reuters*, 7 June 2020, www.reuters.com; Alexandra Sternlicht, 'Senator Tom Cotton Ramps Up Anti-China Rhetoric', *Forbes*, 26 April 2020.

13장 비밀과 거짓말

1 선구적인 논문으로는 다음을 참조하라. Georg Simmel, 'The Sociology of Secrecy and of Secret Societies', *American Journal of Sociology* 11 (1906),

441–98.

2 Francis Bacon, *Essays* (1597: Cambridge, 1906).

3 Baltasar Gracián, *Oráculo Manual y Arte de Prudencia* (1647: bilingual edn, London, 1962), numbers 13, 49, 98–100. General discussions in Rosario Villari, *Elogio della Dissimulazione. La lotta politica nel Seicento* (Rome, 1987); Jean-Pierre Cavaillé, *Dis/simulations* (Paris, 2002); Jon R. Snyder, *Dissimulation and the Culture of Secrecy in Early Modern Europe* (Berkeley CA, 2009).

4 Quoted in Ulrich Ricken, 'Oppositions et polarités d'un champ notionnel: Les philosophes et l'absolutisme éclairé', *Annales historiques de la Révolution française* 51 (1979), 547–57, at 547.

5 Werner Krauss (ed.), *Est-il utile de tromper le peuple?* (Berlin, 1966). 1960년대 동독에서 이 책이 출간된 것에 독자들은 아이러니를 느낄 것이다.

6 David Kahn, *The Codebreakers: The Story of Secret Writing* (New York, 1967).

7 A. C. Duke and C. A. Tamse (eds), *Too Mighty to be Free: Censorship and the Press in Britain and the Netherlands* (Zutphen, 1987); Gigliola Fragnito (ed.), *Church, Censorship and Culture in Early Modern Italy* (English trans. Cambridge, 2001).

8 Daniel Roche, 'Censorship and the Publishing Industry', in Robert Darnton and Daniel Roche (eds), *Revolution in Print* (Berkeley CA, 1989), 3–26; Robert Darnton, *The Forbidden Best-Sellers of Pre-Revolutionary France* (New York, 1996).

9 Judith Wechsler, 'Daumier and Censorship, 1866–1872', *Yale French Studies* 122 (2012), 53–78.

10 Goldstein, *War*, 22, 41, 45, 88.

11 Goldstein, *War*, 25.

12 Clive Ansley, *The Heresy of Wu Han: His Play 'Hai Jui's Dismissal' and its Role in China's Cultural Revolution* (Toronto, 1971); Mary G. Mazur, *Wu Han, Historian: Son of China's Times* (Lanham MD, 2009).

13 Bauer and Gleicher, 'Word-of-Mouth Communication', 297–310.

14 F. J. Ormeling, '50 Years of Soviet Cartography', *American Cartographer* 1 (1974), 48–9; Lappo and Polian, 'Naoukograds', 1226–49.

15 Andrei Sakharov, *Thoughts on Progress, Peaceful Coexistence, and Intellectual Freedom* (Petersham, 1968). Cf. Masha Gessen, 'Fifty Years Later', *New Yorker*, 25 July 2018.

16 Pamela O. Long, *Openness, Secrecy, Authorship: Technical Arts and the Culture of Knowledge from Antiquity to the Renaissance* (Baltimore MD, 2001); Karel Davids, 'Craft Secrecy in Europe in the Early Modern Period: A Comparative View', *Early Science and Medicine* 10 (2005), 340–48.

17 Eamon, *Science and the Secrets of Nature*, 130–33.

18 Eamon, *Science and the Secrets of Nature*.

19 Nicole Howard, 'Rings and Anagrams: Huygens's System of Saturn', *Papers of the Bibliographical Society of America* 98 (2004), 477–510.

20 Parker, *Emperor*, xvi.

21 Carswell, *Bubble*, 175.

22 Anon., *The French King's Wedding* (London, 1708); Peter Burke, *The Fabrication of Louis XIV* (New Haven CT, 1992), 136–7.

23 Mukherjee, *Hungry Bengal*, 125.

24 Anne Applebaum, *Red Famine: Stalin's War on Ukraine* (London, 2017).

25 William Taubman, *Gorbachev* (London, 2017); Plokhy, *Chernobyl*; Adam Higginbotham, *Midnight in Chernobyl: The Untold Story of the World's Greatest Nuclear Disaster* (London, 2019).

26 Louis FitzGibbon, *The Katyn Cover-Up* (London, 1972); Alexander Etkind et al., *Remembering Katyn* (Cambridge, 2012), 13–34.

27 Etkind, *Remembering Katyn*, 35–53; Jane Rogoyska, *Surviving Katyń: Stalin's Polish Massacre and the Search for Truth* (London, 2021). On local witnesses, Rogoyska, 206–7, 227; on evidence for the date, 229, 236, 240.

28 Reported in *The Independent*, 27 July 2020: for the video, see https://www.independent.co.uk/news/world/asia/wuhan-officials-coronavirus-cases-spread-cover-up-leading-scientist-a9639806.html.

29 Louisa Lim, *The People's Republic of Amnesia* (New York, 2014), 99, 115; Margaret Hillenbrand, *Negative Exposures: Knowing What not to Know in Contemporary China* (Durham NC, 2020), 181, 196.

30 Hillenbrand, *Negative Exposures*, 177.

31 Lim, *People's Republic*, 85–6.

32 Lim, *People's Republic*, 214. 이것은 다음 책의 주된 주제다. Hillenbrand, *Negative Exposures*.

33 Lim, *People's Republic*, 49–50.

34 Lim, *People's Republic*, 3, 140.

35 On early modern spying, Miguel Angel Echevarria Bacigalupe, *La diplomacia secreta en Flandres, 1598–1643* (Vizcaya, 1984); Lucien Bély, *Espions et ambassadeurs* (Paris, 1990); Preto, *I servizi secreti*.

36 Sidney Monas, *The Third Section: Police and Society Under Nicholas I* (Cambridge MA, 1961); Ronald Hingley, *The Russian Secret Police: Muscovite, Imperial Russian and Soviet Political Security Operations, 1565–1970* (London, 1970); Christopher Andrew and Oleg Gordievsky, *KGB: The Inside Story of its Foreign Operations from Lenin to Gorbachev* (London, 1990).

37 George Leggett, *The Cheka: Lenin's Political Police* (Oxford, 1986).

38 Andrew and Gordievsky, *KGB*; Rhodri Jeffreys-Jones and Christopher Andrew (eds), *Eternal Vigilance? 50 Years of the CIA* (London, 1997).

39 Galison, 'Removing Knowledge'; Galison, 'Secrecy in Three Acts', *Social Research* 77 (2010), 941–74.

40 Quoted in Thomas Rid, *Active Measures: The Secret History of Disinformation and Political Warfare* (London, 2020), 401. 체코슬로바키아의 한 정보요원이 허위 정보의 대량 생산에 대해 언급한 바 있다. Bittman, *Deception Game*, 89, 126.

41 Jeffreys-Jones and Andrew, *Eternal Vigilance?*; Andrew and Gordievsky, *KGB*.

42 Compton Mackenzie, *Water on the Brain* (London, 1933), quoted in Vincent, *Culture of Secrecy*, 182–3. Only in 1993 was the new Director-General's name revealed (the first woman, Stella Rimington).

43 Burke, 'Baroque'; Burke, 'Publicizing the Private: The Rise of "Secret History"', in Christian J. Emden and David Midgley (eds), *Changing Perceptions of the Public Sphere* (New York, 2012), 57–72.

44 Peter Burke, 'The Great Unmasker', *History Today* (1965), 426–32; Burke (ed.), *Sarpi* (New York, 1967), i–xli.

45 'Pietro Soave Polano' is an anagram of 'Paolo Sarpi Veneto'.

46 Edward Hyde, *The Life of Edward, Earl of Clarendon* (Oxford, 1760), vol. 2, 512.

47 Peter Burke, 'On the Margins of the Public and the Private: Louis XIV at Versailles', *International Political Anthropology* 2 (2009), 29–36.

48 Burke, 'Publicizing the Private'.

49 R. L. Schults, *Crusader in Babylon: W. T. Stead and the Pall Mall Gazette* (Lincoln NE, 1972); Grace Eckley, *Maiden Tribute: A Life of W. T. Stead* (Philadelphia PA, 2007).

50 Justin Kaplan, *Lincoln Steffens* (New York, 1974); Peter Hartshorn, *I Have Seen the Future: A Life of Lincoln Steffens* (Berkeley CA, 2011), 102, 104, 108.

51 Kathleen Brady, *Ida Tarbell: Portrait of a Muckraker* (Pittsburgh PA, 1989); Steve Weinberg, *Taking on the Trust: The Epic Battle of Ida Tarbell and John D. Rockefeller* (New York, 2008).

52 Carl Bernstein and Bob Woodward, *All the President's Men* (London, 1974), 14, 135; Lamar Waldron, *Watergate: The Hidden History* (Berkeley CA, 2012). '워터게이트'는 워싱턴의 한 오피스 빌딩의 이름에서 유래했다.

53 Patrick McCurdy, 'From the Pentagon Papers to Cablegate: How the Network Society Has Changed Leaking', in Bendetta Brevini, Arne Hintz and Patrick McCurdy (eds), *Beyond WikiLeaks: Implications for the Future of Communications, Journalism and Society* (Basingstoke, 2013), 123–45.

54 David Leigh and Luke Harding, *WikiLeaks: Inside Julian Assange's War on Secrecy* (London, 2013), 22.

55 Timothy Garton Ash, 'US Embassy Cables: A Banquet of Secrets', *Guardian*, 28 November 2010, www.theguardian.com.

56 Eliot Higgins, *We are Bellingcat: An Intelligence Agency for the People* (London, 2021).

57 기밀 정보의 유출에 대해선 다음을 참조하라. Galison, 'Removing Knowledge'.

58 Filippo de Vivo, *Information and Communication in Venice: Rethinking Early Modern Politics* (Oxford, 2007), 57–8, 181.

59 Vincent, *Culture of Secrecy*, 78–81.

60 Clive Ponting, *The Right to Know: The Inside Story of the Belgrano Affair* (London, 1985).

61 Edward Snowden, *Permanent Record* (Basingstoke, 2019).

62 Cohen, *States of Denial*, 1.

63 Parker, *Emperor*, 279.

64 John Horne and Alan Kramer, *German Atrocities, 1914: A History of Denial* (2001).

65 Fatma Müge Göçek, *Denial of Violence: Ottoman Past, Turkish Present and Collective Violence Against the Armenians, 1789–2009* (Oxford, 2015); Maria Karlsson, *Cultures of Denial: Comparing Holocaust and Armenian Genocide Denial* (Lund, 2015).

66 Alterman, *When Presidents Lie*.

67 Oreskes and Conway, *Merchants of Doubt*.

68 Cohen, *States of Denial; Eviatar Zerubavel, The Elephant in the Room: Silence and Denial in Everyday Life* (New York, 2006).

69 Gordon J. Horwitz, *In the Shadow of Death: Living Outside the Gates of Mauthausen* (New York, 1990), 27–36. Cf. Elmer Luchterhand, 'Knowing and Not Knowing: Involvement in Nazi Genocide', in Paul Thompson (ed.), *Our Common History* (Atlantic Highlands NJ, 1982), 251–72.

70 Walter Laqueur, 'Germany: A Wall of Silence?', in Laqueur, *The Terrible Secret: Suppression of the Truth about Hitler's Final Solution* (Boston MA, 1980), 17–40, especially 18, 22–3; Luchterhand, 'Knowing', 255.

71 Robert Eaglestone, 'The Public Secret', in Eaglestone, *The Broken Voice: Reading Post-Holocaust Literature* (Oxford, 2017), chap. 1. General discussions in Michael Taussig, *Defacement: Public Secrets and the Labor of the Negative* (Stanford CA, 1999) and Hillenbrand, *Negative Exposures*.

72 Michael E. Mann, *The Hockey Stick and the Climate Wars* (New York, 2012); Mann, 'When it Comes to the Australian Bush Fires, Rupert Murdoch is an Arsonist', *Newsweek*, 14 January 2020.

73 Gerald Markowitz and David Rosner, *Deceit and Denial: The Deadly Politics of Industrial Pollution* (Berkeley CA, 2002).

74 Ernest L. Wynder and Everts Graham, 'Tobacco Smoking as a Possible Etiologic Factor in Bronchiogenic Carcinoma', *Journal of the American Medical Association* 143 (1950), 329–46.

75 Samuel Epstein, *The Politics of Cancer* (San Francisco CA, 1978), which

deals with environmental causes in general; Robert Proctor, *Golden Holocaust* (Berkeley CA, 2011).

76 Proctor, *Golden Holocaust*, 290–92, listing 14 'strategies for creating doubt'.

77 Proctor, *Golden Holocaust*, 260, 263–7.

78 Quoted in Proctor, *Golden Holocaust*, 317.

79 Proctor, *Golden Holocaust*, 301.

80 Richard S. Schultz and Roy Godson, *Dezinformatsia* (New York, 1984); Rid, *Active Measures*.

81 Quoted in Rid, *Active Measures*, 147.

82 Bittman, *Deception Game*, ix.

83 Bittman, *Deception Game*, 39–59. Cf. Rid, *Active Measures*, 157–66.

84 Rid, *Active Measures*, 27–8.

85 Mario Infelise, 'Pallavicino, Ferrante', *DBI*.

86 Rid, *Active Measures*, 249–50.

87 Frances S. Saunders, *Who Paid the Piper? The CIA and the Cultural Cold War* (1999).

88 Rid, *Active Measures*, 81.

89 Rid, *Active Measures*, 213, 377–86.

90 Gill Bennett, *The Zinoviev Letter: The Conspiracy that Never Dies* (Oxford, 2018).

91 Rid, *Active Measures*, 170–75.

92 Rid, *Active Measures*, 104–6, 231–42, 318–19.

93 Bittman, *Deception Game*, 84–6.

94 Peter Oborne, *The Rise of Political Lying* (London, 2005), 5; Matthew d'Ancona, *Post-Truth* (London, 2017). Cf. Ari Rabin-Havt and Media Matters, *Lies Incorporated: The World of Post-Truth Politics* (New York, 2016).

95 Andrew Buncombe, 'Donald Trump dismisses as "fake news" claims that Russia gathered compromising information about him', www.independent.co.uk, 11 January 2017, accessed 4 July 2022; Chris Cillizza, 'Donald Trump just claimed he invented "Fake News"', edition.cnn.com, 26 October 2017.

96 Andrew Marr, 'How Blair put the Media in a Spin', news.bbc.co.uk, 10 May 2007; Timothy Bewes 'The Spin Cycle: Truth and Appearance in Politics', http://signsofthetimes.org.uk/pamphlet1/The%20Spin%20Cycle.html, accessed 16 May 2022; David Greenberg, 'A Century of Political Spin', *Wall Street Journal*, http://www.wsj.com, 8 January 2016; David Greenberg, *Republic of Spin: An Inside History of the American Presidency* (New York, 2016). On Russia, Peter Pomerantsev, *Nothing is True and Everything is Possible* (2014: 2nd edn London, 2017), 54–8, 65, 77–90.

97 Ralph Keyes, *The Post-Truth Era* (New York, 2004); Greenberg, 'A Century of Political Spin'.

98 Honoré de Balzac, *Illusions Perdues* (1837–43: new edn, Paris 1961), 395.

99 'Why is this Lying Bastard Lying to Me?', blogs.bl.uk, 2 July 2014; 'Louis Heren', https://en.wikipedia.org, accessed 30 October 2017.

100 Cailin O'Connor and James Owen Weatherall, *The Misinformation Age: How False Beliefs Spread* (New Haven CT, 2019), 9.

101 Alterman, *When Presidents Lie*, 1, 92, 296.

102 Alterman, *When Presidents Lie*, 38, 61–3, 102–4, 204, 297–300.

103 Alterman, *When Presidents Lie*, 76, 133–4, 183.

104 Rêgo and Barbosa, *Construção da Ignorância*, 154, 156.

14장 불확실한 미래

1 Robert Merton, 'The Unanticipated Consequences of Purposive Social Action', *American Sociological Review* 1 (1936), 894–904; Raymond Boudon, *Effets pervers et ordre social* (Paris, 1977); Albert Hirschman, *The Rhetoric of Reaction: Perversity, Futility, Jeopardy* (Cambridge MA, 1991); Matthias Gross, 'Sociologists of the Unexpected: Edward A. Ross and Georg Simmel on the Unintended Consequences of Modernity', *American Sociologist* 34 (2003), 40–58.

2 Alexis de Tocqueville, *The Ancien Régime and the French Revolution* (1856: English trans. Cambridge, 2011), 157.

3 Georges Minois, *Histoire de l'Avenir* (Paris, 1996); Martin van Creveld, *Seeing into the Future: A Short History of Prediction* (London, 2020).

4 José M. González García, *La Diosa Fortuna: Metamorphosis de una metáfora*

política (Madrid, 2006).

5 Arndt Brendecke and Peter Vogt (eds), *The End of Fortuna and the Rise of Modernity* (Berlin, 2017), 6; Ian Hacking, *The Taming of Chance* (Cambridge, 1990).

6 José M. González García, 'El regreso de la diosa de Fortuna en la "sociedad del riesgo"', *Contrastes* 2 (1997), 129–43, a meditation on a theme of Ulrich Beck's.

7 Peter L. Bernstein, *Against the Gods: The Remarkable Story of Risk* (New York, 1998), 197. Cf. Ulrich Beck, *Risk Society: Towards a New Modernity* (1986: English trans. London, 1992); Stefan Böschen, Michael Schneider and Anton Lerf (eds), *Handeln trotz Nichtwissen: Vom Umgang mit Chaos und Risiko in Politik, Industrie und Wissenschaft* (Frankfurt, 2004); Bostrom, 'Existential Risks'.

8 Alberto and Branislava Tenenti, *Il prezzo del rischio: l'assicurazione mediterranea vista da Ragusa, 1563–1591* (Rome, 1985); Adrian Leonard (ed.), *Marine Insurance: Origins and Institutions, 1300–1850* (Basingstoke, 2016); Karin Lurvink, 'The Insurance of Mass Murder: The Development of Slave Life Insurance Policies of Dutch Private Slave Ships, 1720–1780' (2019), doi:10.1017/eso.2019.33.

9 Peter Koch, *Pioniere der Versicherungsgedanken, 1550–1850* (Wiesbaden, 1968); Robin Pearson, *Insuring the Industrial Revolution: Fire Insurance in Great Britain, 1700–1850* (Aldershot, 2004).

10 Ian Hacking, *The Emergence of Probability* (Cambridge, 1975), 114–21; Lorraine Daston, *Classical Probability in the Enlightenment* (Princeton NJ, 1988), 27.

11 Geoffrey Clark, *Betting on Lives: The Culture of Life Insurance in England, 1695–1775* (Manchester, 1999), 7, 49–53.

12 Hacking, *Emergence of Probability; Hacking, The Taming of Chance* (Cambridge, 1990); Daston, *Classical Probability*.

13 Clark, *Betting on Lives*; Timothy Alborn and Sharon Ann Murphy (eds), *Anglo-American Life Insurance, 1800–1914*, 3 vols (London, 2013).

14 Holger Hoffman-Riem and Brian Wynne, 'In Risk Assessment One Has to Admit Ignorance', *Nature* 416, 14 March 2002, 123.

15 Nassim N. Taleb, *The Black Swan: The Impact of the Highly Improbable* (2008: revised edn London 2010); John Kay and Mervyn King, *Radical Uncertainty: Decision-making for an Unknowable Future* (London, 2020). Kay and King were inspired by Frank Knight, whose book Risk, *Uncertainty and Profit* was published in 1921.

16 Beck, *Risk Society*, 21.

17 Beck, *Risk Society*, 22; González García, 'El regreso'.

18 Mary Douglas and Aaron Wildavsky, *Risk and Culture: An Essay on the Selection of Technical and Environmental Dangers* (Berkeley CA, 1982), 6–7, 9.

19 Julius Ruff, *Violence in Early Modern Europe* (Cambridge, 2001).

20 Ulrich Beck, *World at Risk* (1999: English trans. Cambridge, 2009), 132. Richard Ericson and Aaron Doyle noted the adaptability of the insurance industry to the new risks in 'Catastrophe Risk, Insurance and Terrorism', *Economy and Society* 33 (2004), 135–73.

21 Beck, *World at Risk*, 10–11, 115, 119. Cf. Böschen, Schneider and Lerf, *Handeln trotz Nichtwissen*.

22 Jamie Pietruska, *Looking Forward: Prediction and Uncertainty in Modern America* (Chicago IL, 2017); Fabien Locher, *Le savant et la tempête: étudier l'atmosphère et prévoir le temps au XIXe siècle* (Paris, 2008).

23 Rolf Schwendter, *Zur Geschichte der Zukunft: Zukunftsforschung und Sozialismus* (Frankfurt, 1982); Lucian Hölscher, *Die Entdeckung der Zukunft* (Frankfurt, 1999), 122–6; Hölscher (ed.), *Die Zukunft des 20. Jahrhunderts* (Frankfurt, 2017).

24 Thomas Fingar, *Reducing Uncertainty: Intelligence Analysis and National Security* (Stanford CA, 2011), 1.

25 Robert Jungk, *Tomorrow is Already Here* (1952: English trans. London, 1954). 그는 자신이 예측한 미래에 대해 유감을 표했다.

26 Taleb, *The Black Swan*.

27 Firestein, *Ignorance*, 48.

28 Edgar Morin, 'Vivre, c'est naviguer dans un mer d'incertitude', *Le Monde*, 6 April 2020.

29 Ord, *The Precipice*, 37.

30 Philip E. Tetlock, *Expert Political Judgement: How Good is It?* (Princeton NJ, 2005).

31 Thomas C. Schelling, *The Strategy of Conflict* (Cambridge MA, 1960).

32 Saul Friedländer, 'Forecasting in International Relations', in Bertrand de Jouvenel (ed.), *Futuribles*, vol. 2 (Geneva, 1965), 1–111, at 2, 54. Cf. Robert Jervis, *Perception and Misperception in International Politics* (Princeton NJ, 1976), 205.

33 Fingar, *Reducing Uncertainty*, 95–106.

34 Friedländer, 'Forecasting', 10–11, 21–3, 28, 41, 101.

35 Philip E. Tetlock with Dan Gardner, *Super-forecasting: The Art and Science of Prediction* (New York, 2015).

36 Kay and King, *Radical Uncertainty*, xiv–xv.

37 Frank Knight, *Risk, Uncertainty and Profit* (New York, 1921). Cf. Kay and King, *Radical Uncertainty*, 15, 72–4.

38 John Maynard Keynes, 'The General Theory', *Quarterly Journal of Economics* 51 (1937), 209–33.

39 John Maynard Keynes, *The General Theory of Employment, Interest and Money* (London, 1936), quoted in Gerald P. O'Driscoll Jr and Mario J. Rizzo, *The Economics of Time and Ignorance* (1985: 2nd edn London, 1996), 1.

40 George Shackle, *Expectation in Economics* (Cambridge, 1949). Cf. J. L. Ford, 'Shackle's Theory of Decision-Making under Uncertainty', in Stephen Frowen (ed.), *Unknowledge and Choice in Economics* (Basingstoke, 1990), 20–45, and Taleb, *The Black Swan*. Cf. Jerome Ravetz, 'Economics as an Elite Folk Science: The Suppression of Uncertainty', *Journal of Post-Keynsian Economics* 17 (1994–5), 165–84, especially 172ff.

41 Sarah Cole, *Inventing Tomorrow: H. G. Wells and the Twentieth Century* (New York, 2019).

42 Brian J. Loasby, 'The Use of Scenarios in Business Planning', in Frowen, *Unknowledge*, 46–63.

43 Jouvenel, *Futuribles*; Jean Fourastié, *Prévision, futurologie, prospective* (Paris, 1974).

44 Elke Seefried, *Zukünfte: Aufstieg und Krise der Zukunftsforschung 1945–1980*

(Berlin, 2015).

45 Björn Wittrock, 'Sweden's Secretariat', *Futures* 9 (1977), 351–7; Fingar, *Reducing Uncertainty*, 54–8.

46 Daniel Bell, *The Coming of Post-Industrial Society: A Venture in Social Forecasting* (New York, 1973).

47 Dennis Gabor, *Inventing the Future* (London, 1963); Jonathan Keats, *You Belong to the Universe: Buckminster Fuller and the Future* (New York, 2016). The term 'Dymaxion' combined 'dynamic' and 'maximum' with 'tension'.

48 Bostrom, 'Existential Risks'; Legg quoted in Ord, *The Precipice*, 367.

49 Brita Schwarz, Uno Svedin and Björn Wittrock, *Methods in Futures Studies* (Boulder CO, 1982).

50 Andrei Amalrik, *Will the Soviet Union Survive Until 1984?* (New York, 1970).

51 Herman Kahn, *The Emerging Japanese Superstate* (Englewood Cliffs NJ, 1970).

52 'How to Learn from the Turkey', in Taleb, *The Black Swan*, 40–42.

15장 과거에 대한 무지

1 Peter Burke, interview with E. H. Gombrich, *The Listener* 90 (27 December 1973), 881–3, https://gombricharchive.files.wordpress.com/2011/04/showdoc19.pdf.

2 Eugenio de Ochoa (ed.), *Epistolario español* (Madrid, 1856), 237; William Nelson, *Fact or Fiction: The Dilemma of the Renaissance Storyteller* (Cambridge MA, 1973), 35–6; Augustin Redondo, *Antonio de Guevara et l'Espagne de son temps* (Geneva, 1976), 558.

3 Philip Sidney, *Defence of Poetry*, ed. Jan van Dorsten (Oxford, 1973), 83.

4 René Descartes, *Discours de la méthode*, in his *Oeuvres philosophiques*, ed. Ferdinand Alquié (Paris, 1963), 574.

5 Meta Scheele, *Wissen und Glaube in der Geschichtswissenschaft* (Heidelberg, 1930); Carlo Borghero, *La certezza e la storia: cartesianesimo, pirronismo e conoscenza storica* (Milan, 1983); Peter Burke, 'Two Crises of Historical Consciousness', *Storia della Storiografia* 33 (1998), 3–16.

6 La Mothe Le Vayer, *Du peu de certitude*; cf. Vittorio I. Comparato, 'La

Mothe dalla critica storica al pirronismo', in *Ricerche sulla letteratura libertina*, ed. Tullio Gregory (Florence, 1981), 259–80.

7 Pierre Bayle, *Oeuvres Diverses* (Paris, 1737), 510; Bayle, *Critique générale de l'histoire du Calvinisme de M. de Maimbourg*, ('Villefranche', 1683), 13–18, 28–9.

8 Voltaire, *Le pyrrhonisme de l'histoire* (Paris, 1769), 54.

9 Jean Hardouin, *Prolegomena* (Amsterdam, 1729); cf. Jean Sgard, 'Et si les anciens étaient modernes . . . le système du P. Hardouin', in *D'un siècle à l'autre: anciens et modernes*, ed. L. Godard (Marseille, 1987), 209–20; Anthony Grafton, 'Jean Hardouin: The Antiquary as Pariah', *Journal of the Warburg and Courtauld Institutes* 62 (1999), 241–67.

10 Michele Sartori, 'L'incertitude dei primi seculi di Roma: il metodo storico nella prima metà del '700', *Clio* 18 (1982), 7–35.

11 Borghero, *La certezza*.

12 Burke, 'Two Crises', 3–16. 해당 기사에서 몇 문장을 차용했다.

13 Cobb, *Police and People*, 81.

14 Jim Sharpe, 'History from Below', in Burke, *New Perspectives*, 24–41. Classics in the field include Eric Hobsbawm, *Primitive Rebels* (Manchester, 1959), Edward Thompson, *The Making of the English Working Class* (London, 1963) and Hufton, *Prospect Before Her*.

15 Stephen Moss, '1066 and All That: 20 Questions to Test Your History Knowledge', *Guardian*, 17 April 2015, www.theguardian.com.

16 Joseph Carroll, 'Teens' Knowledge of World History Slipping', news.gallup.com, 5 March 2002.

17 James W. Loewen, *Lies My Teacher Told Me: Everything Your American History Textbook Got Wrong* (New York, 1995), 30, 135. Cf. Frances Fitzgerald, *America Revised* (New York, 1979).

18 Galbraith, *Crash*, 10–11, 29.

19 Ghosh, *Famines in Bengal*, preface.

20 Beevor, *Stalingrad*, 13, 32; David Stahel, *Operation Barbarossa and Germany's Defeat in the East* (Cambridge, 2009), 449n; Hoepner to his wife, quoted in Stahel, *Retreat from Moscow*, 84.

21 Beevor, *Stalingrad*, 14, 31, 76.

22 Clausewitz, *On War*, 258.

23 Allen F. Chew, *Fighting the Russians in Winter* (Fort Leavenworth KS, 1981), vii.

24 Adam Zamoyski, 1812: *Napoleon's Fatal March on Moscow* (London, 2004), 351–2.

25 Zamoyski, *1812*, 391.

26 Zamoyski, *1812*, 393, 447; Cf. Dominic Lieven, *Russia Against Napoleon* (2010).

27 Chew, *Fighting the Russians*, 38.

28 Beevor, *Stalingrad*, passim; Chew, *Fighting the Russians*, 31–41; Stahel, *Retreat from Moscow*, 315–17.

29 Quoted from Goebbels's diary by Stahel, *Retreat from Moscow*, 186.

30 Chew, *Fighting the Russians*, 17.

31 Martin Windrow, *The French IndoChina War 1946–54* (London, 1998).

32 Tuchman, *March of Folly*, 287.

33 Gibson, *Perfect War*, 18.

34 M. Hassan Kakar, *Afghanistan: The Soviet Invasion and the Afghan Response* (Berkeley CA, 1995); Rodric Braithwaite, *Afgantsy: The Russians in Afghanistan, 1979–1989* (London, 2011).

35 Andrei Snesarev, quoted in Braithwaite, *Afgantsy*, 7–9.

36 Braithwaite, *Afgantsy*, 109.

37 Braithwaite, *Afgantsy*, 127–9.

38 Dalrymple, *Return of a King*, 489–92.

39 Quoted in Jervis, *Perception and Misperception*, 218.

40 Yuen Foong Khong, *Analogies at War: Korea, Munich, Dien Bien Phu and the Vietnam Decisions of 1965* (Princeton NJ, 1992), 3, 5, 61–2.

41 Quoted in Alterman, *When Presidents Lie*, 174.

42 Jervis, *Perception and Misperception*, 218, 220.

맺으며-새로운 지식과 새로운 무지

1 Morgan, 'The Making of Geographical Ignorance?', 23.

2 Phoebe Weston in the *Observer*, 29 August 2021, 29.

3 Snow, *The Two Cultures*.

4 16세기 농민이자 병사였던 마르탱 게르는 1982년에 상영된 영화의 주인공이며, 미국 역사학자 나탈리 데이비스의 저서 《마르탱 게르의 귀환》(Cambridge MA, 1983)의 주제이기도 하다.

5 Hayek, 'Coping with Ignorance'. Cf. Lukasiewicz, 'Ignorance Explosion', 159–63.

6 Miriam Solomon, 'Agnotology, Hermeneutical Injustice and Scientific Pluralism', in Kourany and Carrier, *Science*, 145–60, at 157.

7 Lewis, *English Literature*, 31.

8 Ann Blair, *Too Much to Know* (New Haven CT, 2010).

알지 못하거나 알기를 거부해온 격동의 인류사

무지의 역사

제1판 1쇄 발행 | 2024년 9월 30일
제1판 3쇄 발행 | 2025년 5월 12일

지은이 | 피터 버크
옮긴이 | 이정민
펴낸이 | 하영춘
펴낸곳 | 한국경제신문 한경BP
출판본부장 | 이선정
편집주간 | 김동욱

주　소 | 서울특별시 중구 청파로 463
기획출판팀 | 02-3604-556, 584
영업마케팅팀 | 02-3604-595, 562　FAX | 02-3604-599
H | http://bp.hankyung.com　E | bp@hankyung.com
F | www.facebook.com/hankyungbp
등　록 | 제 2-315(1967. 5. 15)

ISBN 978-89-475-4973-8 03900

책값은 뒤표지에 있습니다.
잘못 만들어진 책은 구입처에서 바꿔드립니다.